Handbuch Sport und Umwelt

Handbuch Sport und Umwelt

Ziele, Analysen, Bewertungen,
Lösungsansätze, Rechtsfragen

von
Dr. Hans-Joachim Schemel
Prof. Dr. Wilfried Erbguth (Rechtsfragen)
unter beratender Mitwirkung von Prof. Dr. Josef Reichholf

Büro für Umweltforschung und Umweltplanung Dr. Schemel, München

Herausgeber:
Der Bundesumweltminister
unter fachlicher Begleitung des Umweltbundesamtes
Deutscher Sportbund (DSB)
Deutscher Naturschutzring (DNR)

Meyer & Meyer Verlag

Forschungsbericht 10101053
im Auftrag des Umweltbundesamtes
Redaktionsschluß: Herbst 1990

Die Deutsche Bibliothek - CIP-Einheitsaufnahme

Schemel, Hans-Joachim:
Handbuch Sport und Umwelt:
Ziele, Analysen, Bewertungen, Lösungsansätze, Rechtsfragen;
Forschungsbericht 10101053 / von Hans-Joachim Schemel;
Wilfried Erbguth. Unter Mitw. von Josef Reichholf.
Im Auftr. des Umweltbundesamtes. -
Aachen: Meyer und Meyer, 1992
ISBN 3-89124-161-5
NE: Erbguth, Wilfried:

Satz: Times New Roman, Josef Velz KG, Aachen
Druck: Grenz-Echo Druckerei
ISBN 3-89124-161-5

Innenteil gedruckt auf 100%ig umweltfreundlichem Recycling-Papier
Umschlag gedruckt auf chlorfrei gebleichtem Material

Inhalt

Bei den folgenden Kapiteln sind Inhaltsangabe und Literatur jeweils gesondert aufgeführt.

Übergreifende Themen

Sport im Siedlungsbereich

Sport in der Landschaft (ohne Wasser- und Wintersport)

Wassersport und Angeln

Wintersport

Vorwort

Die Herausgabe des Handbuches „Sport und Umwelt“ ist ein Meilenstein in der Zusammenarbeit von Vertretern des Sports und des Natur- und Umweltschutzes. Das Erreichen eines derartigen Meilensteins bedeutet zweierlei: Rückblick auf das Erreichte und Vorausschau auf den Weg, der vor einem liegt.

Rückblickend möchte ich zunächst allen danken, die das Zustandekommen dieses Werkes ermöglicht haben: den Verfassern, aber auch den beteiligten Vertretern des Deutschen Sportbundes und des Deutschen Naturschutzringes, deren vorbildliche Zusammenarbeit Voraussetzung für das Gelingen war. Allen Beteiligten war bewußt, daß angesichts der Gefährdungen unserer Umwelt, besonders der Lebensgrundlagen in Natur und Landschaft, das Verbindende stärker ist als das Trennende und daß wir das Trennende dadurch überwinden müssen, daß wir Konflikte gemeinsam lösen oder gar nicht erst entstehen lassen.

Für mich und die Bundesregierung war es eine Selbstverständlichkeit, die Herausgabe dieses bedeutenden Werkes zu unterstützen.

Das Handbuch soll aber auch die Grundlage für eine weitere erfolgreiche Zusammenarbeit in der Zukunft sein. Es wird gegenseitiges Verständnis weiter fördern und zugleich wichtige Hilfestellung geben bei der Lösung von Konflikten im konkreten Einzelfall. Als Zielgruppe des Handbuchs sehe ich zunächst die Sportler, wobei ich mir besonders von den Sportverbänden eine wichtige Multiplikatorwirkung gegenüber ihren Mitgliedern erhoffe, daneben aber auch die Vertreter des Umweltschutzes, die ihrer Aufgabe oft nur gerecht werden können, wenn sie sich mit den Bedürfnissen des Partners konstruktiv auseinandersetzen.

Ich sage bewußt „Partner“, denn das müssen wir sein, und ich sage bewußt „auseinandersetzen“, denn Auseinandersetzung gehört zur Partnerschaft – freilich in dem steten Bewußtsein, daß wir in entscheidenden Fragen aufeinander angewiesen sind.

Professor Dr. Klaus Töpfer
Bundesminister für Umwelt, Naturschutz und Reaktorsicherheit

Vorwort

Dieses Handbuch ist für alle, die mit den Umweltbeziehungen des Sports zu tun haben, von großem Wert. Nachdem der Deutsche Sportbund seinen früheren Plan, selbst ein solches Kompendium herauszugeben, aus finanziellen Gründen aufgeben mußte, hat dankenswerterweise das Umweltbundesamt das Vorhaben in seine Projektförderung aufgenommen und den größten Teil der Finanzierung übernommen.

Die Autoren haben die Fülle des vorhandenen Wissens sorgfältig und engagiert zusammengetragen. Wir begrüßen es, daß sie bei der Abhandlung der verschiedenen sportlichen Aktivitäten zunächst immer wieder das gemeinsame Interesse von Naturschützern und Sportlern an einer intakten natürlichen Umwelt betonen und Konflikte prinzipiell als lösbar darstellen. Die Autoren machen jedoch keinen Hehl daraus, daß zum Schutz der natürlichen Lebensgrundlagen vom Sport bedeutende Umorientierungen verlangt werden müssen. Dabei gelingt es stets, die notwendigen fachlichen Grundlagen zur Beurteilung auch schwieriger Konfliktfälle zu legen.

Wir sind den Autoren für ihre Pionierarbeit außerordentlich dankbar und hoffen, daß sie dazu beiträgt, die in den letzten Jahren sichtbar gewordene Entwicklung weg vom Lamentieren und hin zum Handeln zu stärken. Wir wünschen uns, daß mit diesem Buch das gegenseitige Verständnis von Sportlern und Naturschützern weiter gefördert wird, überflüssige Kontroversen vermieden, bei ernsthaften Konflikten zwischen Sport und Umwelt aber Wege zu einer fairen Lösung aufgezeigt werden.

Erika Dienstl
Vizepräsidentin des Deutschen Sportbundes

Vorwort

Die immer weiter wachsende Zahl von Menschen, die Sport in naturnahen Räumen ausüben, etwa Wassersport, Motocross oder Golfsport, berührt den Deutschen Naturschutzring (DNR) seit langem mit großer Sorge.

Der Deutsche Naturschutzring wendet sich selbstverständlich nicht gegen sportliche Aktivitäten an sich. Er weiß um die große Bedeutung sportlicher Betätigung für die Gesundheit, besonders der Stadtbewohner.

Allerdings ist die Akzeptanz ökologischer Erfordernisse in den Reihen einiger Sportorganisationen leider immer noch nicht ausreichend vorhanden.

Besonders deutlich wird dies am Beispiel der Naturschutzgebiete und Nationalparke, die in ihrer Funktion als Vorzugsgebiete des Naturschutzes nur unzureichend respektiert werden. Die Auseinandersetzungen des Naturschutzes mit Wassersportverbänden um die längst überfälligen Befahrensregelungen für Bundeswasserstraßen in Naturschutzgebieten und Nationalparken stellen derzeit eines der größten Hindernisse für eine ungetrübte Zusammenarbeit des Deutschen Naturschutzringes mit dem Deutschen Sportbund dar. Im Interesse dieser wichtigen Partnerschaft des Sports mit dem Naturschutz sollten die einschlägigen Wassersportverbände ihren Widerstand gegen die vom Deutschen Naturschutzring verlangte Befahrensregelung durch das Bonner Verkehrsministerium aufgeben.

Die Abwehr der drohenden globalen Klimaveränderung verlangt gravierende Veränderungen in allen Bereichen der Gesellschaft, insbesondere beim Verkehr und vor allem dem Motorsport. Die verantwortlichen Sportfunktionäre müssen sich umgehend damit auseinandersetzen.

Das Handbuch bietet auch zu allen anderen umweltrelevanten Bereichen des Sports wichtige Aussagen. Es setzt die vom Deutschen Naturschutzring und den Wassersportverbänden bereits 1980 in Form von Verhaltensempfehlungen verabschiedeten „10 goldenen Regeln in der Natur" für das große Themenfeld Sport und Umwelt in eindrucksvoller Weise fort. Das Handbuch sollte für jeden Sportverein und für alle Sportfunktionäre ein selbstverständlicher, oft benutzter Ratgeber werden.

Prof. Dr. Wolfgang Engelhardt
Präsident des Deutschen Naturschutzringes (DNR)

Danksagung

Das vorliegende Werk hätte so nicht entstehen können ohne die hilfreichen Informationen und Diskussionsbeiträge von zahlreichen Personen, die mit großem Interesse die Arbeit an dem Handbuch begleitet haben. Wertvolle Hinweise und Anregungen, teilweise sehr differenziert, kamen von den Spitzenverbänden aller behandelten Sportarten. Eine projektbegleitende Arbeitsgruppe aus Vertretern des Sports, der Umwelt, der kommunalen Spitzenverbände und der planenden Verwaltung auf Bundes- und Länderebene traf regelmäßig zusammen. Stellvertretend für die Vielzahl der aktiv beteiligten Personen, denen wir an dieser Stelle herzlich danken, seien Frau Jasmin Gareis vom Umweltbundesamt Berlin sowie die Herren Dr. Hans Jägemann vom Deutschen Sportbund, Helmut Röscheisen vom Deutschen Naturschutzring, Georg Fritz von der Bundesforschungsanstalt für Landschaftsökologie und Naturschutz Bonn und Dietrich Hartmann vom Bundesinstitut für Sportwissenschaft Köln genannt.

Die Verfasser

Allgemeiner Teil

1. Einleitung

Das Thema „Sport und Umwelt“ hat in den vergangenen Jahren einen festen Platz in der Umweltdiskussion erlangt. Mit dem vorliegenden Handbuch sollen Informationen vermittelt werden, um auftretende Konfliktsituationen in einem konstruktiven Dialog bewältigen zu können.

Zu Recht wird vielfach beklagt, daß es bisher noch zu wenige oder zu schwer verfügbare (weil nur verstreut veröffentlichte) Informationen über die Auswirkungen des Sports auf Umwelt und Natur gibt. Das vorliegenden Handbuch will eine Informationsquelle eröffnen, die das gesamte Spektrum umwelterheblicher Sportausübung umfaßt.

Neben einer Darstellung gemeinsamer Ziele und der Analyse der Konfliktfelder geht es darum, dauerhafte Koexistenzmodelle zwischen Sport und Umwelt zu beschreiben und Möglichkeiten für gemeinsame Aktionen aufzuzeigen.

Angesprochen sind interessierte Laien und Fachleute aus Sportorganisationen, Natur- und Umweltschutzverbänden, Kommunen, aus Behörden des Naturschutzes sowie des Sports, aus Wissenschaft, Publizistik und sportbezogenen Tourismusbereichen.

Die Beziehungen zwischen Sport und Umwelt sind sehr vielfältig und vielschichtig. Wenn sie einer näheren Betrachtung unterzogen werden, dann muß differenziert gefragt werden:
- Um welche Sportart handelt es sich?
- Wie wird diese Sportart ausgeübt? (Verhaltensaspekt)
- Um welche Zahl an Sportlern und Besuchern geht es? (Massenphänomen)
- Welche Baulichkeiten und Nebenanlagen spielen eine Rolle? (Infrastrukturaspekt)
- Welche Ausprägung haben Instandhaltung und Betrieb der Anlage? (Aspekt des Anlagenbetriebs)
- In welchen Zeitphasen (bezogen auf Tages- und Jahreszeit) spielen sich die Aktivitäten ab? (Zeitaspekt)
- Wo werden die Anlagen errichtet bzw. die Aktivitäten ausgeübt? (Standortaspekt)
- Welche Raumansprüche werden von Seiten des Sports als existenziell betrachtet und wo sind diese Ansprüche flexibel, ohne die spezielle Sportausübung als solche in Frage stellen zu müssen? (Aspekt der Anpassungsfähigkeit an veränderte Rahmenbedingungen)
- Welche infrastrukturellen, verkehrlichen und baulichen Folgen sind außerhalb der Anlage zu erwarten? (Aspekt der Sekundäreffekte)

Im Handbuch sind die Kapitel über die umwelterheblichen Sportarten nach folgenden Aspekten gegliedert:
- umweltrelevante Charakteristik der Sportart (Beschreibung von Anlagen und Aktivitäten sowie Raumansprüchen als Einführung),
- Teilziele, die die Vertreter dieser Sportart gemeinsam mit Umweltorganisationen anstreben,
- auftretende Konflikte im Rahmen dieses Sports mit Belangen der Umwelt,
- Lösungsansätze zur Vermeidung oder Minderung solcher Konflikte,
- rechtliche Rahmenbedingungen, die hinsichtlich der Anlagen und Aktivitäten des Sports zu beachten sind.

Bevor im speziellen Teil des Handbuchs auf die einzelnen umweltrelevanten Sportarten eingegangen wird, sind in den folgenden Kapiteln zunächst übergreifende Aspekte und Zusammenhänge aufzuzeigen.

2. Entwicklungen und Tendenzen von Freizeit und Sport

Zunächst muß Klarheit über die verwendeten Begriffe hergestellt werden: „Freizeit" und „Sport" und ihre Verbindung im Ausdruck „Freizeitsport". Ein Teil der frei verfügbaren Zeit (also der Zeit außerhalb der Arbeitszeit und außerhalb sonstiger für notwendige Verrichtungen wie Körperpflege, Behördengänge, Arztbesuche etc. festgelegter Zeit) wird für sportliche Betätigungen verwendet. Aber auch der innerhalb von Institutionen betriebene Sport (z.B. Betriebs- und Schulsport) ist einzubeziehen. Gemäß der Definition im Brockhaus ist Sport eine „Sammelbezeichnung für die an spielerischer Selbstentfaltung und am Leistungsstreben orientierten Formen menschlicher Betätigung, die der körperlichen und geistigen Beweglichkeit dienen, besonders auf dem Gebiet der Leibesübungen" (dtv Brockhaus-Lexikon 1989). Sport umfaßt nicht nur den nach bestimmten Regeln und Wettkampfformen organisierten Sportbetrieb, sondern auch regellose (nichtnormierte) körperliche Betätigung in sehr verschiedenen Lebenssituationen und aus verschiedenen Motiven heraus (Freizeitsport). Es geht in diesem Handbuch um den Sport innerhalb und außerhalb von Vereinen, und es geht um Leistungs-, Breiten- und Ausgleichssport im besiedelten und unbesiedelten Raum. Ein Schwerpunkt der Betrachtung liegt auf solchen umwelterheblichen Sportarten, die jenseits der „klassischen Sportarten" in zunehmendem Maße Ausdruck unserer Freizeitgesellschaft werden und vorwiegend in der freien Landschaft stattfinden. Stichworte wie Skisport, Wassersport, Golf, Motorsport, Reiten und Tennis und sog. „Modesportgeräte" wie Mountainbikes und Hängegleiter markieren eine Entwicklung, die immer stärker die Züge eines Massenphänomens trägt.

Da es kein allgemein anerkanntes theoretisch befriedigendes **Begriffsverständnis** von „Sport" gibt und wohl auch nicht geben kann (TAUBE 1990), wird in dieser Arbeit das Thema pragmatisch abgegrenzt. Es werden solche motorischen Bewegungsabläufe als Sport betrachtet, deren Akteure im Deutschen Sportbund vollständig oder teilweise organisiert sind. Zum Thema gehören nur die umweltrelevanten Sportarten, also solche, die erhebliche Berührungspunkte mit Umweltbelangen aufweisen. Dazu zählen in zwei Fällen auch Aktivitäten, die als sportliche verstanden werden, obwohl sie (noch) nicht im DSB organisiert sind: Wandern und Klettern. Das Angeln, das sehr bedeutsame Berührungspunkte mit Naturschutzbelangen aufweist, wird als Freizeitaktivität behandelt. Die Mitgliedschaft des Anglerverbandes im DSB bezieht sich nur auf das Casting (Wurfsport an Land).

Die durch den Deutschen Sportbund (DSB) repräsentierten ca. 67.000 Sportvereine in der Bundesrepublik zählen insgesamt ca. 21 Millionen Mitglieder (einschließlich eventueller Doppelmitgliedschaften sowie sog. Passivmitglieder). Nach verschiedenen Meinungsumfragen bezeichnen sich größenordnungsmäßig 60 % der Bevölkerung als in irgendeiner Form sportlich aktiv (Auskunft DSB).

Im Rahmen der einzelnen Sportarten-Kapitel werden Angaben zur Zahl der organisierten und nichtorganisierten (Freizeit-)Sportler gemacht[1]). Die folgende Tabelle nennt die Mitgliederzahlen der Spitzensportverbände, die die in diesem Handbuch bearbeiteten Sportarten repräsentieren, und zwar für die alten und neuen Bundesländer.

Die darauf folgende Tabelle gibt darüber hinaus einen Überblick, wieviel Zeit die Freizeitsportler im Vergleich der Jahre 1981 und 1990 für ihre Sportaktivitäten aufgebracht haben. Diese Erhebungs- und Prognosedaten beziehen sich nur auf den Freizeitsport und klammern Berufs-, Leistungs- und Schulsport aus.

Die Grenzen zwischen Sportgeschehen im engeren Sinn und der allgemeinen Entwicklung von Naherholung und Tourismus sind fließend.

Im Rahmen des Themas „Sport-Umwelt" kommt es nicht darauf an, ob eine Freizeitaktivität eher touristischen oder vereinsgebundenen Charakter trägt, sondern die einzelnen Aktivitäten als solche (einschließlich der infrastrukturellen Begleiterscheinungen) sind von Interesse. Daher werden die Begriffe „Sport" und „Freizeitsport" synonym verwendet.

Sport wird nicht nur im Wohnbereich (als Freizeitsport, Schulsport, Berufssport) ausgeübt, sondern auch im Urlaub („Sporturlaub"). Der Sport kann sogar zum touristischen Hauptmotiv werden, z.B. beim „Skiurlaub", beim „Bergsteigerurlaub", bei der Radtour, der Kanu-Wanderfahrt, der Segeltour, dem Reiterurlaub oder dem Tauchkurs in einem fernen Land. Auch

[1]) Diese Zahlen beziehen sich nur auf die alten Bundesländer, weil die Vergleichsdaten organisierter und nichtorganisierter Sportler zur Zeit der Bearbeitung für die neuen Bundesländer nicht vorlagen.

Mitgliederzahlen umweltrelevanter Spitzensportverbände in der Bundesrepublik Deutschland 1991

	Spitzensportverband	organisierte Sportler
Angeln:	Verband Deutscher Sportfischer (VDSF)	ca. 636.000
Fliegen:	Deutscher Aero-Club (DAeC)	ca. 68.000
Golf:	D. Golfverband (DGV)	ca. 142.000
Kanusport:	D. Kanu-Verb. (DKV)	ca. 109.000
Landgebundener Motorsport:	ADAC u. AvD	ca. 143.000
Motorbootsport:	D. Motoryacht-Verb. (DMYV)	ca. 106.000
Radsport:	Bund D. Radfahrer (BDR)	ca. 143.000
Reiten:	D. Reiterliche Vereinigung	ca. 602.000
Rodeln:	D. Bob- u. Schlittensportverb. (DBSV)	ca. 1.200
Rudern:	D. Ruderverband (DRV)	ca. 68.000
Schießen:	D. Schützenbund	ca. 1.379.000
Segeln/Surfen:	D. Seglerverband (DSV)	ca. 165.000
Ski alpin/ Langlauf:	D. Skiverband (DSV)	ca. 691.000
Tennis:	D. Tennisbund (DTB)	ca. 2.250.000
Wasserski:	D. Wasserski-Verb. (DWS)	ca. 5.600

Quelle: Deutscher Sportbund

Insgesamt mit Sportaktivitäten verbrachte Stunden im Freizeitsport in der Bundesrepublik Deutschland 1981 - 1990 (nur alte Bundesländer)

	Mit der Sportaktivität insgesamt verbrachte Stunden in 1.000		
Sportaktivität Jahr	1981	1990	Veränderung in Prozent
Wandern	1.729.000	1.990.400	11,1
Bergsteigen/Klettern	136.500	143.000	4,8
Fitneßsport: Trimmen/Jogging	209.000	198.400	- 5,1
Reitsport (Freiluft und Halle)	315.000	457.800	45,3
Radsport Mountain-Biking Querfeldein-Fahren (Gelände, Halle, Straße)	2.244.000	2.416.000	7,7
Angeln, Wettfischen	236.000	307.000	30,1
Tauchen (Halle, Freibad, Freigewässer)	69.000	81.300	17,8
Kanusport, Paddeln	63.000	72.900	15,7
Rudern	41.600	36.000	- 13,5
Wasserski	20.000	27.800	39,0
Surfen	88.000	143.600	63,2
Segeln	135.000	159.500	18,1
Ski-Alpin	222.000	261.000	17,6
Ski-Langlauf	88.000	124.960	42,0
Ski-Hochtouren	1.500	6.435	329,0
Schlittenfahren	39.000	39.050	0,2
Motorsport (Gelände u. Straße)	132.000	101.400	- 23,2
Schießsport	82.500	87.250	5,8
Flugsport (Segelfliegen, Motorsport)	15.600	19.720	26,4
Golf	5.000	12.300	146,0
Tennis (Freiluft, Halle)	209.000	286.440	37,1
Fußball (Feld, Halle)	344.000	265.600	- 22,8
Leichtathletik (Freiluft, Halle)	157.500	139.950	- 11,1

Quelle:
Institut für Freizeitwirtschaft 1983, TAUBE 1990 (verkürzt), einige Angaben sind nur geschätzt.

Golf und Paragliding stehen manchmal im Mittelpunkt des Urlaubs. Meist spielt der Sport jedoch eher eine untergeordnete Rolle neben anderen Urlaubsaktivitäten. Die meisten Urlauber (1988: 72 %) wollen im Urlaub vor allem „einfach abschalten" und „auf der faulen Haut liegen". Die Tabelle auf S. 19 zeigt, welche Sportarten in welchem Maße von den bundesdeutschen Urlaubern 1988 ausgeübt wurden. Die Befragung bezieht sich nur auf Urlaubsreisen von mindestens 5 Tagen Dauer. Die (z.B. für das Skilaufen) sehr bedeutsamen Kurzreisen (z.B. Wochenendausflüge) sind nicht erfaßt.

In neueren Untersuchungen über das Verhalten von Touristen sind folgende drei Trends festgestellt worden: Zunächst der Trend der **„neuen Verantwortung"**, die vor allem das Konsumverhalten der unter 40jährigen bestimmt. Unter den Urlaubern ist ein wachsendes Umwelt- und Naturbewußtsein festgestellt worden. Die Vorliebe für Urlaubsgebiete mit einer intakten Umwelt nimmt zu, umweltbelastete Feriengebiete werden mehr und mehr gemieden. Ein weiterer Trend kommt hinzu: das sog. **„neue Genußstreben"** oder die „Freizeitdominanz". Das heißt, daß die Motivation zur Arbeit zunehmend aus der Freizeit kommt und nicht, daß die Freizeit überwiegend dazu da ist, Kräfte für die Arbeit zu sammeln. Diese neue Freizeitdominanz beinhaltet nicht nur den Wunsch nach mehr Freizeit, sondern auch die Aktivierung und Diversifizierung des Verhaltens in der freien Zeit. Sport, Körperbezogenheit, Genuß und Erlebnis sind die touristischen Motivationen für diesen Personenkreis. Ein dritter Trend wird mit dem Schlagwort **„neue Selbstverwirklichung"** belegt. Aktivitäten mit spielerischem Akzent werden bevorzugt, überflüssige Reglementierungen abgelehnt (IPK, 1990).

Dem Deutschen Sportbund (DSB) gehören 54 Spitzenverbände unterschiedlicher Sportarten an (Stand 1988). Der Organisationsgrad, der bei den hier abgehandelten Sportarten unterschiedlich hoch liegt (siehe jeweiliges Einführungskapitel), ist bedeutsam im Hinblick auf die Möglichkeiten, das Verhalten der Sportler im Sinne der Respektierung von Umweltbelangen zu beeinflussen. Denn mit einer verantwortungsbewußten Umweltpolitik erreichen die Sportverbände in erster Linie die eigenen Mitglieder. Jedoch üben die Verbände in der Regel auch einen erheblichen Einfluß auf die Freizeitsportler und auf die Sportartikelindustrie (hinsichtlich der Werbestrategie für Sportgeräte und -bekleidung) aus. Durch Information, Schulung und Aufstellen von Verhaltensregeln (bis hin zur sozialen Kontrolle „schwarzer Schafe") kann also über den organisierten Sport ein hoher Bevölkerungsanteil für Belange der Umwelt sensibilisiert werden.

Der Soziologe Klaus Heinemann sieht die Entwicklung des Sports als Übergang von einem geschlossenen zu einem offenen System und beschreibt u.a. folgende Ansätze, denen auch Bedeutung für die Sport-Umweltthematik zukommt (zitiert bei EUERING 1987):

- Der Sport werde in seiner künftigen Entwicklung seine innere Einheitlichkeit zunehmend verlieren. Die bindende Kraft des traditionellen Konzepts des Sports schwäche sich ab. Dies habe zur Konsequenz, daß sich unterschiedliche Konzepte und Formen des Sporttreibens entwikkelten, so daß der einzelne zwischen einer steigenden Zahl von alternativen Sportangeboten entsprechend seinen individuellen Wünschen wählen könne.
- Mit dieser Entwicklung verliere der Sport zugleich seine geschlossene Identität, die Grenzen zu anderen Formen der Bewegungskultur würden verschwimmen; der Sport ginge Verbindungen ein zu anderen Formen von Körperausdruck und -bewegung, etwa auf der einen Seite zu Tanz und Theater, auf der anderen Seite zu Körpermeditation, Yoga, autogenem Training, Eutonie, Tanztherapie usw. Auch würden die Grenzen zu anderen Formen des Freizeitverhaltens und der Urlaubsgestaltung, in denen Erholung, Entspannung, Geselligkeit, Unterhaltung, Spiel und Abwechslung gesucht würden, unscharf.

Diese Tendenzen haben auch Auswirkungen auf die Beziehung zwischen Sport und Umwelt:

- Sport im Verein ist nicht mehr unangefochten, sondern muß sich gegenüber unorganisierten Formen der Sportausübung behaupten. Eine Möglichkeit, sich als Verband und Verein zusätzlich zu legitimieren, besteht darin, bei den Mitgliedern das Wissen und die Verantwortlichkeit im Bereich Umwelt- und Naturschutz zu stärken.
- Andere, mehr „nach innen" gehende Formen der Bewegungskultur zeigen neue Alternativen auch für solche Sportaktivitäten auf, die in bestimmten Räumen und zu bestimmten Zeiten problematisch sind (z.B. alternative Freizeitangebote in schneearmen Wintern).

In den vergangenen dreizehn Jahren konnte eine gewaltige Zunahme der Freizeitansprüche an die Landschaft beobachtet werden. Von 1976 bis 1989 waren z.B. folgende Zuwächse allein in der Bundesrepublik Deutschland zu verzeichnen:

150.000 Surfer
900.000 Moutain-Bikes
360.000 Vereins-Skisportler
250.000 Sportfischer
170.000 Reiter
67.000 Golfer
13.000 Kanuten
10.000 Drachenflieger
200.000 Campingstellplätze

Die gegenwärtigen absoluten Zahlen der Sportaktivitäten sind in den Kapiteln genannt, die sich auf die jeweiligen Sportarten beziehen.

Der Boom geht weiter: Gras-Ski, Riverrafting, Freihand-Klettern, Überlebenstraining und andere Sport- und Freizeitarten, von denen vor zehn Jahren noch niemand gesprochen hat, beanspruchen ebenfalls Natur und Landschaft (vgl. die Abbildung: „Vermehrung und Ausdifferenzierung der Sport- und Freizeitaktivitäten").

Die verstärkte Nachfrage geht einher mit Motiven und Verhaltensweisen, die gerade aus der Sicht der Umwelt beachtet werden sollten:

- Die zunehmenden Bedürfnisse nach „Sport in der Landschaft" sind vielfach als Fluchtreaktion zu deuten angesichts der besonders hohen Umweltbelastungen und des Grünflächenmangels in den Ballungsgebieten.
- Wachsende Mobilität, die aus höherem Einkommen und vermehrter Freizeit resultiert. Insbesondere die Möglichkeit, Freizeit in größeren Zeitblöcken zu verbringen, verstärkt den Druck auf die Landschaft, die „bis in den letzten Winkel" mit Hilfe des PKW aufgesucht wird.
- Sprengen von Grenzen, die früher „von Natur aus" den Freizeitaktivitäten entgegenstanden (z.B. extreme Temperaturen, Witterung). Die verstärkte Ausdehnung der Urlaubssaison in Frühjahr und Herbst hinein (auch die „langen Wochenenden" und der „Zweiturlaub") ebenso wie die Entwicklung neuer Freizeitgeräte und Sportbekleidungen (z.B. Tauch- und Surfanzüge) erhöhen das Sportleraufkommen in Zeiten, in denen in der Natur früher „Ruhe" herrschte.
- Das Vordringen in Bereiche, die dem Menschen früher weitgehend „Widerstand" leisteten. Seien es steile Felswände und Gebirgspfade (Bergsteiger) oder tiefe Gewässer (Taucher), seien es flache Uferzonen (Surfer) oder reißende Bäche (Kanuten), seien es unwegsame Geländeformen (Motorsport) oder abgelegene Schneegebiete (Tourenskiläufer, Variantenfahrer), sei es der Luftraum (Drachen- und Gleitschirmflieger), das Dickicht des Waldes (Orientierungslauf) oder der stille Platz am Fluß (Angler): überall wird die „Herausforderung der Natur" begeistert angenommen, der Reiz der Natur genossen, auch wenn die hier vorkommenden Lebensgemeinschaften auf Störungsfreiheit angewiesen sind.
- Die Kollision der vermehrten Naturorientierung mit den knapper gewordenen naturnahen Landschaftsräumen. Die starke Nachfrage nach naturnahen Aktionsräumen stößt auf Abwehr und Restriktionen von Seiten des Naturschutzes, dessen Vertreter die verbliebenen Reste hartnäckig gegen weiteren Verbrauch verteidigen. Unverständnis und Zorn über die Reglementierung – ausgerechnet in der „freien" Zeit – ernten die „Naturschützer", weniger die Verursacher der Mangelsituation (z.B. Landwirtschaft und Straßenbau).
- Die zunehmende Betroffenheit der Sportler durch Umweltbelastungen. Vor allem durch Luft- und Gewässerverunreinigungen, aber auch durch die Verknappung von Grünanlagen und landschaftlich reizvollen Räumen sind die Sportler in ihrer Gesundheit gefährdet beziehungsweise in ihren Bewegungsmöglichkeiten eingeengt.

Ausgeübte Sportarten im Urlaub 1988

Frage: *„Wir haben hier einige Sportarten, die man im Urlaub ausüben kann, aufgelistet. Geben Sie mir bitte an, welche Sportarten Sie während Ihrer Haupturlaubsreise 1988 ausgeübt haben."*

RA 88 Reisende: 31,6 Mio. n = 4.145 (Mehrfachnennungen)	Ausgeübte Sportarten 1987		Ausgeübte Sportarten 1988	
	%	Mio.	%	Mio.
Schwimmen	74,7	23,3	65,3	20,7
Wandern	55,2	17,2	44,5	14,1
Ball- und Bewegungsspiele	29,3	9,1	21,8	6,9
Radfahren	14,2	4,4	14,4	4,5
Jogging	13,9	4,3	9,3	2,9
Gymnastik	12,2	3,8	8,1	2,6
Tischtennis	11,5	3,6	8,5	2,7
Rudern/Paddeln	9,8	3,1	6,9	2,2
Motorboot fahren	7,7	2,4	5,9	1,6
Tennis	7,3	2,3	6,7	2,1
Kegeln/Bowling	6,7	2,1	3,9	1,2
Tauchen	6,4	2,0	5,2	1,6
Klettern/Bergsteigen	6,4	2,0	5,5	1,7
Windsurfen	5,9	1,8	4,7	1,5
Segeln	4,5	1,4	4,1	1,3
Angeln	3,0	1,0	3,3	1,0
Reiten	2,0	0,6	2,2	0,7
Ski-Alpin	1,0	0,6	1,9	0,6
Ski-Langlauf	1,1	0,3	1,0	0,3
Sonstiges	2,0	0,6	1,0	0,3
Keine Sportart ausgeübt/ Keine Angaben	6,5	2,0	15,6	4,9
Durchschnittliche Anzahl der Sportarten im Urlaub	2,8		2,2	

Quelle: Studienkreis für Tourismus (Reiseanalyse 1988)

Vermehrung und Ausdifferenzierung der Sport- und Freizeitaktivitäten in den letzten Jahren am Beispiel des Bergsports und des Wassersports (aus BUND 1989)

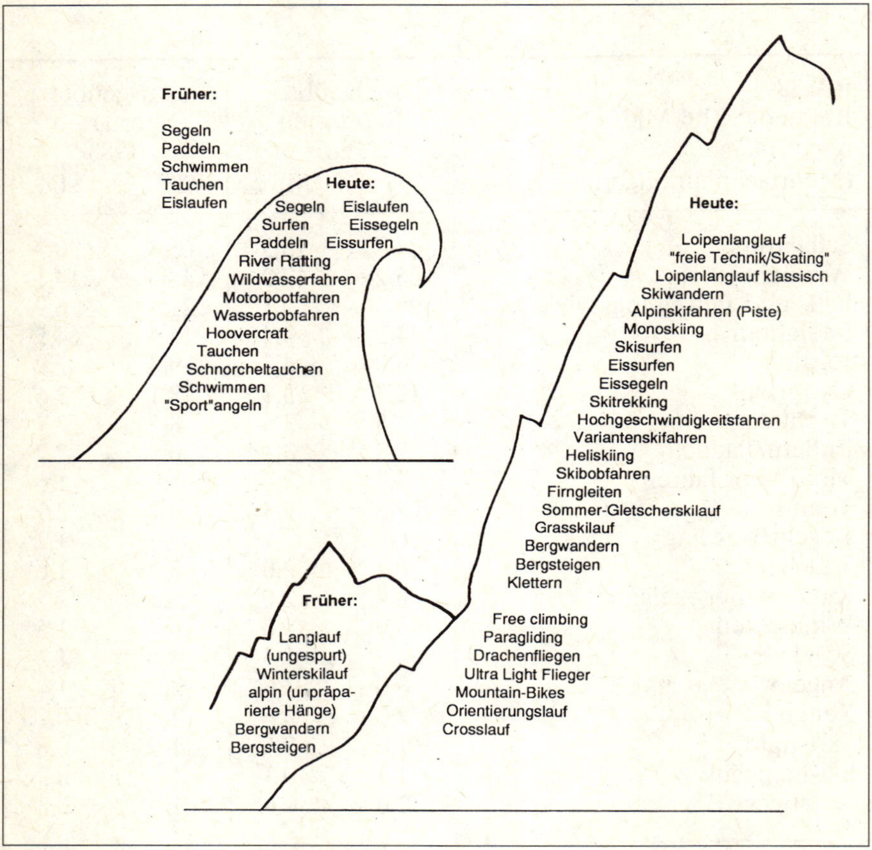

- Gestiegenes Gesundheits- und Umweltbewußtsein in der Bevölkerung. Dieses führt einerseits zu verstärkter sportlicher Aktivität (auch um die Bewegungsarmut des Berufsalltags zu kompensieren), andererseits zu mehr Einsicht in die Notwendigkeit, mit Ressourcen sparsam umzugehen und Umweltbelastungen so weit wie möglich zu vermeiden (auch im Bereich des Sports).
- Unterschiedliche Umweltbelange in verschärftem Konflikt miteinander. Gerade die gewachsene Sensibilisierung gegenüber Lärm verbunden mit teilweise enger räumlicher Nähe zwischen Sportanlagen und Wohnnutzung führte in den letzten Jahren vielfach zu gerichtlichen Auseinandersetzungen über sportbedingte Geräusche. Es wurde auch die Forderung erhoben, lärmrelevante Sportanlagen in den landschaftlichen Außenraum zu verlagern. Dadurch würden jedoch neue und gravierende Umweltbelastungen hervorgerufen, bedingt durch die zusätzlichen Verkehrsbewegungen und durch den Flächenverbrauch in erhaltenswerten Landschaftsräumen.

Zusammenfassend kann gesagt werden, daß es sich bei diesen Trends einerseits um zusätzliche und breiter gefächerte Nutzungsansprüche an den knappen Raum handelt, daß jedoch andererseits die Wertschätzung von „Natur" gestiegen ist und damit die Bereitschaft, begründete Einschränkungen zu akzeptieren. Hier tragen die Sportverbände eine besondere Verantwortung: das Umweltbewußtsein ihrer Mitglieder und der unorganisierten Sportler weiter zu wecken und zu stärken sowie (in Abstimmung mit Umwelt- und Naturschutzverbänden) Konzepte der Selbstbeschränkung zu entwickeln. So können Sportler glaubwürdig ihren Einsatz für mehr Umwelt- und Naturschutz leisten. Dieser Einsatz liegt zumindest teilweise auch im unmittelbaren Interesse des Sports, da seine Ausübung in mancherlei Hinsicht auf gesunde Umweltbedingungen und auf eine erlebnisreiche, naturnahe, unzerstörte Landschaft angewiesen ist (vgl. dazu Kapitel 3.2 und die auf die einzelnen Sportarten bezogenen Kapitel „gemeinsame Teilziele").

3. Zur Beziehung Sport – Umwelt

3.1 Umweltschutz-Aktivitäten von Sportverbänden und Umweltpolitik

Seit das Thema Sport – Umwelt intensiver diskutiert wird und die Suche nach Konfliktlösungen beschleunigt hat, sind Sportverbände und Regierungen auf Bundes- und Länderebene verstärkt in diesem Bereich aktiv geworden. Einige ausgewählte Aktivitäten seien hier genannt.

Der **Deutsche Sportbund (DSB)** hat 1982 seinen „Wissenschaftlichen Beirat" zu Umweltfragen aufgewertet in eine „Präsidialkommission Sport und Umwelt", in der neben Vertretern einiger Spitzensportverbände auch ein führendes Mitglied der Umweltorganisationen und ein Wissenschaftler aus dem Fachgebiet Ökologie vertreten sind. Diese Kommission hat u.a. die „Umweltpolitischen Grundsätze des DSB" erarbeitet, die 1984 vom höchsten Gremium des DSB (Bundestag) verabschiedet wurden. Der DSB bekennt sich im „3. Memorandum zum Goldenen Plan" zu dem Leitkriterium „Umweltverträglichkeit" für die künftige Planung aller Sportanlagen.

Seit 1985 gibt der DSB ein Informationsblatt „Sport schützt Umwelt"[1]) heraus, in dem sowohl Informationen als auch Positionen des Sports zum Thema Sport - Umwelt publiziert werden. In einer eigenen Rubrik kommen auch Positionen der Umweltverbände zum Ausdruck.

Auch einige **Landessportverbände** haben Umweltkommissionen unter Einbeziehung von Umweltorganisationen berufen. Auf der Länderebene können auftretende Konflikte vielfach konkreter und differenzierter bearbeitet werden als auf Bundesebene. Die Landessportverbände haben ihre Positionen in Form von Veröffentlichungen und Resolutionen bekanntgemacht sowie Veranstaltungen zum Thema Sport und Umwelt durchgeführt. Teilweise sind hauptamtliche Referate für Sport und Umwelt eingerichtet.

Durch die meisten landschaftsorientierten Spitzenverbände des Sports wurden Umweltfragen aufgegriffen, indem sie Gutachten vergeben, Resolutionen verfaßt, Verhaltensregeln verbreitet und Informationsveranstaltungen für ihre Mitglieder angeboten haben. Teilweise wurden auch hier Umweltkommissionen und Umweltbeauftragte ernannt.

Besonders erwähnt sei in diesem Zusammenhang die 1988 aus dem Allgemeinen Deutschen Hochschulsportverband hervorgegangene Initiative „Sport mit Einsicht", die sich als „Initiative zur Förderung eines umweltverträglichen und sozialverantwortlichen Sports in Freizeit und Urlaub" versteht. Ihre Hauptaufgaben sind
- die Aufklärung und Information der Öffentlichkeit über Möglichkeiten umwelt- und sozialverträglichen Sporttreibens,
- die Förderung konzeptioneller Weiterentwicklungen in Freizeit- und Urlaubssport,
- die Förderung von Forschung und Weiterbildung im Bereich Sport - Tourismus - Umwelt,
- die Beratung von Verbänden und Unternehmen, die in diesem Bereich tätig sind, sowie
- die Verbesserung und Intensivierung der Zusammenarbeit der Verbände und Organisationen im Bereich Sport - Tourismus - Umwelt.

Von Seiten des Sports wurden bereits mehrfach Aktionen gemeinsam mit Umweltorganisationen durchgeführt, vor allem mit dem Deutschen Natur-

[1]) Dieser Titel ist nicht als Feststellung, sondern als Programm zu verstehen (Mitteilung des Herausgebers).

schutzring (DNR), dem Bund für Umwelt und Naturschutz (BUND), der Arbeitsgemeinschaft beruflicher und ehrenamtlicher Naturschutz (ABN) und dem World Wildlife Fund (WWF). Beispiele für solche Aktionen sind

- ein gemeinsamer Stand von BUND und DSB auf der Wassersportausstellung „boot '87" in Düsseldorf,
- eine Tagung „Landschaftsverbrauch durch den Sport" in Waldenburg 1987 (gemeinsam mit dem DNR) sowie ein Expertengespräch zwischen Spitzenvertretern des Sports und solchen aller großen Umweltverbände (1989 in der Willi-Weyer-Akademie Berlin),
- eine gemeinsame Presseerklärung von DSB und DNR anläßlich eines Gerichtsurteils. Die Erklärung betont die Notwendigkeit von Sportanlagen im Wohnumfeld und fordert entsprechende Toleranz im Hinblick auf die Lärmproblematik.

Sportplatz um die Ecke

Quelle: Flurbereinigungsdirektion Ansbach

Auch im Bereich der Politik haben Bemühungen zur Aufklärung und Bewältigung des Problemfeldes „Sport – Umwelt" stattgefunden. So etwa wurde 1986 eine ganztägige Anhörung vor dem Sportausschuß des Deutschen Bundestages zu diesem Thema durchgeführt. Eine von den Konferenzen der Umweltminister und der Sportminister eingesetzte Arbeitsgruppe „Sport und Umwelt" hat in drei Arbeitskreisen getagt und in einem abschließenden Bericht u.a. Grundsätze für umweltverträgliche Sportinfrastruktur und Sportausübung vorgelegt (SMK/UMK 1988).

Verschiedene Landesparlamente haben sich ebenfalls des Themas in Debatten und Beschlüssen angenommen. Baden-Württemberg hat zur Verbesserung der Kooperation auf ministerieller Ebene eine „Klärungsstelle" eingerichtet, die zur Lösung konkreter Konflikte zwischen Sport und Umwelt einzuschalten ist.

Anfang 1988 legte die Bundesregierung – einem Bundestagsbeschluß folgend – den Bericht „Sport und Umwelt" sowie weitere Informationen in der Broschüre „Sport in einer lebenswerten Umwelt" vor.

Die hier genannten Aktivitäten sind Schritte in die richtige Richtung. Sie sollten nicht das Gefühl aufkommen lassen, schon genug getan zu haben. Vielmehr sind sie als Beginn eines Bewußtseinsprozesses zu interpretieren, der eine wichtige Voraussetzung ist für den Umgang mit dem „Spannungsfeld Sport und Umwelt" im Sinne einer ökologisch verträglichen Praxis.

Vom Leiter der Abteilung Sportanlagen im DSB (zuständig auch für Umweltfragen) stammt der Satz: „Die Kriterien zu einem verantwortungsbewußten Umgang mit den natürlichen Lebensgrundlagen liegen in den Grundpositionen des Sports begründet: Fairness und Regeleinhaltung sind sporttypische Einstellungen, und eins der wichtigsten Motive zum Sporttreiben – die Gesundheitsvorsorge – läßt sich ebenfalls leicht in Umweltvorsorge übersetzen" (JÄGEMANN 1989).

3.2 Stellenwert von Umweltbelastungen für den Sport

Die auf Bewegungsräume und gesunde Umweltbedingungen angewiesene Sportausübung ist in vieler Hinsicht Opfer mangelhafter Umweltqualität. Schon 1974 war es Ziel der Deutschen Sportjugend, mit dem „Modernen Dreikampf für saubere Umwelt" „... die Gesundheitsgefährdung durch Sport in schadstoffbelasteter Umwelt zum Thema zu machen, um auch von seiten des Sports auf die dringende Notwendigkeit aktiven Umweltschutzes aufmerksam zu machen" (Deutsche Sportjugend 1984).

So etwa atmet ein Jogger bei einem Lauf in der Großstadt den Schadstoffgehalt von 20 Zigaretten ein. Kanufahrer sind schon mehrfach an Leptospirose-Infektionen erkrankt als Folge der Gewässerbelastung in Flüssen (DSM-Informationsdienst 1986).

Wie stark die Sportausübung durch Lärm und Blendung (z.B. als Folge benachbarter Straßen) beeinträchtigt wird und welche Möglichkeiten der Abhilfe bestehen, ist in dem Bericht „Freisportanlagen und Umgebung" dargestellt (Bundesinstitut für Sportwissenschaft 1975).

Neben solchen und anderen Belästigungen oder gar Gesundheitsgefährdungen sind Umweltbelastungen vielfach Auslöser von Einschränkungen oder Unterlassung sportlicher Betätigung, weil entweder der geeignete Raum fehlt oder der Sport aufgrund der mangelhaften Umweltsituation gar nicht erst ausgeübt wird.

Neben den unmittelbaren Umweltbelastungen sind auch solche von Bedeutung, die den Sport mittelbar einschränken. In diesem Zusammenhang ist vor allem der Verkehrslärm und die Verknappung naturnaher Landschaftsbereiche vor allem durch die Landwirtschaft zu nennen.

Der Lärm gilt zu Recht als eine neuzeitliche „Geißel der Menschheit".

Ein hoher Bevölkerungsanteil fühlt sich vor allem durch den fast allgegenwärtigen Straßenlärm sowie durch Fluglärm tags und nachts belästigt. Auch auf Sportgeräusche reagieren immer mehr Menschen, wenn sie in ihrem Wohnbereich - wo sie sich u.a.von dem Lärmstreß erholen wollen - davon betroffen sind. Diese hohe Sensibilität gegenüber Sportgeräuschen kann zumindest zu großen Teilen als indirekte Folge der Hauptlärmquellen gedeutet werden.

Die wegen Ruhestörung durch Sportgeräusche angestrengten Prozesse (bisher sind über 100 Gerichtsurteile dazu ergangen) haben Befürchtungen aufkommen lassen, daß so manche Sportanlage „um die Ecke" in ihrem Bestand gefährdet ist oder gravierenden Einschränkungen des Sportbetriebes unterworfen zu werden droht.

Während die Lärmproblematik den Sport im Wohnumfeld in gewissem Umfang behindert, ist der landschaftsbezogene Sport vor allem Leidtragender der Verknappung von naturnahen Landschaftsteilen. Die industrialisierte Landbewirtschaftung hat in den vergangenen Jahrzehnten die früher kleinteilige Kulturlandschaft in eine relativ monotone, naturferne „Produktionsfläche" verwandelt. Auch die Gewässer sind größtenteils verbaut. Die früher reichliche Ausstattung mit naturnahen, urwüchsigen Bereichen (Mooren, Heiden, Feuchtgebieten aller Art, Trocken- und Halbtrockenrasen) ist verloren. Inzwischen wird von seiten des Naturschutzes angesichts des rapiden Artensterbens verzweifelt um die noch erhaltenen Reste von naturnahen Lebensräumen (Biotopen) gekämpft. Da viele (Freizeit-)Sportler verständlicherweise einen naturnahen Aktionsraum bevorzugen oder gar aufgrund ihrer sportspezifischen Raumansprüche darauf angewiesen sind, entstehen Konflikte zwischen Schutz und Sportnutzung in den ökologisch sensiblen und schutzwürdigen Bereichen. Von besonderer Bedeutung sind dabei die Naturschutzgebiete, die nur ca. 1,2 % der bundesdeutschen Fläche einnehmen (westliche Bundesländer).

Hauptursache dieses Konfliktes ist die Knappheit der ökologisch wertvollen Flächen. Diese Verknappung wenigstens teilweise rückgängig zu machen (Rückbau, Renaturierung, Extensivierung) ist ein Ziel, das den Konflikt deutlich entschärfen würde (vgl. Kap. 3.5).

3.3 Schwerpunkte des Konflikts Sport - Umwelt

Es ist sehr schwer, auf einem allgemeinen Niveau zutreffende Aussagen über „die" Umweltauswirkungen „des" Sports zu treffen. Drei Gründe sprechen für die Notwendigkeit der Differenzierung:

a) Die Berührungspunkte zwischen Sport und Umwelt sind bei jeder Sportart andere. Unterschiedliche Umweltressourcen (Boden, Wasser, Luft, Tier- und Pflanzenwelt, Landschaftsbild und Ruhe) werden in Abhängigkeit von der sportlichen Betätigung unterschiedlich beansprucht, verändert und beeinträchtigt.

b) Potentielle Umweltbelastungen sind nicht unbedingt mit tatsächlichen Belastungen gleichzusetzen. Manche Umweltbelastungen hängen zwar immer mit bestimmten Sportarten zusammen (z.B. Flächenversiegelung, intensive Rasenpflege, Eingriffe in den Boden oder in die bestehende Tier- und Pflanzenwelt), jedoch gibt es auch zahlreiche potentielle Belastungen, die sich bei umweltbewußter Standortwahl (bzw. Trassenführung) und rücksichtsvollem Verhalten vermeiden lassen.

c) Das Maß der Umweltbelastung ist oft entscheidender als die Art der Umweltbelastung. Das Maß der Umwelt(zer)störung ist abhängig davon,
- wie intensiv der sportliche Aktivitätsraum beansprucht wird (Grad des infrastrukturellen Ausbaus, Intensität der Pflege, Besucherdichte, Anteile stark und weniger stark veränderter Flächen) und
- wie sensibel und schützenswert der beanspruchte Raum aus ökologischer Sicht ist (Standortfrage).

Trotz dieser Vorbehalte sollen hier ganz generell die sportbedingten Belastungen bezeichnet werden, die aus Umweltsicht die größten Probleme hervorrufen. Damit sollen jedoch die anderen Umweltbelastungen nicht etwa automatisch der Kategorie „harmlos" zugeordnet werden, zumal diese im Einzelfall (aufgrund bestimmter Rahmenbedingungen, z.B. bei hoher ökologischer Empfindlichkeit und Schutzwürdigkeit) eine schwerwiegende Bedeutung erlangen können.

Folgende Belastungstypen sind als Schwerpunkte der sportbedingten Umweltproblematik zu betrachten:

1. Belastungen aufgrund der zeitlichen und räumlichen Konzentration von großen Menschenmengen (Aktive und Zuschauer), in der Regel verbunden mit erheblichem Infrastrukturausbau und hohem Individual-Verkehrsaufkommen (siehe 3.). Wenn solche Massierungen auch noch in relativ sensiblen Naturräumen vorkommen (z.B. Gebirge im Falle des Skisports und Uferzonen im Falle des Wassersports), dann ist mit besonders schwerwiegenden Umweltzerstörungen zu rechnen. Die Belastungen können sich auf sämtliche Umweltmedien erstrecken, sind jedoch auf relativ eng begrenzte Räume beschränkt (wobei jedoch – wie im alpinen Abfahrts-Skisport – eine große Anzahl solcher Räume in bestimmten Regionen zu einem Problem der Gesamtlandschaft werden kann).

2. Belastungen aufgrund der zeitlichen und räumlichen Ausbreitung der Sportaktivitäten in bisher ungestörte Gebiete hinein. Gerade die individuelle Vereinzelung bei der Sportausübung (Vermeidung von Menschenmassen), die auf den ersten Blick den Anschein der „Harmonie mit der Natur" erweckt, kann zur gravierenden Störung werden, indem sie auf sensible Lebensräume trifft. Dort kann sie schützenswerte Tierpopulationen durch den Streß der Beunruhigung verdrängen bzw. – wenn nicht genügend Ausweichraum zur Verfügung steht – vernichten.

Zwischen den Belastungen des ersten und zweiten Typs gibt es fließende Übergänge, wenn von bestimmten Konzentrationspunkten aus (z.B. Segelhäfen, Gipfelstationen) Sportler weit in den Raum vordringen (z.B. wenn Surfer entlegene flache Uferbereiche und Variantenskiläufer bisher „unberührte" Landschaftsbereiche heimsuchen).

3. Belastungen als indirekte Auswirkungen freizeitsportlicher Aktivitäten. Diese untrennbar mit dem Tourismus verbundene Problematik erstreckt sich vor allem auf den ungezügelten Ausbau von Infrastruktur (Straßen, Hotels, Gaststätten, Aufstiegshilfen, Ferienhäuser, Campingplätze) sowie auf die Benutzung des PKWs als Mittel zur Erreichung des Zielgebietes und zur Raumüberwindung im Zielgebiet. In vielen Fällen sind diese Sekundärbelastungen gravierender als die unmittelbar durch die Sportaktivität ausgelösten Belastungen.

Was die Art der durch Sport unmittelbar verursachten Umweltbelastungen anbelangt, so stehen die Belastungen des Bodens (Erosion, Wasserhaushalt) sowie die Belastungen der Tier- und Pflanzenwelt (durch Beseitigung bzw. Umwandlung von Lebensräumen) im Vordergrund.

Im Vergleich zu den hier angesprochenen Hauptproblemen in den Beziehungen Sport – Umwelt tritt das innerörtliche **Lärmproblem** der Sache nach in den Hintergrund, obwohl in der öffentlichen Diskussion dem durch Sportler verursachten Lärm (z.B. auf Fußball- oder Tennisplätzen) ein sehr hoher Stellenwert eingeräumt wurde, angestoßen durch spektakuläre Prozesse, die von Anliegern bestimmter Sportanlagen angestrengt worden sind. Das Problem der sportbedingten Lärmbelästigung im Siedlungsraum gewinnt nur in solchen Fällen punktuelle Bedeutung (und läßt sich durch Schutzvorkehrungen korrigieren), wo infolge von Planungsfehlern ausreichende Abstandsflächen nicht eingehalten worden sind (abgesehen vom Sonderfall des Motorsports). Demgegenüber fallen die ökologischen Belastungen durch landschaftsorientierte Sportarten wesentlich mehr ins Gewicht, weil diese vielfach auf die wenigen noch verbliebenen schutzwürdigen Lebensräume bedrohter Tier- und Pflanzengemeinschaften gerichtet sind. Die Lärmimmission durch Sportaktivitäten im Siedlungsgebiet (Wohnumfeld) und die dagegen vorgebrachte Kritik darf nicht dazu führen, daß entsprechende Anlagen vermehrt in der freien Landschaft errichtet werden. Um solche Fehlentwicklungen zu vermeiden, bietet sich ein ergiebiges Feld der umweltpolitischen und sportpolitischen Zusammenarbeit von Naturschutz- und Sportverbänden (vgl. Kap. 3.5).

Einige Bemerkungen zum Sekundäreffekt des motorisierten Individualverkehrs im Zusammenhang mit der Ausübung von Freizeitsport: Etwa die Hälfte aller in der Bundesrepublik Deutschland gefahrenen Personen-PKW-Kilometer dienen Freizeitzwecken. Von den in der Bundesrepublik

(West) jährlich ca. 1.200 Millionen Ausflügen werden 83 % mit dem PKW unternommen (Stand 1987). Wie hoch der Anteil der PKW-Benutzung für Zwecke des (Freizeit-)Sports liegt, ist nicht bekannt. Es kann davon ausgegangen werden, daß der motorisierte Individualverkehr zu den Hauptproblemen in der Beziehung Sport - Umwelt gehört.

Die durch die An- und Abfahrt zum bzw. vom Ort des Sportgeschehens verursachten Konflikte sind unter den sportbedingten Umweltbelastungen zwar besonders schwerwiegend, werden in diesem Handbuch jedoch nur am Rande angesprochen. Denn die in allen Industrieländern immer drükkender werdenden Probleme durch Individualverkehr und ihre Lösungsmöglichkeiten sind ein eigenes Thema, das - auch wenn es in Teilen mit dem Sport als einem unter vielen auslösenden Motiven zusammenhängt - auf einer komplexeren Ebene abzuhandeln ist.

3.4 Konfrontation oder Kooperation?

Ein Sprichwort sagt: den Letzten beißen die Hunde. Hat der Sport die durch andere Nutzungen verursachten Umweltbelastungen zu büßen, indem er Einschränkungen seines Aktionsraumes hinnehmen muß, weil die verbliebenen Umweltqualitäten (Ruhe, naturnahe Landschaftsteile) so knapp und entsprechend schutzwürdig geworden sind? Diese Suggestivfrage ist berechtigt. Sie kann der Ausgangspunkt für zwei gegensätzliche Reaktionen sein.

Für die **erste Reaktion** ist folgendes Argument typisch: „Ihr Umweltschützer, wendet Euch gefälligst gegen die wirklich großen Umweltzerstörer (Industrie, Landwirtschaft, Verkehr), bevor Ihr uns das Leben mit Euren Restriktionen schwer macht!" Indem man so mit dem Finger auf die großen „Bösewichter" zeigt, wird der Blick abgelenkt von den selbst verursachten Umweltbelastungen. Sie erscheinen als harmlos und hinnehmbar. Der Umwelt- und Naturschützer in Verwaltung und Verbänden wird in den Augen des so argumentierenden Sportlers zu einem lästigen Störenfried, der ungerechte und überzogene Forderungen stellt. Indem dieser Sportler auf das umweltfreundliche Tun „der anderen" wartet, verschiebt er den eigenen möglichen Beitrag zur Erhaltung der Umwelt auf den St.-Nimmerleins-Tag.

Für die **zweite Reaktionsweise** steht das folgende Argument: „Wir Sportler sind in vieler Hinsicht Opfer der Umweltbelastungen und müssen uns dagegen wehren. Wollen wir dabei glaubwürdig bleiben, müssen wir auch unser eigenes Tun überprüfen und gegebenenfalls korrigieren." Hier richtet sich der Blick nach vorn in eine Zukunft, die von Sportlern und Umweltschützern gemeinsam verbessert werden kann. Mit der bestehenden mangelhaften Umweltsituation muß man sich nicht abfinden. Es gibt genügend Möglichkeiten, auch als Sportler bei der Abwehr von Umweltbelastungen (die die eigenen Interessen an einer gesunden Bewegungskultur tangieren) mitzuwirken. Die eigene Stärke wird den mitgliedsstarken Verbänden bewußt. Diese Stärke verdoppelt sich bei einer Kooperation mit anderen umweltengagierten Bevölkerungsgruppen. Auch die eigene Sportaktivität wird nach Maßstäben der Umweltverträglichkeit ausgerichtet. Der Naturschützer wird nicht zu faulen Kompromissen gedrängt, wenn es um die sportliche Nutzung ökologisch sensibler und schutzwürdiger Bereiche geht. Der Sportler unterwirft sich nicht, sondern handelt aus Einsicht, wenn er auf umweltproblematische Standorte und Verhaltensweisen verzichtet.

Die folgende Position, vertreten von einem Mitglied des DSB-Präsidiums, zeigt die ernsthafte Bereitschaft, die natürlichen Lebensgrundlagen zu bewahren und auch belastende Folgen des Sporttreibers so gering wie möglich zu halten:

„Die Sportorganisationen haben großes Interesse an einer intakten Umwelt als Basis für gesunden und attraktiven Sport. Wir machen uns deshalb Sorgen um den Zustand unserer natürlichen Lebensgrundlagen und blicken mit großer Betroffenheit auf die bestürzenden Prognosen über die Zukunft unserer Erde. Endgültig vorbei sind die Zeiten, in denen bei der Diskussion von Umweltproblemen die dreifache Verharmlosung als Standardargument benutzt wurde: Es sei alles halb so schlimm. Das sei alles schon mal dagewesen. Und: Wir hätten die Sache fest im Griff. Inzwischen sind wir alle sensibler geworden. Wir wissen, daß die ökologischen Gesetze hochkomplex sind. Wir sind aber auch kritischer geworden und glauben nicht mehr alles, was Industrie und Politiker uns weismachen wollen. Wir sind dabei zu lernen. Auf den Sport und seine Umweltprobleme bezogen bedeutet dies, daß wir erkennen, wo die Gesundheit der Sportler durch den schlechten Zustand der Umwelt gefährdet ist, aber auch, auf welchen Gebieten wir gefordert sind und Verantwortung tragen.

Das DSB-Präsidium hat den Umweltbelangen des Sports höchste Priorität eingeräumt. Damit haben wir uns für die Zukunft ein gewaltiges Aufgabenbündel geschnürt. Künftig wird der DSB die Umweltdiskussion besonders auf zwei Gebieten führen, und seine Mitgliederorganisationen sind aufgerufen, mit eigenen Beiträgen und Vorstellungen mitzumachen. Das erste Gebiet betrifft die Umweltbedingungen, unter denen Sport ausgeübt wird. Das zweite Gebiet bezeichnet die Folgen des Sporttreibens für die Umwelt“ (DIENSTL 1990).

3.5 Gemeinsame Interessen von Sport- und Umweltverbänden

Daß aus den Reihen des Sports schon seit Jahren Proteste gegen Umweltzerstörungen erhoben worden sind, läßt sich vielfach belegen:

- Im Rahmen der Olympischen Spiele 1972 hat die Deutsche Sportjugend zum „Dreikampf“ um saubere Luft, sauberes Wasser und saubere Umwelt aufgerufen. Sie hat damit auf die belastete Umweltsituation aufmerksam gemacht, unter der auch die Ausübung des Sports zu leiden hat.

- Kanusportler haben sich gegen die Begradigung, Kanalisierung und den Aufstau von Fließgewässern gewendet, weil ihnen dadurch eine erhebliche Qualitätsminderung ihres Aktionsraumes zugemutet wurde.
- Taucher-, Angler- und Wassersportverbände kämpfen seit langem gegen die Verschmutzung der Gewässer und helfen mit, die Verursacher überhöhter Schadstoffeinleitungen ausfindig zu machen.
- Gebirgs- und Wandervereine prangern „harte" (mit Geländeeingriffen, Infrastrukturausbau und Autoverkehr verbundene) Formen des Freizeitsports an und propagieren „sanfte" Formen des Umgangs mit Natur.

Mit solchen Aktionen und Stellungnahmen vertraten und vertreten die Sportler ihr ureigenes Interesse an der Erhaltung oder Wiederherstellung einer hochwertigen Umwelt. Solange jedoch die einzelnen Sportverbände ausschließlich „in eigener Sache" tätig werden, indem sie sich gegen die Umweltbelastungen durch andere zur Wehr setzen, handeln sie sich allzuleicht den Vorwurf der „Doppelmoral" und die Aufforderung ein: „Kehrt erst mal vor der eigenen Tür!"

In der Erkenntnis des umfassenden, alle Lebensbereiche und Rollen durchdringenden Aufgabenfeldes Umweltschutz sind inzwischen immer mehr Vertreter des Sports in eine neue Phase des Umweltengagements eingetreten. Der Einsatz für Natur und Umwelt wird aus der engen Interessensperspektive gelöst. Aus dieser neuen Verantwortlichkeit heraus wird zunehmend die Notwendigkeit der **„Selbstbeschränkung aus Einsicht"** erkannt und praktiziert. Die damit gewonnene Glaubwürdigkeit eröffnet die Möglichkeit, verstärkt auch Einfluß auf politische und wirtschaftliche Rahmenbedingungen der Umweltzerstörung zu nehmen.

Die Schwerpunkte eines gemeinsamen Vorgehens von Sport- und Umweltverbänden liegen überwiegend in folgenden Bereichen:

- **Einflußnahme auf individuelles Verhalten:** durch Aufklärung über ökologische Zusammenhänge und über die Sensibilisierung für den Wert unzerstörter Natur können die Sportverbände auf einen rücksichtsvollen Umgang mit Umweltressourcen und Landschaftsqualitäten hinwirken. Sie können damit über ihre eigenen Mitglieder hinaus teilweise auch nichtorganisierte Freizeitsportler erreichen.
  Ein gesteigertes Umweltbewußtsein und mehr noch eine erhöhte Bereitschaft, das eigene Verhalten bestimmten, als notwendig erkannten ökologischen Grenzen anzupassen: dies sind Grundpfeiler für eine umweltverträgliche Ausübung des Sports. Begründete Verzichte auf bestimmte Formen der Sportausübung (z.B. räumliche und zeitliche Beschränkungen) sind dann nicht „Reglementierungen von oben", sondern anerkannte weil ökologisch sinnvolle Regeln des Umgangs mit Natur und Umwelt.
- **Mitwirkung bei der räumlichen Planung:** Auf der regionalen und kommunalen Ebene werden durch Pläne sehr wichtige Rahmenbedingungen für die individuellen Verhaltensmöglichkeiten des (Freizeit-)Sportlers

gesetzt. Gerade da, wo es um die Zonierung unterschiedlich intensiv genutzter Erholungsgebiete und um die Festlegung von Vorrang- und Schutzgebieten geht, ergeben sich sehr effektive Chancen der Zusammenarbeit von Vertretern des Sports und des Umweltschutzes. Ebenso ist eine Zusammenarbeit bei der Planung von Verkehrserschließungen (bzw. ihrer Unterlassung), bei der Lenkung von Erholungsuchenden und bei der umweltverträglichen Standortfindung und Ausgestaltung von Sportanlagen von großer Bedeutung.

- **Einflußnahme auf die Wirtschaft:** Die Vielzahl der „Modesportarten" mit ihren immer neuen Formen der Beanspruchung natürlicher Ressourcen wird in erster Linie über die Sportartikelindustrie gefördert und propagiert. Aber auch schon etablierte Sportarten (z.B. Skisport und Motorsport) hängen sehr eng mit kommerziellen Interessen zusammen.

Aus kommerzieller Sicht ist Wachstum immer erstrebenswert. Aus sportlich-umweltbewußter Sicht jedoch muß dem Wachstum dort Grenzen gesetzt werden, wo es zu Lasten der natürlichen Lebensbedingungen geht.

Besonders im Bereich der Werbung bietet sich ein Feld der korrigierenden und dämpfenden Einflußnahme durch Sportverbände. Wenn z.B. die Werbestrategie bestimmter Unternehmen darauf abzielt, ihr Produkt mit der Aufforderung zu ungezügeltem Gebrauch im freien Gelände (oder mit ähnlichen, ökologisch problematischen Abenteuer-Versprechungen) anzubieten, dann kann gezielter Protest zu einer Korrektur solchen Fehlverhaltens führen.

Bei unkritischem, ohne Rücksicht auf ökologische Folgen betriebenem „Wachstumskurs in die falsche Richtung" sind die Sportverbände vor die Frage gestellt, inwieweit sie es ihrer Glaubwürdigkeit schulden, auf Distanz zu solchen Wirtschaftsinteressen zu gehen. „Das Geld eines Sponsors wird man gegen mögliche ökologische Imageverluste abwägen müssen" (JÄGEMANN 1989).

- **Positionen beziehen in der Politik:** Nicht nur die Umweltpolitik im engeren Sinne, sondern viele Gesetzesinitiativen auf dem Verkehrs-, Bau-, Agrar-, Wirtschafts- und Finanzsektor (um nur einige zu nennen) berühren die Umweltsituation und damit das wohlverstandene Interesse auch des Sports in ganz entscheidender Weise. Ein aktuelles Beispiel ist die Novellierung der Baunutzungsverordnung und in diesem Zusammenhang die Frage der Sportgeräusche im Wohnumfeld. Hier konnten gemeinsame Positionsbestimmungen von Sport- und Umweltverbänden Einfluß auf den politischen Entscheidungsprozeß gewinnen mit dem Ziel, den „Sport um die Ecke" zu erhalten.

Die folgende zukunftsweisende Position aus der Feder eines DSB-Vertreters bietet eine gute Gesprächsgrundlage zwischen Vertretern des Sports und des Umweltschutzes: „Solange bei Industrie, Straßen- und Luftverkehr, Energiegewinnung, Landwirtschaft und Militär nicht deutlichere und

"Indem Sie damit indirekt zum Aufsuchen ökologisch hochsensibler Räume animieren, erweisen Sie nicht nur der Umwelt einen schlechten Dienst, sondern möglicherweise auch sich selbst."

Zitat aus einem Brief von Prof. Dr. Klaus Töpfer, Bundesminister für Umwelt, Naturschutz und Reaktorsicherheit an die Nürnberger Hercules-Werke.

"Sie haben recht, Herr Töpfer!"

Unsere Anzeige könnte den Eindruck vermitteln, Hercules animiere zum Radfahren in gefährdeten und ökologisch sensiblen Landschaften. Das war nie unsere Absicht. Wir nehmen deshalb Ihren kritischen Brief zum Anlaß, diese Anzeige sofort zu stoppen. Sie wird nicht mehr veröffentlicht.

Mit freundlichen Grüßen

Dr. Norbert Engler
Geschäftsführer Nürnberger Hercules-Werke

Aus: Spiegel Nr. 21/Mai 1990

schnellere Verbesserungen erzielt werden, müssen punktuelle Maßnahmen an neuen oder bestehenden Sportanlagen wie der berühmte Tropfen auf den heißen Stein wirken. Aber dennoch: Auch Vorreiter sind gefragt. Der Sport hat bekanntlich ein existenzielles Interesse an intakten, d.h. an besseren Umweltbedingungen. Er kann die Glaubwürdigkeit seiner Forderungen durch eigenes Handeln nur verbessern. Er kann sich denen öffnen, oder seine Attraktivität auch für die erhalten, die zu der großen Minderheit derer gehören, die ökologische Prinzipien für ihre Lebensführung akzeptieren und solches auch von anderen erwarten" (JÄGEMANN 1989).

4. Räume unterschiedlicher ökologischer Belastbarkeit durch Sportaktivitäten

4.1 Zur Bedrohung und Schutzwürdigkeit von Lebensräumen der Tier- und Pflanzenwelt

Bevor auf die unterschiedlichen Wertigkeiten und Belastbarkeiten der Landschaft eingegangen wird, sei kurz die Bedrohung der Gesamtlandschaft aus der Sicht des Biotop- und Artenschutzes angesprochen. Drei Beispiele: Von den insgesamt bei uns vorkommenden 2664 Arten der Farn- und Blütenpflanzen sind 549 (das sind 20,6 %) vom Aussterben bedroht bzw. (stark) gefährdet. Von den 235 heimischen Vogelarten sind 113 (= 48,1 %), von den 1300 heimischen Arten der Großschmetterlinge sind 467 (= 35,9 %) gefährdet. Bereits ausgestorben sind bei den Farn- und Blütenpflanzen 58 Arten, bei den Vögeln 20 Arten und bei den Großschmetterlingen 27 Arten (KAULE 1986).

Die Bedrohung der Arten beruht vor allem auf der zunehmenden Zerstörung, Zersplitterung, Verkleinerung und Entwertung der Lebensräume wildlebender Tiere und Pflanzen. Die Siedlungs- und Verkehrsfläche der Bundesrepublik Deutschland ist auf rund 12 % der Gesamtfläche gestiegen. Obwohl die ausgewiesenen Naturschutzgebiete nur 1,2 % der Gesamtfläche einnehmen (Stand 1989), sind sie in weiteren Bereichen noch schwerwiegenden Störungen ausgesetzt.

Der Tourismus (und in diesem Rahmen der Freizeitsport) ist erheblich an der Gefährdung von Lebensräumen und Arten beteiligt, da er oftmals ökologisch besonders wertvolle und sensible Bereiche beansprucht (z.B. Gewässerufer, kleinere Fließgewässer und Seen, Küste, Felsen, Rückzugsgebiete).

Die Abbildungen der nächsten Seite zeigen den Artenschwund sowie die hauptsächlichen Verursacher des Artenrückgangs.

Um die Aussagen dieses Handbuchs über Umweltaspekte besser verstehen zu können, sollen zunächst die Begriffe **„Umwelt- und Naturschutz"** erläutert werden.

Mit dem Begriffspaar „Umwelt- und Naturschutz" ist die Gesamtheit der Umweltbelange zum Ausdruck gebracht (Schutz, Schonung, Sanierung). Abkürzend kann auch nur „Umweltschutz" (als Synonym für den Doppelbegriff) verwendet werden.

Wenn es jedoch um eine Differenzierung geht, dann ist mit „Naturschutz" der „Schutz von Lebensräumen von Tier- und Pflanzengemeinschaften" gemeint, unabhängig davon, ob diese Lebensräume (Biotope) innerhalb oder außerhalb von Schutzgebieten liegen.

Der Naturschutz schließt den Schutz der auf die Lebensansprüche der Tier- und Pflanzenwelt bezogenen Umweltressourcen Boden, Wasserhaushalt, Oberflächengewässer, Luft, Lokalklima mit ein. Der Schutz von Lebensräumen ist für den Menschen **mittelbar** notwendig (zur Erhaltung der genetischen Vielfalt, in seiner Indikatorfunktion und seinem Erlebniswert, aber auch aus ethischer Verantwortung beziehungsweise religiöser Verpflichtung heraus).

Der Begriff „Umweltschutz" im engeren Sinne meint den „technischen Umweltschutz". Er bezieht sich auf die für den Menschen **unmittelbar** notwendigen Umweltressourcen (Schutz vor Verunreinigung und Vergiftung der Luft, des Grund- und Oberflächenwassers, Bodenschutz, Lärmschutz). Hier geht es um den Schutz vor Gesundheitsrisiken und Belästigungen.

Ob eine Sportaktivität oder Sportanlage aus Umweltsicht akzeptiert werden kann, hängt davon ab, ob dadurch die ökologische Qualität der Landschaft erheblich beeinträchtigt wird. Der Grad und die Problematik der Beeinträchtigung wiederum hängen einerseits von der Art und Intensität der Raumbeanspruchung und andererseits von der ökologischen Schutzwürdigkeit und Empfindlichkeit des jeweiligen Landschaftsteils ab, auch von seiner Wiederherstellbarkeit durch Ausgleichs- und Ersatzmaßnahmen. Schutzwürdig sind ökologisch wertvolle Lebensräume, die als solche nach bestimmten Kriterien eingestuft wurden. Sie sind in unserer Kulturlandschaft relativ knapp geworden und ohne Schutz in ihrem Bestand bedroht. Ökologisch empfindlich sind diese Lebensräume im Zusammenhang des vorliegenden Themas dann, wenn sie als Folge einer (bezeichneten) Sportnutzung mit einem Verlust der schützenswerten Qualität reagieren. Je weniger empfindlich, desto höher belastbar ist der Raum im Hinblick auf eine ganz bestimmte Beanspruchung.

4.2 Zur Belastbarkeit der Erholungslandschaft: Raumtypen und Planungsinstrumente

Die folgenden **Raumtypen** sind nach ihrer **ökologischen Schutzwürdigkeit und Empfindlichkeit** im Hinblick auf Sport- und Erholungsnutzung definiert: „Taburäume", „Naturerholungsgebiete" und „Kulissenräume" (vgl. dazu SCHEMEL 1987).

Taburäume sind solche Bereiche, in denen ein sehr weitgehend definierter Schutzzweck nur dann erreicht wird, wenn daraus alle potentiell störenden Nutzungen ausgeschlossen sind. Um Aussagen zur Unverträglichkeit einer bestimmten Aktivität mit dem Schutzzweck treffen zu können, genügt schon die nach dem Stand des Wissens begründete Vermutung, daß die Erfüllung des Schutzzweckes gefährdet ist. Der Schutzzweck bezieht sich nicht nur auf die bestehende ökologische Qualität, sondern auch auf die nach Abzug der Störungen entwickelbare Qualität. Der für diesen Raumtyp angemessene Schutzstatus ist das Naturschutzgebiet und der Nationalpark. Taburäume sollten jedoch auch außerhalb ausgewiesener Schutzgebiete abgegrenzt und Regelungen zu ihrer Respektierung getroffen werden.

Die als Taburaum eingestuften Biotoptypen sind ökologisch so hochwertig, daß sie einem unbedingten Bestandsschutz und Entwicklungsschutz unterliegen. Es sind Landschaftsbereiche, die mittelfristig nicht ersetzbar sind. Ihre besondere Qualität liegt in mindestens einem der folgenden Merkmale:

- im hohen Grad ihrer Naturnähe (weitgehende Abwesenheit anthropogener Einflüsse)
- im Vorkommen seltener Tier- und Pflanzenarten (Rote-Liste-Arten, national und regional) und ihrer Populationen,
- in ihrer Seltenheit als Biotoptyp, Biozönose oder Pflanzengesellschaft (regionale Gefährdung),
- in ihrer ökologischen Vielfalt oder Vollkommenheit der natürlichen Ausstattung im Hinblick auf die Lebensansprüche erhaltenswerter Tier- und Pflanzenarten (optimale Lebensbedingungen für bestimmte Lebensgemeinschaften bzw. hohe Dichte „ökologischer Nischen"),
- in ihrer Repräsentanz (d.h. Vorkommen einer in ihrem ökologischen Inventar oder ihrer Erscheinungsform besonders typisch ausgeprägten Fläche im Vergleich zum Gesamtvorkommen in einem größeren Areal),
- in ihrer biogeographischen oder geomorphologischen Bedeutung,
- in ihrer Schutzfunktion für bestimmte ökologische Potentiale (z.B. als Pufferzone, als Filterkörper über Trinkwasserreserven, als Erosionsschutzfläche, als Schutzwald).

Im Bundesnaturschutzgesetz ist dem Arten- und Biotopschutz ein hohes Gewicht beigemessen:

„Die wildlebenden Tiere und Pflanzen und ihre Lebensgemeinschaften sind als Teil des Naturhaushalts in ihrer natürlichen und historisch gewachsenen Artenvielfalt zu schützen. Ihre Lebensstätten und Lebensräume (Biotope) sowie ihre sonstigen Lebensbedingungen sind zu schützen, zu pflegen, zu entwickeln und wiederherzustellen" (§ 2 Abs. 1 Nr. 10 BNSchG). In § 20 wird diese Bestimmung noch präzisiert.

ROTE LISTE verschollener und gefährdeter Wirbeltiere

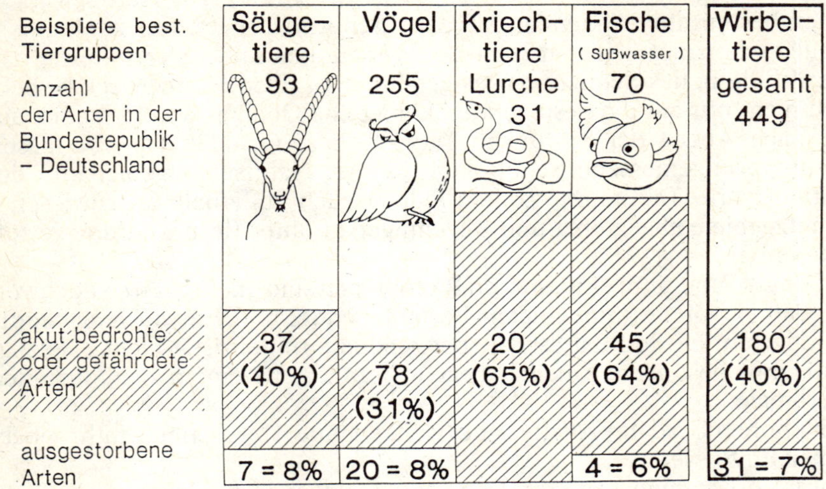

Quelle : BLAB et al., 1986

ROTE LISTE verschollener u. gefährdeter Insekten u. Pflanzen

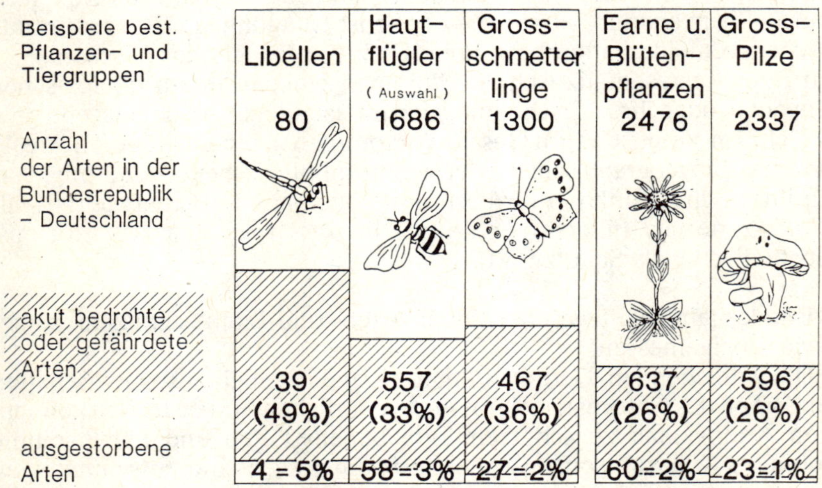

Quelle : BLAB et al., 1986

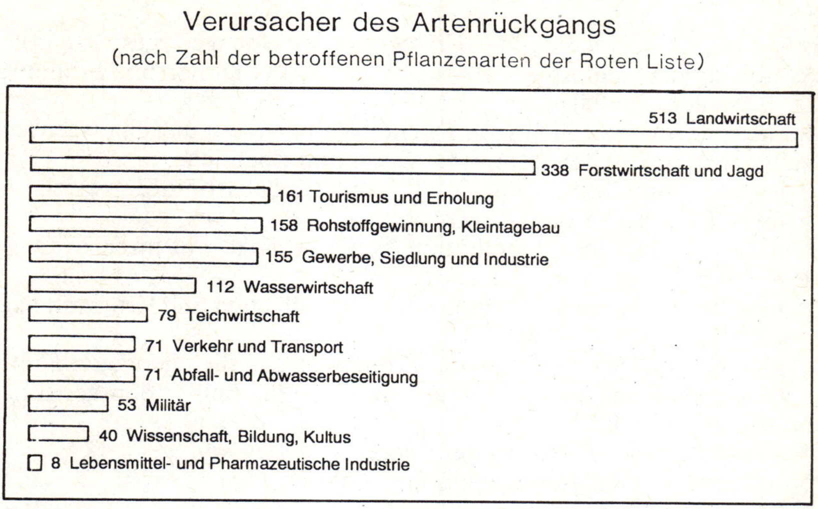

Quelle: Korneck und Sukopp, 1988

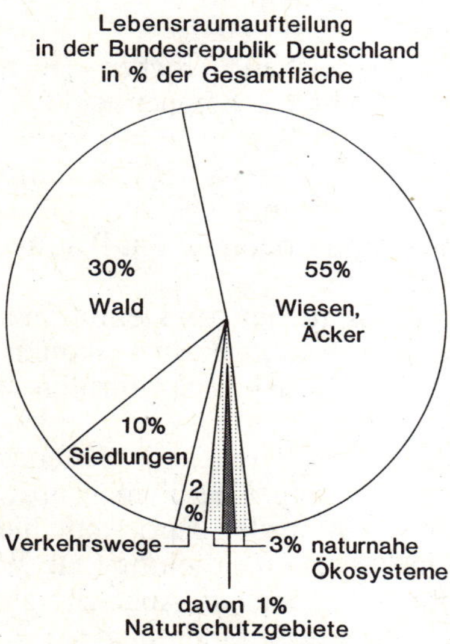

Quelle: Heydemann, 1980

Die folgenden Biotoptypen sind als besonders schützenswert einzustufen:
Biotoptypen der Gewässer, der Küste und des Hochgebirges (Alpen):
- Wattflächen, Quellfluren, Salzwiesen, naturnahe Dünen und Strandwälle, Fels- und Steilküsten.
- Stehende Gewässer (Tümpel, Teiche, Weiher, Seen und Stauseen) einschließlich ihrer Uferzonen und Verlandungsbereiche.
- Naturnahe und unverbaute Bach- und Flußabschnitte, speziell ihre Mündungsbereiche und Altwässer.
- Quellen, Quellmoore, Quellfluren, Kalktuffbänke mit ihrer jeweiligen Randvegetation.
- Alpine Rasen, offene Felsbildungen, Schneetälchen und Krummholzgebüsche im alpinen Bereich.

Biotoptypen in vorwiegend land- und forstwirtschaftlich geprägter Kulturlandschaft des Flachlandes und der Mittelgebirge (außer den genannten Gewässerbiotopen):
- Hoch-, Übergangs- und Niedermoore.
- Klein- und Großseggensümpfe, Großröhrichte.
- Feucht- und Naßwiesen sowie wechselfeuchte Wiesen und Weiden.
- Natürliche Salzstellen im Binnenland und offene Binnendünen.
- Magerwiesen und -weiden, Trockenrasen, Zwergstrauch- und Wacholderheiden.
- Felsrasen, Felsheiden, Felsgebüsche, Hang- und Blockschuttgebüsche, Steinschutt- und Geröllhalden mit ihrer Vegetation.
- Alte Knicks, Hecken und Feldgehölze.
- Naturnahe Wälder, insbesondere Traubeneichen, Trocken-, Eichen-Hainbuchen-, Eichen-, Orchideen-, Buchen-, Steppenheide- und Schneeheide-Wälder.
- Wechselfeuchte Auenwälder der Bäche und Flüsse, Sumpf- und Bruchwälder mit ihrer Mantel-, Saum- und Verlichtungsvegetation.
- Alte Waldbestände, Heideflächen, Parks und Friedhöfe mit Baum- und Strauchbestand im besiedelten Bereich.

Die hier genannten Biotoptypen sind im Sinne der o.g. Definition tabu für solche Eingriffe bzw. Freizeit- und Sportaktivitäten, die in der konkreten räumlichen Situation eine Minderung der Biotopqualität hervorrufen (würden).

Naturerholungsgebiete sind solche naturnahen Bereiche, in denen zwar der Naturschutz ebenfalls Vorrang vor anderen Flächenansprüchen genießt, wo jedoch der Schutzzweck auch erfüllt werden kann, wenn hier in eingeschränkter Weise Freizeitaktivitäten der stillen Erholung (z.B. Wandern, Radfahren, Baden, Naturbeobachtung, Skilanglauf, Angeln) stattfinden. Naturerholungsgebiete reagieren also weniger empfindlich auf Beanspruchung durch Erholungsnutzung als Taburäume. Sie bestehen aus belastbaren und weniger belastbaren Teilräumen. Durch Lenkungsmaßnahmen können die extensiven Erholungsformen von den empfindlichen Bereichen (die ähnlich schutzwürdig sind wie die Taburäume, allerdings kleinflächiger) ferngehalten werden. In Naturerholungsgebieten sind keine baulichen Anlagen zu errichten. Der für diesen Raumtyp angemessene Schutzstatus ist das Landschaftsschutzgebiet. Auch Naturschutzgebiete können hierzu gezählt werden, sofern sich ihr Schutzzweck mit der skizzierten Form der Erholungsnutzung vereinbaren läßt.

Die **Kulissenräume** zeichnen sich durch hohen landschaftlichen Reiz und entsprechende Erholungseignung bei hoher ökologischer Belastbarkeit aus. Naturschutzbelange genießen hier keinen Vorrang, sondern sind im Rahmen der allgemein geltenden Rücksichtnahme auf ökologisch und ästhetisch erhaltenswerte Landschaftsqualitäten abzuwägen gegen Flächenansprüche, die auch in massiver Weise (z.B. in Form baulicher Anlagen) auftreten können. Zu diesem Typ gehört vor allem die durch landwirtschaftliche Nutzung geprägte Kulturlandschaft, sofern sie noch eine relativ vielfältige Struktur aufweist und als „Erholungslandschaft" anzusprechen ist. In Kulissenräumen kann die Erholungsnutzung in Konzentrationsbereichen oder in extensiv genutzten Bereichen relativ ungehindert ausgeübt werden.

Zu diesem Typ zählen z.B. die nicht unter Schutz stehenden Bereiche der Naturparke und Zonen der intensiven und extensiven Erholung an Gewässern, sofern diese Bereiche nicht zu den schutzwürdigen Ruhezonen (Tabu- bzw. Naturerholungsgebieten) gehören.

Die Abgrenzung und Beachtung der genannten unterschiedlich empfindlichen Raumtypen schafft die Voraussetzung zur **Konfliktvermeidung auf dem Wege der Planung bzw. Lenkung**. Sport und Freizeitaktivitäten können aus Umweltsicht überall dort ausgeübt werden, wo sie umweltverträglich sind, das heißt, wo durch sie ökologisch erhaltenswerte Landschaftsteile nicht erheblich beeinträchtigt werden und auch sonstige Umweltbelange (z.B. Schonung bestimmter Ressourcen) nicht entgegenstehen.

Der weitaus größte Teil unserer erholungswirksamen Kulturlandschaft (Wälder, Wiesen, Weiden, Äcker) ist den **Kulissenräumen** zuzuordnen, in denen die Sport- und Freizeitnutzung (zumindest aus ökologischer Sicht) kaum irgendwelchen Einschränkungen unterworfen zu werden braucht, abgesehen von baulichen Anlagen.

Zur Raumkategorie **„Naturerholungsgebiet"** zählen die naturnahen (nur extensiv bzw. überhaupt nicht genutzten) Bereiche, die nur einen relativ kleinen Anteil der Landschaft ausmachen (selten mehr als zehn Prozent eines gemeindlichen Außenraumes). Aber auch hier ist – nach erfolgter Analyse des Belastungsrisikos – die Freigabe für viele (rücksichtsvoll ausgeübte) Aktivitäten des Freizeitsports (z.B. Wandern, Reiten, Skilanglauf) wahrscheinlich.

Um Belastungen empfindlicher Pflanzengemeinschaften (z.B. Moore, Dünen) und/oder Tierpopulationen (z.B. scheuer Vögel) zu vermeiden, sind Lenkungsmaßnahmen zu treffen. Denkbar und in der Planungspraxis erprobt sind z.B. eine ökologisch sinnvolle Wegeführung, das Angebot von „Lockpunkten" und Parkplätzen in belastbaren Bereichen, die weit genug entfernt von den empfindlichen Zonen lokalisiert sind, sowie die Anlage von Hindernissen wie etwa schwer passierbare Pflanzungen oder Gräben. Das Grundprinzip dieser Lenkung ist es, den Sportler von empfindlichen Räumen abzulenken und unempfindliche Räume für Freizeitnutzung attraktiv zu gestalten. Zwangsmaßnahmen (wie Wegegebote) sollten nur erwogen werden, wo die angedeutete „sanfte" Lenkung nicht funktioniert. In Naturerholungsgebieten ist vielfach kein generelles, sondern nur ein gezieltes Wegegebot notwendig (z.B. in den meisten Landschaftsschutzgebieten), um die Aktivitäten von bestimmten störanfälligen Teilbereichen fernzuhalten. In Naturschutzgebieten werden in der Regel strikte Lenkungsmaßnahmen mit allgemeinem Wegegebot ökologisch erforderlich sein.

Nur ein sehr geringer Anteil naturnaher Landschaftsbereiche ist als **„Taburaum"** einzuordnen (ca. 1 % der Fläche des Bundesgebietes). Ein Taburaum sollte nur als „ultima ratio" ausgewiesen werden in den wenigen Fällen, wo ein Schutz extrem störanfälliger Lebensräume der Tier- und Pflanzenwelt durch Lenkungsmaßnahmen nicht zuverlässig gewährleistet werden kann und daher ein Totalverbot jeglichen Betretens und jeglicher sonstiger Aktivität erforderlich wird. Bei der Ausweisung von Taburäumen sind gemäß den Fluchtdistanzen der betroffenen Populationen Pufferzonen zu berücksichtigen.

Bei der Festlegung der genannten Raumkategorien spielen die Instrumente der **Regionalplanung**, der **Bauleitplanung** und der **Landschaftsplanung** eine wichtige Rolle. Über diese mehr oder weniger großräumige Planung lassen sich den geeigneten Räumen vielfach am überzeugendsten bestimmte eher nutzungsorientierte bzw. schutzorientierte Funktionen zuordnen, basierend auf dem gegebenen und dem entwickelbaren ökologischen Potential.

Eine von der Sportministerkonferenz und der Umweltministerkonferenz der Länder einberufene Arbeitsgruppe „Sport und Umwelt" hat ausdrücklich die Bedeutung der Landschaftsplanung (bestehend aus Landschaftsprogramm, Landschaftsrahmenplan und Landschaftsplan auf den verschiedenen Entscheidungsebenen) hervorgehoben, um mögliche Konflikte rechtzeitig auszuräumen: „Mittels des Landschaftsprogramms werden grobmaschige, programmatische Ziele des Naturschutzes und der Landschaftspflege aufgestellt, die als Leitlinien für die weiteren Ebenen der Landschaftsplanung dienen. In Bayern ist z.B. der Plan ‚Erholungslandschaft Alpen' Bestandteil des Landschaftsprogramms; er enthält nach einer abgestuften Zonierung Vorgaben für Erschließungsmaßnahmen im Alpenraum.

Zur Konkretisierung der Ziele des Landschaftsprogramms sind aufgrund von Landschaftsrahmenplänen unter anderem ökologisch empfindliche Gebiete oder Bereiche für ruhige Erholung, z.B. an Küsten, größeren Seen und in Bergländern, großräumig vor störenden Sportanlagen und -aktivitäten zu sichern.

Wegen der unmittelbaren Nähe zu den örtlichen Problemen sind Konflikte zwischen den Belangen des Sports und des Naturschutzes und der Landschaftspflege vor allem durch Landschaftspläne zu lösen" (SMK/UMK 1988).

So etwa können bestimmte brachgefallene Kiesgruben oder Baggerseen „arbeitsteilig" für intensive sportliche Funktionen (als „Kulissenräume"), andere, naturnahere, ehemalige Abbauflächen für ruhige Freizeitformen („Naturerholungsgebiet") und wieder andere als völlig ungestörtes Biotopgewässer („Taburaum") bereitgehalten werden.

Auch über den Straßen- und Wegebau (bzw. über ihre Sperrung für den allgemeinen Verkehr) können großräumig entscheidende „Weichen" gestellt werden, um in ökologisch sinnvoller Weise die Nachfrage nach Aktivitäten in der Landschaft zu kanalisieren, zu konzentrieren oder aber abzulenken und fernzuhalten.

4.3 Natur-Erfahrung

Scheue Tiere sollen durch Freizeitsportler nicht zusätzlich beunruhigt werden. Gegenwärtig wird durch das Durchlaufen und Begehen von Wäldern in vielen Fällen Wild aufgeschreckt und vertrieben.

Vielfach wird mit Hinweis auf den hier angedeuteten Konflikt die Forderung erhoben, Erholungsuchende sollten möglichst die Wege nicht verlassen (allgemeines Wegegebot). Diese Forderung verkennt jedoch in vielen Fällen den störökologischen Hintergrund des Konflikts.

Wildtiere sind nicht von Natur aus scheu, sondern sie wurden durch Bejagung scheu gemacht. Auch nichtbejagte Tiere fühlen sich durch Nachstellung bedroht, wenn in ihrer Nähe auf zur Jagd zugelassene Individuen geschossen wird, z.B. auf Enten in einem Vogelschwarm. Die großen Fluchtdistanzen der unmittelbar und mittelbar von Nachstellung betroffenen Tiere (Säugetiere und Vögel) haben zur Folge, daß auch „harmlose" (nichtjagende) Erholungsuchende als „Feind" betrachtet werden und entsprechende Schreck- und Fluchtreaktionen auslösen.

Wildtiere, die bei uns scheu sind, zeigen in solchen Ländern, in denen sie nicht bejagd werden, große Vertrautheit. Sie lassen sich nicht beunruhigen, wenn sich Menschen in ihrer Nähe aufhalten.

Die Jagd soll in der Bundesrepublik die wichtige landeskulturelle Funktion erfüllen, die Wilddichte auf ein ökologisch erwünschtes Maß zu reduzieren (Aufkommen natürlicher Verjüngung ohne Schutzmaßnahmen wie Zäune). Hierzu ist jedoch die Einzeljagd nicht notwendig. Wenige Treibjagden in einer kurzen Zeitspanne sind nicht nur ökologisch effektiver, sondern machen auch das Wild nicht scheu (im Gegensatz zur Individualjagd). In einer Veränderung der Jagdmethoden liegt also eine große Chance, die Wildtiere vertrauter zu machen.

Der zur Zeit bestehende Konflikt der Beunruhigung durch Erholungsuchende ist - solange sich die Praxis des Jagdsports nicht verändert - als Sekundärkonflikt zu betrachten. Verstärkt sollten Räume ausgewiesen werden, in denen keine Individualjagd zugelassen ist. Nur so läßt sich die Problematik der Wildbeunruhigung nach dem Verursacherprinzip lösen.

Die zur Zeit fast in allen Waldbereichen (besonders in den Alpen) festzustellende überhöhte Dichte des Rot- und Rehwildes muß reduziert werden, damit in den Wäldern eine artenreiche Vegetation aufkommen kann. Rehe und Hirsche sind keine schützenswerten Tierarten, die es rechtfertigen würden, Erholungsuchende aus entsprechenden Gebieten fernzuhalten, z.B. über ein Wegegebot. Solche Maßnahmen sind ökologisch nur dann geboten, wenn es um den Schutz von Lebensräumen tatsächlich gefährdeter Tierarten geht, z.B. um Birkhuhn- und Auerhuhnbiotope. Rückzugs- und Ruheräume für solche Tierpopulationen sind strikt freizuhalten von Sportaktivitäten (einschließlich Jagd).

Aber auch im Hinblick auf Rot- und Rehwild sind Rückzugsräume auszuweisen, in denen diese Tiere vor ständiger Beunruhigung durch Waldbesucher geschützt sind. Solange aufgrund der geltenden Gesetze die Bejagung in der bisherigen Form (Individualjagd) ausgeübt wird, sind die Freizeitsportler als Störfaktoren wirksam und müssen daher von Ruheräumen auch des Wildes ferngehalten werden.

Grundsätzlich sollten Natur und Landschaft so weit wie ökologisch vertretbar für Erwachsene und Kinder begehbar und auch abseits von Wegen erlebbar bleiben. Es kommt leider vor, daß belastbare Landschaften (vor allem Wälder) vor den Menschen „geschützt" werden durch Wegegebote, die ökologisch nicht begründbar sind. In Landschaftsteilen, die gegenüber Tritteinwirkung unempfindlich sind und wo auch keine schützenswerten Großtierarten beunruhigt werden, stehen Wegegebote nicht im Einklang mit den eigentlichen Naturschutzzielen. Der in solchen Fällen häufig anzutreffende Hinweis auf die Ruhebedürftigkeit des (jagdbaren) Wildes zeigt lediglich an, daß hier Jagdinteressen verteidigt werden (vgl. dazu das Kapitel „Wandern").

Nur durch den Kontakt mit ursprünglicher Landschaft kann Natur im Gefühlsbereich, in der sinnlichen Empfindung des Menschen ihren angemessenen Stellenwert erhalten, kann Natur im Bewußtsein des einzelnen Menschen Wertschätzung erlangen. Allein über intellektuelle Vermittlung von Wissen über die Natur läßt sich das nicht erreichen (ANL 1983).

Das tiefe Bedürfnis des Menschen nach dem Erleben naturnaher Räume sollte nicht ohne Not als eine Bedrohung eben dieser Räume gebrandmarkt werden. Zur ungestörten seelischen Entwicklung des Kindes trägt die Berührung mit ungestalteter „uriger" Landschaft ganz wesentlich bei. Dies kann nicht allein durch „Natur-Gärten" im Wohnumfeld geschehen (so wichtig diese Erlebnisfelder künstlicher „Wildnis" sind), sondern dazu gehört das Eindringen in großräumige Landschaften, gehört das „Alleinsein mit der Natur".

Wegegebote bedeuten, daß Natur nur noch aus der Distanz, sozusagen hinter unsichtbaren Gittern wahrgenommen werden kann (oder mit schlechtem Gewissen). Respekt vor der Natur und die daraus erwachsende Bereitschaft, Natur zu schützen und dafür auch freiwillig auf Naturgenuß zu verzichten, stellt sich nicht von selbst ein, sondern baut auf einer emotionale Bindung zur Natur auf.

Ökologisch nicht begründbare Wegegebote müssen früher oder später zur Irritation der Bevölkerung führen: was ist wirklich schutzbedürftig und in welchen Fällen stecken jagdliche Interessen hinter dem Betretungsverbot? Nur ein seriöser Naturschutz, der sich nicht als Vorwand für Nutzungsinteressen mißbrauchen läßt, wird glaubwürdig sein, wenn er dem Freizeitsportler Restriktionen auferlegt.

Die Novelle des Bundesnaturschutzgesetzes (vom 27.2.1989) hat u.a. die Gewährleistung des Naturerlebnisses zum Ziel: „Natur und Landschaft sind in ihrer Vielfalt, Eigenart und Schönheit auch als Erlebnis- und Erholungsraum des Menschen zu sichern. Für naturnahe, ruhige und landschaftsverträgliche Erholung sind in ausreichendem Maße nach ihrer Beschaffenheit und Lage geeignete Flächen zu erhalten und, soweit notwendig, zu pflegen und zugänglich zu machen." (§ 2, Nr. 12, Entwurf).

5. Allgemeine rechtliche Aspekte

Rechtliche Grundlagen für das Verhältnis Sport – Umwelt

Das rechtliche Verhältnis zwischen Umwelt(schutz) und Sport(aktivitäten) ist bislang wenig behandelt worden; viele Fragen sind von daher ungeklärt. Das gilt vor allem mit Blick auf Vorschriften des Landesrechts, die in dem hier fraglichen Bereich z.T. nicht unerheblich voneinander abweichen. Vor diesem Hintergrund gilt es zunächst, die rechtlichen Anforderungen an sportliche Aktivitäten systematisch zu erfassen. Welche Vorgaben das Recht im einzelnen an die jeweiligen sportlichen Aktivitäten stellt, wird im besonderen Teil der Darstellung beschrieben.

5.1 Anlagenbezogene und nichtanlagenbezogene Sportaktivitäten

Bei der rechtlichen Behandlung des Verhältnisses von Sport und Umwelt ist zu unterscheiden zwischen Sportarten, die Anlagenbezug aufweisen, und solchen ohne Bezug zu einer Anlage.

Anlagenbezug meint, daß die sportliche Aktivität in Zusammenhang mit einer - meist baulichen - Anlage ausgeübt wird. Das ist nicht nur der Fall, wenn die jeweilige Sportart ohne eine Halle o.ä. nicht auskommt (Squash etc.) bzw. ebenfalls oder vorwiegend „drinnen" betrieben wird (Hallenfußball, Basketball u.a.m.). Anlagenbezug liegt auch dann vor, wenn die sportliche Aktivität zwar nicht in einem Gebäude stattfindet, wohl aber bestimmter Anlagen bedarf und von diesen ausgeht, wie etwa Reiten (Stallungen), Flugsport (Start- und Landeanlagen), Skilauf (Skiaufstiegshilfen u.ä.).

Hiervon zu sondern sind diejenigen Sportarten, die - zumindest regelmäßig - nicht auf bestimmte, künstlich geschaffene Einrichtungen angewiesen sind, wie z.B. Joggen, Bergsteigen, Surfen, Angeln, Skilanglauf und Radfahren.

Die Errichtung von baulichen Anlagen ist regelmäßig aus Gründen des Umweltschutzes, aber auch der (allgemeinen) Gefahrenabwehr erlaubnispflichtig. Die bloße Nutzung der Natur und Landschaft ohne Schaffung künstlicher Einrichtungen unterliegt dagegen nicht generell einer solchen staatlichen Kontrolle. Indem sich bei anlagenbezogenen Aktivitäten an die Errichtung der Baulichkeiten die Ausübung des Sports selbst anschließt, ist die Unterscheidung auch deshalb beachtlich, weil bei diesen Sportarten die Herstellung der Anlage wie auch die Aktivität(en) rechtliche Konsequenzen haben können, während das bei den nichtanlagenbezogenen Sportarten lediglich hinsichtlich der sportlichen Betätigung der Fall ist.

Die Unterscheidung zwischen anlagenbezogenem und nichtanlagenbezogenem Sport ist zudem insoweit von Belang, als das Recht nicht nur für die Zulassung des einzelnen Projekts Maßgaben vorhält, sondern aus flächenhafter - örtlicher und überörtlicher - Sicht im Wege von **Programmen** und **Plänen** die Raumnutzung steuert. Hierzu zählen die Instrumente der Bauleitplanung, der Raumordnung und Landesplanung, der (herkömmlichen) Fachplanung und der Umwelt(schutz)planungen, wie wasserwirtschaftliche Pläne, Landschaftspläne etc.

Gegenstand dieser Planungsformen sind regelmäßig nicht einzelne menschliche Aktivitäten, sondern die Zuweisung bestimmter Nutzungen an bestimmte Räume. Im Vordergrund planerischen Handelns steht der Flächen- bzw. Vorhabenbezug. Demzufolge sind Vorgaben der Planung eher im Bereich der anlagenbezogenen Sportarten beachtlich; Abweichendes gilt freilich dort, wo - etwa aufgrund von Plänen des Umweltschutzes - bestimmte Verhaltensweisen des Menschen ge- oder verboten sind, wie bspw. im Wege der Landschaftsplanung.

Angesichts dessen werden im nachfolgenden

- zunächst die rechtlichen Anforderungen an die Ausübung anlagenbezogener und nichtanlagenbezogener Sportarten und sodann
- die Vorgaben des einschlägigen Planungsrechts für die Durchführung jener Sportaktivitäten dem Grundsätzlichen nach dargestellt.

5.2 Rechtliche Anforderungen an die Ausübung der Sportarten

5.2.1 Anlagenbezogene Sportaktivitäten

a) Errichtung der Anlagen

Soweit Sportarten Anlagen voraussetzen oder hiervon ausgehen, bedarf die Errichtung der erforderlichen Gebäude o.ä. (Turnhalle, Hallenbad, Squashzentrum, Sportboothafen) einer behördlichen Zulassung, es sei denn, die Anlage ist (ausnahmsweise) von untergeordneter Bedeutung oder Größe.

aa) Normalerweise ist eine **Baugenehmigung** nach den Landesbauordnungen erforderlich, vor deren Erteilung die Bauaufsichtsbehörde die Vereinbarkeit des Vorhabens mit sämtlichen öffentlich-rechtlichen Vorschriften, also auch jenen des Umweltschutzrechts, überprüft. Handelt es sich um eine Anlage, die in öffentlicher Trägerschaft errichtet werden soll (städtisches Schwimmbad), so tritt an die Stelle der Genehmigung die Zustimmung der Bauaufsichtsbehörde, was aber an der behördlichen Überprüfung des Vorhabens im o.g. Sinne nichts ändert.

bb) Aufgrund gesetzlicher Anordnung kann die bauordnungsrechtliche Genehmigung allerdings entfallen oder ersetzt werden durch eine speziellere Zulassung. So erfolgt bspw. die Zulassung von Skiaufstiegshilfen in Bayern nach dem bayerischen Eisenbahn- und Bergbahngesetz. Nach Bauordnungsrecht beurteilt sich lediglich die Erlaubnis zur Errichtung von Nebengebäuden (Bergstation, Ski- und Berghütten) sowie die Planierung und sonstige Herrichtung von Abfahrten.

Eine Ersetzung des Baugenehmigungs- (und Zustimmungs-)verfahrens tritt immer dann ein, wenn für das Vorhaben nach anderen gesetzlichen Vorschriften ein Planfeststellungsverfahren durchzuführen ist (etwa bei größeren Hafenanlagen); Entsprechendes gilt nach dem Bauordnungsrecht aber auch hinsichtlich bestimmter Erlaubnisverfahren, so im Hinblick auf die immissionsschutzrechtliche Genehmigung. In diesen Fällen werden die baurechtlichen Anforderungen jedoch von der für Immissionsschutz zuständigen Behörde mitgeprüft. Freilich wird eine Ersetzung des Bauordnungsrechts durch das Immissionsschutzrecht bei Sportanlagen nur selten Platz greifen, weil sie im geringen Umfang der Genehmigungspflicht nach dem Bundes-Immissionsschutzgesetz unterfallen (etwa: Anlagen zur Ausübung des Motorsports, Schießstände für Handfeuerwaffen, Schießplätze).

cc) In bestimmten Fällen können zusätzliche Erlaubnisse aufgrund anderer gesetzlicher Vorschriften einzuholen sein. Das gilt insbesondere, wenn von dem Vorhaben Einwirkungen auf bestimmte Umweltbereiche ausgehen. So tritt bei Sportboothäfen neben das für Gebäude, Aufbauten und Überbrückungen zu durchlaufende bauordnungsrechtliche Genehmigungsverfahren eine wasserrechtliche Gestattungspflicht für die übrigen Anlagen. Diese sind am wasserrechtlichen Begriff des Allgemeinwohls zu messen, der aufgrund des Landesrechts neben Erfordernissen der Gefahrenabwehr auch umweltrechtliche, insbesondere landespflegerechtliche Belange umfaßt. Landespflege wird im folgenden als Oberbegriff von Naturschutz und Landschaftspflege, der Terminologie des Bundesnaturschutzgesetzes, gebraucht. Nach § 1 des Landespflegegesetzes von Rheinland-Pfalz ist es Ziel der Landespflege, die natürlichen Lebensgrundlagen des Menschen in der freien und besiedelten Landschaft zu schützen, zu pflegen und zu gestalten, wodurch der Übergang vom im wesentlichen konservierenden Natur- und Landschaftsschutz zur aktiven Pflege und Gestaltung von Natur und Landschaft gekennzeichnet werden sollte.

dd) Neben bauordnungs- und umweltrechtlichen Zulassungen können – je nach Lage des Einzelfalls – weitere Erlaubnisse erforderlich sein. Hierauf wird später bei der rechtlichen Behandlung einzelner Sportaktivitäten einzugehen sein.

ee) Die Errichtung von Sportanlagen zieht des weiteren in einer Vielzahl von Fällen Veränderungen der Gestalt und Nutzung von Grundflächen nach sich, die die Leistungsfähigkeit des Naturhaushalts bzw. das Landschaftsbild erheblich oder nachhaltig beeinflussen können, so daß ein **Eingriff in Natur und Landschaft** i.S.d. Landespflegerechts vorliegt (etwa: Golfplätze, Sportboothäfen, Schießplätze).

Damit wird zwar keine gesonderte landespflegerechtliche Genehmigungspflicht ausgelöst (Ausnahmen bestehen nach einzelnen Landesgesetzen); wohl aber hat die nach Bauordnungs- bzw. Umweltrecht zuständige Behörde die Eingriffsregelung des Landespflegerechts bei ihrer Entscheidung zu beachten. Hiernach ist der Verursacher eines Eingriffs zu verpflichten, vermeidbare Beeinträchtigungen von Natur und Landschaft zu unterlassen sowie unvermeidbare Beeinträchtigungen innerhalb einer zu bestimmenden Frist durch Maßnahmen des Naturschutzes und der Landschaftspflege auszugleichen, soweit es zur Verwirklichung der Ziele des Naturschutzes und der Landschaftspflege erforderlich ist. Schließlich ist der Eingriff (von der Bauordnungsbehörde bzw. der für Umweltschutz zuständigen Behörde) zu untersagen, wenn die Beeinträchtigungen nicht zu vermeiden oder nicht im erforderlichen Umfang auszugleichen sind und die Belange des Naturschutzes und der Landschaftspflege bei der Abwägung mit allen Anforderungen an Natur und Landschaft vorgehen.

ff) Ein dem „Huckepackverfahren" des Naturschutz- und Landschaftspflegerechts vergleichbares, aber ökologisch weiterreichendes Mittel der frühzeitigen Überprüfung von Vorhaben auf ihre Umweltauswirkungen stellt schließlich die **Umweltverträglichkeitsprüfung** (UVP) dar. Auch hierbei handelt es sich um kein selbständiges Zulassungsverfahren; vielmehr erfolgt eine Erweiterung bestehender Erlaubnis- oder Planfeststellungsverfahren um den zusätzlichen Verfahrensbestandteil der UVP. Eine (dementsprechende) Einführung der UVP in die vorab beschriebenen Zulassungsvorschriften der Gesetze ist durch Umsetzung der EG-Richtlinie über die

UVP bei bestimmten öffentlichen und privaten Vorhaben im Wege des (Bundes-)Gesetzes über die Umweltverträglichkeitsprüfung erfolgt. Hiernach ist eine UVP für solche Vorhaben durchzuführen, die in der Anlage zu § 3 UVPG aufgeführt sind. An Sportanlagen sind dort lediglich größere Sportboothäfen sowie Feriendörfer und Hotelkomplexe, die einer wasserrechtlichen Planfeststellung bedürfen, erfaßt – und ggfs. die Sportfliegerei, soweit es um die planfeststellungspflichtige Anlage oder Änderung eines Flughafens geht.

Die UVP soll nach dem Gesetz des Bundes wie auch nach der EG-Richtlinie im Sinne wirksamer Umweltvorsorge die Umweltauswirkungen des Vorhabens frühzeitig und umfassend ermitteln, beschreiben und bewerten; überdies ist sicherzustellen, daß das Ergebnis der UVP so früh wie möglich bei allen behördlichen Entscheidungen über die Zulässigkeit des jeweiligen Projekts berücksichtigt wird.

Das Verfahren der UVP kann (unter Vernachlässigung von Einzelheiten) wie folgt umrissen werden:

Die UVP beginnt mit der Unterrichtung des Projektträgers durch die Behörde über den voraussichtlichen Untersuchungsrahmen.

Sie setzt sich fort in der Vorlage einer Vielzahl von Unterlagen und Angaben des Projektträgers.

Sie führt sodann zu einer Beteiligung
- der vom Vorhaben in ihrem Aufgabenbereich berührten Behörden,
- benachbarter Staaten bei erheblichen grenzüberschreitenden Auswirkungen des Vorhabens und
- der Öffentlichkeit, die auf der Grundlage der Unterlagen über das Projekt anzuhören ist.

Sie mündet seitens der zuständigen Behörde in
- die Erarbeitung einer zusammenfassenden Darstellung der Projektauswirkungen auf die Umweltgüter einschließlich der Wechselwirkungen sowie
- die Bewertung der Umweltauswirkungen des Vorhabens auf der Grundlage der zusammenfassenden Darstellung.

Die Bewertung ist schließlich bei der Entscheidung über die Zulassung des Vorhabens von der zuständigen Stelle zu berücksichtigen.

b) Sportaktivitäten

aa) Was Sportaktivitäten innerhalb von Sportanlagen selbst anbelangt, so bedarf die Ausübung des Sports in der Anlage (Schwimmen im Hallenbad; Squashspiel im Squashzentrum) keiner zusätzlichen Genehmigung, weil bereits bei der Entscheidung über die Errichtung die künftige Nutzung der Anlage zu Sportzwecken mitberücksichtigt und (mit)geprüft wird.

bb) Soweit die sportlichen Aktivitäten von baulichen Anlagen zwar ausgehen, aber außerhalb derselben ausgeübt werden, also den (Erd-, Wasser- oder Luft-)Raum in Anspruch nehmen (Reitsport, Wassersport, Flugsport), können dagegen zusätzliche Genehmigungen relevant werden.

(1) Hinsichtlich der Nutzung von Natur und Landschaft sind zwar gewisse sportliche Betätigungen schon aufgrund des landesgesetzlich ‚überwiegend eingeräumten **Betretungsrechts** erlaubnisfrei gestellt. Diese Befugnis berechtigt zum Betreten der freien Landschaft ungeachtet privater Eigentums- oder Besitzberechtigungen zu Erholungszwecken. Des weiteren ist das Reiten in der freien Landschaft auch auf privaten Straßen und Wegen gestattet.

Diese Befugnisse finden jedoch ihre Grenzen in verkehrsrechtlichen Anforderungen und in den Belangen anderer Erholungsuchender. Bei vorrangigen Interessen der (Grund-)Eigentümer und Besitzer können die in Anspruch genommenen Flächen auch aufgrund behördlicher Genehmigung gesperrt werden. Ähnliches gilt hinsichtlich der sportlichen Betätigung im Uferbereich von Gewässern. Des weiteren gelten die Anforderungen des Artenschutzes, die es verbieten (etwa durch Reiten oder Joggen), wildlebende Tiere mutwillig zu beunruhigen oder besonders geschützte Pflanzen zu beschädigen.

Teilweise ist überdies den für Landespflege zuständigen Behörden der Erlaß von Rechtsverordnungen eröffnet, aufgrund derer das Betreten von Teilen der freien Natur aus Gründen des Naturschutzes untersagt oder beschränkt werden kann. Hiernach und im Wege der Festsetzung von Schutzgebieten können landespflegerechtlich bedenkliche Sportaktivitäten wie z.B. der Varianten- oder Tourenskilauf eingeschränkt werden.

(2) Sportliche Betätigungen an bzw. auf Wasserflächen werden, soweit ein Anlagenbezug besteht, bereits im Rahmen der Entscheidung über die Zulassung der Gebäude etc. im Uferbereich mitberücksichtigt. I.ü. gestattet das **Wasserstraßenrecht** grundsätzlich das Befahren der Gewässer mit Sportbooten und Motorsportbooten. Die nach dem Wasserhaushaltsrecht gemeingebräuchlichen Nutzungsformen können freilich aus naturschutzrechtlichen Gründen durch Rechtsverordnung geregelt, eingeschränkt oder untersagt werden, soweit das zur Erreichung des Schutzzwecks erforderlich ist. Letztere Voraussetzung wird regelmäßig gegeben sein, wenn die fragliche Wasserstraße in einem Nationalpark oder Naturschutzgebiet liegt und die Einhaltung des Schutzzwecks jener Ausweisung(en) ohne Maßnahmen, die den Bootssport einschränken, nicht gewährleistet werden kann.

(3) Neben dem Wasserstraßenrecht kann auch das **Wasserhaushaltsrecht** Geltung beanspruchen. Denn als Benutzungen i.S. dieser Vorschriften gelten u.a. auch Maßnahmen, die geeignet sind, dauernd oder in einem nicht unerheblichen Ausmaß schädliche Veränderungen der physikalischen, chemischen oder biologischen Beschaffenheit des Wassers herbeizuführen. Gehen von (Wasser-)Sportarten solche Einwirkungen aus, bedarf es der wasserrechtlichen Erlaubnis bzw. Bewilligung. Die Erteilung der Zulassung hängt von der Einhaltung bzw. Beeinträchtigung des Wohls der Allgemeinheit ab.

(4) Was den **Flugsport** anbelangt, so tritt neben die anlagenbezogenen Zulassungserfordernisse des Luftverkehrsrechts eine die Ausübung des Sports betreffende (Personal-)Erlaubnis, d.h. eine Flugprüfung.

5.2.2 Nichtanlagenbezogene Sportaktivitäten

Sportliche Betätigungen, die (weitgehend) **ohne Anlagen** auskommen - wie z.B. Wandern, Skilanglauf, Bergsteigen, Radfahren -, unterfallen hinsichtlich der Sportausübung denselben rechtlichen Anforderungen wie die anlagenbezogenen. Es gilt also das unter 5.2.1 b) Dargestellte entsprechend.

5.3 Planerische Vorgaben für sportliche Aktivitäten

Sportanlagen bzw. Sportaktivitäten sind auch Gegenstand staatlicher Planung, also der zukunftsgerichteten Gestaltung ohne konkreten Projektbezug. In bestimmten Fällen stellen solche planerischen Festsetzungen verbindliche Vorgaben für die Entscheidung über die Zulassung einzelner (Sport-)Vorhaben dar.

5.3.1 Gegenstand planerischer Festsetzung

a) Programme und Pläne sind nach dem bundesdeutschen Rechtssystem ganz überwiegend Instrumente der **räumlichen Planung,** deren Aufgabe die Verteilung von Nutzungsansprüchen im Raum ist. Demzufolge steht auch mit Blick auf sportliche Betätigungen deren Anlagen- und Flächenbezug im Vordergrund planerischer Festsetzungen. Das gilt insbesondere für die Bauleitplanung, deren Bebauungspläne Festsetzungen über öffentliche Grünflächen, Parkanlagen, Sport-, Spiel-, Zelt- und Badeplätze sowie Freizeiteinrichtungen, des weiteren auch Sondergebiete für Erholungszwecke, enthalten können. Flächenbezogene Ausweisungen für den Sport enthalten auch wasserwirtschaftliche Pläne sowie - unter überörtlichen Gesichtspunkten - Landesentwicklungspläne und Regionalpläne (o.ä.) als Instrumente der Raumordnung und Landesplanung.

Sportliche Aktivitäten werden dabei nur als prognostische Größe(n) berücksichtigt, nämlich primär zur Bestimmung der Dimension, also der Größe der auszuweisenden Sportfläche bzw. -bereiche. Des weiteren kann die Art der sportlichen Betätigung auf der Fläche bzw. in der Anlage von Bedeutung sein für das räumliche Verhältnis zu anderen, ggfs. zu schützenden Nutzungen - etwa im Fall zu erwartenden Sportlärms. Nicht aber haben die räumlichen Planungsformen die Art und Weise der konkreten sportlichen Betätigung selbst zum Gegenstand.

b) Diese kann hingegen im Wege der **Landschaftsplanung** örtlicher Ebene erfaßt werden, jedenfalls dann, wenn Schutzgebietsausweisungen Inhalt der Planung sind. Denn nach dem Landespflegerecht können in bestimmten Schutzgebieten Gebote bzw. Verbote für bestimmte menschliche Verhaltensweisen festgelegt werden, also auch hinsichtlich sportlicher Aktivitäten, soweit sie sich auf Natur und Landschaft nach Maßgabe der gesetzlichen Vorschriften auswirken.

5.3.2 Planungsakzessorische und nichtplanungsakzessorische Zulassungen

a) Die hier interessierenden Programme bzw. Pläne für die Entscheidung über das einzelne Sportvorhaben sind verbindlich, wenn dies gesetzlich vorgesehen ist, indem die Zulassung an planerische Vorgaben gebunden wird (planungsakzessorische Zulassungen). Das ist im Verhältnis der Baugenehmigung zum Bauplanungsrecht der Fall:

Besteht für den fraglichen Bereich ein Bebauungsplan, so beurteilt sich die bauplanungsrechtliche Zulässigkeit der geplanten Sportanlage im Baugenehmigungsverfahren nach den Festsetzungen des Plans. Fehlt es an einem Bebauungsplan, so ergibt sich ähnliches aus den gesetzlichen Planersatzvorschriften des Städtebaurechts, je nachdem, ob die (Sport-)Anlage im (bereits weitgehend bebauten) Innenbereich oder im Außenbereich errichtet werden soll; ihre Zulassungsfähigkeit bemißt sich dann an der städtebaulichen Prägung der Umgebung bzw. an der Funktion des Außenbereichs sowie an zusätzlichen gesetzlich formulierten öffentlichen Belangen.

b) In anderen Rechtsbereichen fehlt es vielfach an einer solchen ausdrücklich angeordneten Planungsakzessorietät der Zulassungsentscheidung. Strittig ist dies für das Wasserrecht, weil die wasserwirtschaftlichen Pläne nicht (ausdrücklich) zu den Prüfungsmaßstäben der wasserrechtlichen Erlaubnis-, Bewilligungs- bzw. Planfeststellungsverfahren zählen. Im Luftverkehrsrecht scheidet eine Planungsakzessorietät von vornherein aus, weil hier keine Planungsebene vorgesehen ist.

5.3.3 Bindung an überörtliche Vorgaben der Raumordnung und Landesplanung

a) Planerische Vorgaben zugunsten oder zulasten des Sports können auch auf überörtlicher Ebene festgesetzt werden, und zwar im Wege der Landesentwicklungs- und Regionalplanung. Der **großräumige** Bezugsrahmen dieser Mittel der Raumordnung und Landesplanung erfaßt freilich nur Nutzungen bzw. Nutzungsformen mit überörtlicher Bedeutung. Sportanlagen können daher nur Gegenstand landesplanerischer Befassung sein, wenn sie nach Größe bzw. Einzugsbereich über das Gebiet einzelner Gemeinden hinausgehen. Nach bayerischem Recht wird allerdings auch im Falle erheblicher Umweltauswirkungen von Vorhaben deren Überörtlichkeit vermutet.

b) Soweit Ansiedlungen großräumig bedeutsamer Sportanlagen als Festsetzungen Aufnahme in Programme bzw. Pläne der Raumordnung und Landesplanung gefunden haben, sind diese als Ziele der Raumordnung/Landesplanung für sämtliche raumbedeutsam handelnden Stellen der Verwaltung beachtlich. Eine unmittelbare Wirkung gegenüber dem Bürger scheidet hingegen aus.

Diese Zielbindung wirkt zum einen gegenüber planerischem Handeln. So sind Bauleitpläne (Flächennutzungsplan, Bebauungspläne) den Zielen der Raumordnung und Landesplanung anzupassen. Das bedeutet nicht nur eine Pflicht zur Beachtung der Raumordnungsziele bei der Aufstellung von Bauleitplänen, sondern auch eine Pflicht zur Umplanung, wenn sich die Ziele nachträglich, d.h. nach Aufstellung der Bauleitpläne, ändern, und schließlich - nach verbreiteter Meinung - eine Pflicht, (bauleit-)planerisch aufgrund von Raumordnungszielen erstmals tätig zu werden.

In gleicher Weise unterfallen **Planfeststellungsverfahren,** soweit diese - wie regelmäßig - Projekte der öffentlichen Hand zum Gegenstand haben, der Zielbindung. Bei privaten Vorhaben sind raumordnerische Vorgaben im Zulassungsverfahren nur dann beachtlich, wenn in dem die Zulassung regelnden Gesetz ausdrücklich eine Beachtlichkeit bzw. Berücksichtigungspflicht raumordnerischer Erfordernisse vorgeschrieben ist (sog. Raumordnungsklausel). Das ist etwa im Bauplanungsrecht bei der Zulassung von Vorhaben im Außenbereich der Fall.

c) Anders als die Programme und Pläne der Raumordnung und Landesplanung ist das **Raumordnungsverfahren** auf bestimmte Projekte bezogen und dient deren Abstimmung mit den Erfordernissen der Raumordnung und mit den sonstigen Ansprüchen an den Raum. Als Instrument der Raumordnung setzt auch das Raumordnungsverfahren voraus, daß das zu koordinierende Vorhaben überörtliche Bedeutung haben muß. Der geschilderten Vermutungsregel des bayerischen Rechts kommt insoweit besondere Bedeutung zu.

In Anbetracht dessen bedürfen großvolumige Sportanlagen oder solche, die einen weiträumigen Einzugsbereich haben (große Sportzentren, Sportstadien, Golfanlagen), der Koordinierung im Raumordnungsverfahren. Aufgrund der Einführung des Raumordnungsverfahrens in das Raumordnungsgesetz des Bundes und entsprechender landesgesetzlicher Ausführungsvorschriften, insbesondere aber wegen des (ebenfalls) vorgeschriebenen Einsatzes des Verfahrens als Umweltverträglichkeitsprüfung erster Stufe i.S.d. UVPG, wird dieser projektbezogenen Koordinierung in der Praxis ein erhöhtes Gewicht zukommen. Zwar stellt das Raumordnungsverfahren (mit UVP) kein Zulassungsverfahren dar und ersetzt dieses auch nicht; aufgrund der Behördenverbindlichkeit seines Abschlusses kommt dem Raumordnungsverfahren gleichwohl eine nicht zu unterschätzende Vorwirkung für die abschließende Entscheidung zu.

5.3.4 Wirkung der Landschaftsplanung

Das Landespflegerecht, dem nach der vorangegangenen Darstellung besondere Aussagekraft für den Bereich der Sportaktivitäten zukommt, hält mit der Landschaftsplanung ein grundsätzlich **dreistufiges Planungssystem** vor, nämlich in Form des landesweiten Landschaftsprogramms, der - regionalen - Landschaftsrahmenpläne und der - örtlichen - Landschaftspläne. Zu den Ausweisungen dieser Pläne zählen - dem Auftrag des Landespflegerechts entsprechend - auch solche über die Nutzung von Natur und Landschaft zu Erholungszwecken, also auch zur Ausübung von Sportarten.

Die überörtlichen Planungsmittel der Landschaftsplanung sind nach dem Recht der Länder in die Programme und Pläne der Raumordnung und mehr oder weniger weitreichend - integriert. Eine ähnliche Entwicklung zeichnet sich auf örtlicher Ebene im Verhältnis Bauleitplanung - (örtliche) Landschaftsplanung ab. Die raumrelevanten Aussagen der Landschaftsplanung finden sich daher überwiegend als (Teil-)Ausweisungen der Landesplanung bzw. der Bauleitplanung. Die Regelungen der Länder variieren freilich im einzelnen nicht unerheblich. Einzelheiten können an dieser Stelle nicht dargestellt werden; verwiesen sei auf das Heft 45 der Schriftenreihe Deutscher Rat für Landespflege, 1984.

5.3.5 Verbandsbeteiligung

Neben den allgemeinen Formen der Öffentlichkeitsbeteiligung im Baurecht ist gem. § 29 Abs. 1 BNatSchG **rechtsfähigen Vereinen** in bestimmten Fällen Gelegenheit zur Äußerung sowie zur Einsicht in die einschlägigen Sachverständigengutachten zu geben, so z.B. bei der Vorbereitung von Rechtsvorschriften, die im Rang unter formellen Gesetzen stehen, soweit sie von den für Naturschutz und Landschaftspflege zuständigen Behörden erlassen werden. Außerdem haben solche Vereine bei der Vorbereitung von Landschaftsprogrammen, Landschaftsrahmenplänen, bei der Befreiung von Ge- und Verboten, die zum Schutz von Naturschutzgebieten und Nationalparks erlassen sind, sowie bei Planfeststellungsverfahren über Vorhaben, die mit Eingriffen in Natur und Landschaft verbunden sind, die o.g. Rechte.

Rechtsfähige Vereine können diese Rechte ausüben, wenn sie gem. § 29 Abs. 2 BNatSchG anerkannt sind und das Vorhaben sie in ihrem satzungsgemäßen Aufgabenbereich berührt. Die Anerkennung erfolgt auf Antrag, wenn der Verein nach seiner Satzung ideell und nicht nur vorübergehend vorwiegend die Ziele des Naturschutzes und der Landschaftspflege fördert und er einen Tätigkeitsbereich hat, der mindestens das Gebiet eines Landes umfaßt. Weiterhin muß der Verein Gewähr für eine sachgerechte Aufgabenerfüllung bieten, wegen Verfolgung gemeinnütziger Zwecke von der Körperschaftssteuer befreit sein und den Eintritt für jedermann ermöglichen, der die Ziele des Vereins unterstützt.

Wird das Beteiligungsrecht nach § 29, Abs. 1 BNatSchG mißachtet, kann dies vor dem Verwaltungsgericht **eingeklagt** werden und führt zur Aufhebung der fraglichen staatlichen Maßnahme.

Literatur zum allgemeinen Teil

ABN (Arbeitsgemeinschaft beruflicher und ehrenamtlicher Naturschutz) Hrsg.: Sport und Naturschutz im Konflikt. Jahrbuch für Naturschutz und Landschaftspflege Bd. 38, 1986

ABN (Hrsg.): Freizeit und Umwelt im Konflikt. Jahrbuch für Naturschutz und Landschaftspflege, Bd. 42, 1989

ANL (Akademie für Naturschutz und Landschaftspflege): Kinder begreifen Natur. Seminarbeiträge 3, Laufen 1983

BACH, L. (Hrsg.): Sportstättenentwicklungsplanung. Forschungsmaterialien 12, Abt. Raumplanung der Universität, Bayreuth 1984

BEIRAT bei der Obersten Landschaftsbehörde des Landes Nordrhein-Westfalen: Anforderungen des Naturschutzes an den Sport, in: LÖLF-Mitteilungen H. 2, 1989

BFANL (Bundesforschungsanstalt für Naturschutz und Landschaftsökologie): Sport und Naturschutz. Bibliographien-Nr. 49, Sonderheft 6 der Dokumentation für Umweltschutz und Landespflege, Bonn 1985

BISP (Bundesinstitut für Sportwissenschaft): Freisportanlagen und Umgebung – Verhinderung von gegenseitigen Beeinträchtigungen. Schriftenreihe Sport- und Freizeitanlagen, Berichte B 1, Köln 1975

BISP: Planungsgrundlagen für Sport- und Freizeitanlagen, Literaturverzeichnis Nov. 1989

BMU (Bundesumweltminister): Sport in einer lebenswerten Umwelt, Bonn 1988

BUND (Bund Umwelt und Naturschutz Deutschland). Landesverband NRW, Hrsg.: Freizeit fatal – Über den Umgang mit der Natur in unserer freien Zeit, Köln 1989

DEUTSCHE SPORTJUGEND (Hrsg.): Die Deutsche Sportjugend und der Umweltschutz, Frankfurt 1984

DEUTSCHER RAT F. LANDESPFLEGE (Hrsg.): Freizeit, Erholung und Landespflege. Schriftenreihe H. 57, 1990

DGF (Deutsche Gesellschaft für Freizeit): Freizeit, Sport, Bewegung – Stand und Tendenzen in der Bundesrepublik Deutschland. Materialien zur Freizeitpolitik, Bd. 1, Erkrath 1987

DIENSTL, E.: Gewaltiges Aufgabenbündel für die Zukunft, in: Informationsdienst des Deutschen Sportbundes Nr. 17, Frankfurt 1990

DJH (Deutsches Jugendherbergswerk) (Hrsg): Handbuch Umweltschutz und Umwelterziehung in Jugendherbergen, Detmold 1990

DNR (Deutscher Naturschutzring): Sport und Umwelt. Bibliographie, Bonn 1988

DNR (Hrsg.): Landschaftsgebrauch durch den Sport – Vom harten zum sanften Sport. Tagungsbericht, Bonn 1988

DSB (Deutscher Sportbund): Literatursammlung zu Sport und Umwelt, Frankfurt 1990

DSB: Umweltpolitische Grundsätze des Deutschen Sportbundes, Bad Homburg 1984

DSB: Jahrbuch des Sports 1989, Frankfurt 1989

DSB (Hrsg.): Faltblatt „Öko-Veranstaltungsplaner" 1991

DSB (Hrsg.): Sport- und Umwelt im geeinten Deutschland. Fachtagung in Bad Blankenburg/Thüringen, Sept. 1990. Schriftenreihe „Sport und Umwelt", H. 6, Frankfurt 1991

EDINGTON J.M./M.A. EDINGTON: Ecology, Recreation And Tourism. Cambridge University Press 1986

ERZ, W.: Naturschutz – Grundlagen, Probleme und Praxis, in: Buchwald/ Engelhardt (Hrsg.): Handbuch für Planung, Gestaltung und Schutz der Umwelt, Bd. 3, München, Wien, Zürich 1980

EULERING, J.: Von der Sportentwicklung zur Sportstätten-Entwicklungsplanung, in: Gemeinde und Sport, Mitteilungen der Arbeitsgemeinschaft Deutscher Sportämter, H. 3, 1987

HAHN, P.: Analyse des Konflikts Umwelt – Sport aus landschaftsplanerischer Sicht. Landschaftsentwicklung und Umweltforschung Nr. 65, TU Berlin (Hrsg.), Berlin 1989

HAHN, P.: Sanftes und umweltverträgliches Freizeitverhalten. Institut für Stadtforschung und Strukturpolitik im Auftrag der Hans-Böckler-Stiftung, Berlin 1991

IAKS (Internationaler Arbeitskreis Sport- und Freizeiteinrichtungen): Sportbauten umweltgerecht! 5. Expertengespräch, Bd. 28, Köln 1987

ICSSPE (Weltrat für Sportwissenschaft und Leibes-/Körpererziehung): Sport science review, 11. Jg. (Themenheft zu Sport und Umwelt), Bundesinstitut für Sportwissenschaft, Köln 1988

IFS (Institut für Stadtforschung und Strukturpolitik GmbH), R. Dickow-Hahn et. al.: Bodenschutz und Sport. Berlin 1991 (Veröff. in Vorbereitung)

INSTITUT F. FREIZEITWIRTSCHAFT: Der Freizeitsport der Bundesbürger bis 1990, Bd. 1-4, 1983

IPK (Institut für Planungskybernetik): Zukunftsaussichten des bayerischen Fremdenverkehrs, in: Fortschreibung des Bayerischen Fremdenverkehrsförderungsprogramms, Ergebnisbericht im Auftrage des Bayer. Staatsministeriums für Wirtschaft und Verkehr, München 1990

JÄGEMANN, H.: Ökologieorientierter Sportstättenbau. Vortrag anl. einer Tagung im Rahmen des Naturschutzjahres in Braunfels am 17.9.1986 (Manuskript)

JÄGEMANN, H.: Spannungsfeld Sport und Umwelt in der Bundesrepublik Deutschland. Referat beim 1. Internationalen Forum „Sport und Umwelt" des Schweizerischen Landesverbandes für Sport, Megglingen 1989

KAULE, G.: Arten- und Biotopschutz, Stuttgart 1986

KNAUBER, R.: Gemeinwohlbelange des Naturschutzes und Gemeinwohlgebrauch der Landschaft durch Sport, Natur und Recht 1985, S. 308 ff.(insbesondere: Wassersport, Skisport, anlagengebundene Sportarten)

KORNECK, D./H. SUKOPP: Rote Liste der in der Bundesrepublik Deutschland ausgestorbenen, verschollenen und gefährdeten Farn- und Blütenpflanzen und ihre Auswertung für den Arten- und Biotopschutz. Schriftenreihe Vegetationskunde, H. 19, BFANL, Bonn-Bad Godesberg 1988

KULTUSMINISTER NRW (Hrsg.): Sport und Umwelt. Materialien zum Sport in Nordrhein-Westfalen H. 23, Düsseldorf 1988

MINISTERIUM des Innern und für Sport Rheinland Pfalz (Hrsg.): Freizeit - Sport - Umwelt. Eine Zusammenfassung des Forums am 31. März 1988 im Haus des Sports, Koblenz, Mainz 1988

NEUERBURG, H.J./T. WILKEN: Sport mit Einsicht - Selbstdarstellung, Hamburg o.J.

NOHL, W./U. RICHTER: Umweltverträgliche Freizeit, freizeitverträgliche Umwelt. ILS-Schriften 16, Dortmund 1988

NOHL, W./U. RICHTER: Umweltwirkungen durch vermehrte Freizeiteinrichtungen in der Stadtentwicklung. UBA-Texte 1992 (Veröff. in Vorbereitung)

OTT, S.: Sportstätte Natur. Begleitbroschüre zur Fachausstellung, Zweckverband Großraum Hannover (Hrsg.), Hannover 1989

SCHEMEL, H.J./W. ERBGUTH: Umweltverträgliche Freizeitanlagen - eine Anleitung zur Prüfung von Projekten des Ski-, Wasser- und Golfsports aus der Sicht der Umwelt, Bd. 1 (Analyse und Bewertung) und Bd. 2 (Rechtsfragen), Berichte 5 und 6 des Umweltbundesamtes, Berlin 1987

SCHEMEL, H.J.: Die Beanspruchung der Landschaft durch Freizeitnutzung - Bewertungsansätze; in: Freizeit und Erholung - Herausforderungen und Antworten der Landespflege. Deutscher Rat für Landespflege (Hrsg.), H. 57, 1990

SCHÖTTMER, S.: Möglichkeiten einer verantwortlichen Mitgestaltung der Umwelt durch den Sport, in: Sport und Umwelt, Akademieschrift 18 des DSB, Berlin 1985

SMK/UMK (Hrsg.): Bericht der Arbeitsgruppe „Sport und Umwelt" des Länderausschusses für Immissionsschutz und der Sportreferentenkonferenz. Gemeinsame Veröffentlichung der Sportministerkonferenz der Länder in der Bundesrepublik Deutschland, Bonn, München 1988

STIFTUNG VERBRAUCHERINSTITUT (Hrsg.): Sportkonsum als Konsumsport? Die Kommerzialisierung des Sports und ihre Auswirkungen auf den „sportlichen" Konsumenten. Beiträge und Ergebnisse eines Expertengesprächs, Berlin 1987

TAUBE, R.: Planungshilfen zum Freizeitkonflikt Umwelt und Sport - Eine Identifikation und Systematisierung von Problem- und Handlungselementen. Deutsche Gesellschaft f. Freizeit (Hrsg.), Freizeit Sachbücher Bd. 069, Erkrath 1991

TETTINGER, P.J./A. KLEIN-SCHNITTGER: Aktuelle Rechtsprobleme im Konfliktfeld von Sport und Umweltschutz, in: Juristen-Zeitung, 47. Jg., 1992 H. 3, S. 109-115

TETTINGER, P.J. (Hrsg.): Sport und Recht, 1987

UBA (Umweltbundesamt) (Hrsg.): Daten zur Umwelt 1989, Berlin 1989

WEBER, D.: Ohne Jäger nicht wild - Warum Tiere und Erholungsbetrieb einander nicht vertragen, in: Nationalpark H. 37, 1982

Spezieller Teil

Sportgeräusche – Sportlärm (A)

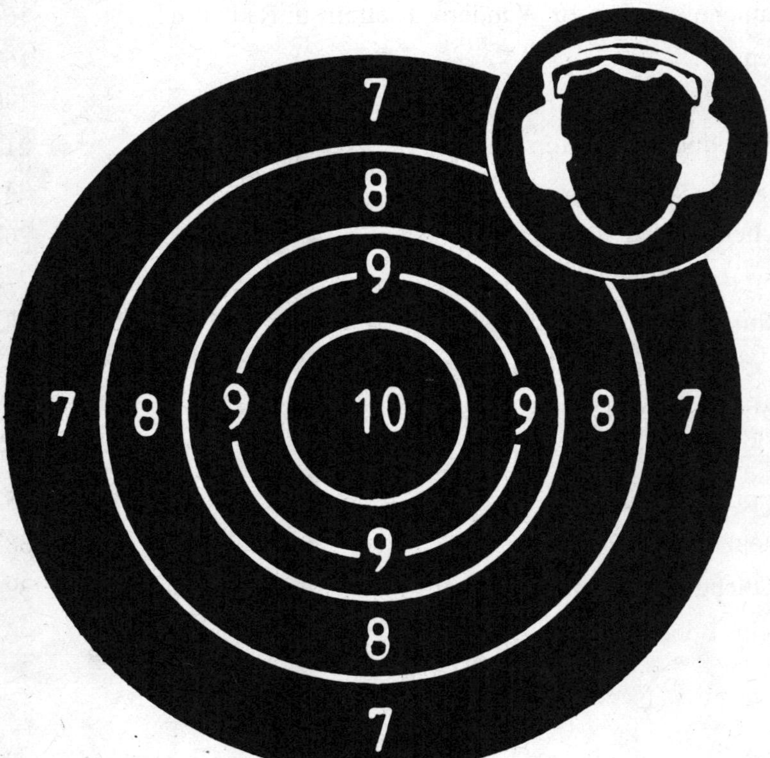

Lärm

1. Einführung

In der öffentlich ausgetragenen Diskussion zum Thema Sport - Umwelt spielt der Lärm eine besondere Rolle. Über 100 Gerichtsurteile sind in der Bundesrepublik zum Konflikt „Sportlärm" bereits gefällt werden.

„Erfolgreiche" Klagen über Lärm aus Sportanlagen können im Extremfall dazu führen, daß die Anlagen nicht mehr (oder nur noch sehr eingeschränkt) zu nutzen sind. Dies verstärkt tendenziell den „Druck auf die Landschaft", indem solche lärmintensiven Anlagen in den Außenbereich verlagert werden. Der dann auftretende zusätzliche Individualverkehr führt zu Abgasbelastungen und Lärm.

Zahlreiche Sportaktivitäten sind mit Geräuschen verbunden, die besonders dann als lästiger Lärm empfunden werden, wenn in unmittelbarer Nachbarschaft zu Sportstätten ein hohes Maß an Ruhebedürftigkeit herrscht, vor allem in Wohnbereichen und hier besonders am Feierabend sowie an den Wochenenden und Feiertagen.

Die Sportgeräusche entstehen durch

- Sportgeräte (wie Motoren, Bälle),
- akustische Äußerungen der Sportler (Zurufe),
- technisch verstärkte Informationsäußerungen (Lautsprecher, Signalpistolen),
- begleitende Äußerungen der Zuschauer (Beifall, Mißfallensbekundungen),
- An- und Abfahrt der Sportler und Zuschauer (Verkehrsgeräusche).

Besonders bei Großveranstaltungen kann der Lärm aus mehreren Quellen zu einem erheblichen Problem werden.

Die folgenden Sportaktivitäten sind als „lärmkonfliktträchtig" zu bezeichnen:

- Automobil- und Motorradsport
- Schießen
- Fliegen mit Motorfluggeräten
- Modellfliegen
- Motorbootsport
- Alpiner Skilauf (Schneekanonen)
- Fußball (auf Feldern und „Bolzplätzen")
- Tennis
- Rollschuhlauf, Skateboard
- Leichtathletik (im Freien)
- Sportstadien aller Art

Die Art und das Ausmaß der von diesen Sportarten (bzw. Anlagen) ausgehenden Geräuschbelastung werden in den jeweiligen Kapiteln dargestellt.

Bei den sonstigen Sportarten kann erheblicher Lärm vor allem durch den Kraftfahrzeugverkehr der an- und abfahrenden Sportler und Zuschauer entstehen.

Die rechtlichen Aspekte zur Lärmproblematik werden im Rahmen der besonders lärmintensiven Sportarten abgehandelt, sofern die Lärmimmissionen gesetzlich geregelt sind (z.B. bei Schießsport und Motorsport).

Wie werden die Störwirkungen von Sportgeräuschen im Vergleich zu Störwirkungen von Gewerbe- und Arbeitsgeräuschen wahrgenommen? Der Frage ist im Auftrage des UBA ein Forscherteam nachgegangen (GUSKI/ PROBST et.al. 1989).

In dieser Feldstudie wurden über 900 Anwohner von Tennisanlagen, Fußballstadien, Bolzplätzen und Gewerbebetrieben nach den Auswirkungen des Lärms befragt und die Geräuschbelastungen an den Wohnhäusern ermittelt.

Die Ergebnisse lassen sich wie folgt zusammenfassen:

- Bezogen auf die Anzahl durch Lärm gestörter und belästigter Anwohner in der Gesamtbevölkerung sind Geräusche von Sport- und Gewerbeanlagen im Vergleich mit Geräuschen durch Straßen- und Flugverkehr ein geringeres Problem.
- Dennoch gibt es eine Anzahl von Anwohnern, die sich durch den Lärm erheblich belästigt fühlen. An den Tennis- und Gewerbeanlagen waren es ca. 20 %, an den Fußball- und Bolzplätzen ca. 10 %.
- Die allgemeine Bewertung der Geräuschquellen (Nützlich-, Notwendig-, Gefährlich-, Ortsüblichkeit u.ä.) hat einen wesentlich stärkeren Einfluß auf das Ausmaß der Lärmwirkungen als die Geräuschstärke. Dabei zeigt sich, daß die Sportanlagen nicht besser bewertet werden als kleinere Gewerbebetriebe. Bolzplätze nehmen eine Sonderrolle ein. Sie werden unabhängig von der persönlichen Betroffenheit als für Kinder notwendige Anlagen angesehen, die in Wohngebiete gehören.
- Hinsichtlich der lauten und gestörten Tageszeiten werden vor allem Nachmittags- und Abendstunden genannt. Für die Gesamtbeeinträchtigung spielt aber auch die Gesamtdauer des Betriebs (speziell samstags und sonntags) eine Rolle.
- Bei gleichem Beurteilungspegel werktags führen Bolzplatzgeräusche zu den geringsten Störeinwirkungen. Fußballplatz- und Gewerbeanlagengeräusche folgen mit etwa gleicher Störwirkung. Tennisplatzgeräusche sind deutlich störender.

2. Begriffe und Meßregeln

Schall ist ein Schwingungsvorgang (z.B. in der Luft), der sich in Form von Schallwellen ausbreitet und als Schalldruck am Ort der Einwirkung gemessen werden kann. Der Schall(druck)pegel wird als logarithmisches Verhältnismaß in Dezibel (dB) angegeben. Bezieht man diesen auf die menschliche Hörempfindung (Umrechnung nach einer international normierten Frequenzbewertungskurve „A"), so läßt sich der „bewertete Schallpegel" in dB(A) ermitteln.

Lärm ist definiert als „Schall (Geräusch), der Nachbarn oder Dritte stören (gefährden, erheblich benachteiligen oder erheblich belästigen) kann oder stören würde" (TA Lärm 1968, S. 2). Da es sinnvoll ist, zwischen der rein physikalischen Einwirkung des Schalls und seinen subjektiven Auswirkungen zu unterscheiden, wird vom Umweltbundesamt folgende Begriffsdifferenzierung vorgeschlagen:

Die Bezeichnung **„Geräuschbelastung"** sollte für die physikalische Einwirkung des Schalls auf den Menschen (oder das Tier) verwendet werden. Die mit dem Wort „Lärm" verbundenen Bezeichnungen (wie „Beeinträchtigung durch Lärm" oder „Lärmbelästigung") sollte dagegen benutzt werden, um die Auswirkungen der Geräuschbelastungen als subjektiv empfundene Minderungen des sozialen, seelischen oder körperlichen Wohlbefindens zu kennzeichnen (UBA 1989, S.9).

Zwischen der Schallintensität und dem Schallpegel besteht eine logarithmische Beziehung. Eine Verzehnfachung der Schallintensität bedeutet eine Erhöhung des Schallpegels um 10 dB, eine hundertfache Schallintensität entspricht einer Erhöhung des Pegels um 20 dB.

Da es sich bei dem Schallpegel um ein logarithmisches Maß handelt, ist Vorsicht geboten, wenn Lärmereignisse in ihrer Zunahme/Abnahme beurteilt werden. Folgende Regeln sind zu beachten:

- Die Addition zweier gleichstarker Schallquellen (also ihre Verdoppelung) entspricht einer Pegelerhöhung um 3 Dezibel, eine Halbierung einer Absenkung des Pegels um 3 Dezibel. Beispiel: Das Zusammentreffen zweier Lärmquellen von je 50 dB ergibt nicht 100, sondern 53 dB.
- Beim Zusammentreffen zweier ungleicher Schallquellen wird (nach einer bestimmten Formel) ein Wert zwischen 0 und < 3 Dezibel dem größeren Schallpegel hinzugezählt. Teilquellen, die im Pegel mehr als 10 dB niedriger liegen, tragen zum Summenpegel nur noch geringfügig bei und können vernachlässigt werden.

Unter den Gesichtspunkten der Lärmwirkung gilt folgende Faustregel: Eine Erhöhung des Schallpegels um 10 dB(A) wird als eine Verdoppelung der Lautstärke wahrgenommen. Dies gilt für Pegelwerte für momentan einwirkenden Schall (also nicht für Mittelungspegel über eine größere Zeitspanne hinweg).

Gegenüberstellung Sportgeräusche/Alltagsgeräusche

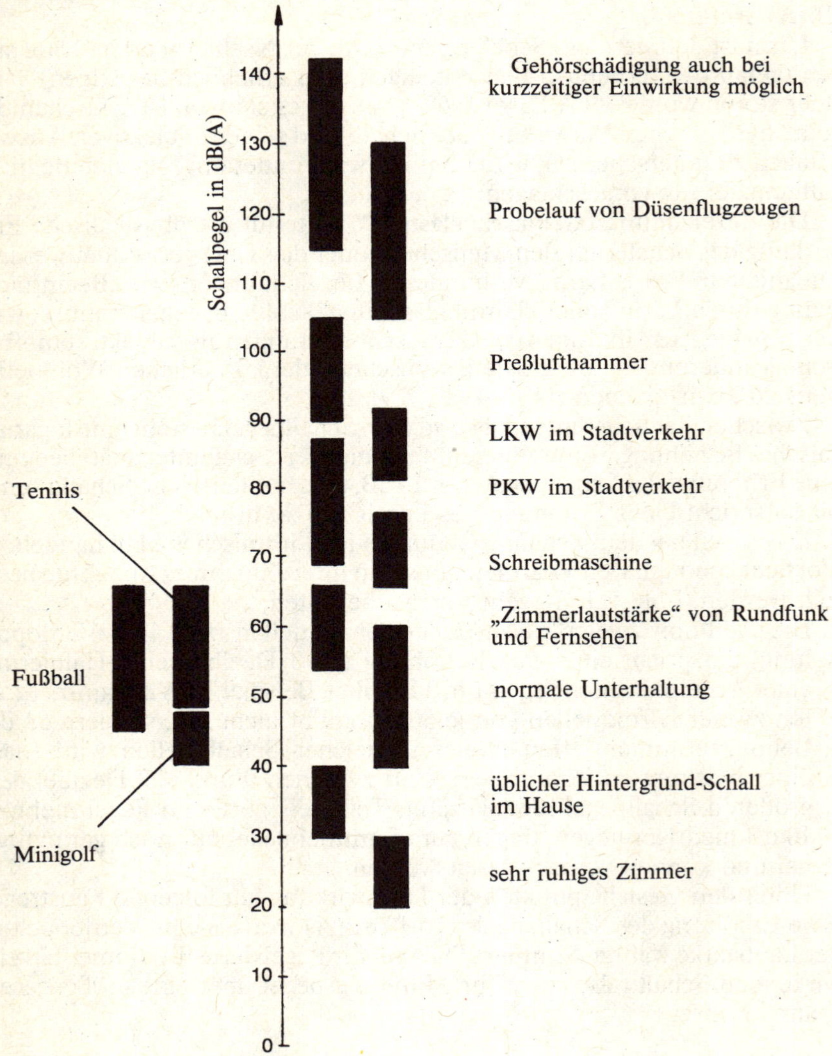

Quelle: Bundesminister des Innern (Hrsg.), 1982

Bei einer ungehinderten Ausbreitung des Schalls von einer punktförmigen Geräuschquelle aus nimmt der Schall pro Abstandsverdoppelung um 6 dB(A) ab. Punktförmig kann eine Schallquelle (z.B. eine Tennisfläche) genannt werden, wenn sie in ihrer Ausdehnung höchstens halb so groß ist wie der Abstand zwischen ihr und dem Ort der Immission (Meßpunkt). Die Schallausbreitung kann jedoch durch Hindernisse (wie Wände, Wälle, Vegetation) mehr oder weniger stark beeinflußt werden (siehe Kap. 4).

In der Zeit schwankende Schallpegel werden zu einem Einzahlwert zusammengefaßt, indem der zeitliche Mittelwert (Mittelungspegel) gebildet wird.

Treten besonders auffällige Pegelschwankungen auf, lassen sich die Lärmquellen anhand des Mittelungspegels nur schwer vergleichen. Um die besondere Lästigkeit kurzer herausragender Lärmspitzen („Impulse") zu erfassen, werden entweder Zuschläge zum Dauerschallpegel vergeben, oder es wird das „Takt-Maximalpegel-Verfahren" angewandt. Dieses ist z.B. angemessen für Tennis und Fußball (einschl. Bolzen), weil diese Sportarten fast ausschließlich Impulse emittieren.

Wenn unterschiedliche Arten der Geräuschbelastung miteinander (oder mit Immissionsrichtwerten bzw. planerischen Orientierungswerten) vergleichend bewertet werden sollen, benutzt man den **Beurteilungspegel,** der am Ort der Schalleinwirkung gemessen wird. Dieser setzt sich aus dem **Meßwert und den Korrekturen** zusammen. Die Korrekturen (in Form von Zuschlägen zum Pegelwert) können aufgrund von Impulshaltigkeit oder Informationsgehalt der Freizeitgeräusche erfolgen sowie beim Betrieb zu Ruhe- und Nachtzeiten.

Weitere Korrekturen werden vorgenommen, um spezifische Geräuschsituationen angemessen berücksichtigen zu können: bei der Berücksichtigung (Ausblendung) von Fremdgeräuschen und der Meßunsicherheit.

Eine **Impulshaltigkeit** liegt vor, wenn sich aus dem (relativ gleichmäßigen) Geräusch von Freizeitanlagen Geräuschspitzen herausheben. Der Impulsgehalt z.B. von Tennis- und Fußballplätzen ist bereits bei Anwendung des Takt-Maximalpegel-Meßverfahrens berücksichtigt. Ein besonders auffälliger Impulsgehalt (z.B. im Rahmen von Motorsportveranstaltungen) macht Zuschläge bis zu 6 dB zum Mittelungspegel erforderlich.

Eine **Informationshaltigkeit** von Freizeitgeräuschen liegt vor, wenn diese Informationen vermitteln, die dem Mithörer außerhalb der Anlage unfreiwillig Aufmerksamkeit abverlangen. Für Lautsprecherdurchsagen, Musikwiedergaben und ähnliche informationshaltige technische Geräusche (nicht für menschliche Lebensäußerungen) werden Zuschläge von 3 oder 6 dB vergeben.

Die **Ruhezeiten** berücksichtigen das besondere Ruhebedürfnis der Nachbarn in der Mittagszeit, abends, sowie an Sonn- und Feiertagen.

Das Ausmaß der **Lärmbelästigung** hängt nicht nur von der (physikalisch meßbaren) Geräuschbelastung ab, sondern auch in hohem Maße von der persönlichen Situation und Einstellung des oder der Betroffenen (siehe dazu Kap. 4).

3. Regelungen über die Zumutbarkeit von Freizeitlärm

Aufgrund der großen Zahl von Sportstätten in der Bundesrepublik (150.000 Sportstätten mit einer nutzbaren Sportfläche von ca. 320 Mio. m^2) leben knapp 40 % der Bundesbürger in der Nähe einer Sport- bzw. Spielanlage. Der Sport genießt in der Bevölkerung eine hohe Wertschätzung. Von den Anliegern äußerten 58 % eine positive Einstellung zu ihrer Sportstätte. Trotzdem fühlen sich - bei allgemeiner Wertschätzung des Sports - 8 % der Bundesbürger durch Sportgeräusche belästigt, 1 % sogar stark belästigt (UBA 1989).

Zwar steht der Sportplatz unter den als belästigend bis stark belästigend empfundenen Lärmquellen erst an sechster Stelle (nach Straßenverkehr, Flugverkehr, lauten Nachbarn, Industrie, Schienenverkehr), jedoch kann die Störung durch Sportlärm im Einzelfall durchaus ins Gewicht fallen. Hier gilt es, eine Interessenabwägung vorzunehmen.

Probleme entstehen dann, wenn ein Teil der Bevölkerung in seinem Wohnbereich Entspannung und Ruhe sucht, ein anderer Teil sich durch sportliche Aktivitäten erholen will und dabei Geräusche verursacht, die dem Wunsch des erstgenannten Bevölkerungsteils entgegenstehen. Zur Regelung dieses Konflikts stützte man sich zunächst auf vorliegende technische Regelwerke zur Lärmbeurteilung (TA-Lärm und VDI 2058), wenn es zum Streit vor Gericht kam.

Ausgehend von der Überlegung, daß beide Vorschriften nicht für Sportgeräusche, sondern zur Beurteilung von Gewerbe- und Arbeitsgeräuschen konzipiert worden sind, wurden unter Beteiligung beider Seiten - des Sportes und des Immissionsschutzes - in den achtziger Jahren zwei besonders erwähnenswerte Versuche unternommen, die Spezifika des Sports besser zu berücksichtigen:

- LAI-Hinweise: Hinweise zur Beurteilung der durch Freizeitanlagen verursachten Geräusche (erarbeitet durch den Länderausschuß für Immissionsschutz, verabschiedet von der Umwelt- und der Sportministerkonferenz 1987) und
- VDI 3724-Entwurf: Beurteilung der durch Freizeitaktivitäten verursachten und von Freizeiteinrichtungen ausgehenden Geräusche (erarbeitet durch den Verein Deutscher Ingenieure, Entwurf 1989).

Doch auch diese Regelungen führten nicht zu der notwendigen Rechtssicherheit bei den immer wieder auftretenden Auseinandersetzungen.

Um eine eindeutige und sichere Rechtsgrundlage zu schaffen, die den Interessen beider Seiten Rechnung trägt, hat die Bundesregierung auf der Grundlage des Bundes-Immissionsschutzgesetzes die **Sportanlagenlärm-**

schutzverordnung (18. BImSchV) erlassen, die im Herbst 1991 in Kraft getreten ist.

Die Verordnung stellt Maßstäbe für die Beurteilung der von Sportanlagen ausgehenden Lärmbelästigungen im Spannungsfeld zwischen Wohnnachbarschaft und Sporttreibenden auf. Sie legt für die Errichtung und den Betrieb von Sportanlagen Immissionsrichtwerte fest, bestimmt nach neuesten Erkenntnissen das Verfahren zur Ermittlung und Beurteilung der Lärmimmissionen, nennt Maßnahmen, die zum Schutz gegen Lärm ergriffen werden sollen, und regelt die Voraussetzungen, unter denen die Behörden von der Festlegung von Betriebszeiten absehen sollen. Dabei wird ein weitgehender Bestandsschutz von Altanlagen gewährt. Außerdem werden Einrichtungen für den Schulsport, den Hochschulsport und die Sportausbildung der Bundeswehr sowie Freibäder besonders berücksichtigt.

Die Immissionsrichtwerte sind wie in der Technischen Anleitung zum Schutz gegen Lärm (TA Lärm) und anderen Regelwerken nach dem Grad der Schutzbedürftigkeit der Umgebung und nach Tageszeiten gestaffelt.

Der Bestandsschutz von Sportanlagen, die vor Inkrafttreten der Verordnung bereits baurechtlich genehmigt oder - soweit eine Baugenehmigung nicht erforderlich war - errichtet waren, wird durch besondere Bestimmungen in der Verordnung und durch das in jedem Fall geltende Verhältnismäßigkeitsprinzip gewährleistet. So gilt etwa für bestehende Tennisanlagen oder Fußballplätze bei der Ermittlung des Beurteilungspegels ein Bonus von insgesamt bis zu 6 dB(A); zusätzlich sollen von der zuständigen Behörde keine Einschränkungen der Betriebszeit festgesetzt werden, wenn in der Umgebung die Immissionsrichtwerte um weniger als 5 dB(A) überschritten werden.

Turnierwettkämpfe und andere sportliche Veranstaltungen, die auf den Sportanlagen nur selten - an höchstens 18 Tagen im Jahr - stattfinden, werden dadurch ermöglicht, daß auch in diesen seltenen Fällen deutlich höhere Immissionswerte noch nicht zu einer Festsetzung von Betriebszeiten durch die zuständigen Behörden führen sollen.

Immissionswerte nach TA-Lärm und VDI-Richtlinie 2058

Gebiet	Immissionsrichtwert in db(A)	
	Tag	Nacht (22-6 Uhr)
Industriegebiet	70	70
Gewerbegebiet	65	50
Misch-, Dorfgebiet	60	45
Allgemeines Wohngebiet und Kleinsiedlungsgebiet	55	40
Reines Wohngebiet	50	35

Zulässigkeit von Sportanlagen nach der Baunutzungsverordnung
(aus Neufassung der BauNVO von 1990)

Sportanlagen sind ... in...

- ausnahmsweise zulässig	- Kleinsiedlungsplätzen (§ 2 Abs. 3 Nr. 2 BauNVO)
	- Reinen Wohngebieten (§ 3 Abs. 3 Nr. 2 BauNVO)
	- Industriegebieten (§ 9 Abs. 3 Nr. 2 BauNVO)
	- Sondergebieten, die der Erholung dienen (§ 10 Abs. 2 BauNVO)
- zulässig	- Allgemeine Wohngebiete (§ 4 Abs. 2 Nr. 3 Bau NVO)
	- Besonderen Wohngebieten (§ 4a Abs. 2 Nr. 5 Bau NVO
	- Dorfgebieten (§ 5 Abs. 2 Nr. 7 BauNVO)
	- Mischgebieten (§ 6 Abs. 2 Nr. 5 BauNVO)
	- Kerngebieten (§ 7 Abs. 2 Nr. 4 BauNVO)
	- Gewerbegebieten (§ 8 Abs. 2 Nr. 4 BauNVO)

Anm.: Es gibt heute kein Gebiet nach der BauNVO mehr, in dem Sportanlagen generell unzulässig sind.

4. Möglichkeiten der Vermeidung und Minderung von Lärm

4.1 Zum „subjektiven Faktor"

Bevor auf technische, organisatorische (zeitliche) und planerische Maßnahmen eingegangen wird, soll die Bedeutung eines guten, spannungsfreien Kontaktes zwischen Sportverein und Nachbarschaft hervorgehoben werden. Abgesehen von der grundsätzlichen Wünschbarkeit gutnachbarlicher Beziehungen wirkt sich eine auf Sympathie beruhende Atmosphäre auch günstig auf die Lärmempfindung der Anlieger einer Sportanlage aus.

„Es ist seit langem bekannt, daß die an einzelnen Geräuschen mit physikalischen Mitteln feststellbaren Charakteristika nur zu einem Bruchteil dafür verantwortlich sind, daß ein Geräusch als unangenehm, lästig oder störend eingeschätzt wird" (GUSKI/PROBST et.al., 1989).

Vor allem die folgenden Faktoren des (subjektiven) Lärmerlebens spielen eine bedeutende Rolle, wenn sich Menschen unfreiwillig Geräuschen ausgesetzt sehen:

a) die individuelle Befindlichkeit (Lärmempfindlichkeit, Gesundheitszustand, Streßsituation),
b) der persönliche Bezug zur Geräuschquelle (Einstellung zur Quelle, Sympathie/Antipathie),
c) das zur Zeit der Geräuscheinwirkung angestrebte Tun (schlafen, ausruhen, Gespräche führen, Musik hören, konzentriert arbeiten etc.),
d) Vermeidbarkeit, Notwendigkeit von Geräuschen (das sachlich notwendig oder sinnvoll erlebte Geräusch stört weniger als das vermeintlich unnötige, sinnlose).

Berücksichtigt man die hier aufgeführten Einflußfaktoren, dann lassen sich die Unterschiede in den Reaktionen verschiedener Personen auf die gleichen Lärmereignisse wesentlich besser erklären als allein durch gemessene Schallpegel.

Besonders die Faktoren (b) und (d) machen deutlich, daß den Sportvereinen gewisse Möglichkeiten bleiben, die Lärmempfindung betroffener Bürger zu verringern. Dies kann geschehen, wenn es den Vereinen gelingt

- ein insgesamt spannungsfreies und erfreuliches nachbarschaftliches „Klima" herzustellen (z.B. durch Einladung der Anlieger zu Veranstaltungen),
- die positiven (z.B. gesundheitsfördernden) Funktionen des Sports herauszustellen,
- vermeidbare Geräusche zu unterlassen (also nicht das Gefühl aufkommen zu lassen, da werde rücksichtslos und mit Absicht gestört),
- die Möglichkeiten des Schallschutzes zu ergreifen (damit sichtbar wird, daß man die Ruhebedürfnisse der Anlieger respektiert).

„Generell sollte bei Sportplatzbetreibern (wie auch bei den Verantwortlichen in den Kommunalverwaltungen) darauf hingewirkt werden, daß sie nicht so sehr auf ‚ihre Rechte pochen' und z.B. nur auf die Einhaltung von Lärmschutzbestimmungen hinweisen. Anstelle einer Fixierung auf die dort festgelegten Höchstwerte sollte für die Anwohner vielmehr das Bemühen erkennbar sein, daß ihre eventuellen Beschwerden und Klagen ernst genommen werden ..." (VOLKMANN 1986).

Maßnahmen im kommunikativen Bereich sollten darauf gerichtet sein, bei Anwohnern eine positive Einstellung zu den Sportplatzbenutzern, zum Sportplatz und zu den hier betriebenen Sportarten entstehen zu lassen. Die Sportanlage sollte möglichst wenig als Fremdkörper im Wahrnehmungsbereich der Anwohner erscheinen.

Folgende Maßnahmen bieten sich an, um dieses Ziel zu erreichen (nach VOLKMANN 1986):

a) Anwohnerbeteiligung:
Schon vor und bei der Entstehung einer Sportanlage ist es wichtig und noch relativ leicht, gute Beziehungen herzustellen, weil am Anfang die Einstellung der Anwohner meist noch neutral ist und eine eventuell ablehnende Haltung sich noch nicht verfestigt hat. Zum Zeitpunkt der Planung können durch Beteiligung der Nachbarn und durch Bürgerversammlungen positiv wirkende „Weichen" gestellt werden.

b) Information der Anwohner:
Um negative Überraschungsmomente zu vermeiden, sollten die Nachbarn rechtzeitig informiert werden über größere Veranstaltungen und über den Belegungsplan (Nutzungszeiträume) der Anlage.

c) Veranstaltungen mit den Anwohnern
Um ein gutes nachbarschaftliches „Klima" zu erzeugen und zu bewahren, können
- die Anwohner zum freien Besuch größerer Sportveranstaltungen eingeladen werden (Freikarten für Punktspiele, Sportfeste, Turniere etc.),
- die Anwohner (und ihre Bekannten) zur kostenlosen oder kostenreduzierten Nutzung des Tennisplatzes oder anderer sonst nur gegen Entgelt bespielbaren Anlagen aufgefordert werden,
- die Anwohner zu Festen und Feiern der Sportplatzbetreiber eingeladen werden,
- Veranstaltungen speziell für die Anwohner organisiert werden (z.B. Wettspiele für Familien, Anwohnerturniere, Stiftung eines Anwohnerpokals).

d) Anwohnerbeauftragter, Umweltbeauftragter
Diese vom Sportplatzbetreiber zu ernennende Person soll sich darum bemühen, Konflikte zwischen Anwohnern und Sportlern der Anlage möglichst frühzeitig zu erkennen, sie mit psychologischem Einfühlungsvermögen durch geeignete Maßnahmen auszuräumen und durch vorbeugende Maßnahmen (z.B. mäßigendes Einwirken auf Sportplatzbenutzer) möglichst gar nicht erst entstehen zu lassen.
Da sich diese Konflikte überwiegend (nicht nur) um die Lärmproblematik drehen, kann der Beauftragte zugleich „Umweltbeauftragter" sein und sich in dieser Eigenschaft auch um sonstige Umweltfragen kümmern (z.B. um die möglichst extensive Pflege der Grünflächen).

e) Einwirkung auf die Sportler (Information)
Durch geeignete Information können den Sportlern die Umweltauswirkungen ihres Tuns bewußt gemacht werden (z.B. in Lehrgängen, Vorträgen etc.). Dazu gehören auch Verhaltensregeln, die überflüssige und umweltbelastende Aktivitäten unter eine gewisse vereinsinterne „soziale Kontrolle" stellen. Auch von seiten der Landesverbände oder der Sportämter können Aufforderungen ergehen, bestimmte störende Aktivitäten so weit wie möglich zu unterlassen, z.B. die Benutzung von Lautsprechern, das Sporttreiben auf bestimmten Teilflächen in Ruhezeiten, lau-

tes Musikabspielen, unbedachtsam laute Verkehrsgeräusche, das Zuparken von Einfahrten der Nachbarn.

Die hier genannten Maßnahmen im kommunikativen Bereich sind unbedingt zu ergänzen durch die Bereitschaft, geeignete Maßnahmen technischer und organisatorischer Art zu ergreifen, um bestehenden Lärm so weit wie möglich zu vermindern. Nur dann wirken die kommunikativen Maßnahmen glaubwürdig.

In Anlehnung an NOEKE/ROLF (1986) werden die folgenden Maßnahmen zur Lärmsanierung und Lärmvorsorge auf Sport- und Freizeitanlagen dargestellt, unterschieden in

- administrative,
- planerische,
- organisatorische und
- technische Maßnahmen.

Die wichtigsten **administrativen** Maßnahmen (auf der Ebene von Politik, Verwaltung und Gesetzgebung) sind bereits in Abschnitt 3 angesprochen worden (insbesondere die Sportanlagenlärmschutzverordnung).

4.2 Planerische Maßnahmen

Wenn aufgrund von Fehlplanungen schwerwiegende Lärmbelästigungen auftreten, sind nachträgliche Versuche der Konfliktlösung häufig unzureichend, finanziell aufwendig und/oder mit Einschränkungen des Sportbetriebs verbunden. Daher kommt bei der Neuerrichtung von Sportanlagen der planerischen Lärmvorsorge im Rahmen der Bauleitplanung eine besondere Bedeutung zu. Sie sollte so weit wie möglich Lärmschutzmaßnahmen am Objekt überflüssig machen.

Folgende Maßnahmen auf der Ebene der Planung können sinnvoll sein, wobei vorausgesetzt ist, daß ein tatsächlicher Bedarf an der Anlage besteht (Notwendigkeit der Anlage als solcher, erforderliche Ausmaße, Zweckmäßigkeit):

a) Flächenzuordnung

Kein zu dichtes und konfliktträchtiges Nebeneinander lärmerzeugender und lärmempfindlicher Nutzungen (speziell geräuschvoller Sport und Wohnen). Ist eine unmittelbare Zuordnung unvermeidbar, dann muß frühzeitig geprüft werden, ob die geplante Sportanlage in das betreffende soziale Umfeld paßt oder nicht (Bereitschaft zur Akzeptanz). Die späteren Anlieger sind entsprechend in die Planung einzubeziehen.

Auch die Vorbelastung des Wohngebietes mit andersartigen Geräuschen (z.B. Verkehrslärm auch in Ruhezonen) spielt eine Rolle. Bei relativ hohem allgemeinen Geräuschpegel kann es vorkommen, daß der von der Sportanlage ausgehende Schall keine nennenswerte zusätzliche Belastung mehr darstellt. Es entsteht dann ein „Maskierungseffekt" durch gleichzeitiges Auftreten einer erheblich stärkeren Lärmquelle.

Dabei ist jedoch zu bedenken, daß der Verkehrslärm abends oder am Wochenende abnimmt und dann eventuell eine Maskierung nicht mehr gegeben ist.

b) Abstandsflächen
Das Einhalten ausreichend dimensionierter Abstandsflächen (als Grünzonen) zwischen lärmerzeugenden Sportanlagen und Wohngebieten ist die wichtigste Maßnahme, sofern sie möglich ist. Der notwendige Abstand richtet sich nach dem prognostizierten Schallpegel und nach Objekten in der Fläche, die den Schall entweder reflektieren (also verstärken), absorbieren oder abschirmen (mindern).

c) Funktionszuordnung innerhalb der Anlage
Durch sinnvolle Zuordnung von Gebäuden und Flächen können die aus der Anlage emittierten Geräusche vermindert werden. Die Geräuschquellen lassen sich z.B. durch Gebäude (Umkleideräume, Geräteschuppen) eventuell teilweise abschirmen. Ruhebereiche oder wenig frequentierte Sportflächen können teilweise die Funktion von Immissions-Abstandsflächen erfüllen. Stark frequentierte Sportflächen, Zuschauertribünen und Parkplätze sollten dagegen so weit wie möglich von der Wohnbebauung entfernt angelegt werden.

d) Planungsrechtliche Absicherung
Wenn in einem Bebauungsplan die spezifische Nutzungsart und Stellung der Sportanlage konkret genug dargestellt ist, lassen sich Festsetzungen zur Vermeidung und Minderung von Lärm treffen, auch im Hinblick auf den Schutz vor Lärm, der auf die Sportanlage einwirkt (vgl. hierzu die Darstellung zur Konfliktbewältigung von Immissionsschutzproblemen bei HENNINGS et.al., 1986). So etwa bietet der Planungserlaß von Nordrhein-Westfalen folgende Möglichkeiten der planerischen Ausweisung (auch nebeneinander):
- von Bebauung freizuhaltende Schutzflächen und ihre Nutzung,
- Flächen für besondere Anlagen zum Schutz vor schädlichen Umwelteinwirkungen (z.B. Lärmschutzwände, zusätzliche Festsetzungen über öffentliche Grünflächen oder die Anpflanzung von Gehölzen),
- Flächen für Vorkehrungen zum Schutz vor schädlichen Umwelteinwirkungen (z.B. schalldämmende Verglasungen, lärmschützende Grundrißgestaltung).

e) Verkehrsberuhigung
Falls der Bau einer Anlage stärkere Verkehrsbewegungen der Sportler und Zuschauer in benachbarten Wohngebieten nach sich zieht, sollte geprüft werden, inwieweit sich dieser Konflikt durch stärkere Benutzung von Bus, Bahn und Fahrrad sowie durch Maßnahmen der Verkehrsberuhigung entschärfen läßt (Hindernisse in der Fahrbahn, um zu langsamem Fahren zu zwingen, Gleichberechtigung von Fußgänger und Autofahrer auf Fahrbahnen, genügend Parkplätze für die Besucher der Sportanlage, unter Umständen sogar völlige Sperrung für PKW).

f) Beteiligung des Sports an der Planung
Es kommt vor, daß Wohnflächen zu dicht an einer bestehenden Sportanlage ausgewiesen werden und sich dann die Eigentümer solcher Wohnungen über den Sportlärm beschweren. Um solche Konflikte als Folge „heranrückender Wohnbebauung" zu vermeiden, sollten die Sportvereine ihre Mitwirkungsmöglichkeiten bei der Aufstellung des Flächennutzungsplanes und beim Bebauungsplanverfahren wahrnehmen, sofern in der Nähe der Anlage eine Wohnbebauung geplant ist. Wenn kein förmliches Verfahren vorgeschrieben ist, sollte die Baubehörde rechtzeitig mit Bedenken und Forderungen seitens des Sports konfrontiert werden.

4.3 Organisatorische Maßnahmen

Im folgenden werden stichwortartig Maßnahmen genannt, die auf organisatorischem Wege das Entstehen der Lärmbelästigung verhindern sollen, indem das Umfeld der sportlichen Aktivitäten geregelt bzw. das Sportereignis zeitlich und/oder räumlich begrenzt wird.
- Attraktivierung des öffentlichen Personennahverkehrs (möglichst keine Autos)
- Belegungspläne (bestimmte Veranstaltungen oder Sportaktivitäten werden auf Zeiten mit geringerem Ruhebedürfnis der Anwohner gelegt)
- Zeitliche Nutzungsbeschränkungen (Verzicht auf sportliche Nutzung in bestimmten Ruhezeiten, wobei eine freiwillige Übereinkunft einer gerichtlichen Verfügung vorzuziehen ist)
- Räumliche Nutzungsbeschränkung (z.B. Training auf nur einer Spielplatzseite in größerer Entfernung von der Wohnbebauung)
- Demontage von Fußballtoren (Abbau oder Verlegung von Toren auf Bolzplätzen, wenn die Lärmbelästigung in bestimmten Ruhezeiten zu groß wird)
- Begrenzung des Benutzerkreises (um die Belästigungen zu vermindern, wird die Anlage für nichtorganisierte Sportler bzw. für Nicht-Schulsportler gesperrt, eventuell mittels einer Umzäunung)
- Beaufsichtigung und Alkoholverbot (um rücksichtsloses, lärmendes Verhalten einiger weniger Sportler oder Zuschauer zu unterbinden)

4.4 Technische Maßnahmen

Maßnahmen der Lärmminderung können an der Schallquelle (bei den Geräten) oder am Ausbreitungsweg (Schutzwände etc.) ansetzen.

a) Maßnahmen an Geräten:
- Minderung der Lautstärke von Lautsprechern (z.B. für Ansagen bei Leichtathletik und Fußball)

- Dezentrale Aufstellung der Lautsprecher (in der Nähe der Teilflächen, für die die Informationen bestimmt sind, daher leiser)
- Geräuscharme Startsignale (z.B. Schalldämpfer für Startpistolen)
- Stiller Ballfangzaun (keine scheppernden Geräusche: Kunststoffnetze oder Polsterung der Pfosten bei Drahtgeflecht)
- Wahl geräuscharmer Pflegegeräte (z.B. Markierungsmaschinen, Rasenmäher)
- Verbesserungen am Sportgerät (geräuscharme Flugsportmotoren etc.)

b) Maßnahmen auf dem Ausbreitungsweg (vertikale Hindernisse)

- **Schutzpflanzungen:**
  Wenn diese flächenintensive Maßnahme auch vielfach aus Raummangel nicht in ausreichendem Maße zur Anwendung kommen kann (vor allem im städtischen Bereich), sind Pflanzungen besonders geeignet, weil sie außer der (geringen) Lärmminderung auch noch andere wichtige Funktionen erfüllen (gegen Luftverschmutzung, Wind, Blendung und als Tierlebensraum). Schmale Schutzstreifen reduzieren den Lärm kaum, jedoch machen sie die Lärmquelle unsichtbar und wirken möglicherweise beruhigend auf die Anwohner.
- **Lärmschutzwall:**
  Ein solcher standortgerecht bepflanzter Wall ist von den „technischen Maßnahmen" die beste, weil sie auch ästhetisch und ökologisch positive Funktionen (als Gliederungselement und Lebensraum) erfüllt. Der relativ hohe Flächenbedarf (bei einer Böschungsneigung von 1:1,5 bis 1:2 flach auslaufend) kann einer Realisierung entgegenstehen. Der Flächenbedarf läßt sich reduzieren, indem Garagen, Geräteschuppen, Umkleideräume etc. in den Erdwall hineingebaut werden. Durch Lärmschutzwälle kann (in Abhängigkeit von ihrer Höhe) eine Schallpegelminderung von 6-12 dB(A) erreicht werden.
  Wälle lassen sich unter Umständen in ein System von Fuß- und Radwegen sowie Erholungszonen integrieren.
  Folgende Varianten haben sich bewährt:
  - Wall in Kombination mit einer Absenkung (Tieferlegung) der Anlage, möglichst unter Ausnutzung natürlicher Geländeneigung (Wall u.a. aus dem Bodenaushub),
  - Nutzung des Walls als Zuschauertribüne auf der Sportplatzseite (Dammkrone überragt Zuschauer),
  - Erdwall mit aufgesetzter Holzwand.
- **Steilwälle mit Pflanzen:**
  Sie werden anstelle von Wällen errichtet, wenn nur sehr wenig Fläche zur Verfügung steht. Durch den Einsatz künstlicher Stützkonstruktionen (aus Beton oder Holzelementen) läßt sich eine Seitenneigung von 3:1 bis 5:1 erzielen. Die einzelnen Etagen, in denen die Pflanzen wurzeln, müssen genügend Niederschlagswasser auffangen können. Steilwälle

erreichen eine Schallpegelminderung von 6-12 dB(A). Aus gestalterischen Gründen sollte die Höhe 4 bis 4,5 Meter nicht überschreiten. Es wurden auch schon Kombinationen von Steilwall und Erdwall durchgeführt (Erdwall mit flacher Böschungsneigung zu den Anwohnern hin). Eine weitere Variante ist der „Steilwall als lebende Hecke" (vegetative Lärmschutzwand), bestehend aus einem Rohrbogen-Gerüst aus Stahl- oder Glasfiberkunststoff, das mit Kompost gefüllt und anschließend begrünt wird. Es erreicht eine Schallminderung um 8 dB(A).

- **Lärmschutzwände:**
  Wenn noch weniger Platz für Lärmschutz zur Verfügung steht, dann eignen sich Wände. Hier tritt das Problem einer unbefriedigenden ästhetischen Wirkung auf. Um dieses zu mildern, sollten Materialien wie Ziegel oder Holz verwendet werden, auch Beton mit guter Farbgestaltung, Vor- und Rücksprüngen etc. zur Auflockerung. Nach Möglichkeit sollte die Lärmschutzwand berankt oder zumindest zur Anwohnerseite hin bepflanzt werden. Auch eine Kombination von Schallschutz und Ballfanggitter (mittels Schallschutzmatten) wurde bereits durchgeführt. Je dichter die Lärmschutzwand an der Lärmquelle liegt, desto größer ist ihre Wirksamkeit, die natürlich von der Höhe abhängt. Die Verminderung des Mittelungspegels liegt zwischen 6 und 12 dB(A), wobei zwischen reflektierenden, absorbierenden und hochabsorbierenden Wänden zu unterscheiden ist (NOEKE/ROLF 1986).

Abschließend ein Fallbeispiel. Der mögliche **Konflikt zwischen ruhigen und lauten Formen von Sport/Erholung** kommt im folgenden Zeitungsbericht zum Ausdruck, ebenso der Lösungsansatz, geräuschvolle Aktivitäten in bestimmten räumlichen Situationen nicht zuzulassen:

Vier Gemeinden träumen von einer Oase

„Motoren haben keine Chance mehr auf dem ehemaligen Bundeswehrgelände zwischen Garching, Eching und Oberschleißheim. Alles, was stinkt und kracht, wird von dem neuen Erholungsgebiet verbannt, ob es sich nun um Kleinfahrzeuge oder Geländefahrzeuge handelt. Garchings Bürgermeister Helmut Karl will sich notfalls persönlich an den Zufahrten zu dem rund tausend Hektar großen Areal postieren, um alle Krachmacher zurückzupfeifen. Die Vorbehaltsfläche B gehört in Zukunft den Fußgängern, Radfahrern und - der Natur, damit sich Fuchs und Has' dort wieder ungestört ‚Gute Nacht' sagen können ...

Der Mensch und die Natur sollen sich erholen im umweltbelasteten Münchner Norden. Artenreiche Eichen- und Kiefernwälder werden ebenso wiedererstehen wie der magere Rasen, der seit Jahrhunderten das Landschaftsbild bestimmte. Seine Blüten und Kräuter sollen Bienen, Wespen und Hummeln anlocken. Heuschrecken und Schmetterlinge werden eine Heimat finden, ebenso wie Falken, Bussarde, die Mönchsgrasmücke und der Zaunkönig. An den Teichen, die durch Kiesabbau entstanden sind, werden Frösche und Molche ein abendliches Konzert anstimmen, während die Uferschwalben an der steilen Böschung nach Mücken jagen ...

Bei so viel Natur wird der Mensch nicht vergessen. Zum Radeln und Wandern reizt das Areal mit einem Durchmesser von drei Kilometern ebenso wie zum Sonnenbaden auf den ausgedehnten Liegewiesen. Mehrere Seen sind zum Baden und Surfen freigegeben. Auf ausgewiesenen Parkplätzen können die Autos abgestellt werden, wobei die Gemeinden hoffen, daß die meisten Erholungsuchenden zu Fuß oder mit dem Fahrrad kommen ...

‚Wehret den Anfängen', ist die Devise von Bürgermeister Helmut Karl bei allen Versuchen, an der geplanten Idylle herumzuknabbern. Das gilt für die von manchen bevorzugte Trasse der Bundesstraße 11 (neu) ebenso wie für alle, ‚die mit der Freizeit Geld verdienen möchten', warnt der Garchinger Bürgermeister. An Anträgen und Forderungen fehle es nicht, sagt Karl. Eine Windhundrennbahn werde es auf der Vorbehaltsfläche B ebensowenig geben, wie ein Gelände für Motocross-Fahrer. Und die Modellflugzeuge mit ihren sirrenden Motoren müßten ebenso verschwinden wie die Caravans und Wohnmobile, die sich dort an den Wochenenden breitmachen. Notfalls will Karl die Rechte von Natur und Ruhesuchenden mit Hilfe einer Naturschutzwacht verteidigen lassen" (Süddeutsche Zeitung vom 03.03.1990).

Literatur

GUSKI, R. / W. PROBST et. al.: Störwirkungen von Sportgeräuschen im Vergleich zu Störwirkungen von Gewerbe- und Arbeitsgeräuschen – Eine interdisziplinäre Felduntersuchung über Freizeit- und Gewerbegeräusche in Wohngebieten. Forschungsbericht im Auftrage des Umweltbundesamtes, Bochum und München 1989

HENNINGS, G. / F.-J. INGENMEY / S. JÜNGST / F. LAMFRIED: Bebauungspläne zur Gewerbe-Standortsicherung in Gemengelagen, in: Dortmunder Materialien zur Raumplanung Nr. 12, Dortmund 1986

JÄGEMANN, H.: Sportgeräusche – zur Verwendung technischer Regelwerke bei der Messung und Bewertung der durch Sportanlagen verursachten Schallimmissionen, DSB-Schriftenreihe Sport und Umwelt, H. 3, Frankfurt 1989

KIEDE, F.: Sportplatzlärm in der Bauleitplanung (aus der Rechtssprechung), in: Natur und Landschaft, H. 4, 1990

LAI (Länderausschuß für Immissionsschutz): Hinweise zur Beurteilung der durch Freizeitanlagen verursachten Geräusche (verabschiedet von der Umwelt- und der Sportministerkonferenz 1987), in: „Sport in einer lebenswerten Umwelt", Bundesumweltminister (Hrsg.), Bonn 1988

NOEKE, J. / A. ROLF: Maßnahmen zur Lärmsanierung und Lärmvorsorge auf wohnnahen Freizeitanlagen. INFU Werkstattreihe H. 17, Univ. Dortmund 1986

SCHNAUBER, H. / K. SCHMIDT: Lärmimmissionen und Möglichkeiten vorbeugender Maßnahmen - Ein Leitfaden des Deutschen Tennis Bundes, Göttingen o.J.

TÜV Norddeutschland: Sport und Umwelt - Ermittlung der Schallimmissionen von Sport- und Freizeitanlagen, Forschungsbericht im Auftrag des Niedersächsischen Umweltministers, Hannover 1987

UMWELTBUNDESAMT: Lärmbekämpfung '88, Tendenzen - Probleme - Lösungen, Berlin 1989

VDI (Verein Deutscher Ingenieure): Richtlinien zur Beurteilung der durch Freizeitaktivitäten verursachten und von Freizeiteinrichtungen ausgehenden Geräusche - Entwurf (VDI 3724), Düsseldorf 1989

VOLKMANN, H.-R.: Maßnahmen im kommunikativen Bereich zur Lösung von Sportlärm-Konflikten, in: NOEKE / ROLF a.a.O., 1986

Großveranstaltungen des Sports (B)

Großveranstaltungen des Sports

1. Einführung

„Berge von Abfall, überquellende, stinkende Müllbehälter, der Boden übersät mit Flugblättern und Prospekten, leere Dosen und Flaschen in jeder Ecke, zertretene Grünanlagen, verstopfte Straßen und genervte Anwohner - gewohnte Begleiterscheinung jeder Großveranstaltung, ..." (HEINZEL/ZIMMERMANN 1990). Schätzungsweise rund zwei Drittel der bundesdeutschen Bevölkerung nehmen mindestens einmal pro Jahr an einer regionalen oder überregionalen Veranstaltung teil. Ein großer Teil dieser Großveranstaltungen hat sportlichen Charakter, z.B. Bundesliga-Fußballspiele, große Sportfeste, Flugtage, Auto-Rennen, Segelregatten, Reittuniere und Skirennen. Solche Sport-Großveranstaltungen sind durch intensiven Besucherverkehr und hohen „Materialdurchsatz" gekennzeichnet.

Unabhängig davon, ob die Veranstaltung in Gebäuden oder im Freien, ob innerhalb des Siedlungsbereiches oder in der Landschaft durchgeführt wird, ergeben sich Berührungspunkte mit Belangen der Umwelt vor allem bei folgenden drei Fragenkomplexen:

- Wie ist die An- und Abreise der Besucher und Aktiven geregelt? Welche Chancen der Benutzung haben umweltfreundliche Verkehrsmittel (öffentlicher [Nah-]Verkehr, Fahrrad) im Vergleich zum Individualverkehr (PKW)?
- Was wird im Hinblick auf das Müllproblem getan? Wird Abfall vermieden bzw. wie wird mit ihm umgegangen?
- Wie wird die Beanspruchung des Freiraumes gelenkt (z.B. hinsichtlich Trittbelastung, wildem Campen, Lärm, Eindringen in ökologisch sensible Bereiche)?

Zwei Beispiele für die Umweltrelevanz größerer Sportveranstaltungen:

- Die Spiele der 1. und 2. Fußball-Bundesliga haben in der Saison von August 1988 bis Mai 1989 rund bis 7,5 Millionen Zuschauer besucht. Bei einem (vorsichtig geschätzten) durchschnittlichen Anreiseweg von 20 km pro Besucher wurden anläßlich dieser Fußballspiele etwa 300.000.000 Personenkilometer zurückgelegt. Ob die Anreise mit privatem PKW oder öffentlichen Verkehrsmitteln erfolgte, ist bei hohem Besucheraufkommen eine durchaus umwelterhebliche Frage.
- Im Jahr 1988 waren im Deutschen Sportbund 20,5 Millionen Personen in ca. 65.000 Sportvereinen organisiert. Würde nur jeder zweite Verein für seine Mitglieder ein Vereinsfest veranstalten, stehen jedes Jahr über 30.000 Organisationen vor der Entscheidung, ob sie Einweg- oder Mehrweggeschirr zum Fest einsetzen wollen. Werden alle Einladungsschrei-

ben auf Recyclingpapier gedruckt? Hier wird deutlich, daß insgesamt große Mengen von Abfall vermieden und umweltschonende Materialien eingesetzt werden können, ohne daß der Spaß darunter leidet.

Da es sich bei Sportveranstaltungen um zeitlich eng begrenzte, räumlich relativ konzentriert stattfindende Ereignisse handelt, übersieht der Veranstalter (häufig unter Zeit- und Kostendruck stehend) leicht die Möglichkeiten, rechtzeitig die „Weichen" so zu stellen, daß vermeidbare Umweltbelastungen unterlassen werden. Die Meinung ist verbreitet, bei so außergewöhnlichen Ereignissen alle Augen zudrücken zu dürfen, um sich den Spaß nicht (durch strenge Umweltauflagen) verderben zu lassen.

Als „wichtigste nationale Sportereignisse" nennt der Deutsche Sportbund für 1988 über 1000 Veranstaltungen: überregional bedeutsame Anlässe, um über umweltfreundliches Verkehrsverhalten, Müllvermeidung z.B. bei der Gemeinschaftsverpflegung, Besucherlenkung in der Landschaft und andere Maßnahmen nachzudenken, damit die Umwelt so wenig wie möglich belastet wird.

Ein nachahmenswertes Beispiel: Der Fußballclub „Eintracht Frankfurt" gab im August 1990 für ein Spiel Eintrittskarten aus, die zugleich als Fahrschein galten. Das Kombi-Ticket war für das Gebiet des Frankfurter Verkehrsverbundes ausgelegt (Wiesbaden, Darmstadt etc). Daraufhin kamen von 30.000 Zuschauern immerhin 7.500 mit der Bahn.

2. Konflikte

Im Rahmen der Erstellung und des Betriebs von temporär errichteten Hallen, Zelten und Tribünen, bei An- und Abreise sowie während der Veranstaltung können folgende Umweltbelastungen auftreten:

Belastung des Bodens:
- Verdichtung (durch Aufbauten, Fahrzeugreifen, Tritt auf empfindlichen Untergrund)
- Schadstoffeintrag (Abfälle, Chemikalien, Öl und Benzin aus Fahrzeugen, Fluggeräten, Maschinen)
- Nährstoffeintrag in magere Böden (durch Abfälle, Fäkalien, Urin), problematisch vor allem bei mageren Böden

Belastung der Luft:
- Abgase aus Fahrzeugen und Maschinen

Belastung der Tier- und Pflanzenwelt:
- Schädigung von Vegetation (direkt durch mechanische Einwirkung, indirekt durch Nährstoffeintrag) in Form von Zertreten, Abpflücken oder Abreißen von Pflanzen(teilen), Abtreten von Böschungen, Austreten von Waldrändern, Beschädigung von Uferbewuchs

- Beeinträchtigung der Tierwelt (direkt durch Verscheuchen, indirekt durch dauerhafte Zerstörung ihres Lebensraumes) in Form einer Störung des Brutgeschäfts, Unterschreiten der Fluchtdistanz, Umwandlung der Biotopstruktur (z.B. Entfernung von Gehölzen, Entwässerung)

Gesundheitsgefährdung oder Belästigung des Menschen durch

- gesundheitsgefährdende Substanzen (wie Asbest, bestimmte Holzschutzmittel, Formaldehyd),
- Lärm (Verärgerung der Anwohner vor allem in Ruhezeiten),
- Geruchsbelästigung (z.B. durch mangelhafte Abwasser- und Müllentsorgung, Grillen, Abgase),
- Störung des Landschaftsbildes (durch Baugestelle, parkende Autos, Zerstörung der Vegetation von Grünanlagen).

Diese Belastungen werden verursacht durch Verkehrsbewegungen mit Kraftfahrzeugen, wildes Parken und Campen, durch Verwendung gefährlicher Baustoffe und umweltproblematischer Platz- und Reinigungsmittel sowie durch Mängel in der Entsorgung von Abfällen und Abwässern (Sammeln und Abtransport, zu wenig Toiletten, Einwegverpackung bei der Verpflegung, mangelnder Abwasseranschluß).

Besonders gravierend sind die genannten Arten der Umweltbelastung dann, wenn davon ökologisch empfindliche Teilräume betroffen sind, z.B. Gewässer und Uferzonen, Waldränder, Sümpfe, Dünenbereiche und sonstige hochwertige Lebensräume, die mehr oder weniger nah am Standort der Veranstaltung liegen.

Bei der Bewertung der Belastungen spielt es eine entscheidende Rolle, ob die Schäden reversibel sind oder zu einer dauerhaften Abwertung der ökologischen Situation am Veranstaltungsort führen. Die Schädigung einer ohnehin relativ naturfernen Rasendecke in einer Grünanlage oder die kurzfristige Beunruhigung einer an Menschen gewöhnten Tierwelt auf einer strukturarmen Freifläche im Siedlungsbereich oder am Ortsrand ist ökologisch unproblematisch. Dagegen verschärft sich das Problem aus ökologischer Sicht, wenn reich strukturierte Landschaftsteile mit hoher Artenvielfalt durch große Menschenansammlungen in ihrer Substanz geschädigt werden und mit einer dem ursprünglichen Zustand entsprechenden Renaturierung der belasteten Bereiche nicht zu rechnen ist.

3. Lösungsansätze

Jede Veranstaltung für sich allein gesehen scheint – gerade wegen ihrer Beschränktheit auf kurze Zeiträume – harmlos zu sein. Wie in der Einleitung angedeutet, fallen jedoch sowohl die Belastungen als auch die Möglichkeiten der Vermeidung und Minderung von Belastungen dann ins Gewicht, wenn die große Zahl der Veranstaltungen bedacht wird.

Die wichtigsten Handlungsansätze liegen
- in der Beeinflussung der Wahl des Verkehrsmittels für An- und Abreise,
- in der Abfallvermeidung und -entsorgung,
- in der Standortwahl und Wahl des Zeitraums für die Veranstaltung, verbunden mit Besucherlenkung.

Die folgenden Vorschläge entstammen größtenteils dem „Handbuch Umweltschonende Großveranstaltungen" von HEINZEL/ZIMMERMANN, 1990 (im Auftrag des UBA). Dort sind detaillierte Anregungen mit Praxisbeispielen ausgeführt.

a) Verkehrsmittelwahl

Ziel ist es, möglichst viele Teilnehmer der Veranstaltung zur Benutzung öffentlicher Verkehrsmittel zu bewegen, um die durch Kfz-Verkehr hervorgerufenen Belastungen (Lärm, Abgase, stoffliche Belastungen, mechanische Schäden, Flächenversiegelung durch Verkehrsinfrastruktur) zu minimieren. Hierzu ist es vor allem notwendig, ein attraktives Angebot an öffentlichen Verkehrsmitteln zu schaffen, das sowohl vom Preis her als auch hinsichtlich der Bequemlichkeit ernsthaft mit dem privaten PKW konkurrieren kann.

Um die Konkurrenzfähigkeit des öffentlichen Personen(nah)verkehrs in Kombination mit Fortbewegung zu Fuß und mit Fahrrad zu erhöhen, sollte der motorisierte Individualverkehr gezielt erschwert und verteuert werden.

Möglichkeiten, die Benutzung von öffentlichen Verkehrsmitteln (Züge, S-Bahn, Sonderbusse etc.) zu fördern:
- Der Veranstaltungsort muß so gewählt werden, daß er einen guten Anschluß an öffentliche Verkehrsmittel besitzt. Wenn dies nicht möglich ist: Einsatz von Sonderbussen;
- Vereinbarung von Sonderkonditionen für Veranstaltungsteilnehmer mit den öffentlichen Verkehrsbetrieben (Nulltarif, innerorts verbilligte Tarife, Sonderfahrzeuge, Sonderlinien, Sonderfahrpläne zur Verringerung der Wartezeiten und Erhöhung von Förderkapazität und Bequemlichkeit);
- Mitnahmemöglichkeit von Fahrrädern in öffentlichen Verkehrsmitteln;
- Organisation von Sonderzügen und Sonderbussen (mit kostengünstigen Fahrmöglichkeiten für die Teilnehmer, z.B. bei Fußball-Bundesligaspielen);
- Verknüpfung von öffentlichem Personennahverkehr und Taxis bzw. Kleinbussen, insbesondere in Nachtzeiten;
- Bereitstellung von bewachten Parkplätzen am Rand von Großstädten bzw. in belastbaren Bereichen in der Landschaft (mit Pendelbusanbindung bzw. an Haltestellen des ÖPNV);

- Eintrittskarte gilt gleichzeitig als Fahrkarte (oder Dauerfahrkarte) für öffentliche Verkehrsmittel im Zeitraum vor bis nach der Veranstaltung;
- reduzierter Eintrittspreis bei Vorlage der Fahrkarte zum Veranstaltungsort;
- kostenlose Rückfahrt mit öffentlichen Verkehrsmitteln, wenn die Hinfahrkarte vom Veranstalter abgestempelt worden ist;
- Verteilen von Essenbons oder Losgutscheinen gegen Vorlage abgestempelter Fahrscheine;
- Förderung und Erleichterung des Fahrrad- und Fußgängerverkehrs (Bereitstellung von nahen, bewachten Fahrradparkplätzen, Fahrradverleih, Pannendienst, kurze und sichere – gut gezeichnete – Wege für Radfahrer und Fußgänger);
- Einsatz von nichtmotorisierten oder besonders umweltschonend angetriebenen Fahrzeugen im Umkreis des Veranstaltungsortes und im Pendelverkehr zu Haltestellen und Auffangparkplätzen in größerer Entfernung.

Möglichkeiten, den motorisierten Individualverkehr zu erschweren:

- Bereitstellung nur weniger und/oder weit vom Veranstaltungsstandort entfernter Parkplätze. Rechtzeitige Bekanntgabe dieses Engpasses in der Öffentlichkeit bzw. im interessierten Personenkreis (Ausnahme: Parkplätze für Behinderte in ausreichender Zahl);
- strenge Überwachung, um wildes Parken auf Gehwegen, Privatwegen, Grünflächen und landwirtschaftlichen Nutzflächen zu verhindern;
- hohe Parkplatzgebühren (Verwendung der Einnahmen z.B. für Pendelbusverkehr);
- Sperrung umliegender Straßen für den privaten Verkehr (zum Schutz der Anwohner, Ausgabe von Anliegerpassierscheinen);
- Sperrung von Zufahrtswegen für Privatfahrzeuge, wenn die Veranstaltung in der freien Landschaft stattfindet (Auffangparkplätze mit hohen Parkgebühren in größerer Entfernung);
- Öffentlichkeitsarbeit, mit der die Erschwerung des Kfz-Gebrauchs begründet und auf die Alternativen hingewiesen wird.

b) Bewältigung des Müllproblems

Ziel ist vor allem, das Entstehen von Abfällen zu vermeiden (z.B. über Mehrwegbehälter). Wo dies nicht möglich ist, ist darauf hinzuwirken, daß eine Wiederverwertung der im Abfall enthaltenen Stoffe erleichtert wird (recyclebares Material, getrennte Sammlung). Schließlich ist eine vollständige Entsorgung der Restabfälle zu gewährleisten.

Bei der Vermeidung unnötigen Abfalls geht es nicht nur darum, dem Veranstalter Entsorgungs-Aufwand zu ersparen, sondern auch darum, einen Beitrag zur Lösung des inzwischen allgemeinen „Müll-Notstands" zu leisten.

Auch diese „Randbeeinflussung" muß also bei der Standortwahl abgeschätzt und berücksichtigt werden, damit verhindert werden kann,
- daß erhaltenswerte Vegetation zertreten und
- daß die Fluchtdistanz scheuer Tiere (speziell Vögel) unterschritten wird.

Ökologisch schützenswert und sensibel sind nicht nur die ausgewiesenen Schutzgebiete, sondern auch andere Bereiche mit besonderen ökologischen Qualitäten. In jedem Fall gehören hierzu naturnahe Uferzonen, Waldränder, Feuchtgebiete, Auen und sonstige im Rahmen der „Kartierung wertvoller Biotope" erfaßte Lebensräume.

Manche Lebensräume sind nur während bestimmter Zeiten (Brut- und Aufzuchtzeit, Mauserzeit) störanfällig gegenüber Beunruhigung.

Immer sollte rechtzeitig die zuständige Naturschutzbehörde eingeschaltet werden, die im Einzelfall die ökologische Standorteignung für eine Veranstaltung in der freien Landschaft beurteilen kann.

Besonders wichtig ist die Lenkung von „ausstrahlenden" Aktivitäten. Sofern schützenswerte Lebensräume im weiteren Ausstrahlungsbereich liegen, sollte ein striktes (zeitlich limitiertes) Wegegebot erlassen und überwacht werden. Wenn wegen besonders großer Besuchermengen die Einhaltung des Wegegebots unwahrscheinlich ist, muß die Sperrung bestimmter Wege für die Zeit der Großveranstaltung erwogen werden.

Wegegeboten und Sperrungen sind jedoch solche Lenkungsmaßnahmen vorzuziehen, die den Spaziergänger mit attraktiven Zielangeboten auf ökologisch belastbare Bereiche „locken" - sofern das möglich ist.

Zur Durchsetzung von Umweltschutzmaßnahmen bei Veranstaltungen

Es genügen nicht Appelle an die Teilnehmer, sich umweltbewußt zu verhalten, sondern der Veranstalter muß für günstige Rahmenbedingungen sorgen. An Handlungsmöglichkeiten (Instrumenten) stehen dem Veranstalter zur Verfügung:
- Verträge, Abkommen, Vereinbarungen mit Lieferanten und sonstigen kommerziellen Angebotsträgern,
- gesetzliche Vorschriften, Satzungen, behördliche Genehmigungen und Auflagen, die über Ver- und Gebote bestimmte Umweltbelastungen verhindern helfen,
- ökonomische Anreize und Rahmenbedingungen (wie Gebühren, Preisgestaltung, Pfand, Abgaben), die ein umweltgerechtes Verhalten für den Teilnehmer lohnend machen,
- Information und Öffentlichkeitsarbeit, mit denen die Umweltmaßnahmen begründet werden und zur freiwilligen Einhaltung bestimmter Regeln und Handlungen motiviert wird.

4. Gesetzliche Grundlagen zur Beurteilung von Umweltbelastungen durch Veranstaltungen im Freien (Überblick)

Gesetze	Verordnungen	Geltungsbereich	Grundsätze und Schutzziele	Auswirkung auf die Beurteilung von Veranstaltungen
1. *Versammlungsrecht* Versammlungsgesetz		überall	Die öffentliche Sicherheit und Ordnung darf durch öffentliche Versammlungen oder Aufzüge unter freiem Himmel nicht gefährdet werden.	Naturschutzbehörden sind bei der Prüfung der Anmeldungen zu beteiligen, sie können ggf. Auflagen an die Veranstalter formulieren
2. *Natur- und Artenschutzrecht* Bundesnaturschutzgesetz (BNatSchG), Naturschutzgesetze bzw. Landschafts(pflege)gesetze der Länder		Innen- und Außenbereich	Die Leistungsfähigkeit des Naturhaushaltes ist zu erhalten und zu verbessern, Beeinträchtigungen sind zu unterlassen oder auszugleichen.	Behörden **müssen** bei Veranstaltungsgenehmigungen die Einhaltung der Schutzziele überwachen und durch geeignete Auflagen bzw. Anordnungen deren Einhaltung sicherstellen.
	Naturschutzgebiets-Verordnungen	Naturschutzgebiete	Zerstörung, Beschädigung, Veränderung, nachhaltige Störungen sind verboten.	Solche Gebiete sind ungeeignet für Veranstaltungen.
	Landschaftsschutzgebiets-Verordnungen	Landschaftsschutzgebiete	Alle Handlungen sind verboten, die dem Charakter des Gebietes oder dem besonderen Schutzbereich zuwiderlaufen.	Bestimmte, besonders belastende Veranstaltungstypen können hier nicht stattfinden.
	Baumschutzverordnung	meist in Städten	Alle Handlungen, die bestimmte Bäume (je nach Stammumfang, Baumart) schädigen, sind verboten.	Auf den Bauschutz muß bei Veranstaltungen Rücksicht genommen werden.
3. *Gewässerschutz* Wasserhaushaltsgesetz, Landeswassergesetze	diverse	Oberirdische Gewässer, Küstengewässer, Grundwasser	Gewässer müssen so bewirtschaftet werden, daß sie dem Wohl der Allgemeinheit dienen und daß jede vermeidbare Beeinträchtigung unterbleibt.	Untere Wasserbehörden sind immer dann zu beteiligen, wenn Auswirkungen auf die genannten Gewässer nicht ausgeschlossen werden können.
	Bundesartenschutz-V.	überall	Unterschutzstellung bestimmter, im Anhang aufgeführter wildlebender Tiere und wildwachsender Pflanzen.	Das Aufsuchen, Fotografieren, Filmen und ähnliche Handlungen gemäß 20f BNatSchG ist bei den vom Aussterben bedrohten wildlebenden Tieren und wildwachsenden Pflanzen verboten.
4. *Waldrecht* Bundeswaldgesetz Waldgesetze der Länder		Wald, Waldwege, Lichtungen, Holzlagerplätze	Wald ist wegen seiner Nutzfunktion, seiner Bedeutung für die Umwelt und zur Erholung der Bevölkerung zu erhalten und seine ordnungsgemäße Bewirtschaftung nachhaltig zu sichern.	Das Betretungsrecht oder anderweitige Nutzungen von Wald können eingeschränkt werden. Befahren, Lagern, Zelten etc. nur mit Ausnahmegenehmigung.

Aus: Heinzel/Zimmermann (1990)

Sportplätze

1. Einführung

Sportplätze (einschließlich Fußballfelder) gehören ebenso wie Sporthallen zu den Anlagen im Siedlungsbereich. In Abweichung zu dem überwiegenden Vorgehen im Rahmen dieses Handbuchs stehen hier nicht die einzelnen Sportarten im Blickfeld, sondern es werden die von zahlreichen Sportarten genutzten Sportplätze betrachtet.

Unter „Sportplatz" versteht man heute die Zusammenfassung von Großspielfeldern, Kleinspielfeldern, Leichtathletikanlagen, Anlagen für die spielerisch-sportliche Freizeitbetätigung und die dafür benötigten Gebäude sowie Nebenflächen. Dieses Begriffsverständnis berücksichtigt die neuzeitlichen Vorstellungen von Sport und Freizeit, nach denen die unterschiedlichen Bedürfnisse der Vereine und der anderen Benutzergruppen nur durch ein differenziertes Anlagenangebot mit vielfältigen Nutzungsmöglichkeiten zufriedenzustellen ist (EIRICH et.al. 1989).

Auf Sportplätzen ausgeübte Sportarten:		
Kleinspielfeld	Großspielfeld	Leichtathletik-anlagen
Badminton	Baseball	Diskus
Basketball	Casting (Angelsp.)	Dreisprung
Faustball	Football	Hammerwurf
Fußball	Fußball	Hochsprung
Handball	Hockey	Kugelstoßen
Hockey	Korbball	Laufen
Korbball	Kricket	Speerwurf
Prellball	Motoball	Stabhochsprung
Radball	Radball	Weitsprung
Ringtennis	Schlagball	
Rollhockey	Softball	

In der Bundesrepublik Deutschland gibt es ca. 40.000 Sportplätze mit einer nutzbaren Sportfläche von insgesamt ca. 290 km². In dieser Netto-Flächenangabe sind Sportplätze aller Größenordnungen enthalten: vom Wettkampfstadion bis zum Kleinspielfeld einschließlich der Flächen für Schul- und Freizeitsport. Durchschnittlich 60 % dieser nutzbaren Sportfläche werden zusätzlich für Nebenanlagen gebraucht, z.B. für innere Erschließungswege, Gebäude, Stellplätze, Grünflächen (HARTMANN 1988). Die Bruttofläche aller bundesdeutschen Sportplätze beträgt demnach ca. 460 km².

Mit den Belangen des Umwelt- und Naturschutzes ergeben sich vor allem folgende **Berührungspunkte:**
- Welche Flächen werden durch die Standortwahl beansprucht (also entweder in ihrer ökologischen Qualität auf- oder abgewertet)?
- Werden benachbarte Wohngebiete durch Geräusche oder Licht belästigt?
- Werden Schadstoffe emittiert?
- Wird der Grad der Flächenversiegelung so gering wie möglich gehalten?
- Werden die Möglichkeiten einer möglichst naturnahen Pflege von nicht oder nur gering genutzten Grünflächen wahrgenommen?

Die Abmessung der Groß- und Kleinspielfelder und sonstiger spezieller Anlagen für die verschiedenen Sportdisziplinen sowie die erforderlichen Flächen für Freizeit- und Erholungsspiele auf Sportplätzen sollen hier nicht aufgeführt werden. Sie sind der Veröffentlichung „Sportplätze - Freizeitanlagen für Spiel, Sport, Freizeit und Erholung" zu entnehmen (Band P1/82 der Schriftenreihe „Sport- und Freizeitanlagen" des Bundesinstituts für Sportwissenschaft). Weitere Angaben über Bau und Unterhaltung von Sportplätzen sind bei EIRICH/ROSKAM/SKIDE/PÄTZOLD (1989) zu finden.

Folgende Belagstypen kommen auf Sportplätzen mit unterschiedlichem Aufbau vor:
- Rasenflächen (Sportrasen mit natürlicher Rasendecke nach örtlicher Einsaat oder hergestellt als Fertigrasen mittels Rasensoden oder Rollrasen),
- Tennenflächen (wassergebundene Decken mit abgestuftem Korngrößenaufbau, wasserdurchlässig).

Für **Tennenflächen** können in unterschiedlichem Schichtenaufbau Baustoffe verwendet werden, die sich in ihren Korngrößen und ihren Materialien unterscheiden.

Die Korngrößen reichen von (Ziegel- und Stein-)Mehl, Sand, Kies, Split bis Schotter. Als Materialien kommen solche aus natürlichen Vorkommen und aus Nebenprodukten von Industrie und Bergbau zur Anwendung.

Quarzsand und -kies, Buntsandsteine, Kalkgesteine und Lava sind die häufigst verwendeten natürlichen Materialien. Bergematerial aus dem Bergbau und verschiedene Schlacken und Aschen aus der Industrie (Verhüttung) können ebenfalls geeignet sein. Wegen der möglichen Schadstoffgehalte, insbesondere von Schwermetallen, sollen für Tennenbeläge nur solche Baustoffe verwendet werden, für die im Rahmen der Güteüberwachung durch anerkannte Prüfinstitute nachgewiesen wurde, daß der Gehalt toxischer Stoffe (Arsen, Blei, Zink, Cadmium und Quecksilber) gültige Vorsorge- bzw. Richtwerte nicht übersteigen.

Kunststoffbeläge sind aus folgenden Grundstoffen hergestellt: EPDM Granulat (Aethylen-Propylen-Dien-Manomer-Kautschuk) und Bindemittel (Polyurethan). Bindemittel sind synthetische, organische

c) durch hohe Pflegeintensität:
- Auswahl des Saatgutes und Schnitthäufigkeit: niedrige Artenzahl der Sportrasen,
- hohe Düngergaben, die (von der Vegetation teilweise nicht aufgenommen) ins Grundwasser oder in Oberflächengewässer abgeschwemmt werden,
- Einsatz von Pestiziden, die neben den Schädlingen auch andere („harmlose") Organismen beeinträchtigen sowie das Grund- und Oberflächenwasser belasten können.

3.2 Spezielle Konflikte und Lösungsansätze

a) Rasenpflege

Im folgenden soll auf den Sportrasen eingegangen werden, der zwar den Tennen-, Kunststoff- und sonstigen vegetationslosen Belägen aus ökologischer Sicht vorzuziehen ist, der jedoch auch zur Quelle von Belastungen werden kann, sofern er über Gebühr mit Düngern und Pestiziden versorgt wird.

Maßnahmen zur Erhaltung von Rasenflächen:

Erhaltung der Narbendichte	Erhaltung von Wasserdurchlässigkeit und Ebenheit	Pflanzenschutzmaßnahmen
Düngung	Verringerung von Rasenfilz	Unkraut
Beregnung	Beseitigung von Verdichtungen der Rasenabtragsschicht	Krankheiten
Schnitt	Besanden	Schädlinge
Nachsaat/ Ausbesserung	Ausgleich von Unebenheiten	

Ein Rasenspielfeld muß aus sportfunktionaler Sicht mindestens die folgenden Anforderungen erfüllen:
- geregelte Wasserabführung,
- Scherfestigkeit der Rasentragschicht,
- günstige Wachstumsbedingungen.

Bei der Wasserabführung geht es sowohl um eine rasche Wasserableitung von der Spieloberfläche als auch um eine Entwässerung des Bodenaufbaus. Kann das Wasser nicht frei versickern, sondern muß es über Drainagen in die Kanalisation abgeleitet werden, so geht es der Grundwasserneubildung verloren. Bei starker Düngung oder gar bei Pestizideinsatz auf der Rasenfläche sollte jedoch eine Wasserabführung in die Kanalisation angestrebt werden, damit nicht das Grundwasser durch schädliche Sickerwässer belastet wird.

Besonderes Augenmerk ist darauf zu legen, ob günstige Wachstumsbedingungen bei ausreichender Strapazierfähigkeit des Rasens auch erreichbar sind, wenn so weit wie irgend möglich auf den Einsatz von Düngern und Pestiziden verzichtet wird (nicht nur in Wasserschutzgebieten).

Bei intensiv genutzten Sportrasenflächen ist eine Düngung unvermeidlich. Auf die **notwendige Düngermenge** soll im folgenden etwas näher eingegangen werden.

Schwerwiegende Belastungen ergeben sich bei überhöhten oder falsch terminierten Düngergaben. Problematisch ist z.B. das Aufbringen von Dünger nach dem Einsetzen der Vegetationsruhe oder gemäß der laienhaften Vorstellung, daß der Rasen um so besser gedeihe und zugleich strapazierfähiger sei, wenn die Nährstoffe besonders großzügig bemessen würden.

Nährstoffaustrag aus dem Rasen in Boden und Grundwasser geschieht, wenn unter dem Einfluß von Niederschlägen oder Beregnung die Nährstoffe aus dem Wurzelbereich in tiefere Schichten transportiert werden. Es kommt auf die Sickerwassermenge und die Nährstoffkonzentration an, wobei letztere abhängig ist von der Art und Menge des Nährstoffs, Bodenart und Gräserwachstum.

Um Nährstoffausträge zu verhindern, muß die Düngermenge nach dem Bedarf der Vegetation bemessen und solche Dünger gewählt werden, die Nährstoffe über längere Zeit in geringen (angepaßten) Dosen abgeben (umhüllte Langzeitdünger).

Eine besondere Rolle spielt der **Stickstoff** in seiner Wirkung als Regenerationsmittel der Rasendecke. Allerdings ist dieser Nährstoff auch problematisch, weil ein geringes Überangebot und eine falsche zeitliche Anwendung dazu führen, daß die mechanische Belastbarkeit der Rasendecke abnimmt und die Anfälligkeit für Krankheiten steigt. Ein Überangebot verringert nämlich das pflanzliche Festigungsgewebe und schwächt die Wurzelbildung (ganz abgesehen von dem Schaden, den ausgewaschener Stickstoff im Grundwasser anrichtet). Stickstoff sollte daher eher zu wenig als zu viel verabreicht werden, denn Sportrasen soll „für die Füße" und weniger „für die Augen" gepflegt werden. Besser die etwas bräunliche Färbung einer gesunden, trittfesten Grasnarbe, als ein sattgrüner, aber empfindlicher Rasen. Der Stickstoff (N) steht zu den anderen Hauptnährstoffen Phosphor (P_2O_5), Kali (K_2O) und Magnesium (Mg) in dem Nährstoffverhältnis 1 : 0,3 : 0,8 : 0,04 (vgl. EIRICH et.al. 1989).

laut LEUMANN die für den Kunstrasenflor verwendeten Farbpigmente auf. Neben der Gewässerbelastung stellt sich die Frage nach der Entsorgung ausgedienter Sportplatz-Belagsmaterialien.

Sport-Kunststoff(rasen)beläge fallen unter die Kategorie Sondermüll. Allein schon dieser Aspekt legt es nahe, die Verwendung von Kunststoffbelägen beim Sportplatzbau so weit wie möglich zu vermeiden, zumal in Form des Rasens eine weniger belastende Alternative zur Verfügung steht. Die ohnehin schwer lösbare (Sonder-)Müllproblematik in den Kommunen sollte durch den Sportplatzbau nicht zusätzlich verschärft werden.

Sofern man auf Sportplätzen auf Kunststoffbeläge nicht verzichten will, werden folgende Maßnahmen empfohlen (LEUMANN 1986):
- Statt preisgünstiger Abfallprodukte sollten Granulate eingesetzt werden, die die Oberflächenspannung von Kontaktwasser nicht reduzieren, abbaubare organische Verbindungen lediglich in geringer Menge freisetzen und Schwermetalle (z.B. Zink) höchstens in Spuren enthalten. Produkte mit diesen Eigenschaften befinden sich bereits auf dem Markt.
- Verwendung von Kunstrasen ohne giftige Schwermetallpigmente (also z.B. ohne Cadmiumsulfid oder Bleichchromat).
- Zurückhaltung des Abriebs von Belagsoberflächen in ausreichend bemessenen Schlammsammlern am Anfallort.
- Altbeläge und Abfälle vom Belagseinbau müssen umweltgerecht entsorgt (das heißt, sie dürfen auf keinen Fall einer Verbrennungsanlage zugeführt werden).
- Sofern ein Risiko der Auswaschung umweltbelastender Stoffe aus dem Belag besteht: Anschluß der Entwässerung an die Schmutzwasserkanalisation mit zentraler Kläranlage (wobei auf einen mengenmäßigen Wasserausgleich zu achten ist). Diese Beseitigung kommt jedoch nur in Frage, wenn es sich um biologisch abbaubare organische Schmutzstoffe handelt.
- Weil das vollständige Sammeln von Sickerwasser mit Hilfe der üblichen Drainagen (im grobporigen, gut wasserdurchlässigen Unterbau) nicht möglich ist, dürfen in Wasserschutzzonen und sonstigen Bereichen mit schutzwürdigem Grundwasservorkommen keine wasserdurchlässigen Beläge eingesetzt werden.

Bei **Tennenbelag** können Probleme entstehen, wenn Haldenmaterial aus Verbrennungsrückständen verwendet wurde. Die in diesem Material vorkommenden Salze lösen bei Zutritt von Wasser komplexe chemische Reaktionen aus. Die Auswirkungen auf den Bodenmechanismus und auf die Bodenlebewesen sind bisher nicht erforscht.

Eine Gefährdung der Sporttreibenden ist dann gegeben, wenn für den Sportplatzbelag solche Schlacken verwendet werden, die aus der Metallerzverhüttung bzw. aus der Steinkohleförderung kommen und zum Teil hohe Schwermetallkonzentrationen aufweisen. Hier ist Vorsicht geboten, vor allem in der Umgebung solcher Industriebetriebe, weil sich besonders hier in der Vergangenheit (bei Unkenntnis der Problematik) dieses Material als billiger Baustoff „anbot" (vgl. dazu LEMM/HARTLEB 1984). Für die zulässigen Schwermetallgehalte in Tennenbelägen sind Grenzwerte festgesetzt. Die Baustoffe unterliegen der Güteüberwachung bei normgerechtem Bauen (als Voraussetzung öffentlicher Förderung). Schon bei der Anschaffung eines Baustoffs sollte vom Lieferanten ein Prüfzeugnis verlangt werden, aus dem hervorgeht, daß der Baustoff keine gefährlichen Schwermetallkonzentrationen enthält.

Zum Einsatz von **Pestiziden:** Besonders solche Sportflächen, an die höchste Ansprüche an „neutrale Bedingungen" gestellt werden (z.B. für Hochleistungssport), müssen völlig eben ausgebildet sein. Wenn von „Bodenschädlingen" Gänge und Haufen erzeugt werden, dann werden diese mit Rodentiziden bekämpft, gegen sogenanntes „Unkraut", Moos und Insekten wird mit Herbiziden, Fungiziden und Insektiziden vorgegangen. Insekten werden vielfach aus der Sicht des Sportanlagenbetreibers deshalb als Schädlinge betrachtet, weil sie Vögel anlocken, die wiederum als bestandsschädigende Folgeschädlinge auftreten (SKRIDE et.al. 1980, zitiert bei HAHN 1989). Abgesehen von der Schädlichkeit von Pestiziden für die sonstige Tier- und Pflanzenwelt (also Arten, die nicht bekämpft zu werden brauchen) besteht die Gefahr der Auswaschung ins Grundwasser.

Aus Umweltsicht ist eine Minimierung des Pestizideinsatzes anzustreben, indem durch geeignete Maßnahmen (z.B. Düngergaben, stabilere Grasarten und weniger intensive Pflege) eine strapazierfähige, möglichst wenig krankheitsanfällige Grasnarbe erzeugt wird.

c) Weitere Lösungsansätze

Auf die zentrale Frage der Standortwahl von Sportanlagen (und auf die Gefahr, naturnahe innerstädtische Tier- und Pflanzengesellschaften z.B. an Bachufern oder auf ökologisch wertvollen Brachflächen zu zerstören) soll hier nicht weiter eingegangen werden, weil sich diese Fragestellung nicht unterscheidet von der, die bei allen baulichen Vorhaben im städtischen Bereich ebenso anfällt. Die Standortwahl sollte nicht den Zufällen der wirtschaftlichen Flächenverfügbarkeit anheimgestellt sein, sondern in einer großräumigen Planung erarbeitet werden, wobei mehrere Alternativen zu überprüfen sind. Nach Möglichkeit sollte ein bereits vorbelasteter Bereich (z.B. in einem brachgefallenen Gewerbegebiet) als Standort gewählt werden, um die ohnehin knappen ökologischen Qualitäten im Siedlungsraum zu erhalten.

Eine besonders große Chance des umweltfreundlichen Sportstättenbaus liegt darin, die sportlich nicht genutzten **Nebenflächen** eines Sportplatzes so groß wie möglich zu dimensionieren und deren möglichst naturnahe Entwicklung zu gewährleisten. Von diesen Nebenflächen hängt in ganz entscheidendem Maße sowohl der ökologische Wert als auch die ästhetische

Einbindung der Anlage in das Ortsbild ab. Auf den Sportplatz-Nebenflächen kann sich nicht nur eine vielfältige Tier- und Pflanzenwelt wesentlich besser entwickeln als auf den sonst üblichen schmalen Randgrünstreifen, sondern es lassen sich gleichzeitig mit diesen Flächen noch weitere Effekte erzielen, vor allem Schall- und Sichtschutz durch ausreichende Abstandsflächen und durch lang ausgezogene, genügend hohe Böschungen (Schutzwälle).

PÄTZOLD (1987) beklagt zu Recht, daß den Nebenflächen in den vergangenen Jahren im Sportplatzbau ein sehr geringer Stellenwert zukam, und weist in diesem Zusammenhang auf einen Mangel der staatlichen Förderpraxis hin. Wenn nur die reine Sportfläche mit Zuschüssen bedacht wird, sei nicht zu erwarten, daß die nichtsportlich genutzten Flächen (die Vegetationsnebenflächen) mehr als unbedingt notwendig berücksichtigt würden.

Bei der Pflege solcher Nebenanlagen sollten ökologische Grundsätze beachtet werden. Auf Dünger- und Pestizideinsatz ist unbedingt zu verzichten, und mit der Mahd kann ein ökologisches Optimum angestrebt werden. Ein Mosaik unterschiedlich häufig gemähter Grünflächen schafft vielfältige Lebensmöglichkeiten für Kleintiere (z.B. Spinnen- und Käfergemeinschaften). Durch die auf relativ engem Raum wechselnde Vegetationsstruktur wird auch das Kleinklima vielfältig, so daß wärmeliebende ebenso wie schattenliebende Arten mit verschiedenen Feuchtigkeitsansprüchen ihre „Nischen" finden. Neben den mikroklimatischen Bedingungen sind hier auch die Nahrungsressourcen wesentlich günstiger zu beurteilen als auf gleichförmig gepflegten größeren Grünflächen (MÜLLER/STEINWARZ 1988).

Die Trennwirkung von Wegen auf die Kleinlebewelt ist abhängig vom Befestigungsgrad. Stark befestigte (insbesondere asphaltierte oder betonierte) Wege behindern Laufkäfer, Spinnen und andere Kleintiere mehr als solche, die noch einen Rest von Vegetation aufweisen. Die Einschränkung der Bewegungsspielräume bodenjagender Käfer kann z.B. die Räuber-Beute-Wechselbeziehungen in der Tierwelt stören, die notwendig sind, um z.B. den Blattlausbefall einer Hecke nicht chemisch bekämpfen zu müssen, sondern in ökologischer Weise unter der Schadensgrenze zu halten (MADER/SCHELL/KORNACKER 1988).

Ein erhöhter Anteil von Nebenflächen bei Sportplätzen ist sicherlich auch im Zusammenhang zu sehen mit dem Bestreben, die Sportplätze mehr als bisher für unterschiedlichste Benutzergruppen zu öffnen. Der „Sportplatz um die Ecke" darf sich nicht von seiner Umgebung abkapseln, darf keine Exklusivität beanspruchen. „Gefragt sind architektonische und organisatorische Konzepte der Öffnung und Einladung. Wenn Sportanlagen integraler Bestandteil von Wohngebieten sein sollen (und das wollen wir ja), müssen sie sichtbar, benutzbar und erlebbar sein, darf der Aufforderungscharakter nicht fehlen" (JÄGEMANN 1986).

Ein solcher Aufforderungscharakter setzt voraus, daß auf den Sportplätzen mehr als bisher der spielerische (nicht der leistungsorientierte) Charakter der Sports gestalterischen Ausdruck findet. In solchen Anlagen werden sich wesentlich leichter naturnahe Nebenflächen unterbringen lassen. Der erhöhte Flächenbedarf (und die damit zusammenhängenden Kosten) sind dann vor der Öffentlichkeit gut begründbar.

Bevor neue Sportanlagen geschaffen werden, sollten die bestehenden so gut wie möglich genutzt (Reserven ausgeschöpft) werden. Das kann geschehen, indem die bisher vorwiegend oder ausschließlich für Vereins- und Schulsport betriebenen Anlagen für andere Nutzergruppen geöffnet und für entsprechende Formen des Freizeitsports gestaltet werden.

4. Zusammenfassende Würdigung

Sportplätze als typische innerörtliche Anlagen weisen einen überwiegend naturfernen, technisch geprägten Charakter auf. Aus Kunststoffbelägen freigesetzte Schadstoffe, Verluste von Düngemitteln und Pestiziden aus der Rasenpflege können zu massiven Verschmutzungen von Grundwasser oder offenen Gewässern führen. Durch entsprechende Materialwahl und angepaßte Pflege lassen sich Umweltschäden in akzeptablen Grenzen halten.

Sofern es gelingt, mehr als bisher größere naturnahe Nebenflächen im Rahmen des Sportplatzbaus auszuweisen und nach ökologischen Prinzipien zu entwickeln, kann der Sportplatz der Zukunft auch eine Funktion als Lebensraum einer vielfältigen Tier- und Pflanzenwelt übernehmen.

Der „Sportplatz um die Ecke" ist nicht nur aus der Sicht der Sportler, sondern auch aus der Sicht der Umwelt grundsätzlich einem Sportplatz am Rande oder außerhalb des geschlossenen Siedlungsbereichs vorzuziehen, weil bei kürzeren Anfahrtswegen weniger Lärm und Abgase durch Kfz-Verkehr erzeugt werden.

Literatur

EIRICH, R. / F. ROSKAM / W. SKIRDE / H. PÄTZOLD: Sportplatzbau und -unterhaltung, Deutscher Fußballbund (Hrsg.), Frankfurt 1989

HAHN, P.: Analyse des Konflikts Umwelt – Sport aus landschaftsplanerischer Sicht. Landschaftsentwicklung und Umweltforschung Nr. 65, TU Berlin (Hrsg.), Berlin 1989

LEMM, R.v. / M. HARTLEB: Untersuchungen über den Schwermetallgehalt in Tennenbelägen von Oldenburger Sportplätzen, in: Das Gartenamt 33, 1984

LEUMANN, P.: Umweltverträgliche Bodenbeläge und umweltfreundliche Anlagenpflege, in: IAKS (Hrsg.): Internationaler Kongreß Sportstättenbau und Bäderanlagen des IAKS, Köln 1985

LEUMANN, P.: Gewässerbelastung durch Sportplätze, in: Phoenix-International, H. 4/6, Zürich 1986

MADER, H.J. / C. SCHELL / P. KORNACKER: Feldwege – Lebensraum und Barriere, in: Natur und Landschaft, H. 6, 1988

MEHLO, G.: Extensivierung und Naturnähe in einem städtischen Park – Beurteilung der Pflege und Entwicklung im Hinblick auf Naturschutz und Freizeitnutzung am Beispiel Sport- und Freizeitpark Reutlingen, in: Natur und Landschaft

MÜLLER, H. / D. STEINWARZ: Auswirkungen unterschiedlicher Schnittvarianten auf die Anthropodenzönose einer urbaren Grünfläche, in: Natur und Landschaft, H. 7/8, 1988

PÄTZOLD, H.: Umwelttechnik in Freianlagen, in: Sportanlagen umweltgerecht! IAKS Bd. 28, 1987

SKIRDE, W.: Untersuchungsergebnisse zur Belastbarkeit von Rasennarben durch Maßnahmen der Sportplatzpflege. Berichte B1/88 Schriftenreihe „Sport- und Freizeitanlagen" des Bundesinstituts für Sportwissenschaft, Köln 1988

Sporthallen, Hallenbäder (D)

Sporthallen und Hallenbäder

1. Einführung

Sporthallen und Hallenbäder werden von folgenden Sportarten genutzt:

Sporthallen (ohne Tennis- und Reithallen)	
Badminton Basketball Boxen Budosport Faustball Fechten Fußball Gewichtheben Gymnastik Handball	Hockey Korbball Kunstrad Prellball Radball Ringen Tischtennis Trampolin Turnen Volleyball
Hallenbäder:	
Schwimmen Tauchen Kunstspringen	

Gegenwärtig gibt es (laut IfS 1991) in der Bundesrepublik Deutschland ca. 27.000 Sporthallen, die zusammen ca. 1.200 Hektar (= 12 km²) Fläche verbrauchen, sowie ca. 4.000 Hallenbäder mit einem Flächenverbrauch von ca. 90 Hektar.

Nach DIN 18032 gilt folgender Zusammenhang von nutzbarer Sportfläche (Netto) und Grundstücksfläche (Brutto) für Sporthallen:

Sportfläche		Grundstücksfläche
15 m x 27 m =	405 m²	mindestens 2000 m²
18 m x 36 m = 21 m x 45 m =	648 m² 945 m²	mindestens 3000 m²
27 m x 45 m =	1.215 m²	mindestens 4000 m²

Hallenbäder weisen mindestens ein Schwimmbecken (zwischen 250 und 1000 m²) und ein Nichtschwimmerbecken (zwischen 100 und 133 m²) auf.

Die InterNorm (eine Richtlinie der Internationalen Akademie für Bäder-, Sport- und Freizeitbau 1977) nennt für Hallenbäder als notwendige Mindest-Grundstücksfläche das 10- bis 13fache der Wasseroberfläche.

Sporthallen unterscheiden sich in ihren Berührungspunkten mit Umweltbelangen grundsätzlich nicht von anderen Hochbau-Objekten. Die Standortfindung geschieht im Rahmen der Bauleitplanung (einschließlich Landschafts- und Grünordnungsplanung) und muß sich an die Grundsätze der Schonung ökologisch erhaltenswerter Bereiche halten.

Sporthallen werden im folgenden unter den Aspekten Energie(einsparung), Luft(entlastung), Müll(vermeidung) und Abwasser(entsorgung) behandelt.

2. Gemeinsame Teilziele

Da der Sport in Hallen von der umgebenden Umwelt weitgehend „abgekapselt" ausgeübt wird (abgesehen von der Luftqualität, die aber als „Innenraumluft" wahrgenommen wird), scheint auf den ersten Blick keine „Umweltrelevanz" vorzuliegen und damit auch nicht die Notwendigkeit, sich für bessere Umweltqualitäten zu engagieren. Die Verbände der auf Hallen angewiesenen Sportarten haben sich demnach auch (noch) nicht in offiziellen Verlautbarungen zur Frage Sport - Umwelt geäußert. Jedoch kann davon ausgegangen werden, daß zahlreiche „Hallensportler" sehr wohl erkennen, daß auch ihr Sport Berührungspunkte mit den Belangen der Umwelt aufweist. Je nach dem Grad der Aufgeschlossenheit für die jedermann betreffenden Umweltfragen werden sie sich mehr oder weniger dafür einsetzen, daß auch in „ihren" Sportanlagen die vorhandenen Möglichkeiten eines verantwortungsvollen Umgangs mit den Umweltressourcen wahrgenommen und ergriffen werden.

3. Konflikte

Die Ausführungen dieses und des folgenden Kapitels (Lösungsansätze) gelten auch für andere Hallentypen, z.B. für Rollsporthallen, Squashzentren, Eissporthallen, Mehrzweckhallen (wenn nicht anders vermerkt). Folgende Umweltbelastungen können von überdachten Sportanlagen (wie auch von anderen Hochbaumaßnahmen) ausgehen, differenziert nach Standortwahl, Bauausführung und Betrieb.

Standortwahl:
- Verlust von Grünflächen mit Erholungs- und ökologischen Funktionen
- Entwertung angrenzender naturnaher Flächen (z.B. durch Eingriffe in Bodenform, Wasserhaushalt, Vegetation)

- Zerschneidung zusammenhängender Grünbereiche (Trenneffekt)
- Belastung des Lokalklimas (Barrierewirkung in Frischluftschneisen)
- Energieverschwendung wegen ungünstiger Standortwahl (ungeschützte Lage)
- Entwertung des Ortsbildes (durch Eingriffe in erhaltenswerte städtebauliche Ensemble)
- Induzierung von Individualverkehr (bei mangelnder Zuordnung zu Haltepunkten des öffentlichen Personenverkehrs) mit der Folge von Lärm und Abgasen durch an- und abfahrende Kraftfahrzeuge

Gebäudekonzept und Bauausführung
- Flächenversiegelung
- Energieverschwendung z.B. durch falsche Zuordnung der Baukörper bzw. Lage zur Himmelsrichtung, mangelnde Fassaden- und Dachgestaltung, zu geringe Wärmedämmung der Außenwände, fehlende Wärmerückgewinnung bei Heizungs- und Lüftungssystemen
- Verwendung von Baustoffen,
  - deren Herstellung besonders energieaufwendig bzw. umweltbelastend ist,
  - die gesundheitsschädliche Gase, Fasern oder Stäube in die Raumluft freisetzen (z.B. chemische Holzschutzmittel, Formaldehyd, Asbest),
  - deren Entsorgung Schwierigkeiten bereitet (z.B. PVC-Kunststoffe).
- Lärmbelästigung durch zu geringe Schalldämmung der Außenwände und mangelhafte Schallminderung an klimatechnischen Anlagen

Betrieb
- Einsatz schwer abbaubarer, das Wasser stark belastender Reinigungsmittel
- Energieverschwendung (z.B. bei der Wärmeversorgung)
- Verschwendung von Wasser
- Mangelndes Sortieren des Abfalls (für getrennte Wertstoffsammlung)
- Verwendung von nichtwiederverwertbaren Gegenständen (mangelnde Vermeidung von Abfall)
- Verwendung von schwer zu entsorgenden Materialien und Stoffen (Erzeugung von Sondermüll)
- Luftbelastung durch die Wahl problematischer Energieträger

4. Lösungsansätze

Zunächst eine Vorbemerkung zur Energieeinsparung. Gerade im Hinblick auf die Luftbelastung und auf den Treibhauseffekt müssen alle Möglichkeiten ergriffen werden, den Ausstoß von Schadstoffen (z.B. Schwefeldioxyd SO_2 und Stickoxide NO_x und Kohlendioxid CO_2) zu senken. Der Energieverbrauch ist sehr eng gekoppelt mit der Höhe solcher Emissionen. Daher bedeutet jedes Einsparen von Energie zugleich eine Verringerung der Luftbelastung. Die Wirtschaftlichkeit von Energieeinsparmaßnahmen ist stark von den Energieträgern abhängig. Viele Maßnahmen sind bereits heute wirtschaftlich, andere liegen an der Grenze zur Wirtschaftlichkeit oder deutlich darunter. Wenn jedoch diese betriebswirtschaftliche durch eine volkswirtschaftliche Berechnung abgelöst wird, geraten wesentlich mehr Maßnahmen in die Zone der Wirtschaftlichkeit. Denn die (betriebswirtschaftlich kaum zu Buche schlagende) Vermeidung von Umweltbelastungen über das gesetzlich vorgeschriebene Maß hinaus erspart langfristig enorme gesellschaftliche und volkswirtschaftliche Nachteile bzw. Kosten.

Die Emission vor allem der Schadstoffe SO_2 und NO_x bei Verbrennungsanlagen läßt sich (nach IKE 1989) mindern
- durch technische Maßnahmen an den Anlagen,
- durch Verwendung schadstoffarmer Energieträger (z.B. Brennstoffsubstitution oder Brennstoffentschwefelung),
- durch Einsatz erneuerbarer Energien (Solarkollektoren, Photovoltaik)
- und durch Energieeinsparmaßnahmen.

Der letzte Punkt (Energieeinsparung) setzt sich zusammen aus Maßnahmen zur Senkung
- der zur Deckung des **Raumwärmebedarfs** eingesetzten Endenergie: Durch Wärmedämmung sind Einsparungen bis ca. 50 % des Raumwärmebedarfs möglich (besonders bei älteren, schlecht gedämmten Gebäuden). Der Durchschnitt liegt bei 10–15 %. Weitere Einsparungen sind durch Modernisierungs- und Umrüstungsmaßnahmen an Heizungsanlagen erreichbar;
- des Energiebedarfs für **Prozeßwärme:** Einsparung bei der Bereitung und dem Verbrauch von Warmwasser;
- des Energiebedarfs für **‚icht und elektrische Geräte:** durch die Wahl sparsamer Lampen und Geräte ist eine Reduzierung um 5–7 % des Stromverbrauchs möglich.

Sehr brauchbare Hinweise auf umweltfreundliche Produkte gibt das Umweltzeichen („Blauer Engel"), das von der Jury Umweltzeichen in Verbindung mit dem Umweltbundesamt und dem Institut RAL vergeben wird. Auch das vom Umweltbundesamt herausgegebene „Handbuch zur Berücksichtigung des Umweltschutzes in der öffentlichen Verwaltung und im Einkauf" liefert wertvolle Entscheidungshilfen (UBA 1989).

Eine beispielhafte Nutzung von Sonnenenergie findet sich in einem Bade- und Freizeitzentrum in Wasserburg am Inn (jährliche Besucherzahl: 250.000). Ein Röhrensystem aus Kunststoff (in Mattenform auf einer 1.300 m^2 großen Dachfläche montiert) ist mit Umwälzpumpen und einem großen Wasserspeicher verbunden. Die Sonnenenergie kann das ganze

Jahr über zur Erwärmung des Wassers sowohl in den Freibecken als auch im Hallenbad und in den Duschkabinen genutzt werden. Das auf 35 bis 40 Grad erwärmte Wasser wird mit Hilfe dreier getrennter Kreisläufe optimal verwendet. Auf diese Weise werden jährlich 120.000 Liter Heizöl eingespart, und außerdem sinkt der Stromverbrauch. Die Anlage ist nicht mit staatlicher Förderung entstanden, sondern ausschließlich mit Mitteln des Betreibers finanziert worden. Die Sonnenenergieanlage wurde aus Gründen der Wirtschaftlichkeit installiert (SZ vom 19.05.1990).

Bei der Planung, dem Bau und dem Betrieb von Sporthallen und Hallenbädern (wie auch anderer Hochbauten) sollten folgende Umweltziele angestrebt werden:
- Verschonung ökologisch wertvoller und lokalklimatisch wichtiger Flächen bei der Standortwahl,
- Beschränkung der Bodenversiegelung auf das unbedingt nötige Maß (Bauflächenbedarf der Hallen, Versiegelungsgrad von Außenanlagen, z.B. Parkplätzen),
- umweltschonende Energie- und Wärmeversorgung,
- umweltschonende Bauausführung (Auswahl umweltverträglicher Verarbeitungsweisen),
- Begrünung von Wänden, Dach und Außenanlagen,
- Regenwassernutzung bzw. -versickerung,
- Verwendung umweltschonender Stoffe und Materialien,
- Energieeinsparung und umweltfreundlicher Einsatz von Reinigungsmitteln beim Betrieb der Hallen,
- Vermeidung von Lärmbelästigungen.

Zur Erreichung dieser Ziele werden folgende Maßnahmen bzw. Grundsätze empfohlen, gegliedert nach unterschiedlichen Handlungskomplexen:

a) Gebäudekonzept und Bauphysik
- Kompaktheit des Gebäudekörpers, auch in Verbindung mit Nachbargebäuden. Minimierung des Verhältnisses der gesamten Außenhülle zum Volumen
- Reduzierung der Nebenräume und Zuschauereinrichtungen (nach DIN 18032)
- Passive Nutzung der Sonnenenergie durch
  - Ausrichtung des Gebäudes nach Süden,
  - Fassaden- und Dachgestaltung (Sonnenfenster, Sonnenwand, thermische Pufferzonen wie teilverglaste Vorbauten),
  - minimalem Fensterflächenanteil im Norden
- Bepflanzung der Außenwände (Rankgewächse) und Dachbegrünung

b) Wärme- und Energietechnik

- Einsatz von Systemen zur Nutzung regenerativer Energien (z.B. Warmwasserspeicher mit zwei Wärmetauschern, Solarkollektoren auf Dächern)
- Energiebewußte Bauphysik:
  - Gutes Wärmespeicherverhalten durch Massivbauweise der Außen- und Innenwände
  - Günstiger Wärmedurchgangskoeffizient bei Wänden, Fenstern, Dach und Kellerdecke (sog. k-Wert)

  Wo eine Anschlußmöglichkeit an Nah- oder Fernwärmenetze besteht, ist ein Anschluß aus der Sicht der rationellen Energieverwendung und der Luftreinhaltung zu empfehlen, insbesondere, wenn Kraftwärmekopplung eingesetzt wird. Strom sollte nach Möglichkeit nicht zur Wärmeerzeugung eingesetzt werden. In der Gesamtbilanz der Stromerzeugung ist der Wirkungsgrad aufgrund der Kraftwerksverluste (ca. 36 %) sehr niedrig. Am Kraftwerksstandort entstehen vielfach hohe Schadstoffemissionen, die weiträumig verteilt werden.
- Energiesparende Heiztechnik:
  - Kontrollierte Be-/Entlüftung sowie Heizung möglichst mit Wärmerückgewinnung aus der Abluft (Minimierung der Lüftungswärmeverluste)
  - Heizungen als Niedertemperatursysteme, möglichst unter Einsatz der Brennwerttechnologie
  - Energieträger: Bevorzugter Einsatz von Erdgas und Fernwärme. Stromheizungen sind zu vermeiden. Soweit wie möglich Nutzung neuer Technologien (Solarbeheizung, Blockheizkraftwerk, Wärmepumpen)
  - Minimierung der Verluste bei der Verteilung, Regelung und Förderung von Wärme (z.B. bei der Verlegung der Rohrleitung im Gebäude, Einsatz stufenlos regelbarer Umwälzpumpen)
- Brauchwassererwärmung
  - in der Regel über die Heizungsanlage,
  - möglichst in Verbindung mit Sonnenkollektoren,
  - nur in Ausnahmefällen mit elektrischem Strom,
  - Wärmerückgewinnung aus Abluft und Abwasser.
- Stromversorgung:
  - Einsatz stromsparender Elektrogeräte
  - Energietechnisch optimierte Beleuchtung (Energiesparleuchten)
  - möglichst Einsatz von Blockheizkraftwerken (BHKW)

c) Baustoffauswahl

Als umweltschonend können solche Baustoffe angesehen werden, bei deren Herstellung, Nutzung und Reststoffbehandlung möglichst wenig Belastungen der menschlichen Gesundheit und der Umwelt auftreten.

Die Auswahl der Baustoffe sollte nach folgenden Kriterien vorgenommen werden:

- Möglichst geringe Schadstoffbelastung und geringer Energieaufwand bei der Gewinnung bzw. Herstellung und Verarbeitung (vgl. dazu MARME/SEEBERGER 1986)
- Möglichst umfassender Einsatz von Sekundärstoffen
- Vermeidung der Emission von Schadstoffen in die Innenraumluft durch Baustoffe (bei Einbau und Nutzung)
- Möglichst geringe Schadstoffbelastung bei Verarbeitung und Abfallentsorgung nach der Nutzung, Vermeidung des Anfalls von Sondermüll (problemlose Beseitigung)
- Wiederverwendbarkeit der Altmaterialien (Baustoffrecycling)
- Möglichst lange Lebensdauer

Einige Hinweise zur Erfüllung dieser Kriterien:

- Statt Naturgips kann Rauchgasentschwefelungsgips eingesetzt werden.
- Der Einsatz nichterneuerbarer Rohstoffe, Energieaufwand und Umweltbelastungen sind bei der Herstellung und Beseitigung von **Kunststoffen** (besonders PVC) besonders hoch. Auf seine Verwendung sollte möglichst **verzichtet** werden (z.B. auf Kunststoff-Fenster, Bauverkleidung, PVC-Böden, PVC-beschichtete Trennwände).
- In den meisten Fällen ist **Holz** aus ökologischer Sicht als Baustoff **zu bevorzugen**, weil es umweltfreundlich nachwachsen kann. Auf tropische Hölzer ist zu verzichten (Tropenwaldschutz), sofern heimische Hölzer als Alternative zu Verfügung stehen. Anderenfalls sollte nur auf Tropenhölzer aus nachweislich nachhaltiger Bewirtschaftung zurückgegriffen werden.

  Mit dem bekannten Umweltzeichen „Blauer Engel" sind solche Produkte ausgezeichnet, die im Vergleich zu anderen Produkten mit demselben Gebrauchszweck als besonders umweltfreundlich bezeichnet werden können (UBA 1989).

d) Umweltschonende Bauausführung

- Vorsorgeplanung bei Abriß- und Sanierungsmaßnahmen (z.B. Staubminderung, Vermeidung von Asbestfaserfreisetzung)
- Vermeidung der Emission von Schadstoffen in Boden, Grundwasser, Luft während der Verarbeitung (z.B. Lösemittel, Schalöl, Altöl, Stäube)
- Lösung der Müllproblematik auf Baustellen:
  - Ausschöpfen der Recyclingmöglichkeiten für Abfälle, Baustoffe, Bauschutt
  - Getrenntsammlung und geordnete Entsorgung von Problemabfällen und Sondermüll (z.B. bauchemische Restprodukte wie Anstrich- und Isoliermittel, Dichtungsmassen)
- Verminderung der Lärmbelastung (z.B. Einsatz lärmarmer Maschinen und Fahrzeuge)

e) Rohbau

- Wahl energiefreundlicher Außenwände. Kalksandsteine weisen einen günstigen Wert für die Wärmeleitfähigkeit (K-Wert) und niedrigen Energieaufwand bei ihrer Herstellung auf.
- Wahl effektiver und zugleich gesundheitlich unbedenklicher Konstruktionen und Materialien für die Außendämmung
  - Verzicht auf Asbestzementplatten (Gesundheitsgefährdung)
  - Verzicht auf Styropor (relativ hoher Verbrauch von Energie und Rohstoff sowie Umweltbelastungen bei der Herstellung, Probleme im Brandfall und bei der Abfallbehandlung)
  - Staubfreie Verarbeitung von Mineralfaserprodukten (Verhinderung der Entstehung von lungengängigem faserigem Feinstaub, Vermeidung von Faseremissionen in Innenräumen durch fugendichte Abdeckung)
- Holzkonstruktionen: Verwendung gesundheitlich unbedenklicher Holzschutzmittel. Es dürfen nur Mittel mit einem gültigen Prüfzeichen des Instituts für Bautechnik, Berlin, verwendet werden (Prüfzeichenverzeichnis Stand 1. Juli 1988).
  Für nichttragende Holzteile im Außenbereich sollten, wenn ein chemischer Holzschutz für unbedingt notwendig erachtet wird, mit den RAL-Gütezeichen versehene Holzschutzmittel verwendet werden. Steinkohlenteeröle (Carbolineen) im Streichverfahren sollten nicht verwendet werden. In vielen Fällen - vor allem in trockenen Innenräumen - kann auf chemische Holzschutzmittel verzichtet werden.
  Holzschutzmittel dürfen z.B. folgende Stoffe nicht mehr enthalten:
  - Quecksilberverbindungen,
  - Pentachlorphenol (PCP),
  - Hexachlorcyclohexan (Lindan) mit weniger als 99 % Gamma-Isomer,
  - Schwermetallpigmente auf der Basis von Blei, Cadmium und Quecksilber,
  - Hexachlorbenzol (HCB),
  - Arsen.

Lindan (Hexachlorcyclohexan) mit mindestens 99 % Gamma-Isomer ist zwar noch zugelassen. Jedoch wird empfohlen, andere ausreichend wirksame Mittel anzuwenden, die für die Gesundheit und die Umwelt verträglicher sind. Borhaltige Holzschutzmittel sind vorzuziehen (dürfen jedoch wegen ihrer Wasserlöslichkeit nicht ungeschützt der Witterung ausgesetzt werden). Auch andere umweltverträglichere Wirkstoffe (z.B. aus der Gruppe der Pyrethroide) können eingesetzt werden. Auf jeden Fall ist sorgfältig auf die Umweltrelevanz der Inhaltsstoffe zu achten. Holzschutzmittel-Reste müssen als Sonderabfall beseitigt werden.

Holzfenster und Holzfassaden sind durch eine wasserabweisende Oberflächenbehandlung mit Naturfarben genauso gut (und normgerecht) geschützt wie durch chemische Holzschutzmittel.

f) Ausbau

- Fassadenbegrünung: Pflanzen als Isolation können Energieverluste bis zu 50 % verhindern (Wärmedämmung im Sommer, Wärmespeicherung im Winter). Die Kletterpflanzen erfüllen außerdem ökologische Funktionen (z.B. Brutplätze).
- Dachbegrünung: günstige Beeinflussung der Lufttemperatur, der Luftfeuchte und der Strahlungsverhältnisse. Regenwasserrückhaltung, Wärmedämmung, Staubfilterung.
- Für die Innendämmung (als Schall- und Wärmeschutz) sind aus Umweltsicht vorzuziehen:
  - Dämmstoffe aus Zellulose und aus Recyclingstoffen,
  - Mineralwolle (frei von lungengängigem Feinstaub),
  - Holzfaserplatten (auch gipsgebunden).

  Der Gebrauch von Ortschäumen ist zu vermeiden, weil sie Formaldehyd enthalten (Risiken für Gesundheit und Umwelt bei und nach der Verarbeitung sowie im Brandfall).
- Fenster und Türen:
  - Material: möglichst Holz
  - Verzicht auf biozide Holzschutzmittel (vor allem in Innenräumen, siehe bei „Holzkonstruktionen")
  - Verarbeitete Lasuren, Klarlacke, Wetterschutzfarben und Lacke: möglichst auf Wasser-Basis. Vermeidung organischer Lösemittel und anderer Schadstoffe. Produkte mit dem Umweltzeichen sind zu bevorzugen (vgl. UBA 1989)
  - Abdichtung von Fenstern und Türen sowie ggf. Einbau von Windfängen
- Nichttragende Innenwände:
  - Holzspanplatten (ohne Formaldehyd) und Gipsplatten (insbesondere Recycling-Gipsprodukte) werden empfohlen.
  - Kunstharzgebundene Spanplatten müssen mindestens der Emissionsklasse 1 (E 1) entsprechen.
  - Verzicht auf Baustoffe, die Formaldehyd enthalten.
- Fußböden:
  - Verzicht auf Bodenbeläge aus Kunststoff (Problemabfall) und Asbest (Gesundheitsgefährdung)
  - Emissionsarme Kleber und Spachtelmassen (z.B. Dispersionskleber auf Wasserbasis)
  - Empfehlenswerte Fußboden-Materialien: Holz (mit Oberflächenbeschichtung, Naturharzlacke), Naturstein-, Kunststein-, Keramikböden, Linoleum, Kork und Naturfaser, Kunststoffe (z.B. PVC) für Bodenbeläge, Fenster, Tapeten und Rohre sind besonders wegen der schwierigen Entsorgung problematisch. Bei der Trennung des Kunststoffs von Begleitmaterial (z.B. Fensterrahmen von Metall) werden während des Schmelzvorgangs giftige Gase freigesetzt.

- Innenputz und Wandgestaltung:
  - Bevorzugung von Recyclingprodukten (z.B. Recycling-Gips-Putz, Tapeten aus Recyclingpapier mit dem Umweltzeichen)
  - Einsatz von Dispersionsfarben und Kalkfarben (umweltschonend, weil frei von organischen Lösemitteln)
- Lacke und Farben:
  - Einsatz schadstoffarmer Lacke, Lasuren, Farben:
    - auf Wasserbasis bzw. wasserverdünnbar,
    - arm an organischen Lösemitteln,
    - frei von Farbpigmenten auf Basis von Blei, Cadmium und Chromat (Umweltzeichen).
  - Einsatz von Naturfarben und Naturharzlacken ohne organische Lösemittel
  - Anstrichstoffe für Korrosionsschutz blei- und chromatarm

g) Wasserversorgung und Abwasserentsorgung

- Wassersparende WC-Armaturen (Stop-Taste) und Armaturen für Handwaschbecken und Duschen, besonders für Warmwasser (z.B. Hebel-Mischbatterien)
- Sammlung von Regenwasser als Brauchwasser (z.B. für Toilettenspülung)
- Konzeption reinigungsfreundlicher Sanitäranlagen (sparsamer Reinigungsmittelverbrauch)

h) Außenanlagen (Zu- und Einfahrten, Parkplätze, Innenhöfe, Grünstreifen und Gebüsche)

- Minimierung der Versiegelung bzw. Entsiegelung von Flächen (außer in Bereichen mit Risiken des Schadstoffeintrags)
- Verzicht auf Pestizide und Dünger
- Erhaltung von Spontanvegetation
- Bevorzugung einheimischer Gewächse
- Anlage und Erhaltung von (möglichst ungeschnittenen) Hecken und Sträuchern

i) Betrieb und Nutzung

- Abstimmung des Hallenbelegungsplanes mit der Zielsetzung eines optimalen Energieeinsatzes: Zusammenfassung von Sportarten und Nutzergruppen mit gleichen oder ähnlichen Temperaturerfordernissen
- Reduzierung der Sporthallenbelegung durch klassische Außensportarten
- Verwendung der unteren sportspezifisch erforderlichen Grenzwerte bei der Regelung der Raumtemperatur, Luftmenge und Beleuchtung
- Verwendung der unteren Grenzwerte der KOK-Richtlinien bei den Beckenwassertemperaturen (24°C in Hallenbädern, für Planschbecken 28°C)

- Raumtemperaturen bei Hallenbädern nicht mehr als 2°C über der Wassertemperatur
- Nachtabschaltung der Zirkulationspumpe für Gebrauchswarmwasser

k) Umweltfreundliche Reinigung

- Reinigungsmittel für die Grund- und Unterhaltsreinigung von Hallen, Räumen, Fluren, Küchen, Sanitärräumen, Fenstern und Fassaden empfehlenswert:
  - milde Allzweckreiniger und Seifenprodukte
  - Essig (Entkalkung)
  - Alkoholreiniger und Spiritus
  - Scheuermittel
- In Schwimmbädern Einsatz umweltfreundlicher Desinfektionsmittel (statt Chlor)
- Fassadenreinigung: Auffangen des herabfließenden Putzwassers und geordnete Entsorgung
- Reinigungsgeräte mit geringem Verbrauch von Energie, Wasser und Reinigungsmitteln
- In Toiletten Verzicht auf Luftverbesserer, Duftsprays, Beckensteine
- Einsatz von Hygienekrepp und Einmalhandtüchern in Recyclingqualität (Umweltzeichen)

Übersicht: Energieeinsparung im Sportstättenbau

	Schwimmbäder				Sporthallen		Eissportanlagen		Investitionskosten	Auswirkungen auf den Gesamtenergieverbrauch
	Hallenbäder		Freibäder						1=niedrig 3=hoch	A=niedrig C=hoch
	vorh.	neu	vorh.	neu	vorh.	neu	vorh.	neu		
Planung und Bau Raumprogramm		x		x		x		x		
Wahl des Standorts		x		x		x		x		
Sonnen- und Windexposition		x		x		x		x		
Landschaftliche Gestaltung			x	x			x	x		
Form des Gebäudes		x		x		x		x		
Wärmeisolierung	x	x			x	x	x	x		
Wärmespeicherfähigkeit		x				x		x		
Luftundurchlässigkeit (Fugendichte)	x	x			x	x	x	x		
Passive Strahlungswärme (Passive Solar)	x	x								
Technische Maßnahmen Steuerungseinrichtungen (z.B. für Zeit, Temperatur, Feuchtigkeit, Wasseraufbereitung) und Optimierung	x	x	x	x	x	x	x	x	1	C
Schwimmbeckenabdeckung	x	x	x	x					1 - 2	C
Modernisierung d. techn. Anlagen (Wasseraufbereitung, Belüftung, Beheizung)	x	x	x	x	x	x	x	x	2	B
Technische Anlage zur Energierückgewinnung Wärmetauscher - Luft	x	x			x	x			2	C
- Wasser		x		x		x		x	2	A - B
Wärmepumpe - Luft	x	x							3	B
- Luftentfeuchtung	x	x							3	B
- Duschwasser	x	x		x		x			3	B
- Schwimmbeckenwasser	x	x		x					3	A
Wärmenutzung aus Kühlsystemen							x	x	2	C
Wärmenutzung aus Rauchgas	x	x	x	x	x	x	x	x	1	B
Umgebungswärme Wärmepumpe	x	x	x	x		x			3	B
Aktive Strahlungswärme (Active Solar)	x	x	x	x		x			2 - 3	B
Wärme-/Kraft-Kopplung		x				x			3	C

Aus: Kultusminister NRW (1982)

Literatur

ALBRECHT, R./L. PAKER/S. REHBERG/Y. REINER: Umweltentlastung durch ökologische Bau- und Siedlungsweisen, Bd. 1: Planungsvorschläge und bauliche Maßnahmen, Bd. 2: Auswirkungen und Baustoffverwendung, Energiebedarf, Luft und Klima, Abfallbeseitigung und Wasserhaushalt, Lärm, Flächenbedarf, Kosten und Arbeitsmarkt. Bauverlag Wiesbaden/Berlin 1984

BAYER. STAATSMINISTERIUM D. INNERN: Freiflächen an öffentlichen Gebäuden naturnah gestalten und pflegen. Oberste Baubehörde, München 1989

BECKERT/MECHEL/LAMBRECHT (Hrsg.): Gesundes Wohnen – Wechselbeziehungen zwischen Mensch und gebauter Umwelt. Kompendium Düsseldorf 1986

BUNDESGESUNDHEITSAMT (Hrsg.): Betrifft: Holzschutzmittel, Berlin 1988

GBW (Bundesverband Gesundes Bauen und Wohnen)/BAB (Bund Architektur und Baubiologie) (Hrsg.): Gesundes Bauen und Wohnen. Fachschrift für Baubiologie und Bauökologie. Offizielles Verbandsorgan, Braunschweig

GERTIS, K.: Wärmeschutz, Energieeinsparung, Umweltschutz. Studie Universität Stuttgart 1986

GRÜNER, M.: Umweltfreundliches und energiesparendes Bauen, in: Umwelt (Hrsg. BMU), Nr. 2, 1990

HANSESTADT HAMBURG: Dachbegrünung in Hamburg. Dokumentation eines Workshops. Umweltbehörde Hamburg 1989

IKE (Institut für Kernenergie und Energiesysteme der Univ. Stuttgart): Regionale Energie- und Umweltanalyse für die Region Neckar-Alb, Kurzfassung. Regionalverband Neckar-Alb, Tübingen 1989

IFS (Institut für Stadtforschung und Strukturpolitik GmbH), R. Dickow-Hahn et. al.: Bodenschutz und Sport. Berlin 1991 (Veröff. in Vorbereitung)

KULTURMINISTER NRW: Energieeinsparung im Sportstättenbau. Materialien zum Sport in Nordrhein-Westfalen H. 4, Köln 1982

MARME, W./J. SEEBERGER: Energiegehalt von Baustoffen, in: BEKKERT et. al. (Hrsg.) a.a.O, Düsseldorf 1986

MINISTER F. UMWELT, Saarland (Hrsg.): Empfehlungen umweltfreundlicher Gebäudereinigung, Saarbrücken 1987

OIKOS: Umweltberatung (Hrsg.): Gestaltungs- und Vermeidungsfibel, Frankfurt 1987

SRU (Rat von Sachverständigen für Umweltfragen): Luftverunreinigungen in Innenräumen (Sondergutachten), Stuttgart 1987

STADT ERLANGEN: Checkliste zur Umweltverträglichkeit städtischer Hochbaumaßnahmen (Abteilung für Umweltschutz und Energiefragen) 1990

STIFTUNG VERBRAUCHERINSTITUT (Hrsg.): Bio contra Chemie? Eine Entscheidungshilfe für den umweltbewußten Umgang mit Heimwerkerprodukten, Berlin 1986

TÜV RHEINLAND (Hrsg.): BINE – Informationspakete (zur rationellen Energieverwendung, neue Energietechniken: Wärmepumpen, Solararchitektur, Einsatz von Sonnen- und Windenergie etc.) Fachinformationszentrum Energie – Physik – Mathematik, Köln 1988, 1989

UBA (Umweltbundesamt) Hrsg.: Einsparung von Wasser und Energie durch geeignete Armaturen. Reihe „Texte!" 18/85, Berlin 1985

UBA und Verband der Faserzement-Industrie: Empfehlungen zur Reinigung und Neubeschichtung von Asbestzementen, Berlin 1986

UBA (Hrsg.): Umweltfreundliche Beschaffung – Handbuch zur Berücksichtigung des Umweltschutzes in der öffentlichen Verwaltung und im Einkauf, Wiesbaden und Berlin 1989

UNESCO, Verbindungsstelle für Umwelterziehung im Umweltbundesamt: Ökologisches Bauen – Lehrerhandreichung für das Berufsfeld Bautechnik, Berlin 1989

UMWELTMINISTER Hessen (Hrsg.): Regenwasseranlagen in privaten und öffentlichen Gebäuden, Wiesbaden 1990, Berlin 1989

UMWELTMINISTER Hessen (Hrsg.): Regenwasseranlagen in privaten und öffentlichen Gebäuden, Wiesbaden 1990

Tennissport (E)

Tennis

1. Einführung

Der Tennissport ist in den letzten Jahren im Zusammenhang mit der Sport-Umwelt-Diskussion besonders ins Blickfeld gerückt, weil Gerichtsentscheidungen zur (Nicht-)Zulässigkeit von Tennislärm in Wohnbereichen Aufsehen erregt haben.

Tennis ist eine hochgradig anlagengebundene Sportart. Neben der Lärmproblematik ist aus der Sicht der Umwelt auch die Frage der Flächenversiegelung von Bedeutung.

Über 2 Millionen Spieler sind im Deutschen Tennis Bund (DTB) organisiert. Nach Schätzungen des DTB treiben weitere 5 Millionen Bürger zumindest gelegentlich diesen Sport.

Geht man mit HARTMANN (1988) von einer Versorgungsquote von 50 Tennisspielern je Spielfeld aus, dann ergibt sich eine Bedarfsgröße von 40.000 Spielfeldern in der Bundesrepublik Deutschland.

Bei einer Spielfeldgröße von netto 750 m^2 zuzüglich 50 % für Nebenflächen bedeutet dies eine Flächenbeanspruchung von insgesamt 45 km^2. Gegenwärtig gibt es ca. 34.000 Vereins-Tennisplätze in der Bundesrepublik. In dieser Zahl sind die privaten, gewerblichen und firmeneigenen Tennisplätze nicht enthalten (deren Zahl unbekannt ist).

Tennis wird auf festen Freianlagen gespielt, im Winter in Hallen. Eine Tennisanlage umfaßt mindestens 2 Plätze. Anlagen mit mehr als 20 Plätzen sind selten. Der Durchschnitt liegt bei 6 Plätzen pro Anlage. Hinzu kommen Vereinshaus (Clubhaus mit Umkleide- und Duschmöglichkeiten), bei sehr großen Anlagen auch (demontierbare) Tribünen. Ein Teil der Vereine unterhält eine Tennishalle (mit 2 bis 6 Plätzen).

Für die Tennisfelder können verschiedene Beläge zur Anwendung kommen. Am häufigsten finden sich wassergebundene Tennenflächen mit aufgestreutem Ziegelmehl. Sie sind (ebenso wie Rasenflächen) wetterabhängig. Hier ist der Betrieb im Freien auf regenfreie Tage im Sommerhalbjahr (teilweise mit Frühjahr und Herbst) beschränkt. Für den Ganzjahresbetrieb im Freien und wetterunabhängig kommen Beläge nach dem Betonprinzip, bitumengebundene Beläge sowie Kunststoffbeläge und Kunststoffrasen in Betracht. Textile Beläge sind im Freien ungeeignet und werden nur in Hallen benutzt.

Da die Tennenschichten durch Witterungseinflüsse und Spielbetrieb beeinflußt werden, sind laufende Pflegearbeiten auf dem Platz erforderlich. Um eine ebene, staubfreie Fläche für den Spielbetrieb zu schaffen, muß regelmäßig bewässert, geschlemmt, aufgelockert werden.

Insgesamt werden etwa 70 % der Anlage von den Spielfeldern eingenommen. Sofern eine Halle vorhanden ist, steigt dieser Flächenanteil entsprechend. Nach Angaben des DTB entfallen die restlichen 30 % der Fläche zu etwa gleichen Teilen auf Clubhaus, Parkplätze und Wege/Grünflächen. Flutlichtanlagen kommen vor. Lautsprecheranlagen werden meist nur bei größeren Turnierveranstaltungen eingesetzt.
Zur Tennisanlage gehören auch folgende begleitende Infrastruktureinrichtungen: Straßen und Zuwege, Einrichtungen der Ver- und Entsorgung (Energie, Wasser, Abfall, Müll) sowie Parkplätze.

2. Konflikte und Lösungsansätze

Tennisplatzgeräusche werden als besonders störend empfunden, wenn Wohnhäuser unmittelbar angrenzen. Die Lästigkeit dieser Geräusche (durch eine Vielzahl von gerichtlichen Auseinandersetzungen dokumentiert) wird von NOEKE/ROLF (1986) wie folgt erklärt: „Bei Tennisplatzgeräuschen ist die Nichtvorhersagbarkeit in einer besonderen Weise gegeben. Die Tennis-Schlaggeräusche zeichnen sich durch eine Rhythmik aus, die auch von einem Nur-Hörer schnell erfaßt wird: das berühmte ploppplopp. Die Schlagrhythmik wird allerdings oft abrupt unterbrochen, wenn z.B. ein Ball ins Netz geht, und das Ausbleiben des nächsten Schlages erzeugt beim Hörer eine Anspannung. Durch eine derartige unregelmäßige Regelmäßigkeit der Geräuschabfolgen wird ständig eine Erwartungshaltung auf- und abgebaut."

Auch von Traglufthallen mit lärmintensiven Kompressoren können erhebliche Störwirkungen ausgehen.

Auf die zulässigen Geräuschpegel in Wohngebieten und auf die Möglichkeiten, Lärm zu vermeiden bzw. abzuschirmen, geht das Kapitel „Sportlärm" ausführlich ein. Für den Fall, daß eine Geräuschbelästigung von einer Tennisanlage ausgeht, seien hier nur stichwortartig einige Lösungsansätze zusammengestellt:

Konfliktvermeidung durch Pflege guter Beziehungen zu den Anwohnern, z.B.
- Gespräche rechtzeitig suchen, bevor sich Fronten verhärten,
- Informationen über Veranstaltungen (Turniere etc.),
- Gestaltung von Anwohnerfesten durch den Verein,
- Berufung eines Umweltschutzbeauftragten, der aufkommende Konflikte mit psychologischem Geschick zu lösen versucht.

Mitwirkung bei der Bauleitplanung:
- Einsprüche bei heranrückender Wohnbebauung,
- Sorge um genügend breite Abstandsflächen und günstige Regelung des Besucherverkehrs (Verkehrsberuhigung).

Technische und organisatorische Maßnahmen zur Minderung der Schallausbreitung:

- Schallschutzplanen, Bepflanzungen, Wälle, Wände als Schallschutzvorrichtungen,
- Lautsprecher leiser stellen, anders plazieren und/oder anders ausrichten,
- Spielzeit begrenzen (in Ruhezeiten).

Der DTB weist auf eine relativ günstig zu realisierende technische Schallschutzmaßnahme hin, die sich bereits in der Praxis gut bewährt habe: eine biegeweiche **Schallschutzplane**. Der Hohlraum des dreidimensionalen Abstandsgewebes wird über die gesamte Fläche mit feinem Sand verfüllt. Schon bei 20 kg/m² Flächengewicht wird ein Schalldämm-Maß von 38 dB erreicht. Der TC Niedernhausen hat die dort erforderliche Schutzplane von 56 Meter Länge und 3,50 Metern Höhe mit einem finanziellen Aufwand von 36 000,- DM erstellt (DTB, 1989).

Eine weitere Umweltbelastung stellt der hohe Grad an **Flächenversiegelung** dar. Um so wichtiger wird es, wenigstens den geringen Flächenanteil der unbefestigten **Grünflächen** so weit wie möglich naturnah zu gestalten. Zur gegenwärtigen Situation teilte der DTB mit: „Dekorative Grünflächen finden sich bei vielen Tennisanlagen... Teilweise gibt es auch ungenutzte (Grün-)Flächen. Mitunter findet sich auch ein Biotop oder eine schöne Wiese, auf der sich die Pflanzen natürlich entwickeln können. In den meisten Fällen jedoch wird der Rasen auch auf Tennisanlagen gemäht." Es wird empfohlen, mehr noch als bisher die Möglichkeiten wahrzunehmen, die Grünanlagen weniger oft zu mähen (2mal im Jahr genügt) und – wo möglich – Teilflächen sich weitgehend selbst zu überlassen (ohne Pflegeeingriffe).

Grundsätzlich ist für eine Tennisanlage eine **Standortwahl** im Siedlungsbereich gegenüber einer solchen in der freien Landschaft vorzuziehen, weil die Anfahrtswege der Sportler dadurch verkürzt sowie Lärm- und Abgasbelastungen des Individualverkehrs entsprechend vermindert werden.

Bei der Planung einer Tennisanlage sollte möglichst nicht auf vorhandene Grünräume zurückgegriffen werden, sondern auf Flächen, die bereits einen hohen Versiegelungsgrad aufweisen (z.B. Industrie- und Gewerbebrache) bzw. deren Lebensraumqualität sehr niedrig liegt (Ackerflächen). Nach Möglichkeit ist der Lärm-„Maskierungseffekt" im Nahbereich stärker befahrener Straßen oder Eisenbahnlinien zu nutzen.

Literatur

DTB (Deutscher Tennis Bund)/IASF (Internationaler Arbeitskreis Sport- und Freizeiteinrichtungen): Tennisanlagen - Planung, Bau, Unterhaltung, Göttingen 1981

DTB (Hrsg.): Lärmimmissionen und Möglichkeiten vorbeugender Maßnahmen - Ein Leitfaden des Deutschen Tennis Bundes, Göttingen o.J.

LINDEMANN, F./H. WICHSER: Umweltverträglichkeit von Tennisanlagen. Schriftenreihe für Sportanlagen der Eidgenössischen Turn- und Sportschule Magglingen, Nr. 537, 1985

NIESL, G./W. PROBST / J. HINGSAMER: Die Geräuschemission von Tennisanlagen. Zeitschrift für Lärmbekämpfung 30, 1983

Schießsport (F)

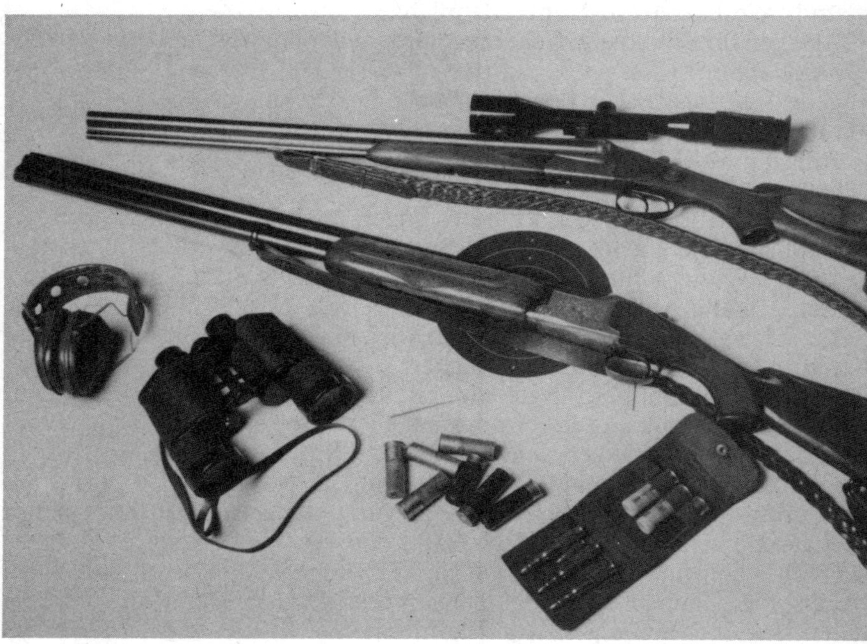

Schießsport

1. Einführung

Etwa 1,3 Millionen Schützen sind im „Deutschen Schützenbund" organisiert.

Die Berührungspunkte dieser Sportart mit Belangen der Umwelt liegen in der Lärmbelästigung sowie in der Bleikontamination des Bodens.

Dreierlei Formen des Sportschießens sind aus Umweltsicht zu unterscheiden:
a) Gewehr- und Pistolenschießen,
b) Wurftaubenschießen,
c) Armbrust- und Bogenschießen.

In der Bundesrepublik Deutschland gibt es mehr als 8 000 Freizeitschießanlagen, wobei es sich größtenteils um Kleinkaliberschießstände handelt. Für die 5 Anlagentypen werden folgende Nettoflächen beansprucht:

- Anlagen für Luftdruckwaffen und Zimmerstutzen: 17–21 m^2 (Bahnlänge 10–15 m),
- Anlagen für Faustfeuerwaffen, Vorderladerkurzwaffen, Kleinkaliber und freie Pistole: 30–84 m^2 (Bahnlänge 30–56 m),
- Anlagen für Scheibengewehr und Vorderladerlangwaffen: 160 m^2 (Bahnlänge 106 m),
- gedeckte Anlagen für Bogenschießen: 110 m^2 (Bahnlänge 30 m),
- offene Anlagen für Bogenschießen: 380 m^2 (Bahnlänge 105 m),
- Anlagen für Wurftaubenschießen (Trab und Skeet): 65 000 m^2 (Radius 200 m).

Während für das geräuscharme Bogen- und Armbrustschießen als Schießplatz eine ebene, mit ausreichenden Sicherheitsvorkehrungen ausgestattete Wiese genügt, benötigt das geräuschvolle Schießen mit Feuerwaffen gebaute Anlagen.

Das Gewehr- und Pistolenschießen wird in einem Schießstand mit Seiten- und Hochblenden bzw. mit Sicherheitszonen ausgeführt. Von einem befestigten Abschußbereich aus wird mit Patronenkugeln auf ein fest installiertes Ziel geschossen. Die verschossenen Patronen lassen sich weitgehend mit Hilfe von Kugelfängen sammeln. Für Luftdruckwaffen sind überdachte (geschlossene) Schießstände gebräuchlich.

Beim Wurftaubenschießen wird mit Schrotladungen auf ein bewegliches Ziel geschossen. Eine ca. drei Hektar große Wurftaubenanlage (Grabenstand) ist völlig unbefestigt und lediglich eingeebnet. Von zwei Türmen aus werden die „Tauben" in die Schießbahn geschleudert. Die Bleikugeln verteilen sich über einen größeren Raum hinweg.

2. Konflikte und Lösungsansätze

Sportschießanlagen belasten die Umwelt durch Lärm und durch Stoffeinträge in den Boden.

a) Zum Lärm

Wegen seiner Auffälligkeit kann der Schießlärm für die betroffenen Bürger (besonders in ländlichen Gemeinden) zu erheblichen Beeinträchtigungen im Wohnumfeld führen. Der Schießlärm stört am meisten, wenn man sich draußen im Garten oder auf dem Balkon erholen und entspannen oder wenn man konzentriert arbeiten will.

Freie Kleinkaliberschießstände verursachen je nach Minderungsmaßnahmen in einem Umkreis von etwa 80 bis 300 m Schallpegel über 50 dB(A). Besonders hohe Lärmbelastungen ergeben sich bei Wurftaubenschießständen, weil hier eine weitgehende Kapselung der Geschoßbahn nicht möglich ist.

A-bewertete Schalldruckpegel und energieäquivalente Mittelung sind grundsätzlich für die Messung und Beurteilung von Schießgeräuschen mit Handfeuerwaffen geeignet. Bei gleichen Mittelungspegeln L_{Am} sind Schießgeräusche allerdings wesentlich lästiger als z.B. Straßenverkehrsgeräusche. (UBA 1989).

Die folgenden Abbildungen zeigen den Anteil der Bevölkerung, der sich
- durch Schießen im Vergleich zum Straßenverkehr,
- durch Schießgeräusche aus Handfeuerwaffen und schweren Waffen wesentlich gestört fühlt.

Die Lärmauswirkungen von Feuerwaffen sind unterschiedlich, je nach dem, ob die Schußabgabe mit großkalibriger oder kleinkalibriger Munition erfolgt bzw. ob Munition im Überschallbereich (mit Überschallknall) angewandt wird.

Entscheidend ist in diesem Zusammenhang vor allem, ob das Schießen mit Feuerwaffen in überdachten Hallen oder Schießkellern stattfindet oder in Anlagen unter freiem Himmel, wo sich der Schall wesentlich ungehindert ausbreiten kann.

Die Beurteilung der Zumutbarkeit des Schießlärms richtet sich danach, ob der Schallpegel den im konkreten Fall gültigen Immissionsrichtwert unter- oder überschreitet (vgl. Lärmkapitel). Der Beurteilungspegel berücksichtigt den Pegel des Einzelschusses, die Anzahl der Schüsse pro Zeiteinheit, die Dauer und den Zeitpunkt des Schießbetriebs. Die höchsten Pegel werden durch den Mündungsknall großkalibriger Munition und durch den Knall von mit Überschallgeschwindigkeit fliegenden Geschossen erreicht.

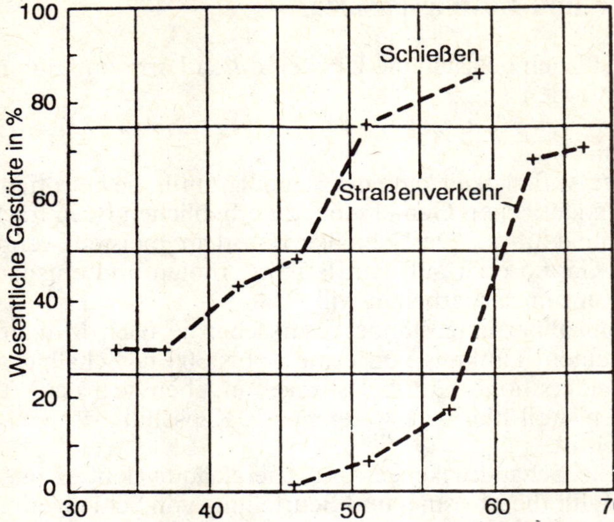

Mittelungspegel L_{Am} (außen, 6-22 Uhr) in dB
nach: UBA-Forschungsbericht 10501314/01

UBA 1988	Gestörtheit durch Schieß- und Straßen-verkehrsgeräusche - vergleichende Feldstudie	LA-Wir 120

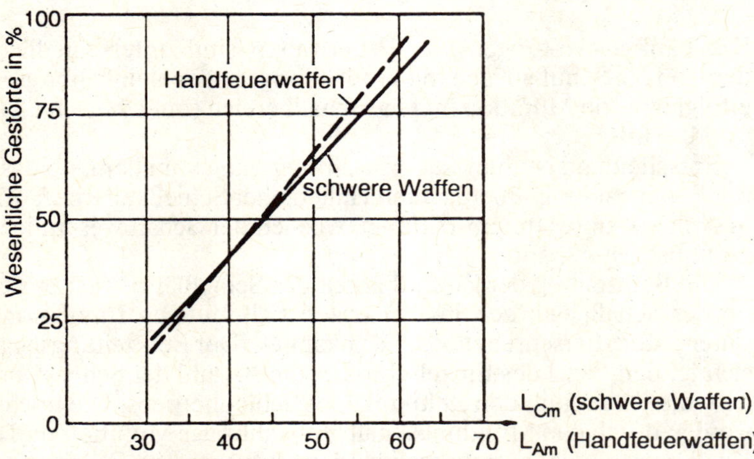

Mittelungspegel (6-22 Uhr; außen) in dB
nach: UBA - Forschungsbericht 10501314/01 und /02

Um lärmempfindliche Nachbarnutzungen (Wohnen, Erholung, Krankenanstalten) zu schonen, können folgende **Maßnahmen** ergriffen werden:

- Einhaltung eines ausreichenden Abstands zwischen empfindlicher Nachbarnutzung und der Schießanlage
- Errichtung von Schallschutzdämmen bzw. -wänden
- Überdachung der Anlage
- Zeitliche Einschränkung des Schießens (Pausen während der Ruhezeiten)
- Ausschließliche Verwendung von Unterschallmunition

b) Zur Bleikontamination:

Hinsichtlich der toxischen Anreicherung des Bodens und des Grundwassers mit Schwermetall ist vor allem das Wurftaubenschießen mit Bleischrot problematisch. Nach Angaben des Bayerischen Landesamtes für Umweltschutz werden in einer Wurftaubenschießanlage pro Jahr bis zu einer Million Schüsse abgegeben (SZ vom 16.12.88). Auf das Gelände einer Anlage gehen jährlich somit 30 Tonnen Schwermetall nieder (eine Patrone enthält etwa 32 Gramm Schrot). Auf einer drei Hektar großen Anlage ist damit zu rechnen, daß hier je nach Nutzungsdauer mehrere hundert Tonnen Blei lagern. Der Verdacht, daß sich in manchen Fällen „Altlasten" herausgebildet haben, ist nicht von der Hand zu weisen.

Eine Untersuchung der Bodenbelastung auf Sportschießplätzen, die sich sowohl auf die aktuelle Konzentration der Schadstoffe Blei, Arsen und Antimon als auch auf die langfristigen Umweltauswirkungen durch Pflanzenaufnahme (Schwermetalltransport) bezog, hat u.a. zu folgenden Ergebnissen geführt (UBA 1989):

- Die Bleigehalte des Bodens im Hauptbelastungsbereich überschreiten (nach Auslese der Schrotkörner) den Bodenwert der Klärschlammverordnung (100 mg Pb/kg TS Boden). In der obersten Bodenschicht werden bis zu 10g Pb/kg erreicht. Blei und Antimon weisen eine beträchtliche Löslichkeit aus frischem wie aus oxidiertem Bleischrot auf. Die Auslaugbarkeit von polyzyklisch aromatischen Kohlenwasserstoffen aus dem Bindemittel der Wurftauben ist dagegen als gering einzustufen.
- Die Bleigehalte in den untersuchten Pflanzen (Gras-, Getreide- und Buchenproben) als Ergebnis des Transfers vom Boden auf die Pflanze liegen unterhalb einer Gefahrenschwelle. Eine Gefährdung bei landwirtschaftlicher Nutzung im Bereich der Schießanlagen ist dennoch nicht auszuschließen, da durch Anhaften des Boden- oder Schrotmaterials bzw. Einlagerung von Bleischrot in die Ähren Blei in die Nahrungsketten gelangen kann. Zudem kann wegen der hohen Bleigehalte im Boden ein Gefährdungspotential für das Grundwasser bestehen, falls pH-Werte unter 4 und/oder geringer Gehalt an organischer Substanz, Ton und Sesquioxiden die Adsorption an der Bodenmatrix stark einschränken.

Lösungsansätze

Vor allem die folgenden Grundsätze sollten befolgt werden, um schwerwiegende Belastungen zu vermeiden (vgl. UBA 1989):

- Schießanlagen in Trinkwasserschutzgebieten und Naturschutzgebieten sind in der Regel mit dem Schutzziel nicht vereinbar, Neuanlagen sollen dort sowie bei offenen Gewässern oder Feuchtbiotopen nicht genehmigt werden.
- Im Bereich der Schießanlagen sind weder Acker- noch Grünlandnutzungen vertretbar.
- Vernickelte Schrote sollten nicht mehr verwendet werden.
- Die Böden der Schießplätze sollten ein hohes Sorptionsvermögen aufweisen, dazu können geeignete Pflegemaßnahmen durch Humusaufbau beitragen. Bei Böden, deren Antimon- und Arsengehalte die Bodenrichtwerte überschreiten, sollte zur Begrenzung der Schwermetallmobilität ein pH-Wert von 4,5 bis 5,5 eingestellt werden.

Wegen der großen Schädlichkeit der auftretenden Schwermetalle muß außerdem dafür gesorgt werden,

- daß möglichst bleiarme oder bleifreie Munition verwendet wird,
- daß so viel Bleigeschosse wie möglich durch Auffangvorrichtungen eingesammelt werden,
- daß sowohl zu Bereichen mit oberflächennahem Grundwasser und Wasserschutzgebieten als auch zu offenen Gewässern ein ausreichender Abstand gehalten wird, um eine Gefährdung von Grund- und Oberflächenwasser auszuschließen,
- daß keine Schrotkugeln auf Flächen fallen, die für Wildtiere zugänglich sind (Vögel, Säugetiere), damit diese sich durch Aufnahme des Bleis mit der Nahrung nicht vergiften,
- daß im Umkreis älterer Anlagen der Boden auf seinen Bleigehalt überprüft wird,
- daß nach Schließung eines Wurftaubenstandes der von Bleikugeln erreichte Boden 20 cm tief abgetragen wird (Sondermüll).

Über die genannten Lösungsansätze zur Lärm- und Bleiproblematik hinaus können noch **weitere Maßnahmen** getroffen werden, wie sie von der Deutschen Schützenjugend vorgeschlagen werden (Info-Blatt Nr. 22/1989):

- Auswahl relativ lärmarmer Munition
- Vermeidung sozialer Geräusche (Belästigung durch Türenknallen, Hupen, Musik zu später Stunde)
- Limitierung der Schüsse pro Woche, Monat oder Jahr
- Einhaltung vereinbarter Zeiten für die Unterbrechung des Schußbetriebs
- Aufsammeln verschossener Munitionsreste unter dem Geschoßfang und deren Wiederverwertung (z.B. zum Gießen von Armbrustkernen)

- Sammeln von Substanzen, die mit Blei oder anderen Substanzen vermischt sind, und deren Abführung als Sondermüll
- Anbringen von Gummimatten auf offenen Ständen, um das Eindringen von Blei in den Boden zu mindern
- Errichtung von Schießständen mit umweltfreundlichen Baustoffen und Filtrieranlagen
- Getrenntes Sammeln von Abfall zwecks Wiederverwertung (z.B. Zielscheiben, Patronenhülsen, Munitionsdosen, Kugeln, Pulver, Glas)
- Einsparung von Energie, z.B. durch abgeteilte Stromnetze, die nur bestimmte Schießstände versorgen
- Reduzierung des Individualverkehrs, z.B. durch Fahrgemeinschaften bei Wettkämpfen und anderen Veranstaltungen
- Erhaltung der Fauna und Flora in und um den Schießplatz (Anlage von Nisthilfen, Feuchtbiotopen und sonstigen Lebensräumen wie Stein- und Totholzhaufen). Hier ist jedoch besonders darauf zu achten, daß die Tiere mit ihrer Nahrung nicht auch Bleischrot aufnehmen.
- Aufnahme von Umweltthemen in das Veranstaltungsprogramm des Vereins, speziell in die Jugendarbeit (z.B. Altpapiersammlung, Biotoppflege)

3. Rechtliche Aspekte zum Schießsport

3.1 Schießsport in Anlagen innerhalb von Gebäuden

Wenn Schießsport in Hallen, Schießkellern etc. ausgeübt wird, beurteilt sich die Zulässigkeit der Errichtung der Anlage allein nach **Baurecht,** da insoweit die Geräusche auf das Innere der Anlage beschränkt bleiben. Bezüglich der dort herrschenden Genehmigungserfordernisse sei auf den allgemeinen Teil verwiesen. Wegen der Beschränkung der Auswirkungen des Schießsports auf das Halleninnere ergeben sich hier - auch für die Nutzung - sportartbedingte umweltrechtliche Probleme nicht. Allerdings bedarf derjenige, der eine Schießstätte betreiben will, einer Erlaubnis nach dem Waffengesetz[1]). Unter Schießstätte ist dabei jede ortsfeste oder ortsveränderliche Anlage zu verstehen, die ausschließlich oder neben anderen Zwecken dem Schießsport oder sonstigen Schießübungen mit Schußwaffen dient[2]). Eine Erlaubnis darf nicht erteilt werden, wenn der Antragsteller unzuverlässig[3]) ist oder erhebliche Belästigungen der Anwohner oder der Allgemeinheit nicht durch Auflagen verhindert werden können[4]). In der Allgemeinen Verwaltungsvorschrift zum Waffengesetz (WaffVwV) wer-

[1]) § 44 Abs. 1 WaffenG
[2]) vgl. § 44 Abs. 4 WaffenG
[3]) zum Begriff der Zuverlässigkeit: § 5 WaffenG
[4]) § 44 Abs. 1 WaffenG

den der Behörde weitere Anweisungen für die Erteilung der Erlaubnis gegeben, so z. B., welche Auflagen immer mit dem Erlaubnisbescheid zu verbinden sind (Beginn des Betriebes erst nach Abnahme durch die Behörde; Versicherungsnachweis etc.).

3.2 Schießsport in Anlagen unter freiem Himmel

3.2.1 geräuscharme Disziplinen (Bogenschießen, Armbrust etc.)

Durch die Nutzung einer solchen Anlage treten keine unmittelbaren, sporttypischen Umwelteinwirkungen auf. Die Errichtung der Anlage selbst ist deshalb allein nach Baurecht zu beurteilen. Hier ergeben sich insoweit Unterschiede zu der gerade dargestellten Errichtung einer Schießhalle nur aus der Art des baulichen Vorhabens (geschlossenes Gebäude einerseits, andererseits offene bauliche Anlage, ggfs. mit Nebenanlagen wie Clubhaus, Unterstand, Sanitäranlagen, Parkplätzen).

3.2.2 geräuschvolle Disziplinen (Feuerwaffen)

Wer eine solche Schießanlage errichten will, benötigt eine Genehmigung nach dem **Bundes-Immissionsschutzgesetz** (BImSchG)[1]). Diese Genehmigung wird im vereinfachten Verfahren[2]) erteilt, so daß eine schnellere Entscheidung der Genehmigungsbehörde möglich ist. Voraussetzung für die Erteilung einer Genehmigung ist zunächst, daß der Bauwillige einen schriftlichen Antrag an die zuständige Behörde[3]) stellt. Diesem Antrag hat er alle Zeichnungen, Erläuterungen und sonstigen Unterlagen beizufügen, die es der Behörde ermöglichen, die weiteren Genehmigungsvoraussetzungen, auf die im folgenden eingegangen wird, zu überprüfen. Reichen die Unterlagen hierzu nicht aus, setzt die Behörde dem Antragsteller eine Frist zur Ergänzung.

Im Genehmigungsverfahren prüft die Behörde, ob folgende Voraussetzungen vorliegen (vgl. § 6 BImSchG):

a) Es muß sichergestellt sein, daß die **Betreiberpflichten** erfüllt werden, die das BImSchG in § 5 normiert. Hierzu gehört insbesondere, daß die Anlage so errichtet und betrieben wird, daß **schädliche Umwelteinwirkungen** nicht hervorgerufen werden können[4]). Unter schädlichen Umwelteinwirkungen versteht das Gesetz dabei solche Immissionen, die nach Art, Ausmaß und

---

[1]) vgl. § 4 BImSchG i.V.m. Textziffer 10.18 (Spalte 2) der vierten Verordnung zur Durchführung des Bundes-Immissionsschutzgesetzes (Verordnung über genehmigungsbedürftige Anlagen – 4. BImSchV vom 24. Juli 1985 (BGBl. I S. 1586), ergangen auf der Ermächtigungsgrundlage des § 4 Abs. 1 Satz 3 BImSchG

[2]) vgl. § 19 BImSchG

[3]) Welche Behörde dies ist, wird durch Landesrecht, in der Regel in Form von Rechtsverordnungen geregelt; zum Beispiel: nordrhein-westfälische Verordnung zur Regelung von Zuständigkeiten auf dem Gebiet des Arbeits-, Immissions- und technischen Gefahrenschutzes (ZustVO AItG) v. 6.2.1973 (GV NW S. 66, zuletzt geändert durch VO v. 16.12.1986. GV NW 1987 S. 2).

[4]) § 5 Abs. 1 Nr. 1 BImSchG

Dauer geeignet sind, Gefahren, erhebliche Nachteile oder erhebliche Belästigungen für die Allgemeinheit oder die Nachbarschaft herbeizuführen[1]). Ob eine Umwelteinwirkung eine **erhebliche** Belästigung oder **erhebliche** Nachteile hervorruft, muß je nach Schießanlage (Tontauben- anders als Luftgewehr- oder Scheibenschießen) und örtlichen Gegebenheiten (z.B. Nähe von Nachbarn) im konkreten Einzelfall entschieden werden. Allgemein läßt sich jedoch feststellen, daß sich Belästigungen und Nachteile für die Allgemeinheit und die Nachbarschaft typischerweise aus folgenden Gesichtspunkten ergeben:

Hohe **Lärmbelastung** durch den Überschallknall der Schüsse, aber auch durch das An- und Abfahren von Sportlern und Zuschauern. Als Maßstab bei der Prüfung der Erheblichkeit der Belastung wurden bislang die Immissionsrichtwerte der TA Lärm[2]) herangezogen; allerdings geschieht dies nicht schematisch, sondern gegebenenfalls korrigiert nach Maßgabe der sich an den tatsächlichen Verhältnissen orientierenden Schutzwürdigkeit des jeweiligen Gebietes[3]). Inzwischen ist die Sportanlagenlärmschutz-Verordnung erlassen worden [3a]).

Je nach räumlicher Lage des Schießstandes können durch Errichtung und Benutzung der Anlage Lebensräume für die **Tier- und Pflanzenwelt** vernichtet oder gefährdet werden. Denkbar sind unmittelbare Eingriffe wie das Planieren des Geländes, aber auch mittelbare wie der Vertreibungseffekt aufgrund von Besucherzustrom und Schußlärm.

Schließlich können wild parkende Besucher der Landschaft Beeinträchtigungen zufügen.

Letztlich kann durch die Ansammlung von Bleiprojektilen bei den Zielscheiben eine Vergiftung des Bodens eintreten - mit erheblichen Gefährdungen für Tierwelt und Grundwasser (aufgrund von Einwaschungen).

b) Andere **öffentlich-rechtliche Vorschriften** dürfen der Errichtung und dem Betrieb der Anlage nicht entgegenstehen[4]). An dieser Stelle erfolgt also eine umfassende Prüfung durch die Behörde, ob das Projekt gegen weitere Normen des öffentlichen Rechtes verstößt. Im Bereich des Schießsports kommen hier insbesondere die folgenden Vorschriften in Betracht:

aa) Die Anlage muß den Vorschriften des **Baurechts** entsprechen. Je nach ihrer Gestaltung ist allein Bauordnungsrecht anwendbar, also die Bauordnungen der Länder, oder zusätzlich auch Bauplanungsrecht, also die Normen des Baugesetzbuches und der Baunutzungsverordnung. Während das Bauordnungsrecht nämlich aufgrund der ausdrücklichen Einbeziehung

---

[1]) vgl. § 3 Abs. 1 BImSchG

[2]) Allgemeine Verwaltungsvorschrift über genehmigungsbedürftige Anlagen nach § 16 der Gewerbeordnung - GewO: technische Anleitung zum Schutz gegen Lärm (TA Lärm) v. 16. Juli 1968

[3]) BVerwGE 50, 49

[3a])18. BImSchV v. 18.7.1991, BG Bl. I, S. 1588, bes. S. 1790

[4]) § 6 Nr. 2 BImSchG

von Sportanlagen[1]) immer Anwendung findet, erfaßt das Bauplanungsrecht nur „bauliche Anlagen" i.S.d. § 29 BauGB. Und „bauliche Anlage" ist ein Schießplatz dann nicht, wenn er völlig unbefestigt oder lediglich eingeebnet ist (so möglich z. B. bei einer Tontaubenanlage, bei der allein ein Abwurfgerät in einiger Entfernung zu den Schützen auf einer freien Fläche postiert wird). Anders, wenn fest installierte Ziele oder ein befestigter Abschußbereich auf dem Gelände errichtet werden sollen. Bauplanungsrecht ist ebenfalls einschlägig, wenn bauliche Nebenanlagen wie Clubhaus, Sanitärbereich, Parkplatz etc. zu erstellen sind. Findet das Bauplanungrecht Anwendung, so ist – je nach den Gegebenheiten des Falles – zu unterscheiden, ob das Baugelände in einem Gebiet liegt, für das die Gemeinde einen Bebauungsplan aufgestellt hat, oder im unbeplanten Innenbereich oder aber im Außenbereich. Es gelten hier die allgemeinen Regeln des Baurechts, die im allgemeinen Teil angesprochen wurden. Soll die Anlage im Außenbereich errichtet werden, so ist von Bedeutung, daß es sich um ein **privilegiertes Vorhaben** i.S.d. § 35 Abs. 1 Nr. 5 BauGB handelt, da Schießplätze wegen ihres erheblichen Flächenbedarfs und ihrer nicht unerheblichen Lärmauswirkungen regelmäßig nicht im baurechtlichen Innenbereich angelegt werden können. Allerdings können öffentliche Belange entgegenstehen, zu denen unter anderem auch der Natur- und Landschaftsschutz und die natürliche Eigenart der Landschaft zu zählen sind. Dieser Umweltaspekt ist besonders gewichtig, wenn das Vorhaben in einem Naturschutz- oder Landschaftsschutzgebiet durchgeführt werden soll. In jedem Fall ist eine sorgfältige Abwägung zwischen dem privaten Vorhaben und den öffentlichen Belangen erforderlich, die je nach Anlagengestaltung unterschiedliche Ergebnisse zeitigen kann (vgl. insoweit die Darstellung zu den Golfplätzen).

bb) Neben dem Baurecht sind für Schießsportanlagen das Bundesnaturschutzgesetz (BNatSchG) und die Naturschutzgesetze der Länder besonders bedeutsam. So regeln das BNatSchG und das Landschaftsgesetz NW (LG NW) **Eingriffe in Natur und Landschaft**. Unter einem solchen Eingriff verstehen diese Gesetze dabei alle Veränderungen der Gestalt[2]) oder Nutzung von Grundflächen, die die Leistungsfähigkeit des Naturhaushalts oder das Landschaftsbild **erheblich** oder **nachhaltig** beeinträchtigen können[3]) (vgl. bereits die Darstellung zum Motorsport). Eine beispielhafte Aufzählung findet sich in § 4 Abs. 2 LG NW. Der Verursacher eines Eingriffs ist zu verpflichten, vermeidbare Beeinträchtigungen von Natur und Landschaft zu unterlassen sowie unvermeidbare Beeinträchtigungen auszugleichen durch Maßnahmen des Naturschutzes und der Landschaftspflege[4]).

[1]) vgl. z.B. § 2 Abs. 1 Nr. 4 BauO NW
[2]) Hierzu gehören die aufstehenden Pflanzenbestände, aber auch bauliche Anlagen jeder Art
[3]) § 8 Abs. 1 BNatSchG; § 4 LG NW
[4]) § 8 Abs. 2 BNatSchG; § 4 Abs. 4 LG NW

Als ausgeglichen gilt dabei ein Eingriff, wenn nach seiner Beendigung keine erhebliche oder nachhaltige Beeinträchtigung des Naturhaushaltes zurück bleibt und das Landschaftsbild landschaftsgerecht wiederhergestellt oder neu gestaltet ist. Ganz zu untersagen ist der Eingriff, wenn die Belange des Naturschutzes bei der Abwägung aller Anforderungen an Natur und Landschaft vorrangig sind und die Beeinträchtigung nicht zu vermeiden oder nicht im erforderlichen Maße auszugleichen ist[1]). Im letzten Fall dürfte also eine Errichtungsgenehmigung nicht erteilt werden.
cc) Das BNatSchG bestimmt des weiteren, daß alle Maßnahmen unzulässig sind, die zu einer Zerstörung oder sonstigen erheblichen Beeinträchtigung bestimmter, in § 20 c BNatSchG aufgezählter Biotope führen (Biotopschutz als Unterfall des Artenschutzes). Die Länder sind allerdings befugt, Ausnahmetatbestände zu normieren. Soll also die Schießanlage in der Nähe eines solchen Biotops oder gar darin errichtet werden, müssen die Merkmale des § 20c BImSchG und der evtl. erlassenen landesrechtlichen Vorschriften[2]) sorgfältig überprüft werden.
dd) Weitere rechtliche Anforderungen an Schießsportanlagen können sich ergeben, wenn das Gebiet, in dem das Vorhaben durchgeführt werden soll, als Landschaftsschutzgebiet oder Naturschutzgebiet ausgewiesen ist und für diesen Bereich eine **Natur- oder Landschaftsschutzverordnung** erlassen wurde.
ee) Überdies findet das Waffengesetz Anwendung, demzufolge der Antragsteller die erforderliche Zuverlässigkeit besitzen muß[3]).

c) Gelangt die Behörde nach eingehender Prüfung der Gegebenheiten des konkreten beantragten Vorhabens zu dem Ergebnis, daß sowohl die Erfüllung der Betreiberpflichten sichergestellt ist als auch öffentlich-rechtliche Vorschriften nicht entgegenstehen, hat sie die Genehmigung zu erteilen[4]). Andernfalls muß sie die Genehmigung versagen. Es handelt sich um eine gebundene Entscheidung.
Die Genehmigung nach dem BImSchG hat die besondere Folge, daß sie weitere, nach anderen Rechtsvorschriften für die Anlage erforderliche Genehmigungen mit einschließt[5]), sogenannte **Konzentrationsmaxime.** So braucht also z.B. eine Baugenehmigung nicht gesondert beantragt und erteilt zu werden. Dies ist insofern auch sachgemäß, weil die Aspekte bspw. des Baurechts im Verfahren nach dem BImSchG überprüft wurden (§ 6 Nr. 2 BImSchG). Der Genehmigung kann eine Nebenbestimmung (z.B. in Form einer Auflage) beigefügt werden, soweit sie erforderlich ist, um die Erfüllung der Genehmigungsvoraussetzungen sicherzustellen[6]). Sie kann –

[1]) § 8 Abs. 3 BNatSchG; § 4 Abs. 5 LG NW
[2]) z.B. §§ 60 ff. LG NW
[3]) § 44 Abs. 1 WaffenG
[4]) § 6 BImSchG
[5]) § 13 BImSchG
[6]) § 12 Abs. 1 BImSchG

unter den besonderen Voraussetzung des § 21 BImSchG – auch widerrufen werden. Bei wesentlichen Änderungen genehmigungsbedürftiger Anlagen wird eine neue Genehmigung erforderlich[1]).

3.3 Schießsport außerhalb von Schießanlagen

Wer außerhalb von Schießstätten mit einer Schußwaffe schießen will, bedarf aufgrund § 45 Waffengesetz der Erlaubnis. Für die näheren Voraussetzungen der Erlaubniserteilung wird auf den Wortlaut des § 45 WaffenG, die einschlägige Kommentarliteratur zu dieser Norm und die zu ihr ergangene Verwaltungsvorschrift verwiesen.

Literatur

AFTSC (Association de Federations de Tir Sportif de la C.E.E.): „Blei und das Wurftaubenschießen" und „Lärmbelästigung durch Sportschießen"? Informationsblätter Nr. 1 und Nr. 2, Paris (ohne Jahresangabe)

DEUTSCHE SCHÜTZENJUGEND: Sportschützen nehmen Rücksicht auf die Natur, in: Info-Blatt Nr. 22, 1989

SZ (Süddeutsche Zeitung): Umweltschützer legen auf Wurftaubenschützen an. Bericht vom 16.12.1988

SZ (Süddeutsche Zeitung): Bauer findet giftige Kügelchen im Raps – Schrot von Schießplatz eines Schützenvereins gerät auf Acker. Bericht vom 17.08.1989

UBA (Umweltbundesamt): Lärmbekämpfung '88, Berlin 1989

UBA (Umweltbundesamt) (Hrsg.): Die Belastung von Böden auf Sportschießplätzen durch Bleischrot und Wurftauben. UBA-Texte 39/89, Berlin 1989

[1]) § 15 BImSchG

Wandern und Laufen (G)

Wandern und Laufen

1. Einführung

Das Wandern gehört zu den beliebtesten Freizeitaktivitäten in der Landschaft. Es wird in der Regel unorganisiert ausgeübt. Der „Verband Deutscher Gebirgs- und Wandervereine e.V." (ein Zusammenschluß von 48 überregional tätigen Gebirgs-, Wander- und Heimatvereinen) repräsentiert die organisierten Wanderer mit rund 515.000 Mitgliedern und ca. 2500 örtlichen Gruppierungen. Die Interessen werden auch durch den Deutschen Alpenverein (DAV) vertreten. Ihm gehören zur Zeit 515.000 Mitglieder in 320 Sektionen an (Gesamtdeutschland Stand 15.10.1990). Hinzu kommen die „Naturfreunde" und der „Touristenverein" als Zusammenschlüsse wanderfreudiger Bürger. Auch von Seiten der Naturparkträger wird das Wandern gezielt gefördert. Nach Auskunft des Deutschen Leichtathletik-Verbandes (DLV) treiben ca. 6,7 Millionen Bundesbürger regelmäßig Laufsport in der freien Landschaft (EMNID-Umfrage 1984).

In diesem Kapitel wird nur das Wandern[1]), Spazierengehen und Joggen mit der damit unmittelbar zusammenhängenden Infrastruktur (vor allem den Wegen und Berghütten) betrachtet. Das Wandern ist eine sportliche Disziplin ohne Wettkampfcharakter, bei der einzelne Personen oder Gruppen Wegstrecken zwischen 5 und 50 km pro Tag zurücklegen. Die Aktivität wird bevorzugt in attraktiven Landschaften ausgeübt. Besonders beliebt sind Gebiete mit hohem Waldanteil (und freien Tälern), mit Relief (Mittel- und Hochgebirge) und mit Gewässern (Bäche, Seen, Flußgebiete, Meeresküsten). Die Naturnähe spielt eine große Rolle. So etwa werden Mischwälder den monotonen Fichtenforsten vorgezogen, Fließgewässer mit naturnahen Uferzonen genießen Vorrang gegenüber solchen mit begradigten und verbauten Ufern.

Gewandert wird nach Möglichkeit auf nicht versiegelten Wegen und Pfaden sowie auf forst- und landwirtschaftlichen Wirtschaftswegen. Asphaltierter Belag wird als lästig empfunden, vielfach jedoch akzeptiert. In manchen Fällen wird jedoch auf unbefestigten Boden seitwärts solcher „Straßen" ausgewichen. Wandern abseits der markierten Wege ist nicht die Regel.

Wandern berührt unter folgenden beiden Aspekten die Belange der Umwelt: über die Anlage von Wanderwegen (Linienführung, Netzdichte) und sonstiger Infrastruktur sowie über die Aktivitäten abseits von Wegen. Zur „sonstigen Infrastruktur" gehören:

---

[1]) Wandern zu Fuß, nicht Radwandern, Wasserwandern, Skiwandern oder Wandern zu Pferd. Das Klettern wird in einem eigenen Kapitel behandelt.

- Wanderparkplätze
- Freizeitplätze
- Grillplätzen
- Schutzhütten
- Trimmpfade
- Brücken
- Wegemarkierungen, Schautafeln
- Berghütten

Das **Laufen** ist eine sportliche Disziplin, die als (nichtorganisierter) Freizeitsport und als vereinsgebundener Leistungs- und Breitensport ausgeübt wird. Wie beim Wandern überwinden einzelne Personen oder Gruppen längere Strecken pro Tag. Bei sportlichen Wettkämpfen laufen größere Gruppen (maximal 1000 Personen) bis zu 100 km weit. Es werden zwar ebenso wie beim Wandern attraktive Landschaften bevorzugt, jedoch wird der landschaftlichen Umgebung (speziell den Qualitäten der Naturnähe) weniger Bedeutung zugemessen. Es werden unbefestigte und ebenso auch asphaltierte Wirtschaftswege sowie Straßen benutzt.

Eine besondere Form des sportlichen Laufens ist der Orientierungslauf nach festgesetzten Regeln. Bei diesem Wettbewerb müssen in möglichst kurzer Zeit mit Hilfe von Kompaß und Karte eine Anzahl Kontrollpunkte (Posten) passiert und eine Strecke bis zu 16 km zurückgelegt werden. Die Strecken liegen in bewaldeten Gebieten, zu 90 % abseits von Wegen.

Bundesweit finden jährlich (meist im bebauten Gebiet) etwa 65 Marathonläufe und 600 Wettkämpfe über kürzere Entfernung statt. In der Bundesrepublik gibt es ca. 33.000 aktive Marathonläufer(innen).

Die Interessen der Läufer werden durch die Leichtathletikverbände und den Deutschen Turnerbund vertreten.

2. Gemeinsame Teilziele

Das Wandern, Spazierengehen und (mit Einschränkung) das Joggen gehen einher mit Naturerleben. Besonders bei größeren Wanderungen in weitgehend unbesiedelten Gebieten (vor allem in Mittelgebirgen und in den Alpen) erfährt sich der Mensch als Teil der Landschaft. Kontakt mit Kälte und Hitze, Sonne und Regen, die landschaftliche Kulisse und die Einzelerscheinungen am Wegesrand, die schroffen und bizarren Zeichen der Natur (wie Felsen, Baumriesen) ebenso wie die Zeichen der traditionellen bäuerlichen Kultur (Höfe, Felder, Kuhweiden) werden für den aufgeschlossenen Wanderer zu einem Erlebnis besonderer Art. Dieses „Natur"-Erlebnis ist nicht nur für die körperliche und seelische Gesundheit von unschätzbarem Wert, sondern es prägt auch die Einstellung zur Landschaft. Mehr als andere Freizeitaktivitäten fördert das Wandern – das in der Regel ohne Fortbewegungsgeräte auskommt – den unmittelbaren und bewußten Kontakt mit den Erscheinungen der Natur. Wer diesen Kontakt schätzt, der ist auch ansprechbar, wenn es um den Schutz der Landschaft vor Raubbau und Zerstörung geht. Wer die naturnahe Landschaft mit ihrer charakteristischen Tier- und Pflanzenwelt lieben gelernt hat, ist um ihretwillen auch zu Verzichten bereit.

Die gemeinsamen Teilziele der Gebirgs- und Wandervereine mit den Vertretern des Natur- und Umweltschutzes liegen primär in der Erhaltung bzw. Wiederherstellung einer Landschaftsstruktur, die ein reichhaltiges Naturerleben möglich machen.

Der Bau von Wanderwegen kann ökologisch problematisch sein, kann jedoch auch Funktionen der Besucherlenkung erfüllen. Wenn das der Fall ist, dann tragen solche Wege dazu bei, die Erholungsuchenden ohne Zwang aus empfindlichen Bereichen fernzuhalten, indem sie die Menschen auf bequeme Weise den belastbaren Bereichen zuführen. Nach eigener Auskunft ist der Verband Deutscher Gebirgs- und Wandervereine für die Planung, Anlage und Pflege von 180.000 km Wanderwegen in allen Teilen der Bundesrepublik verantwortlich. Von den Vereinen werden außerdem ca. 5.000 Wanderparkplätze betreut. Der Deutsche und Österreichische Alpenverein betreuen zusammen ein Wegenetz von 42.000 km, das wegen der Höhenlage größtenteils sehr pflegeintensiv ist.

Ein gemeinsames Teilziel ist auch die Bevorzugung unversiegelter Wege. Leider ist der Wanderer vielfach gezwungen, asphaltierte Wege der Land- und Forstwirtschaft zu benutzen. Ein Ausweichen auf unbefestigten Boden seitwärts solcher Sträßchen kann dem Wanderer nicht vorgeworfen werden, sondern deutet darauf hin, daß die naturbetonten Bedürfnisse des Erholungsuchenden gegenüber wirtschaftlichen Interessen vernachlässigt worden sind. Bei der Abwehr von Wegeausbau (im Sinne von zusätzlicher Befestigung und Asphaltierung sowie Verbreiterung) sollten Wandervereinigungen und Naturschutz verstärkt zusammenarbeiten.

Das folgende Zitat aus einer Selbstdarstellung der Deutschen Wanderjugend (DWJ) belegt das Engagement dieses Verbandes für Umwelterziehung und für den über den engeren Sportbereich hinausgehenden Schutz von Natur und Umwelt:

„Einen ganz wichtigen Aufgabenbereich stellt der Natur- und Umweltschutz dar. Die Jugendgruppen beobachten aufmerksam die Natur und haben schon vor langer Zeit vor falschem Umgang mit der Natur gewarnt. Dabei stehen nicht spektakuläre Aktionen, sondern Erziehung und Bildung der Kinder und Jugendlichen zum umweltbewußten Menschen im Vordergrund. Die jugendlichen Mitglieder zwischen 6 und 25 Jahren werden z.B. in den Gruppenstunden ihrem Alter gemäß über die vielfältigen Störungen von Natur und Umwelt informiert. Auf Wanderungen und Naturerlebnistagen entdecken und erforschen die Kinder die Natur. Sie beobachten Tiere und lernen die Pflanzenwelt kennen. Bei Naturerfahrungsspielen haben sie Spaß und Freude, entwickeln aber gleichzeitig Interesse und Verantwortung für die Natur.

Bei Umweltlehrgängen erfahren sie über die Müllproblematik, das Energiesparen, die Erhaltung von Boden, Wasser und Luft ... Die Wanderjugend legt Feuchtbiotope an, baut Nisthilfen für Vögel und Insekten, übernimmt Bachpatenschaften, pflanzt Hecken, engagiert sich in der Ameisenhege und im Vogelschutz, unternimmt Sammelaktionen von Aluminium, Weißblech, Glas und anderen wiederverwertbaren Stoffen.

Ein innovatives Freizeitkonzept stellt die Durchführung von Naturwerkeltagen dar ... Da werden Windräder und Sonnenduschen, Solarmobile und Solarherde gebaut, mit Solarzellen spielerisch experimentiert. Ziel ist es, die Kinder und Jugendlichen zu umweltfreundlichem Verhalten und Handeln zu erziehen, damit Natur und Umwelt eine Zukunft haben" (DWJ, 1988).

Besonders hervorzuheben ist das schon 1977 beschlossene „Grundsatzprogramm des Deutschen Alpenvereins zum Schutz des Alpenraumes" und das „Zehn-Jahresprogramm verstärkter Umweltschutz auf Hütten und Wegen des DAV" sowie viele Einzelaktionen des DAV zur Bergwaldsanierung. Ein Beispiel für einen aktiven Beitrag zur Erhaltung und Wiederherstellung der Erholungslandschaft ist die „Umweltbaustelle" der Jugend des DAV am Herzogstand (Oberbayern), die bereits seit drei Jahren betrieben wird.

Ein Beispiel für ein langfristiges Programm:
Der Zeitraum von 1987 bis 1996 wurde zum Jahrzehnt des verstärkten praktischen Umweltschutzes im Bereich der Hütten und Wege des Alpenvereins erklärt.

Hierbei werden vor allem folgende Ziele angestrebt (zitiert aus DAV-Mitteilungen 5/86):

1. Bau wirkungsvollerer Anlagen zur Abwasserreinigung,
2. Müllvermeidung, Mülltrennung und Müllentsorgung im Hüttenbereich,
3. umweltfreundliche Energieversorgung der Hütten,
4. Förderung der Hüttenversorgung durch das jeweils ökologisch verträglichste Transportmittel,
5. keine Erweiterung der Schlafplatzkapazität der Hütten ohne nachgewiesenen Bedarf und unter Anwendung strengster Maßstäbe,
6. landschaftsgerechte Ausführung der noch unbedingt erforderlichen Hüttenum- und Ersatzbauten,
7. kein Befahren der Hüttenversorgungswege durch Hüttenbesucher und Taxis,
8. Kampagne gegen Abschneider auf Wegen im Gebirge.

Zur Verbesserung der Umweltsituation sind folgende Maßnahmen durchzuführen:

1. Erforschung und Erprobung neuer Technologien bei der Abwasserreinigung,
2. Vermeidung von Einwegverpackungen und geordnete Rückführung wiederverwertbaren Mülls,
3. Erstellung von Arbeitsbehelfen für die Sektionen zur Verbesserung der Hüttenversorgung und -entsorgung,
4. Weiterentwicklung der „Richtlinien für die Verteilung von Darlehen und Beihilfen für Hütten und Wege" in Richtung verstärkter Förderung von Umweltmaßnahmen,
5. gemeinschaftliche Aktionen zur Landschaftspflege, insbesondere zur Rekultivierung von Abschneidern,
6. verstärkte Bewußtseinsbildung bei den Mitgliedern und in der Öffentlichkeit für die Notwendigkeit des Umweltschutzes, insbesondere durch Auszeichnung von Sektionen und Hüttenwirten für besondere Leistungen im Umweltschutz, Vorstellung von vorbildlichen Hütten.

Die Verwirklichung der dargestellten Ziele und die Durchführung der vorstehenden Maßnahmen erfordern einen beträchtlichen Aufwand an Arbeitskraft und Geldmitteln. Dies ist eine langfristige Aufgabe. Das Schwerpunktprogramm ist daher zunächst auf den Zeitraum eines Jahrzehntes, 1987 bis 1996, angelegt.

Ein weiteres gutes Beispiel für effektive Bemühungen um Aufklärung über Umweltthemen ist das vom Deutschen Jugendherbergswerk herausgegebene „Handbuch Umweltschutz und Umwelterziehung in Jugendherbergen". Hierin werden zu allen umweltrelevanten Fragen im Zusammenhang mit den Häusern des DJH Informationen, Anregungen und Handlungsanweisungen gegeben (DJH 1990).

3. Konflikte

3.1 Checkliste

Folgende Belastungen der Landschaft können durch das Wandern und die unmittelbar damit zusammenhängende Infrastruktur entstehen:

a) Belastungen durch Wegebau:
   - Bei ökologisch falscher Trassierung: Verluste an wertvollen Lebensräumen durch Versiegelung bzw. durch Auskofferung von Wegen z.B. durch Feuchtgebiete
   - Bei zu dichtem Wegenetz: Zerschneidungseffekte für Kleinlebewesen, besonders bei harter Wegedecke
   - Bei technisch auffälligem Wegebau durch reizvolle Landschaft: Störung des Landschaftsbildes (weithin sichtbares Asphaltband)
   - Bei ökologisch falscher Standortwahl: Biotopbelastung durch Grill- und Picknickplätze, Wanderparkplätze

b) Belastung durch mangelhafte Entsorgung der Berghütten, Berggasthäuser, Hotels in den Bergen, Gletscherrestaurants (Verunreinigung von Grund- und Oberflächenwasser):
   - Ungenügend geklärte Abwässer
   - Ablagerung von Müll (Versickerung von Schadstoffen, Belastung des Landschaftsbildes)

c) Belastung durch verbotenes Verhalten:
   - Beunruhigung scheuer Tiere durch das Mitführen von Hunden ohne Leine (in entsprechend störanfälligen und als solche ausgewiesenen Gebieten)
   - Pflücken geschützter Pflanzen
   - Wildes Parken auf erhaltenswerten Vegetationsflächen
   - Verschmutzung der Landschaft durch weggeworfene Verpackungen („wilder" Müll)

d) Belastungen durch unerlaubtes Verlassen von Wegen (bei Nichtbeachtung von Wegegeboten):
   - Beunruhigung schützenswerter und scheuer Tiere
   - Auslösung von Rinnenerosion in steilen Lagen (stark begangene Abkürzungspfade im Hochgebirge, sog. „Abschneider")
   - Artenrückgang und Artenverschiebung der Vegetation durch Trampelpfade neben befestigten Hauptwegen (bei starker Frequentierung)

e) Belastungen im Rahmen von Veranstaltungen:
   - Großflächige Beunruhigung der Tierwelt beim Orientierungslauf in störanfälligen Räumen und während sensibler Zeiten (z.B. Brutzeit)
   - Probleme des an- und abfahrenden Verkehrs (Lärm) sowie des ruhenden Verkehrs (Vegetationszerstörung auf naturnahen, für Parkzwecke benutzten Flächen)

3.2 Zur Frage der Belastung von Tier- und Pflanzenwelt abseits von Wegen (Beispiel Wald)

Aus der Checkliste wird deutlich, daß das Verlassen von Wegen nur dann als ökologische Belastung zu betrachten ist, wenn dies in einem geschützten (oder schützenswerten) Bereich (mit Wegegebot) getan wird. Längst nicht jeder Bereich ist ökologisch derart empfindlich.

Das Verlassen von Wegen (das Eindringen von Erholungsuchenden in den Wald, das Betreten von Wiesen und Feldern) stellt in der Regel keine nennenswerte ökologische Belastung dar, sondern bewirkt (sofern die Wiesen und Felder nicht abgeerntet sind) allenfalls eine ökonomische Einbuße für den Landwirt. Auch der Waldbesitzer und der Jäger fühlen sich vielfach durch Waldbesucher geschädigt bzw. in ihrem Jagdvergnügen (bzw. Ruhebedürfnis) gestört.

Ökologische Belastungen in Form der flächenhaften oder linienförmigen Zerstörung von Vegetation können allerdings auch in nicht besonders schützenswerten (oder geschützten) Bereichen vorkommen: bei massenhaftem Besucheraufkommen, das sich auf relativ geringer Fläche konzentriert (z.B. im Bereich von Berggipfeln und ähnlichem attraktiven Punkten in der Landschaft).

Sehr verbreitet ist ein wissenschaftlich nicht haltbares Vorurteil, das von interessierter Seite durchaus gepflegt und verbreitet wird. Dieses Vorurteil besagt, daß „der starke, weitgehend uneingeschränkte Erholungsverkehr (durch Fußgänger im Wald, d.V.) auch beträchtliche Probleme für den Schutz der freibleibenden Pflanzen- und Tierwelt mit sich bringt". Auf dieser These aufbauend werden sodann „Vorschläge zur Einschränkung der Walderholung zugunsten des Arten- und Biotopschutzes" vorgebracht (ZUNDEL, 1984).

Zu diesen Vorschlägen zur Änderung des Waldbetretungsrechts gehören

- ein generelles Betretungsverbot für Dickungen,
- ein Betretungsverbot des Waldes in der Dämmerung (mit Ausnahme ganz bestimmter Wege),
- ein Wegegebot in allen Wildschutzgebieten.

In einer Stellungnahme hierzu macht REICHHOLF (1985) darauf aufmerksam, daß solche Vorschläge nicht etwa dem Arten- und Biotopschutz nützen, sondern allein jagdlichen Interessen entgegenkommen.

Einschränkungen oder Totalverbote des Betretens von Wäldern sind nur in solchen Fällen ökologisch sinnvoll und notwendig, wenn bedrohte Arten dadurch geschützt werden können. Arten, für deren Restbestände ein Schutz in störungsfreien Waldzonen gefordert werden muß, sind Rauhfußhühner (Auerhuhn, Birkhuhn), gebietsweise auch Adler, Wanderfalke, Uhu, Schwarzstorch und der wieder eingebürgerte Biber. Auch empfindliche Vegetationskomplexe wie Moore machen Wegegebote erforderlich.

Die Vorschläge von ZUNDEL zielen nicht auf den Schutz bedrohter Arten ab (auch nicht auf den der Reptilien und Amphibien), sondern auf den Schutz von jagdbarem Wild, speziell von Rehen und Hirschen. Diese ohnehin in viel zu hoher Dichte vorkommenden Tiere (die durch Verbiß des Jungwuchses in sehr vielen Bereichen – besonders im Hochgebirge – enorme Schäden in der Vegetation anrichten) sind nicht von Natur aus scheu, sondern durch Nachstellung scheu gemacht worden. Die durch Bejagung hervorgerufenen großen Fluchtdistanzen führen dazu, daß diese Tiere auch gegenüber dem Spaziergänger und Wanderer sehr empfindlich reagieren. „Würden die betreffenden Arten nicht bejagt werden oder würden sie anders bejagt werden, als es unter den gegebenen Umständen der Fall ist, wäre ein weitaus geringeres Maß an Scheuheit festzustellen" (REICHHOLF 1985).

Der Wanderer oder Spaziergänger bewegt sich in der Regel nicht langsam und schleichend durch den Wald oder am Waldrand entlang, sondern mehr oder weniger augenfällig. Die Tiere sehen ihn über größere Entfernungen und können sich auf ihn einstellen. Seine Störwirkung ist daher deutlich geringer als die der Gruppe der Erholungsuchenden, die sich aus bestimmten Gründen pirschend durch den Wald bewegen.

Wenn der Wanderer, Läufer oder Spaziergänger auf Wegen bleibt, dann ist er für die Tiere „berechenbar". Sie lernen, daß von diesen sich relativ gleichförmig fortbewegenden Individuen keine Gefahr (Bejagung) ausgeht, ihre Fluchtdistanz nimmt stark ab. An Rehen z.B. kann beobachtet werden, daß sie vor Spaziergängern, die sich offen nähern, erst auf viel geringere Entfernung fliehen als vor sich anschleichenden Personen. Sofern sich der Wanderer an ein Wegegebot hält, wirkt er auch in störungsempfindlichen Schutzgebieten nicht als Störquelle. Auf jeden Fall sollte in solchen empfindlichen Bereichen jedoch die Jagd und das Angeln unterbunden werden.

Weitere Ausführungen zur Rolle des Freizeitsportlers im Rahmen der Wald-Wild-Problematik siehe Kap. 4.3 im allgemeinen Teil.

4. Lösungsansätze

Die folgenden Maßnahmen sind immer auch im Zusammenhang mit Jagd und Fischerei (vgl. Kap. Angelsport) zu sehen. Eine Beschränkung für Wanderer und Spaziergänger in störanfälligen Bereichen läßt sich nur dann glaubwürdig begründen, wenn diese Beschränkung auch für andere Personengruppen gelten, deren Störeffekt als mindestens ebenso bedeutsam einzustufen ist. Eine Privilegierung bestimmter Nutzungen macht nicht nur die ökologischen Effekte eines Betretungsverbots für Spaziergänger zunichte, sondern sie diskreditiert einen solcherart praktizierten „Naturschutz" als interessengebunden.

a) Wegeführung und Verhalten der Wanderer

- **Tabuzonen:** Lebensräume bedrohter Arten (z.B. Rauhfußhühner und sonstige scheue Vogelarten) sollten völlig von jeglicher Störung freigehalten werden. Für solche Rückzugsgebiete sind totale Betretungsverbote zu verfügen und zu vollziehen.
- **Verzicht auf Wege:** Besonders schützenswerte Vegetationskomplexe (insbesondere Moore, Sümpfe, Dünen) sollten von Wegen freigehalten werden. Nur in Ausnahmefällen sind Wege in Form von aufgeständerten Holz-Bohlenwegen ökologisch vertretbar (kein Zerschneidungs- und Störeffekt).
- **Wegegebot:** In Naturschutzgebieten und sonstigen hochwertigen und störanfälligen Bereichen, die nicht als Tabuzonen gelten, ist bei möglichst geringer Dichte des Wegenetzes ein Wegegebot zu erlassen und zu überwachen. Ein Wegegebot ist ökologisch nur gerechtfertigt, wenn durch Tritt oder Beunruhigung schutzwürdige Vegetationskomplexe bzw. Populationen gefährdet werden.
- **Rückbau von Wegen:** Sofern vorhandene Wanderwege durch besonders störanfällige Schutzgebiete führen und eine Mißachtung des Wegegebotes nicht unterbunden werden kann, ist eine Sperrung bzw. ein Rückbau solcher Wege zu empfehlen.
- **Organisation von Veranstaltungen:** Orientierungsläufe und ähnliche Großveranstaltungen im Wald und in anderen relativ naturnahen Gebieten sollten nur nach Absprache mit den Naturschutzbehörden erfolgen, damit störempfindliche Zeiten und Räume gemieden werden können.
- **Berücksichtigung von Jagdinteressen:** Die Beunruhigung des jagdbaren Wildes ist nicht als ökologische Belastung einzustufen, sondern als Konflikt mit den Interessen der Jägerschaft. Maßnahmen einer Konfliktminderung (z.B. Respektierung von Wildschutzgebieten, Unterlassen von Nachtwanderungen, Meidung von Wildwiesen, Brunftplätzen und Wildfütterungen) können eventuell zwischen Wandervereinen und Jägern ausgehandelt werden. Hierbei sollte auch über eine Verkürzung der Jagdzeit und über die Einführung effizienterer Jagdmethoden verhandelt werden, die das Wild weniger scheu machen (Drück- und Riegeljagd, Abschuß im Wintergatter).

Darstellung möglicher Maßnahmen der Besucherlenkung in Erholungsgebieten (JOB 1991)

Vorbedingungen

- Räumlich überlegte Projektierung von Infrastruktureinrichtungen
- Absichtlich begrenzt ausgelegte Infrastrukturkapazitäten; Variabilität bei Nachfragespitzen
- Zusatzangebote attraktiver Sondereinrichtungen

Zonierung

- Räumliche Funktionstrennung entsprechend eines differenzierten infrastrukturellen Angebotes bis hin zur Nichterschließung ökologisch bedeutsamer, gefährdeter Gebiete

Informationsvermittlung

- Aufklärungsarbeit in den Medien
- Schulung von Multiplikatoren
- Informationsbroschüren (Kooperation von Fremdenverkehrsmachern und Naturschützern)!
- Betreuung von Seminaren und Veranstaltungen für Besucher durch erfahrene Naturschützer
- Merkblätter für den Verkauf bestimmter Freizeit(sport)artikel
- Spezielle Wanderkarten, in denen ökologisch empfindliche Gebiete nicht verzeichnet sind

Maßnahmen zur kleinräumigen Steuerung der Besucher

- Umfang und Ausbau der Wanderwege entsprechend der Zielsetzung; Anlage, Wegführung und Unterhaltung des Wegenetzes

Anreizmittel

- Informationszentren
- Zusätzliche Attraktionen an Wanderwegen
- Faltblätter mit Wanderroutenvorschlag und Kartenskizze
- Lehrpfade mit Erläuterungstafeln der II. Generation (!)
- Geführte Wanderungen zu wechselnden Themen

Abschreckungsmittel (psychologische Barrieren)

- Gezielte Abpflanzung
- Wassergräben
- Schlagabraumhaufen
- Blendgatter
- Niedrige Holzplanken bzw. Rundhölzer entlang der Wege

- **Zurückhaltung bei der Verkehrserschließung**: Aus möglichst großen Ruheräumen sollte der Kraftfahrzeugverkehr herausgehalten werden. In stark frequentierten Erholungsgebieten sollten Zufahrtsstraßen für den motorisierten Privatverkehr möglichst gesperrt und der Transport der Wanderer mit Pferdefuhrwerken organisiert werden (eventuell auch mit öffentlichen Verkehrsmitteln). Am Rande solcher nur für Fußgänger zugelassener Erholungsgebiete sollten kleinere, gut in die Landschaft eingepaßte (nicht asphaltierte) Parkplätze angeboten werden.
- **Unbefestigte Wege:** Die Wanderwege sollten grundsätzlich so wenig wie möglich befestigt sein, auf jeden Fall nicht asphaltiert, um den Zerschneidungseffekt so gering wie möglich zu halten. Dem Wanderer ist wetterfestes Schuhwerk zuzumuten. Unbefestigte Wege haben auch positive gesundheitliche Effekte für den Benutzer.
- **Verzicht auf Baulichkeiten:** Auf die Forderungen nach weiteren Hütten und Wanderheimen im Außenbereich sollten Wanderer verzichten. Eine Beseitigung störender Bauwerke in der freien Landschaft und ein Verzicht auf Sonderrechte (z.B. Fahrgenehmigung zu Hütten) wird empfohlen.
- **Patenschaften**: Möglichkeiten des aktiven Mitwirkens beim Schutz und bei der Renaturierung von Biotopen können ergriffen werden, indem von den Wandervereinen Patenschaften für geschützte Landschaftsbestandteile, Naturdenkmäler, Naturschutzgebiete und brachgefallene Nutzflächen übernommen werden (vgl. dazu Heft „Umweltbaustelle", DAV 1990).
- **Information und Bewußtseinsbildung**: Verstärkt sollten Wanderer über naturverträgliches Verhalten informiert werden, z.B. über den Umgang mit Abfall, Wahl des Rastplatzes, richtige Führung mitwandernder Hunde, Vermeidung von feuergefährlichem Tun.

Neben solchen eher restriktiven Hinweisen sollten jedoch die Wanderer vor allem in der Liebe zur unzerstörten Landschaft weiter bestärkt werden. Diese Liebe zeigt sich nicht in einer rücksichtslosen Vereinnahmung, sondern in einer Respektierung der Natur in ihren ökologischen Gesetzmäßigkeiten und Empfindlichkeiten.

b) Berghütten

Der Deutsche Alpenverein (DAV), der österreichische Alpenverein (OeAV) und der Alpenverein Südtirol (AVS) betreiben insgesamt 540 öffentlich zugängliche Hütten allein in den Alpen. Der DAV besitzt darüber hinaus noch 43 Hütten in deutschen Mittelgebirgen.

Die Berghütten in den Alpen sollen hier als Infrastruktur der Wandererholung näher beleuchtet werden, und zwar im Hinblick auf die Lösung der Abwasser- und Müllproblematik.

Was früher für vereinzelte Wanderer die Schutzhütten und Bergsteigerstützpunkte waren, ist inzwischen erweitert, aus- und umgebaut zu Hütten, die dem gewachsenen Besucherandrang genügen. Gerade die Besuchermengen und der gestiegene Komfort führen zu Problemen bei der Abwasser- und Müllentsorgung.

Um die Umweltbelastungen so gering wie möglich zu halten, sollten folgende Ziele verfolgt werden (wie sie sich z.B. der DAV gesetzt hat):

- keine Kapazitätserweiterung auf Hütten (z.B. Besucherfrequenzspitzen);
- keine Steigerung des Komforts (eher ein Zurückschrauben, z.B. bei Kalt-Warm-Wasser in den Zimmern oder bei anspruchsvoller Gastronomie);
- autarke Ver- und Entsorgungssysteme (geschlossene Kreisläufe);
- angepaßte Technologie für alle Ver- und Entsorgungssysteme (Nutzung von Sonne, Wind und Wasser als Energiespender, Nutzung von Überschußenergie z.B. für eine effizientere Abwasserreinigung);
- weitgehender Ersatz von Diesel- und Benzinaggregaten sowie von Gaslicht (Vermeidung von Lärm und Geruchsbelästigung, Emissionen, Verseuchung des Trinkwassers durch ins Grundwasser gelangendes Dieselöl). Sind diese Aggregate nicht zu ersetzen, ist zumindest eine Kraft-Wärme-Kopplung vorzusehen, um den Wirkungsgrad zu erhöhen;
- Errichtung von Abwasserreinigungsanlagen mit höheren Reinigungsleistungen (Nutzung des „Stands der Technik" bei Nachrüstung und Neuanlage);
- Abfallentsorgung (Priorität hat Vermeidung, Verminderung, Verwertung).
  Hier geht es zunächst um die Vermeidung von überflüssiger Verpackung und sonstigen Stoffen, die später als Müll entsorgt werden müssen. Ein Verzicht auf Einwegflaschen, Alu-Getränkedosen, Plastikhüllen, zu aufwendig verpackte Waren und Wegwerfprodukte vermindert den Hüttenmüll bereits um mehr als 30%. So etwas wird nicht als Einschränkung der Konsumfreiheit interpretiert, wenn der Sinn der Maßnahme für den Umweltschutz verstanden ist. Bei vorbildlicher Praxis in der Hüttenbewirtschaftung (bescheidene Küchenausstattung, vernünftiger Wareneinkauf, umweltfreundliche Energieversorgung und Abwasserbeseitigung) kann bei den Gästen sogar ein gezielter Beitrag zur Bewußtseinsbildung in Sachen Umweltschutz geleistet werden.

Folgende Maßnahmen einer umweltgerechten Müll- und Abwasserentsorgung sollten verstärkt durchgeführt werden:

- Geordnete und getrennte Sammlung und Rückführung des Mülls zwecks weitgehender Wiederverwertung. Eine Trennung in unbedenklich Verbrennbares, Verrottbares (Kompost), Wiederverwertbares (Recycling) und Restmüll ist anzustreben.
- Müllpresse und Müllverbrennung mit Rußfilter. Nutzung der Abwärme, Beispiel: Überschußenergie kann dazu verwendet werden, eine höhere Effizienz von Abwasserreinigungsanlagen zu erreichen.

- Überprüfung von Altlasten. Sofern früher in der Nähe der Hütte abgelagerter Müll Schadstoffe freisetzt oder erhaltenswerte Landschaftsteile (z.B. Dolinen) verfüllt, ist er zu beseitigen.
- Wenn möglich, dann Abwasserableitung ins Tal mit vollbiologischer Reinigung.
- Abwasserreinigung im Hüttenbereich: Vollbiologische Reinigungsverfahren (geeignet sind Tauch- und Tropfkörperverfahren), eventuell mit zusätzlicher chemischer Stufe (Ausfällung). Ausführlich dazu die „Entsorgungsstrategie für Alpenvereinshütten", (Teil A), DAV 1989.
- Bestehende Dreikammer-Kläranlagen sind um- und nachzurüsten und mit biologischen oder teilbiologischen Stufen zu ergänzen, sofern sie Reinigungsgrade aufweisen, die nicht mehr dem Stand der Technik entsprechen. Je nach räumlicher Situation eignen sich besonders
  - Tropf- und Tauchkörper,
  - Bodenfilteranlagen (Sandfilterschächte und -gräben),
  - Schwimmfilter,
  - Teich- und Pflanzenkläranlagen (nur bis zur oberen Waldgrenze einsetzbar).
- Absolutes Trennsystem: reine Wässer wie Niederschlags-, Schmelz-, Kühl-, Drain-, Hang- und Quellwässer sind dem Abwasser fernzuhalten. Laufbrunnen und Frostlauf sind auszuschalten, damit sie das Abwasser nicht vermehren beziehungsweise abkühlen. Küchen- und Fäkalabwässer sind zu trennen.
- In Karstgebieten (besonders hohe Grundwassergefährdung): ausschließlicher Einsatz von Trocken-Toiletten (Traubenkernschrot).
- Installation von wassersparenden Armaturen. Wiederverwendung von vorgereinigten Abwässern aus Waschräumen für die WC-Spülung.

5. Zusammenfassende Würdigung

Das Wandern, Laufen und Spazierengehen in Parks und in der freien Landschaft gehört zu den umweltverträglichsten („sanften") Freizeitaktivitäten. Zwar können durch massenhaftes Auftreten von Wanderern und ihre Konzentration in attraktiven Landschaftsteilen, durch größere Veranstaltungen (Orientierungsläufe in Wäldern) und durch ökologisch unvertretbare Trassenwahl von Wegen ökologische Belastungen hervorgerufen werden, jedoch sind diese durch relativ einfache Mittel zu verhindern. Die Lösung der Entsorgungsproblematik von Berghütten ist schon schwieriger.

Wie für die anderen Sportarten gilt auch für das Wandern, daß ganz bestimmte besonders sensible Lebensräume bedrohter Tierarten völlig freizuhalten sind (Hochmoore, Lebensräume von Rauhfußhühnern). Das Wegegebot ist in der Regel ein hinreichendes Mittel der Lenkung, um solche empfindlichen Räume zu schonen. Jedoch sollte das Wegegebot nur in ökologisch begründeten Ausnahmefällen Anwendung finden und nicht, um die Interessen der Jäger und Waldbesitzer zu schützen (wie es z.B. vielfach mittels der sog. „Wildschutzgebiete" geschieht).

Literatur

CIPRA (Internationale Alpenschutzkommission) (Hrsg.): Sanfter Tourismus - Schlagwort oder Chance für den Alpenraum? Vaduz 1985

DAV (Deutscher Alpenverein) (Hrsg.): Erfahrungen mit dem Betretungsrecht in der freien Landschaft. Tagungsbericht, München 1985

DAV: Energiestudie für Alpenvereinshütten, München 1987

DAV: Entsorgungsstudie für Alpenvereinshütten, Teil A: Abwasser, München 1989

DAV: Naturschutz-Info 1989: Klimaveränderung, Wildschäden, Schneekanonen, Bakterieneinsatz, Neue Alpinsportarten, München 1989

DAV: Umweltbaustelle der Jugend des Deutschen Alpenvereins am Herzogstand/Oberbayern, München 1990

DJH (Deutsches Jugendherbergswerk): Handbuch Umweltschutz und Umwelterziehung in Jugendherbergen, Ringbuch, Detmold 1990

DIE NATURFREUNDE: Alpenschutzprogramm der Naturfreunde (Verband für Touristik und Natur), Wunsiedel 1982

GILDEMEISTER, R.: Zur Frage der Betretbarkeit der Landschaft, in: Natur und Landschaft, H. 4, 1985

INITIATIVE SPORT MIT EINSICHT: Wandern mit Einsicht, Faltblatt, Hamburg 1989

JOB, H.: Tourismus versus Naturschutz: „sanfte" Besucherlenkung in (Nah-)Erholungsgebieten, in: Naturschutz und Landschaftsplanung, H. 1, 1991

MADER, H.J. / C. SCHELL / P. KORNACKER: Feldwege - Lebensraum und Barriere, in: Natur und Landschaft, H. 6, 1988

PANTELEIT, S.: Sport und Umwelt - Konflikte in der Natur, in: LÖLF-Mitteilungen, H. 3, 1988

PFADENHAUER, J. / TWENHÖVEN, F.L. et. al.: Trittbelastung an Seen und Weihern. Beihefte zu den Veröffentlichungen für Naturschutz und Landschaftspflege in Baden-Württemberg, Bd. 45, Karlsruhe 1985

REICHHOLF, J.: Wildtiere und Erholungsdruck, ein unvermeidbarer Konflikt? in: DAV (Hrsg.) a.a.O., 1985

SCHEMEL, H.J.: Die Beanspruchung des Naturschutzpotentials durch Sport - Überlegungen zur Quantifizierung und Bewertung sowie zu den Konsequenzen für die Planung, in: ABN (Hrsg.): Jahrbuch für Naturschutz und Landschaftspflege, Bd. 38, 1986

SCHUBACH, K.: Stellungnahme zu Sport und Umwelt aus der Sicht des Verbands Deutscher Gebirgs- und Wandervereine, in: Tag der Umwelt (Bundesumweltminister Hrsg.), Bonn 1988

SPANDAU, L.: Angewandte Ökosystemforschung im Nationalpark Berchtesgaden – dargestellt am Beispiel der sommertouristischen Trittbelastung auf die Gebirgsvegetation. Nationalparkverwaltung Berchtesgaden (Hrsg.) Forschungsbericht 16, 1988

VDGW (Verband Deutscher Gebirgs- und Wandervereine): Naturschutz und Tourismus: mit- oder gegeneinander? Seminarbericht Saarbrücken 1984

WEBER, D.: Ohne Jäger nicht wild – Warum Tiere und Erholungssuchende einander nicht vertragen, in: Nationalpark H. 37, 1982

ZUNDEL, R.: Vorschläge zur Einschränkung der Walderholung zugunsten des Arten- und Biotopschutzes. DJV-Nachrichten (Dt. Jagdschutz-Verband), Bonn 1984

Klettern, Bergsteigen (H)

Klettern, Bergsteigen

1. Einführung

Die sportliche Betätigung einiger weniger Kletterer ist in neuerer Zeit zu einer „Massenbewegung" geworden. Nach Auskunft des Deutschen Alpenvereins (Mitgliederzahl 498.000) gibt es bundesweit ca. 10.000 im DAV organisierte und noch einmal die gleiche Zahl nichtorganisierte Kletterer.

Unterschieden wird zwischen Alpin-Klettern und Sportklettern (oder „Freiklettern"), wobei letztere Form auf künstliche Hilfsmittel verzichtet (Haken nur zur Absicherung, nicht als Kletterhilfe).

Eine eher touristische als sportliche Form des Kletterns findet auf sog. „Klettersteigen" statt, die in der Regel von Bergbahnen oder Fremdenverkehrsämtern gebaut werden. Es handelt sich hierbei um Steige im Felsbereich, die durch Drahtseil und Klammern gesichert und daher auch für Bergwanderer ohne Kletterfähigkeit begehbar sind.

Umweltrelevant ist die Unterscheidung, ob in den Alpen oder in den Mittelgebirgen geklettert wird. Während die Auswirkungen des Kletterns in den Mittelgebirgen wegen der Knappheit der Kletterfelsen (und der relativ hohen Dichte der Kletterer) zu erheblichen Konflikten mit dem Naturschutz führen können, verursacht das Klettern in den Alpen höchstens lokal Umweltprobleme.

In den Alpen sind Felsstandorte unterhalb der Baumgrenze relativ häufig, oberhalb derselben großflächig vorhanden. Entsprechend haben sich hier für den Alpenraum typische (repräsentative) Ökosysteme entwickelt. Im Mittelgebirge ist aber das repräsentative Ökosystem der Wald. Felsen finden sich nur vereinzelt, und sie bilden immer Sonderstandorte, auf denen Pflanzengesellschaften und Tierarten vorkommen, die vielfach von hochrangiger ökologischer Bedeutung sind. Es handelt sich hier oft um isolierte Tier- und Pflanzengemeinschaften ohne genetischem Austausch mit anderen Vorkommen („disjuktes Areal", Reliktstandorte) (SPEER 1984).

In den Hochgebirgen (vor allem oberhalb der Wuchsgrenze von Bäumen und Sträuchern) ist das „Angebot" an Felsen so groß, daß die Kletterrouten einen äußerst geringen Teil davon beanspruchen und auch hier keine nennenswerten Störungen hervorrufen. Das Hauptproblem im Hochgebirge ist der Schutz von Uhu und Wanderfalken, die in Steilwänden in der Waldzone brüten und hier durch Bergsteiger gefährdet sind. Um Beunruhigung zu vermeiden, muß die Route in ausreichender Entfernung an solchen Nistplätzen vorbeiführen.

Im folgenden geht es nur noch um das wesentlich konfliktträchtigere Klettern in Mittelgebirgen.

2. Gemeinsame Teilziele

Der Bergsteiger (Kletterer) gehört zu den besonders naturorientierten Sportlern. Ein wichtiges Motiv seiner Freizeitbetätigung ist der enge Kontakt zu einer Natur, die noch kaum durch Zivilisationseinflüsse verändert ist.

Das wichtigste gemeinsame Teilziel dieser Sportart mit dem Umwelt- und Naturschutz ist das Bestreben, technische Eingriffe (z.B. Seilbahnen, Lifte, Wegebau) von den noch natürlichen Fels- und Gletschergebieten fernzuhalten.

Ein übergeordnetes gemeinsames Ziel liegt darin, die nicht auf Infrastruktur (z.B. Aufstiegshilfen) angewiesene, allein auf die Muskelkraft vertrauende Form der Fortbewegung zu pflegen. Zwar braucht auch der Bergsteiger Straßen, Wege und Verkehrsmittel (private oder öffentliche), um in sein Zielgebiet zu gelangen (und darin unterscheidet er sich nicht von den anderen Erholungsuchenden), jedoch benötigt er unmittelbar für seinen Sport kaum Hilfsmittel.

3. Konflikte

Schon aus den fünfziger Jahren sind Beobachtungen bekannt, die als Folge des Kletterns die „Armut mancher großen und schwierig zu bewältigenden Felspartie an besonderen Arten" feststellten (THORN 1958).

Die im folgenden angesprochenen Einwirkungen der Bergsteiger auf die Tier- und Pflanzenwelt werden erst dadurch zu einer erheblichen Umweltbelastung, daß sie vielfach in besonders schützenswerten Bereichen mit bedrohten Arten stattfinden. Es handelt sich um Lebensräume von solchen Tier- und Pflanzengemeinschaften, die an die extremen ökologischen Bedingungen des Felsstandorts angepaßt sind und fast nur noch dort vorkommen. Insofern sind schon relativ geringfügige Veränderungen der Artenzusammensetzung aus der Sicht des Naturschutzes als schwerwiegende Verluste einzustufen. Anhand von vergleichenden Vegetationsaufnahmen und faunistischen Erhebungen konnte nachgewiesen werden, daß das Klettern in einigen Fällen zum Erlöschen von seltenen, stenöken (an kulturelle Einflüsse nicht anpassungsfähigen) Arten geführt und somit zur Verarmung typischer Pflanzen- und Tiergemeinschaften beigetragen hat. Reliktarten mit kleinen, isolierten Populationen sind dabei am meisten gefährdet. Die folgenden Ausführungen stützen sich vor allem auf eine Forschungsarbeit über die Auswirkungen des Kletterns (FAUST et. al. 1990) sowie auf Einzelbeiträge (vgl. dazu DAV-Mitteilungen 5/90).

3.1 Checkliste

Beeinträchtigung schützenswerter Pflanzenarten durch
- Stoffeintrag: anorganische und organische Abfälle (einschl. Exkremente und Asche von Feuerstellen) mit der Folge, daß durch Eutrophierung bestimmte seltene Pflanzen von Allerweltsarten verdrängt werden.
- Stoffaustrag: vorsätzliche Entfernung von organischen und anorganischen Substanzen durch „Ausputzen" oder „Abräumen" von Felspartien (Beseitigung störenden Pflanzenbewuchses).
- Tritt: die direkte mechanische Belastung verdrängt trittempfindliche Arten. Sie kann auch ganze Lebensgemeinschaften nachhaltig beeinträchtigen: weniger nur in der Felswand, vor allem im Bereich der Zu-, Aus- und Abstiege der Kletterrouten. Starke Trittbelastung unterbindet das Pflanzenwachstum. Bei offenem Boden entstehen leicht Ansatzpunkte für Erosion (Erosionsrinnen auf senkrechten Trampelpfaden, den „Abschneidern").

Beeinträchtigung schützenswerter Tierarten durch
- Störung und Beunruhigung (im wesentlichen kurzzeitig, konzentriert) vor allem in der Brutzeit von Wanderfalken, Uhu etc.,
- Veränderung der Biotopstruktur.

Daß der Bergsteiger vielfach die Funktion eines „Wegbereiters" für andere Erholungsuchende erfüllt, die sich die Mühen und Entbehrungen ersparen wollen und dann entsprechende Erschließungsmaßnahmen durchsetzen, steht auf einem anderen Blatt (aktuelles Beispiel Himalaya, vgl. RITTER 1989).

3.2 Zur Schutzwürdigkeit der Felsen in Mittelgebirgen

Bei oberflächlicher Betrachtung erscheinen die oft sehr glatten Felsenflächen als kaum belebt und lebensfeindlich. Tatsächlich weist der Fels sehr extreme Standortbedingungen auf: Wechsel zwischen Frost und Hitze, Feuchtigkeit und Trockenheit, dem Einfluß des Windes stark ausgesetzt. In solchen extremen Bedingungen können sich auf Dauer nur spezialisierte Arten halten. An weniger exponierten Stellen der Felsen sind die Bedingungen ausgeglichener. Auch in Felsspalten, in denen sich Feinerde und Humus sammeln kann, herrschen günstigere Lebensbedingungen. Hier wirken sich Kälte und Hitze weniger stark aus, es speichert sich ausreichend Wasser, so daß auch höheren Pflanzen und Gehölzen ein Fortkommen gesichert ist. Tiere finden hier geschütze Tagesquartiere oder Schutz vor extremer Witterung. In solchen günstigen Bereichen ist der Konkurrenzkampf von Pflanzen um Wasser und Nährstoffe besonders hart. Hier konzentrieren sich auch felslebende Tierarten in höherer Individuenzahl.

Wie aus dem Wandprofil eines Felsens (siehe Abbildung) erkennbar ist, zeigt dieser Lebensraum-Typ eine hohe Vielzahl an ökologischen Feinstrukturen, die von verschiedenen, an die jeweiligen Standorte angepaßten Tier- und Pflanzenarten besetzt werden.

Der pflanzliche Artenreichtum ist an der großen Blütenvielfalt wahrnehmbar. Da die Felsstandorte außerhalb der Alpen einen verschwindend geringen Anteil an der Gesamtfläche einnehmen, ist es nicht verwunderlich, daß sich hier relativ viele gefährdete Arten finden.

Auf und an den Felsen treffen Florenelemente zusammen, die ihren Verbreitungsschwerpunkt in ganz unterschiedlichen Regionen Europas haben, etwa im Mittelmeer-Gebiet (z.B. Purpurblaue Steinsame) oder in Osteuropa (z.B. Berg-Lauch). Die Felsen und ihre unmittelbare Umgebung stellen für viele Arten nacheiszeitliche Reliktstandorte dar. Die Fels-Steppenheide-Komplexe zeichnen sich durch einen hohen Grad an Naturnähe aus. Sie gehören zu den wenigen Standorten, die von Natur aus baumfrei sind.

Die Tiergemeinschaft der steilen Felsen benötigt für die Erschließung ihres Lebensraumes besondere Eigenschaften. Die Steilwände können nur von flugfähigen Arten (z.B. Vögeln, Fledermäusen, Insekten), von kriechenden und gut haftenden Arten (Landschnecken), gut kletternden Arten (z.B. Marder- und Wieselarten, Spinnen und Weberknechten, manchen Käfern) oder gut springenden Arten (Springspinnen, Felsenspringer) bewohnt werden. Sie werden durch Zufallsarten ergänzt, die z.B. vom Wind angeweht werden (z.B. Ur- und Rädertierchen).

Ökologisch von besonders großem Interesse sind diejenigen Arten, für die Felswände optimale Lebensbedingungen bereithalten und die daher ausschließlich hier anzutreffen sind (stenöke Arten). Der Lebensraum Fels bietet je nach Standorttyp („ökologische Nische") unterschiedlichen Artenkombinationen günstige Bedingungen. Darauf kann hier nicht näher eingegangen werden.

Für die vom Aussterben bedrohten, auch heute noch von den Menschen verfolgten Arten **Uhu** und **Wanderfalke** stellt der Standort „Fels" eine ideale Zufluchtsstätte vor Bodenfeinden dar. Sie bieten in der heutigen Landschaft die einzigen weitgehend sicheren Nistplätze, wenn man von den Störungen durch Kletterer absieht. Die Nester liegen in geschützten Höhlungen. Felsköpfe und zugängliche Bänder weisen durch ihre relativ lange Schneefreiheit gerade in der Zeit der winterlichen Nahrungsengpässe wichtige Nahrungsressourcen auf. Die Felsköpfe dienen auch als Ruhe-, Aussichtswarten und Rupfplätze für die Großvögel.

In kleineren Felslöchern nisten Dohlen, Mauersegler, Turmfalken und Hohltauben. In geschützten Höhlungen liegen auch die Wochenstuben von Fledermausarten (z.B. dem Großen Mausohr). Die Halbtrockenrasen am Fuß der Felsen beherbergen Reptilien (z.B. Mauereidechse, Blindschleiche, Schlingnatter) und Tagfalter (z.B. den Apollofalter).

Idealisiertes Wandprofil eines Felsstandortes

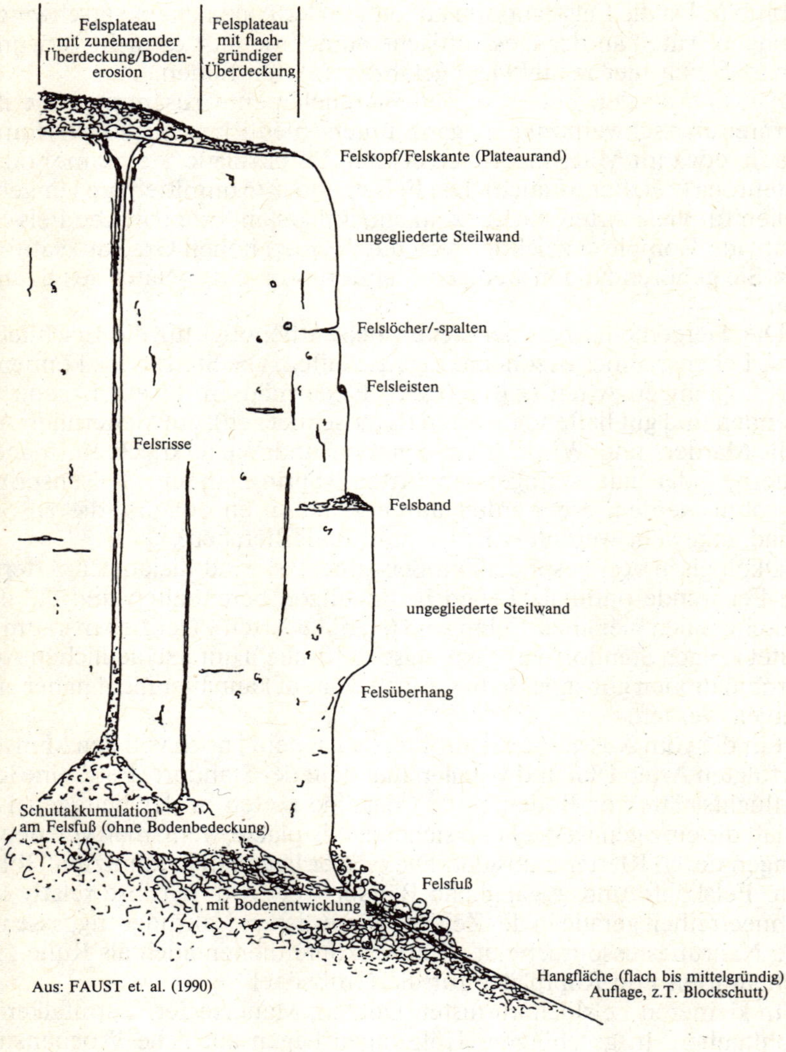

Aus: FAUST et. al. (1990)

3.3 Bedrohung bestimmter Tierarten

Inwieweit und wie stark die einzelnen Tierarten durch das Klettern betroffen (gestört, vertrieben, vernichtet) werden, hängt ab von
- dem Bindungsgrad an Felsstandorte,
- der Empfindlichkeit der Arten gegenüber den Wirkungen des Kletterns,
- der Seltenheit der Art (Bestandsgefährdung).

Das **höchste Risiko**, durch Klettern in ihrem Bestand ausgelöscht zu werden, besteht für die Arten, die bei ohnehin sehr begrenztem Vorkommen nahezu ausschließlich an bekletterten Felsen leben. Dazu gehören der Wanderfalke und einige Schneckenarten.

Ein **sehr hohes** Risiko besteht für den ebenfalls gefährdeten Uhu sowie einige spezialisierte Schnecken- und Spinnenarten. Ihre Populationen sind zwar nicht ausschließlich, jedoch zu großen Teilen an Felsstandorte gebunden. Bei hoher Störanfälligkeit haben sie nur geringe Ausweichmöglichkeiten.

Einem **hohen** Risiko ausgesetzt sind Neuntöter, Schlingnatter, bestimmte Arten der Tagfalter, Heuschrecken und Ameisen. Auch diese Arten sind (wie die in den beiden vorgenannten Risikogruppen enthaltenen Arten) in der Roten Liste als „stark gefährdet" oder „gefährdet" aufgeführt. Sie leben an Felsen oder in unmittelbarem Zusammenhang mit diesem Standort. Bei Störung durch Kletterer können sie zwar ausweichen, jedoch kann ihr Lebensraum dadurch erheblich eingeschränkt werden.

4. Lösungsansätze

Lösungsansätze bieten sich sowohl auf der Ebene der Planung (Schutzausweisung, Sperrung) als auch auf der Ebene des individuellen Verhaltens (Rücksicht beim Klettern, Verzicht auf bestimmte Praktiken, Einhaltung von Verboten).

a) Planerische Maßnahmen

Je nach der Schutzwürdigkeit der Kletterfelsen und dem Vorkommen gefährdeter Arten können folgende Maßnahmen einzeln oder kombiniert durchgeführt werden:
- Ganzjährige Totalsperre: dieses generelle Kletterverbot sollte nur dort verhängt werden, wo der Schutz des bedrohten Lebensraumes Fels nicht auch auf andere Weise zu erreichen ist.
- Zeitlich befristetes Kletterverbot: eine solche befristete Totalsperrung ist zum Schutz von seltenen, felsbrütenden Vögeln in der Zeit vom 1. Februar bis 31. Juli unumgänglich.
- Räumlich begrenztes Kletterverbot: Sperrung von Routen genügt in manchen Fällen aus der Sicht des Artenschutzes. Das setzt jedoch eine

strikte Einhaltung dieser Beschränkung voraus (auch genaue Information der Kletterer, um welche Bereiche es sich handelt).

- Reduzierung der Kletterfrequenz: eine Kontingentierung der Kletterer bzw. eine Beschränkung der Anzahl begangener Kletterrouten kann in manchen Fällen ausreichen, um die ökologischen Lebensraumqualitäten eines Klettergartens zu erhalten.
- Verbesserung der Infrastruktur: lenkende Infrastruktur-Maßnahmen sind vor allem geeignet, im Bereich der Felsköpfe (durch Abseilhaken, Ausstiegverbot) sowie der Felsfüße und Hangbereiche (durch Besucherlenkung) Schäden an der Vegetation und an der bodenlebenden Tierwelt zu vermeiden. Durch Wegeverbesserung (z.B. Zustieg mit Trittstufen aus Rundhölzern) kann auch Erosion gemindert werden.
- Angebot von künstlichen Klettertürmen und Kletterwänden: solche Alternativangebote im Quellgebiet der Klettersportler (im Freien und in Hallen) kann nur einen Teil der Kletteraktivitäten „auffangen". Künstliche Klettermöglichkeiten werden überwiegend für Lern- und Trainingszwecke angenommen. In einigen Städten sind bereits künstliche Kletterwände bzw. Türme vorhanden (z.B. in München, Stuttgart, Nürnberg, Wilhelmshaven, Konstanz und Ravensburg).

b) Was kann der Kletterer tun?

Mit Hilfe einer Kampagne und eines entsprechenden Merkblattes unter dem Motto „Sanft Klettern – der Natur zuliebe" versucht der Deutsche Alpenverein in vorbildlicher Weise, das Verhalten der Kletterer im Sinne eines rücksichtsvollen Umgangs mit der Natur zu beeinflussen. In dem Merkblatt werden seltene Tier- und Pflanzenarten gezeigt und ihre Gefährdung durch das Klettern erläutert.

Zehn Regeln für das „sanfte Klettern" werden genannt und wie folgt eingeleitet: „Freiwillige Spielregeln! Wir brauchen sie, um Kletterverbote zu verhindern; um zu bewirken, daß bestehende eines Tages wieder aufgehoben werden. ‚Sanft klettern' und den Dialog mit der örtlichen Bevölkerung, den Naturschützern und den zuständigen Behörden suchen! Kompromisse müssen sein. Wir sind nur Gäste."

DAV-Regeln des „sanften Kletterns":

- Park- und Lagerplätze nutzen:
  nicht „wild" parken, zelten oder biwakieren; kein Holz für Lagerfeuer entwenden; kein Feuer im Wald;
- Wiesen und Felder nicht zertrampeln:
  auf Wegen und Pfaden bleiben, Abkürzer vermeiden;
- Übliche Zu- und Abstiegswege wählen:
  eingerichtete Abseilhaken nutzen;
- Sperrzeiten und Sperrbereiche akzeptieren:
  Hinweisschilder und Felsmarkierungen beachten;

- Lärm vermeiden:
  Anwohner und Tiere nicht durch lautstarken Kletterbetrieb stören;
- Magnesiaverbote beachten:
  „chalk" so sparsam wie möglich verwenden, vor allem dort, wo es zu optischen Beeinträchtigungen (zum Beispiel an Sandstein) kommt;
- Routen „ausputzen" einschränken:
  keine Erstbegehung „um jeden Preis", das heißt, wenn vorher Pflanzen und Erdreich entfernt werden müßten;
- nicht „wild" ausholzen:
  heraushacken oder -schneiden von Gehölzen an Einstiegen (oder auch - wo zur Sicherheit notwendig erscheinend - an Kletterwänden) nur nach Rücksprache mit dem Besitzer und in Einvernehmen mit der Unteren Naturschutz-/Landschaftsbehörde (Landratsamt/Kreisverwaltung);
- Felsen nicht bemalen:
  keine Routennamen und -kennzeichnungen an die Wände pinseln oder sprayen;
- keine Spuren hinterlassen:
  Abfälle mitnehmen, Exkremente vergraben!

5. Zusammenfassende Würdigung

Der in seiner Beliebtheit stark angestiegene Klettersport gehört zu den besonders naturorientierten Sportaktivitäten ohne nennenswerten Infrastrukturbedarf (abgesehen von Berghütten, die im Kapitel „Wandern" abgehandelt werden). Die besondere Konfliktsituation mit dem Naturschutz tritt weniger im Hochgebirge, verstärkt jedoch in den deutschen Mittelgebirgen auf, weil die Kletterfelsen hier vielfach besonders schutzwürdig sind und auch schon auf geringfügige Einflüsse mit erheblichem Qualitätsverlust reagieren. Besonders der Wanderfalke und der Uhu und einige andere sehr seltene Arten sind durch das Klettern in ihrem Bestand gefährdet. Strikte Schutzausweisungen (zeitliche, räumliche Sperrung) und ein rücksichtsvolles Verhalten der Sportler können den Konflikt jedoch wesentlich entschärfen.

Literatur

DAV (Deutscher Alpenverein): „Sanft Klettern" – der Natur zuliebe. Merkblatt für Kletterer, München 1987

DAV: Mitteilungsblatt (mit Schwerpunktthema „Klettern") H. 5, 1990

FAUST, J. / G. RITTER / G. BANSE / O. ASSMANN et. al.: Die Auswirkungen des Klettern auf die Tier- und Pflanzenwelt außerhalb des alpinen Bereichs in Bayern. Gutachten des Alpeninstituts im Auftrag des Bayer. Landesamtes für Umweltschutz, München 1990 (unveröffentlicht)

IRLACHER, C. (1988): Die Auswirkungen des Kletterns auf die Vegetation im Naturschutzgebiet Prunn. Diplomarbeit FH Weihenstephan, Freising (unveröffentl.)

LEIPPERT. H.: Gutachten über die Auswirkungen des Kletterns auf die Vegetation der Felsen im Hönnetal, (unveröffentlicht) 1981

RITTER, G.: Wanderer und Bergsteiger im Einklang mit der Natur? in: Freizeit fatal – Über den Umgang mit der Natur in unserer freien Zeit, Köln 1989

SCHWARZMEYER, G. (1980): Erholung und Landschaftshaushalt. Die Erholungsnutzung an den Felsen der Südlichen Frankenalb und ihre Auswirkungen auf den Landschaftshaushalt. Diplomarbeit TU Weihenstephan, Freising (unveröffentlicht)

SPEER, F.: Massentourismus im Gebirge und seine Folgen – was kann der DAV dagegen tun? Referat auf der Jahrestagung der Naturschutzreferenten des DAV in Würzburg, vervielf. Manuskript München 1984

THRON, K.: Die dealpine Felsheide der Frankenalb. Sitzungsbericht der Phys.-med. Sozietät zu Erlangen 78, 1958

Radsport (I)

Radsport (einschl. Mountain-Biking)

1. Einführung

Etwa 122.000 Radsportler sind im Bund Deutscher Radfahrer (BDR) organisiert. Im Rahmen von offiziell angemeldeten Wettkämpfen üben ihren Radsport ca. 3.000 Personen mit BMX-Rädern und 500 bis 1.000 Personen mit MTB (Mountain-Bikes, Bergrädern) aus. Von diesen geländegängigen Fahrrädern sind die Sporträder zu unterscheiden, die nur auf asphaltierten Wegen und Straßen eingesetzt werden.

Als Disziplinen werden neben dem Geländefahren (BMX) und dem Bergradfahren (MTB) als Leistungssport noch Straßenrennen, Bahnrennen, Radball/Radpolo und Kunstradsport veranstaltet.

Wettkämpfe mit BMX-Rädern werden nur auf einer dafür bestimmten Anlage ausgeführt, während Rennveranstaltungen mit MTB außerhalb von Anlagen in der freien Landschaft stattfinden.

Eine BMX-Wettkampfanlage ist etwa 2–3 Hektar groß und besteht aus Fahrstrecke (60–70 %) und Grünflächen (30–40 %). Der Sport kann auch in einer Sporthalle wettkampfmäßig betrieben werden. Zu den Freianlagen gehört vielfach auch noch ein Vereinshaus. Ansagen werden durch Lautsprecher verstärkt.

Nach Angaben des BDR werden Wettkämpfe mit Mountain-Bikes (nach Genehmigung durch die zuständigen Stellen) in der Regel im Wald und in anspruchsvollem Gelände durchgeführt, häufig auf Radwegen und selten in ökologisch schützenswerten Bereichen. Ein Verzicht auf naturnahe Wettkampfflächen ist nach Aussagen des BDR möglich, wenn geeignetes Ersatzgelände zur Verfügung steht. Naturferne Flächen (z.B. Industriebrache) kommen im Stadtbereich als Aktionsraum nur bedingt infrage.

Acht von zehn bundesdeutschen Haushalten verfügen über mindestens ein Fahrrad. Das Fahrrad als Verkehrsmittel ist unzweifelhaft umweltfreundlich, weil es weder Abgase oder Lärm emittiert, der Gesundheit dient und in gewissem Rahmen (vor allem bei Kurzstrecken) sogar eine Fortbewegungs-Alternative zum umweltbelastenden Kraftfahrzeug bietet.

Im folgenden geht es nur um das Fahrrad als Sportgerät und hier wiederum um das Fahren mit dem Bergrad (Mountain-Biking), weil sich hier die meisten Berührungspunkte mit Belangen der Umwelt ergeben. Dabei sollen keine Wettkampfveranstaltungen betrachtet werden, sondern das bereits vielfach massenhaft zu beobachtende Privatfahren als Freizeitsport.

2. Konflikte und Lösungsansätze

Das Bergradfahren kann in zweierlei Hinsicht Konflikte auslösen:

a) ökologische Probleme, indem durch Fahrten abseits von Wegen die Grasnarbe zerstört, schützenswerte Lebensräume mechanisch belastet bzw. beunruhigt und Erosion ausgelöst wird;

b) soziale Probleme, indem andere Erholungsuchende (vor allem Wanderer und Spaziergänger) belästigt werden. Stichwort: Radler contra Wanderer.

Aus einem Leserbrief der Süddeutschen Zeitung (23.09.1989) sei die Position eines Bergradlers zitiert, der sich zu Recht gegen pauschale Angriffe zur Wehr setzt: „... Genau betrachtet ist das Bergrad nichts anderes als Opas Tourenrad, das technisch verbessert und neu gestylt aus den USA wieder zu uns zurückgekehrt ist ... Im Gebirge kommt man damit nur gut voran, wenn man festen Untergrund hat, das heißt auf Forststraßen sowie Hütten- und Almwegen. Will der Bergradler Weg und Steg verlassen, muß er sein Fahrrad schultern, und daran verliert er bald die Lust ... Das Bergrad mag eine Belästigung und manchmal sogar eine Gefahr für Wanderer sein, denn leider gibt es auch in unseren Kreisen rücksichtslose Leute. Bergradler sind auch den Jagdherren ein Dorn im Auge, die mit ihrem Landrover ins Revier fahren. Unerfindlich ist jedoch, warum diese Leute die Natur stärker belasten sollen als „normale" Radler oder Wanderer ..."

Der Konflikt mit Wanderern soll im Rahmen dieses Handbuchs nicht thematisiert werden. Es sei hier lediglich darauf hingewiesen, daß die Fahrradverbände (außer dem BDR auch der „Allgemeine Deutsche Fahrrad-Club" ADFC) sich für die (auch gesetzlich vorgeschriebene) Vorrangstellung der Fußgänger aussprechen und ihre Mitglieder zur Rücksichtnahme aufrufen: langsames Fahren oder Absteigen, wenn der Fußgänger sonst den Weg verlassen müßte.

Im folgenden geht es nur um die möglichen ökologischen Konflikte und ihre Lösung. Auch wenn es nur eine Minderheit der Bergradler betrifft, so ist eine ökologische Problematik dann gegeben, wenn Wege verlassen und empfindliche Flächen bzw. Rückzugsgebiete der Tier- und Pflanzenwelt befahren werden.

Das Fahren mit dem Mountain-Bike ist nach geltendem Recht in der freien Natur grundsätzlich nur auf öffentlichen Straßen oder geeigneten Privatwegen zulässig, das eigentliche „Offroad-Fahren" dagegen nicht. Im Wald ist es sogar ausdrücklich verboten.

Im „ADFC-Ratgeber Mountain-Bike" (1990) heißt es unmißverständlich: „Querfeldeinfahren schadet der Natur." Es wird sowohl auf die Erosionsgefahr als auch auf die Bedrohung für schützenswerte Pflanzen und Tiere aufmerksam gemacht, die von Bergradfahrern abseits von Wegen hervorgerufen werden können. „Auch ein beim Querfeldeinfahren losgelöster

Brocken, eine Bremsspur und Verwundung der Bodenoberfläche kann genügen, um Wasser und Wind eine Angriffsmöglichkeit zu geben. Erosion kann die Folge sein: Erde wird abgeschwemmt, der Bewuchs wird unterspült und rutscht ab."

Zu den Lebensräumen der schützenswerten Tier- und Pflanzengemeinschaften heißt es: „Gefährdete Tiere und Pflanzen kommen an den verschiedensten Orten vor: auf Wiese und Heide, in Moor und Moos, im Wald und auf Bergwiesen, in Kiesgruben ebenso wie an Bachläufen. Dabei sind es oft nicht die großen, auffälligen, sondern die kleinen und unscheinbaren Lebewesen, die unter der Anwesenheit der Menschen leiden: Wald- und Wiesenblumen, Insekten, Kriechtiere und Brutvögel... Muß man mit dem Fahrrad unbedingt noch in die letzten Refugien eindringen, die der Mensch der Natur übriggelassen hat?"

Das Mountain-Biking wird – wie so viele andere Aktivitäten auch – vor allem dann zum Problem, wenn es bei begrenztem Raum von einer Vielzahl von Menschen ausgeübt wird. Mit dem Bergrad dringt die Technik und mit ihr eine große Zahl von Personen auch in Gebiete vor, die wegen des langen Anmarsches zu Fuß bislang nur von wenigen Wanderern aufgesucht wurden.

In Anlehnung an die auch vom BDR befürchteten Verhaltensregeln des Deutschen Alpenvereins für Bergradfahrer seien hier Hinweise gegeben, wie die bezeichneten Konflikte vermieden werden können:

- Nur auf geeigneten, ausreichend (mindestens 1,5 Meter) breiten Wegen, Forst- und Almstraßen fahren. Das heißt im einzelnen:
- Weder Almwiesen noch Skipisten befahren, weil hier leicht Erosion ausgelöst werden kann.
- Auf keinen Fall schützenswerte Flächen befahren wie Trockenrasen und Feuchtgebiete (Moore, Streuwiesen, Bach- und Flußbette).
- Auch der Wald soll verschont bleiben (Bundeswaldgesetz verbietet das Fahren im Wald abseits von Wegen).
- Keine Spuren hinterlassen: weder Reifenspuren noch Abfälle.
- Bergbahn- und Liftbetreiber sollten keine Bergräder bergauf befördern. Auch für Radler sollten Seilbahnen und Lifte tabu sein. Eine Talfahrt per Fahrrad von einer Bergstation aus wäre vielfach nur über Bergwiesen und -matten oder über Wege möglich, die den Wanderern vorbehalten sind.
- Die Hersteller und Vertreiber von Mountain-Bikes sollten in ihrer Werbung keine Radfahrer abseits von Wegen zeigen. Das Locken mit Bildern von Geländefahrten ist eine „Vermarktung der Natur", denn es bestärkt den latenten Wunsch des Käufers, abseits der Wege zu fahren (dazu siehe das korrigierte Werbefoto auf S. 32).

Literatur

ADFC (Allgemeiner Deutscher Fahrrad-Club): ADFC-Ratgeber Mountain-Bike (Entwurf einer Broschüre), Bremen 1990

DAV (Deutscher Alpenverein): Sechs Regeln für das Bergradfahren (Mountain-Biking), München 1988

INITIATIVE SPORT MIT EINSICHT: Mountain-Biking mit Einsicht – Zehn wichtige Tips für ein umweltfreundliches Verhalten beim Sport (Faltblatt), Hamburg 1989

SBN (Schweizer Bund Naturschutz): Mountain-Bikes: eine neue Plage?, in: Schweizer Naturschutz H. 5, 1987

Rechtliche Aspekte zum Wandern, Bergsteigen und Radfahren (J)

Rechtliche Aspekte zum Wandern, Bergsteigen Radfahren

1. Rechtliche Grundlagen allgemein

Die Ausübung einer Vielzahl von Sportarten ist von dem Recht abhängig, die freie Landschaft oder den Wald betreten oder befahren zu dürfen. Die Grundlage für die Aktivität des Sportlers oder Erholungsuchenden in der Natur sind somit im wesentlichen die Ausgestaltung und der Umfang des Betretungsrechts.

Zum Betreten gehört das Gehen, Wandern, Laufen, wohl auch das Sitzen, Lagern und Spielen.

Durch § 14 Bundeswaldgesetz (BWaldG) ist das Betretungsrecht auf einige andere Benutzungsarten erweitert worden: Das Radfahren, das Fahren mit Krankenfahrstühlen und das Reiten[1]).

Die rechtlichen Grundlagen für das Betretungsrecht finden sich in § 27 Bundesnaturschutzgesetz (BNatSchG), in § 14 BWaldG sowie im Landesrecht bspw. in § 2 Landesforstgesetz (LFoG NW) und in § 49 Landschaftsgesetz (LG NW).

2. Kennzeichnung von Wanderwegen

Nach § 59 Abs. 2 LG NW wird die Befugnis zur Kennzeichnung von Wanderwegen von der höheren Landschaftsbehörde erteilt. Der zuständige Minister legt die konkret zu verwendenden Markierungszeichen fest.

2.1 Pflicht zur Duldung der Kennzeichnung

Nach § 59 Abs. 1 LG NW haben die Eigentümer und Nutzungsberechtigten die Kennzeichnung von Wanderwegen durch hierzu befugte Organisationen zu dulden.

Diese Duldungspflicht wird in § 18 Abs. 1 der Durchführungsverordnung zum LG NW konkretisiert, wobei in § 18 Abs. 1 Satz 2 mit Blick auf die Umweltverträglichkeit das Anbringen dieser Schilder nur mit Hilfe von Aluminiumnägeln gestattet ist.

2.2 Umfang der Duldungspflicht

Die Kennzeichnung von Wanderwegen im Rahmen von Absatz 1 des § 18 DVO LG NW darf jedoch nicht zur Beschädigung von Bäumen oder sonstigen Gegenständen führen. Außerdem führt das Anbringen von Schildern

[1]) vgl. die Darstellung zum Reitsport

nach § 18 Abs. 2 DVO LG NW zu keinem Verbot der bestimmungsgemäßen Nutzung des jeweiligen gekennzeichneten Gegenstandes (z.B. mit Wanderkennzeichen versehener Baum, der zur industriellen Holzverarbeitung gefällt werden soll).

§ 14 DVO LG NW regelt die Duldungspflicht der Kennzeichnung für die Eigentümer und Nutzungsberechtigten im Hinblick auf die Wanderwege, die durch Naturschutzgebiete, Landschaftsschutzgebiete und Nationalparks führen.

Die Eigentümer haben nach § 14 DVO LG NW die Kenntlichmachung von Naturschutzgebieten, Landschaftsschutzgebieten, Naturdenkmalen und Nationalparks (vgl. § 13 Abs. 1 DVO LG NW) sowie das Anbringen der in § 13 Abs. 3 DVO LG NW näher bezeichneten Schilder durch die zuständige Landschaftsbehörde zu dulden.

3. Ausübung der Sportarten

Die rechtlichen Anforderungen an Sportarten wie Wandern, Bergsteigen, Joggen und Radfahren sind im wesentlichen gleich. Zu unterscheiden ist nur danach, wo die Sportart ausgeübt werden soll. Dies kann geschehen auf öffentlichen Wegen und Plätzen, in der freien Landschaft oder im Wald.

3.1 Öffentliche Straßen, Wege und Plätze

Auf den dem öffentlichen Verkehr zur Verfügung gestellten Straßen, Wegen und Plätzen ist selbstverständlich die Ausübung der genannten Aktivitäten im Rahmen der Widmung gestattet.

3.2 Freie Landschaft

Als freie Landschaft sind alle Gebiete anzusehen, die nicht Wald und nicht im Zusammenhang bebaute Ortsteile sind.

a) Eröffnung des Betretungsrechts
Grundsätzlich wird nach § 27 Abs. 1 BNatSchG die Betretbarkeit der freien Landschaft garantiert. § 27 beschränkt das Betretungsrecht aber auf die Straßen, Wege und ungenutzten Grundstücke.

Die darüber hinausgehende, detaillierte Ausgestaltung des Rechts, die freie Landschaft zu betreten, ist nach § 27 Abs. 2 S. 1 BNatSchG den Ländern vorbehalten. Nach § 49 LG NW ist in der freien Landschaft das Betreten der privaten Wege und Pfade, der Wirtschaftswege sowie der Feldraine, Böschungen, Öd- und Brachflächen und anderer landwirtschaftlich nicht genutzter Flächen zum Zwecke der Erholung gestattet.

b) Einschränkungen des Betretungsrechts

aa) Einschränkung des Betretungsrechts allgemein

§ 27 Abs. 2 BNatSchG (i.V. mit den jeweiligen Vorschriften des Landes, z.B. § 4 LFoG NW) eröffnet den Ländern die Möglichkeit, die zu schonenden Flächen als **Landschaftsschutz- bzw. Naturschutzgebiete** auszuweisen. Darauf können Betretungsverbote und Beschränkungen der Ausübung von Skisport[1]) in Form von Natur- und Landschaftsschutzverordnungen gestützt werden.

Im Einzelfall besteht bei Vorliegen von wichtigen Gründen der Schutzbedürftigkeit eines Gebietes die Möglichkeit (bspw. nach den §§ 49 ff. LG NW), Beschränkungen des Betretungsrechts durch Rechtsverordnung und Verwaltungsakt zu realisieren.

bb) Freie Landschaft

§ 8 Abs. 1 BNatSchG verbietet alle Handlungen, die zu einer **erheblichen** Schädigung des Landschaftsbildes führen, wie etwa das Ausputzen von Routen und die optische Beeinträchtigung durch den Gebrauch von Magnesia sowie das Befahren in der Form des sog. „Querfeldein-Rennens" durch die Nutzung des klettertauglichen Mountain-Bikes. Der Verursacher einer solchen Beeinträchtigung kann nach § 8 Abs. 2 BNatSchG zu Ausgleichsmaßnahmen verpflichtet werden.

cc) Naturschutzgebiete

In Naturschutzgebieten ist grundsätzlich eine sportliche Betätigung nicht oder nur sehr begrenzt möglich. Es besteht jedoch nach § 31 BNatSchG die Möglichkeit, „Befreiungen" i.S. des § 31 BNatSchG vom Naturschutz zu gewähren, wenn Gründe des Wohls der Allgemeinheit die Befreiung erfordern (§ 31 Abs. 1 Nr. 2 BNatSchG). Dies kann bei wichtigen nationalen und internationalen Sportveranstaltungen (z.B. Marathonlauf) ausnahmsweise der Fall sein.

Im Hinblick auf die generelle Schutzwürdigkeit der Natur, aber auch mit Bezug auf die besonders zu schützenden Gebiete konkretisieren die §§ 34 ff. LG NW das Verbot aller Handlungen, die zur Zerstörung der Natur beitragen könnten. Nach § 34 Abs. 2 LG NW sind alle Handlungen untersagt, die den Charakter des Gebietes verändern können oder dem besonderen Schutzzweck zuwiderlaufen.

dd) Einrichtung von sog. „20 c Biotopen"

Der Gesetzgeber hat in jüngerer Zeit (1987) die Schutzbemühungen auf **schutzwürdige Biotope** ausgedehnt, um so Tier- und Pflanzenlebensräume zu erhalten. In einer Liste, die die Bezeichnung „20 c Biotope" trägt, werden solche Biotoptypen aufgeführt, die grundsätzlich, d.h. auch ohne

---

[1]) vgl. die Darstellung zur Ausübung des Skisports

besondere Ausweisung in Zusammenhang mit Naturschutzgebieten, zu schützen sind. Es handelt sich um einen Katalog von in § 20 c BNatSchG näher bezeichneten Gebieten, so etwa Quellbereiche, Binnendünen, Wacholderheiden, Auwälder, alpine Rasen, Schneetälchen usw. Die Einschränkung der sportlichen Aktivitäten ist hier in gleichem Maße wie bei Naturschutzgebieten vorgeschrieben.

ee) Artenschutz

Das Bundesnaturschutzgesetz enthält im Abschnitt „Schutz und Pflege wildwachsender Pflanzen und wildlebender Tiere" (§§ 20 ff. BNatSchG) u.a. das Verbot, wildlebende Tiere mutwillig zu beunruhigen oder zu fangen, zu verletzen oder zu töten (§ 21 BNatSchG). Eine eindeutige Definition des Begriffes **„mutwillige Beunruhigung"** fehlt. Ein Verhalten i.S. des Begriffs kann angenommen werden, wenn der Sportler zumindest selbst bemerkt oder erkennt, daß sein Verhalten eine Störung bewirkt und dieses gleichwohl ohne Rücksicht auf den schützenswerten Bestand beibehält.

Für seltene bzw. im Bestand bedrohte Arten gewährt § 22 BNatSchG einen zusätzlichen Schutz durch das Verbot des Aufsuchens der Tierwelt an ihren Nist-, Wohn- und Zufluchtsstätten.

Im Hinblick auf die Möglichkeit des Betretens und Befahrens außerhalb der gekennzeichneten Wege sind besondere Vorgaben nach dem Recht des Artenschutzes gem. §§ 60 ff. LG NW, die auf § 20 c BNatSchG beruhen, zu beachten. Hiernach ist die Lebensgemeinschaft Natur mit ihren Entwicklungsformen und ihren Lebensräumen besonders zu respektieren.

So werden z.B. beim Bergsteigen durch den Tritteinfluß besonders die außerhalb der eingerichteten (bzw. bezeichneten) Klettersteige bestehenden, ursprünglichen Vegetationsdecken belastet. Deshalb ist es dem Sportler nicht gestattet, Gebiete zu begehen oder zu befahren, in denen besonders geschützte Pflanzenarten angesiedelt sind, wenn diese hierdurch in ihrem natürlichen Bestand gefährdet werden.

Reitsport (K)

Reitsport

1. Einführung

In früheren Jahrhunderten gehörte das Pferd als Zugtier und Reittier untrennbar zur Kulturlandschaft. Das Auto und die Mechanisierung in der Landwirtschaft haben inzwischen das Pferd als Transportmittel und Ackergaul verdrängt. Seit Mitte der 60er Jahre nimmt jedoch der Pferdebestand wieder zu – das Pferd als Reittier gewinnt immer mehr Anhänger. Im folgenden soll nicht unterschieden werden zwischen dem Turniersportler und dem Freizeitreiter. Letzterer legt auf dressurmäßige Ausbildung des Pferdes weniger Wert als auf das Erleben der Landschaft vom Pferderücken aus.

Der Reitsport wird sowohl innerhalb von Anlagen (in Reithallen und auf Reitplätzen) als auch in der freien Landschaft ausgeübt. Aus der Sicht der Umwelt müssen also die innerhalb und außerhalb von Reitanlagen stattfindenden Sportaktivitäten (einschließlich der damit zusammenhängenden Infrastruktur) gleichermaßen Beachtung finden. Die möglichen Konflikte und Lösungen sind jeweils in ihrem Charakter sehr verschiedenartig.

Als Leistungssport wird das Reiten als Galopp-, Hindernis- und Trabrennen, als Voltigieren, Dressur-, Spring- und Jagdreiten, als Vielseitigkeitsprüfung und als Fahren mit verschiedenen Gespannen ausgeübt. Im folgenden geht es nur um den Breitensport einschließlich der im Gelände stattfindenden (Wettkampf-)Reitveranstaltungen, weil hier die meisten Berührungspunkte mit Umweltbelangen liegen.

In der Deutschen Reiterlichen Vereinigung sind ca. 4.000 Reitvereine mit ca. 520.000 Mitgliedern organisiert. Davon üben ca. 350.000 Personen den Reitsport aktiv aus. In dieser Zahl sind die (jugendlichen) Voltigierer und die relativ wenigen Fahrer (Wagenlenker) mitgerechnet (ca. 50.000). Hinzu kommen nochmals etwa 20.000 nichtorganisierte Reiter, die ihren Sport in 1.000 bis 2.000 (statistisch nicht erfaßten) gewerblichen Reitbetrieben ausüben. Insgesamt gibt es im Bundesgebiet etwa 8.000 Reitanlagen mit ca. 400.000 Pferden, davon 250.000 Reitpferden, von denen mindestens 150.000 mehr oder weniger ausschließlich im Freizeitreiten Verwendung finden.

2. Gemeinsame Teilziele

- Abwehr einer weiteren Verdichtung des Straßennetzes: Das heutige Verkehrsaufkommen macht das Reiten auf Straßen unmöglich oder gefährlich. Viele Straßen lassen sich nicht einmal vom Reiter überqueren. Der reiterliche Aktionsraum ist stark eingeengt. Vor allem der Bau von Autobahnen und Fernstraßen erschwert das Anlegen überregionaler Reitwege.

- Erhaltung eines unbefestigten ländlichen Wegenetzes: Die vor allem im Rahmen der Flurbereinigung in großem Stil betriebene Reduzierung sowie Befestigung von Wegen und Seitenstreifen mit Asphalt und Beton widerspricht dem Interesse des Reiters, der auf ein unbefestigtes Wegenetz angewiesen ist. Aus der Sicht der Umwelt werden unbefestigte Wege gefordert, weil sie weder den Boden versiegeln noch den Lebensraum von Kleintieren zerschneiden. Reitsport und Umweltschutz sind sich einig in der Forderung, befestigte Wege wieder rückzubauen.
- Erhaltung von Grünland: Der Bedarf an Pferdekoppeln und an Wiesen (zur Heuproduktion) wirkt einer Tendenz zum Umbruch von Grünland in (ökologisch geringwertiges) Ackerland entgegen.
- Extensivierung der Grünlandnutzung: Die ökologisch belastende intensive Bewirtschaftung der landwirtschaftlichen Weide- und Mähflächen wirkt sich auf die Pferdehaltung negativ aus, weil diese Intensivbewirtschaftung zu ernährungsphysiologisch einseitiger Nahrung führt. Pferdekoppeln werden deutlich weniger gedüngt als Rinderweiden. Naturnahe Mähwiesen mit hoher Artenvielfalt an Gräsern und Kräutern steigern den Futterwert. Der relativ späte Schnitt des Heus (erst während der Grasblüte) gewährt den Bodenbrütern bessere Überlebenschancen und fördert den Insektenreichtum. Je größer (extensiver genutzt) die Pferdekoppeln, desto bessere Entwicklungsbedingungen für eine vielfältige Tier- und Pflanzenwelt.
- Biotopvernetzung in ausgeräumten Ackergebieten: Reitwegenetze in Ackergebieten haben ähnliche Effekte wie Ackerwildkrautstreifen. Eine Umwidmung von 2 - 3 m breiten Ackerstreifen zu unbefestigten Reitwegen (z.B. entlang von Straßen und Gewässern) erfüllen wichtige Rückzugs- und Vernetzungsfunktionen vor allem für die Kleintierwelt. Die Hufspur beträgt ca. 1 m, die übrige Fläche kann von einer vielfältigen Vegetation besiedelt werden.

3. Konflikte

Die folgende Checkliste beschränkt sich auf potentielle Umweltkonflikte. Ganz bewußt sind Konflikte mit anderen Nutzergruppen (Land- und Forstwirten, Autofahrern, Jägern und anderen Erholungsuchenden) ausgeklammert. Das gilt auch für den häufigsten Konflikt: das Problem der Beschädigung von Wegen und Pfaden in Wald und Flur durch den Tritt der Pferde, was gelegentlich zu Beschwerden der davon betroffenen Erholungsuchenden führt. Möglichkeiten der weitgehend konfliktfreien Reitwegeführung vor allem im Hinblick auf solche Nutzungsansprüche sind an anderen Stelle aufgezeigt worden (BML 1984).

3.1 Checkliste

- Bei der Standortwahl der Reitanlage: Beeinträchtigung oder gar völlige Zerstörung ökologisch wertvoller, erhaltenswerter Lebensräume durch Gebäude und intensiv genutzte Außenanlagen (Entwässerung, Aufschüttung, Zerschneidung, Flächenversiegelung). Anlagen in mittelbarer Nähe zu Naturschutzgebieten bzw. empfindlichen, ökologisch wertvollen Bereichen.
- Bei der Trassierung und Benutzung von Reitwegen: Trittbelastung (Bodenverdichtung, Beschädigung von Baumwurzeln, Vegetationszerstörung) sowie Beunruhigung seltener und zugleich scheuer Tierarten in ökologisch empfindlichen Bereichen (z.B. in Feuchtflächen, Trockenrasengesellschaften, Küstendünen und Strandwällen, ökologisch sensiblen Waldbezirken).
- Bei der Standortwahl und Durchführung von Reitveranstaltungen: Streckenführung bei Geländeritten durch ökologisch sensible Bereiche. Zerstörung erhaltenswerter Vegetation, Hinterlassen von Müll.
- Bei der Abwasserentsorgung bzw. bei unsachgemäßem Betrieb Belastung von Oberflächengewässern und Grundwasser durch
  - unsachgemäße Dunglagerung,
  - Verwendung von Kunststoffgranulaten als Bodenbelag auf Reitplätzen,
  - Überdüngung von Pferdeweiden,
  - mangelnder Anschluß an die öffentliche Abwasserentsorgung.
- Bei unerlaubtem oder versehentlichem Verlassen der Reitwege: Auslösung von Erosion an Hängen und an Ufern, Tritt- und Verbißschäden an schützenswerter Vegetation, kaum Beunruhigung seltener Tierarten.
- Bei der An- und Abfahrt von Sportlern und Gästen: Lärm und Abgase durch Kfz-Verkehr.

3.2 Besonders beachtenswerte Konflikte

Alle in der Checkliste genannten potentiellen Konflikte lassen sich mit relativ geringem Aufwand vermeiden bzw. auf ein unbedeutendes Ausmaß beschränken. Die aus ökologischer Sicht schwerwiegendsten Belastungen werden durch die ökologisch unbefriedigende Standortwahl bei Gebäuden und intensiv genutzten Flächen, durch die Wahl von ungeeignetem Gelände für Reit-Veranstaltungen in der freien Landschaft sowie durch Anlage von Reitwegen in schützenswerten Bereichen hervorgerufen. Welche Lebensräume zugleich als ökologisch wertvoll einzustufen sind und gegenüber jeder Nutzung hoch empfindlich reagieren (Taburäume und Tabuflächen), wurde im Einführungskapitel 4 aufgezeigt. (Allgemeiner Teil)

Zunächst zum Reiten in bewirtschafteten Wäldern: Die Beschädigung von Bäumen, die sowohl auf Reitwegen als auch besonders beim Verlassen der Wege (Streureiten) vorkommt, kann bei dichtem Wegenetz und bei undiszipliniertem Verhalten der Reiter zu einem ernsthaften Problem werden. Nach Mitteilungen aus dem Forstamt Letmathe (20.000 ha Waldfläche am Rande des Ruhrgebiets bei Iserlohn) sind an einem durchschnittlich berittenen Reitweg etwa die Hälfte aller Bäume durch das Reiten sichtbar geschädigt (Wurzel- und Rindenverletzungen, Verbißschäden an der Blatt-Nadel-Masse). (Forstamtsleiter Oppermann, mündl.) Hier mischen sich forstwirtschaftliche und ökologische Belastungen. Die wirtschaftlichen Schäden sind ausgleichbar (z.B. über den Verkauf von Reitplaketten). Von ökologischen Belastungen ist dann zu sprechen, wenn erhaltenswerte Altbaum-Mischbestände betroffen sind, deren ökologische Funktion deutlich über die rein wirtschaftliche Verwertbarkeit hinausgeht.

Im folgenden soll näher auf den Aspekt eingegangen werden, ob und inwieweit das Reiten in ökologisch wertvollen und zugleich empfindlichen Räumen zu Umweltproblemen werden kann. Entscheidend ist die Frage, ob die schutzwürdige ökologische Qualität dieser Räume durch das Reiten betroffen und abgewertet wird.

Wenn sich Reiter immer auf den nach ökologischen Gesichtspunkten geführten (also schutzwürdige Bereiche meidenden) Wegen halten, dann sind die durch die schmale Pferdespur (bzw. durch den Wegeausbau) verursachten Vegetationsverluste von geringem Ausmaß. Ein Reitweg wird jedoch dann zu einer erheblichen ökologischen Belastung, wenn durch ihn ökologisch wertvolle Vegetationsbestände bzw. Lebensräume beansprucht werden (z.B. Dünen, Feuchtbereiche und sonstige erhaltenswerte Biotope). Hier ist eine Sanierung durch Trassenverlegung notwendig. So etwa ist vor Jahren am unteren Inn eine Biber-Röhre in der Nähe des Ufers auf einem Reitweg eingetreten worden. Durch Verlegung des Reitweges wurde schnell wirkungsvolle Abhilfe geschaffen.

Bei der Anlage eines Reitweges parallel zu einem Wanderweg kann es in ökologisch schutzwürdigen Waldgebieten zu einer unerwünschten Auflichtung (mit entsprechender Veränderung der ökologischen Standortbedingungen) kommen. Um dies zu vermeiden, sollten in solchen Fällen die Reitwege in größeren Abständen von den Wanderwegen geführt werden. Eine Auflichtung kann unter Umständen aber auch ökologisch erwünscht sein.

Zum Problem kann auch die Beunruhigung der Tierwelt in ihren Rückzugsgebieten werden. Die störanfälligen Tiere können zwischen Reiter und Pferd nicht unterscheiden und zeigen deshalb so gut wie keine Scheu. Daraus könnte der Schluß gezogen werden, Reitwege ließen sich ohne Schaden auch durch sensible Ruhegebiete führen. Dieser Schluß ist übereilt. Denn eine Zulassung des Reitsports in einem sonst für alle Erholungsuchenden gesperrten Gebiet wäre eine schwer verständliche Privilegierung, die andere Erholungsuchende geradezu herausfordert, das Gebiet ebenfalls zu betreten und entsprechende Störeffekte auszulösen.

Wo die erholungsuchende Allgemeinheit Zugang hat, weil hier keine ökologischen Gründe gegen Wandererholung sprechen, da führt das Reiten keinesfalls zu ökologischen Belastungen, allenfalls zu Konflikten mit anderen Erholungsuchenden (was jedoch nicht Thema dieser Abhandlung ist). Es muß jedoch eine wichtige Einschränkung gemacht werden. So wie selbst bei Wegegeboten ein kleinerer oder größerer Teil der Erholungsuchenden abseits von Wegen zu finden ist, so muß auch bei Reitern davon ausgegangen werden, daß sie nicht immer auf den Wegen bleiben. Daher sollten die Reitwege (ebenso wie die Wander- und Spazierwege) stets so geführt werden, daß ihr Verlassen nicht zu untragbaren ökologischen Schäden führt. Das bedeutet, daß „Pufferzonen” zu respektieren, also genügend große Abstände zu den hoch empfindlichen „Taburäumen” einzuhalten sind.

4. Lösungsansätze

4.1 Matrix

Die folgende Matrix (siehe nächste Seite) gibt einen Überblick über Möglichkeiten, im Rahmen der sportfunktionalen Erfordernisse Umweltschutz zu praktizieren, indem Umweltbelastungen weitgehend vermieden oder gemildert werden und sogar eine ökologische Aufwertung von Teilflächen betrieben wird, wo sich die Gelegenheit dazu bietet. Die Matrix wird in den folgenden Textkapiteln vertieft.

4.2 Flächen mit Totalumwandlung durch Sportnutzung

Bei Gebäuden (Reithalle, vielfach kombiniert mit Restaurant oder Reitstube, Stallung, Scheune, Wohnhaus) kann vor allem durch die Standortwahl und durch ihren Betrieb, geringfügig auch durch ihre Gestaltung, Rücksicht auf die Belange der Umwelt genommen werden. Eine Umwidmung ehemals landwirtschaftlich genutzter Gebäude ist dem Neubau vorzuziehen.

Als Standort der Gesamtanlage und für Gebäude innerhalb der Anlage sollten keine naturnahen, ökologisch erhaltenswürdigen Bereiche beansprucht werden. Auch die Einbindung in das Landschaftsbild ist bei der Standortwahl und baulichen Gestaltung der Gebäude zu beachten.

Beim Betrieb der Gebäude sollte der neueste Stand der Technik und des Wissens genutzt werden, um
- Heizenergie zu sparen (z.B. durch Wärmedämmung),
- Solarenergie einzusetzen,
- umweltfreundliche Reinigungsmittel zu verwenden,

Matrix zum Umweltprofil des Reitsports: Formen der Flächennutzung und Ansatzpunkte der Umweltoptimierung

Flächenbeanspruchung in Form von:		Möglichkeiten für umweltschonende u. umweltverbessernde Maßnahmen in bezug auf:				
		Standortwahl	Flächengröße	Gestaltung	Betrieb (z.B. Pflege-intensität)	Lenkung der Aktivitäten, Wegeführung
Sportanlagen	Reithalle	+	-	+	+	-
	Reitplatz	+	-	(-)	-	-
	„Restflächen" in Gesamtanlage	+	+	+	+	-
	Reitweg	-	(+)	(+)	(+)	+
bauliche Nebenanlagen	Stallung	+	-	(+)	+	-
	Scheune	+	-	(+)	(+)	-
	Mistdeponie	+	-	-	-	-
	Parkplatz, Sattelplatz	+	-	+	-	-
	Zufahrtsstraße	-	-	+	(-)	+
	Wohnhaus	+	-	(+)	+	-
	Restaurant, Reitstube	(+)	-	-	+	-
Ergän-zungs-flächen	Pferdekoppeln	-	+	+	+	-
	Mähwiesen (Heu)	-	-	-	+	-
	Futteranbau (Hafer)	+	-	-	+	-
Aktivi-täten	Reiten auf Wegen	-	-	(+)	-	+
	Reiten abseits von Wegen	-	-	(+)	-	+

Lösungsmöglichkeit + vorhanden, - nicht vorhanden, (+) mit Einschränkungen vorhanden

- Verbrauch von hochwertigem Wasser (mit Trinkwasserqualität) zu reduzieren,
- die Entstehung von Müll zu vermeiden und unvermeidbare Abfälle der Wiederverwertung zuzuführen bzw. getrennt zu sammeln.

Hinsichtlich der Gestaltung der Gebäude ist zu empfehlen, alle Möglichkeiten der Dach- und Fassadenbegrünung wahrzunehmen sowie für Vögel (z.B. Schleiereule, Kauz, Rotschwanz), Fledermäuse und ähnliche Höhlenbewohner (bzw. -brüter) Unterschlupf durch einfache Vorrichtungen (z.B. Nistkästen) zu schaffen.

Für intensiv genutzte bzw. versiegelte Außenflächen (Reitplätze, Parkplätze, Zufahrtsstraßen) gilt, daß sie ebenfalls ökologisch erhaltenswerte Standorte meiden sollten, auch im Hinblick auf den Zerschneidungseffekt (vor allem bei Zufahrtsstraßen). Auf Reitplätzen sollten keine Kunststoffgranulate verwendet werden, weil sie Schwermetalle enthalten (Gefahr der Auswaschung in Grundwasser und Vorflut).

Parkplätze sollten möglichst unbefestigt angelegt oder mit durchlässigen Belegen (Rasen-Gitterstein u.ä.) versehen sein. Nur bei oberflächennahem Grundwasserstand und durchlässiger Deckschicht (Sand, Kies) sollte die Parkfläche versiegelt und das Oberflächenwasser abgefangen und entsorgt werden, um ein Versickern von Öl ins Grundwasser zu vermeiden.

Auch sonst sollten Hartbodendecken nur auf den unbedingt notwendigen Flächenanteil beschränkt bleiben.

Bei der gliedernden Durchgrünung der Gesamtanlage mit Baum- und Strauchreihen, Gehölzgruppen, gehölzfreien Grünflächen und Erdwällen lassen sich gestalterische (ästhetische) und ökologische Zwecke miteinander verbinden, indem folgende Grundsätze beachtet werden:
- statt vieler kleiner Flächen einige größere (sowohl optisch wirkungsvolle als auch ökologisch funktionsfähige) Bereiche.
- statt isolierter Teilflächen ein Flächensystem im Sinne eines „Biotopverbundes" (möglichst ohne Trennung durch Asphaltwege).

Im Hinblick auf die Mistdeponie, auf die Gastronomie und das Wohnhaus ist eine ausreichende Abwasserentsorgung sicherzustellen. Es dürfen keine ungeklärten (oder über Sickergruben nur ungenügend geklärte) Abwässer ins Grundwasser oder in Fließgewässer gelangen.

4.3 „Restflächen" in der Gesamtanlage

Solche nicht unmittelbar durch den Freizeitbetrieb beanspruchten Bereiche in der Gesamtanlage bieten beachtliche Möglichkeiten zu ökologisch sinnvollem Tun:
- statt aufwendig bearbeiteter Zierrasen (Vielschnittrasen) möglichst extensiv gepflegte (vielfältig blühende) Wiesen ohne Herbizidbehandlung als Lebensraum für Insekten und andere Tierarten,

- statt dicht an Wald- und Gewässerrändern heranreichende Nutzung (z.B. Wegeführung) Belassen von Übergangszonen (Abstand zum Waldrand und zum Ufer),
- statt ungeschnittener oder zu intensiv (in „Kastenform") geschnittener (Zier-)Hecken gepflegte, nur leicht verwilderte Hecken mit geeigneten Gehölzarten für Vögel (vor allem Dornensträucher wie Wildrose, Cornel-Kirsche, Weiß- und Rotdorn, Schlehen, auch Hainbuche),
- statt perfektsauber aufgeräumten Geländes einige Unterschlupfe (z.B. Reisighaufen) für Igel belassen, die auf Reiterhöfen günstige Lebensbedingungen vorfinden. Auch abgestorbene Äste alter Bäume sollten nicht entfernt werden (solange keine Unfallgefahr besteht), weil Altholz manche wichtigen ökologischen Nischenfunktionen erfüllt. Möglichst keine baumchirurgischen Eingriffe.
- statt durchgehender Nutzung und Pflege der nicht durch Reitsport beanspruchten Flächen einige völlig sich selbst überlassene Rückzugsflächen für Kleintiere belassen („wilde Bereiche"), vor allem am Rande der Anlage (auch als Kontaktzonen zu naturnahen Räumen bzw. Waldbereichen außerhalb der Anlage).

4.4 Pferdehaltung

Das Futter der Pferde besteht vor allem aus Hafer (oder ähnlichem Kraftfutter), Heu, evtl. Weidegang. Die Weiden werden nur geringfügig gedüngt, weil hoher Eiweißgehalt unerwünscht ist. Um möglichst viel Rauhfaser zu erhalten, findet die Heumahd erst bei der Grasblüte statt (meist ohne zweiten Schnitt). Die extensive Grünlandnutzung der Pferdeweiden bietet den heute zurückgedrängten Grünlandbewohnern (z.B. Grasmücken, Schmetterlingsarten, vielfältige Wiesenflora) wertvollen Lebensraum, der weder durch Stickstoffgaben und Drainagen noch durch Herbizide beeinträchtigt ist.

Das Pferd als ehemaliges Steppentier mit großem Laufbedürfnis und ausgeprägtem Sozialverhalten im Herdenverband wird als Reittier gemäß den reitsportlichen Erfordernissen ausgebildet. In der Pferdehaltung sind im Hinblick auf die Pferdekoppeln folgende Unterscheidungen zu beachten:

a) **Boxenhaltung:** Auslauf der Pferde nur stundenweise, kleine Flächen pro Pferd (weniger als 0,1 ha), die hohe Bodenverdichtung mit Trittrasengesellschaften aufweisen. Wenig artgerechte (weil relativ beengte) Haltung der Großpferde. Der anfallende Pferdemist kann als gut kompostierbarer Dung an Gemüse- und Gartenbaubetriebe abgegeben werden (rückstandsfrei, weil weitgehend medikamentenfreie Haltung).
b) **Laufstall- und Teilboxenhaltung:** Pferde haben jeden Tag einen gewissen Auslauf, meist in kleinen Herdenverbänden. Pro Pferd steht eine Fläche von 0,1 - 0,5 ha zur Verfügung. Die Pferdekoppeln werden als Umtriebs-

weiden genutzt, hier oft leichte Tendenz zu Pflanzengesellschaften, die Stickstoff und Bodenverdichtung anzeigen. Diese Haltung von Großpferden, Arabern und Ponyrassen ist in Gestüten, Aufzuchtstationen und Reitbetrieben mit alternativer Pferdehaltung (meist Pony-Reitbetriebe für Kinder) anzutreffen.

c) **Robustpferdehaltung (meist Islandpferde):** Pferde werden das ganze Jahr über in größeren Herdeverbänden auf der Weide gelassen, Offen-Ställe dienen als Wind- und Wetterschutz. Pro Pferd steht durchschnittlich 0,5 – 1,5 ha Weidefläche zur Verfügung. Es gibt auch Beispiele (etwa der „Grenzlandhof" im Mandelbachtal, Saarland) wo Flächen noch extensiver beweidet werden (mit 1,5 bis 3 Hektar pro Pferd).
Die Pferde werden hier nicht nur besonders artgemäß gehalten, sondern sie können zur erwünschten Offenhaltung von Grünlandflächen eingesetzt werden. Das selektive Freßverhalten der Pferde und die zurückhaltende Stickstoffdüngung läßt auf den Extensivweiden ein ökologisch wertvolles Mosaik von verschiedenen Grünlandpflanzengesellschaften entstehen, die heute aufgrund der starken Tendenz, Grünland intensiv zu düngen oder gar in Acker umzubrechen, immer weniger anzutreffen sind.
Für die Pferdekoppeln gilt aus der Sicht der Umwelt allgemein: Je weniger Pferde pro Hektar Weidefläche, desto besser. Denn bei extensiver Beweidung entstehen und halten sich nicht nur vielfältige Pflanzengemeinschaften (mit entsprechender Kleintierwelt) sondern es können hier auch wertvolle Teilflächen (Gebüsche, Feuchtflächen) durch Auszäunung erhalten (gegen Tritt und Verbiß geschützt) werden.

4.5 Anlage und Trassierung von Reitwegen

a) Anlage

Unbefestigte Reitwege erfüllen, sofern sie nicht überbeansprucht werden, in der Regel die sportfunktionalen Erfordernisse des Freizeitreitens: elastische Oberfläche mit trittfestem Untergrund. Das Reiten auf unbefestigten Wegen ist aus der Sicht der Umwelt nicht nur unproblematisch, sondern sogar erwünscht, weil damit einer Tendenz zur Befestigung des Erholungs-Wegenetzes entgegengewirkt wird. Daß Reitwege bestimmte ökologisch wertvolle Bereiche meiden müssen, wird noch erläutert.

Befestigte Wege (mit Schwarzdecken und Beton, aber auch mit geschotterten, gekiesten Deckschichten) unterbrechen das natürliche Wirkungsgefüge der am und im Boden lebenden Kleintierwelt (Zerschneidungseffekt).

Nicht aus ökologischen Gründen, jedoch aus Gründen der Konfliktmeidung mit anderen Nutzergruppen (vor allem mit Landwirten und Waldbesitzern, teilweise auch mit anderen Erholungsuchenden) wird vielfach das Reiten räumlich sehr stark beschränkt. Die Festlegung der Reiter auf ein wesentlich verkürztes Wegenetz führt zu einer Überbeanspruchung der natürlichen Wegoberflächen. Die überbeanspruchte Wegstrecke eignet sich zunehmend weniger zum Reiten. Fast zwangsläufig kommt es dann dazu, daß Reiter auf nicht für sie zugelassene Spazierwege oder auf Flächen abseits von Wegen ausweichen.

Aus der Sicht der Umwelt sollte dem Reiter ein möglichst großes unbefestigtes Wegenetz zur Verfügung stehen. Bei ausreichender Wegbreite (und bei diszipliniertem und rücksichtsvollem Verhalten der Reiter) sind kaum ernsthafte Konflikte zwischen Reitsport und den anderen Erholungsformen zu erwarten. Solange durch ausreichende Verteilung der Reiter eine Überbeanspruchung einzelner Wegstrecken vermieden werden kann, sind auch die Konflikte mit den Grundbesitzern leicht regelbar, da sich die möglichen Schäden auf Wegen in engen Grenzen halten.

Schwierig wird es nur dort, wo sich auf engem Raum Reiter und Erholungsuchende in hoher Dichte begegnen, meist innerhalb und im Umkreis von Ballungsräumen. Hier ist die Anlage von Reitwegen getrennt von Spazier- und Radwegen unumgänglich. Wenn aus Platzgründen kein ausreichendes Netz unbefestigter Reitwege (mit entsprechendem Verteilungseffekt) möglich ist, muß die Trittfestigkeit der Reitwege erhöht werden. Laut MÖSSMER et.al. (1979) hat sich ein Regelquerschnitt bewährt, der aus „Tragschicht" (Kies) und „Tretschicht" (Gemisch von Sand und organischem Material, z.B. Rinde) besteht.

b) Trassierung

Ob ein Reitweg umweltverträglich ist, hängt neben der Frage seiner Befestigung vor allem davon ab, wie er geführt ist. Hier sind zwei Gesichtspunkte besonders wichtig:

- Meidung ökologisch zugleich wertvoller und empfindlicher Bereiche (z.B. störempfindlicher Rückzugsbereiche scheuer Tierarten, Dünen, Moore, vgl. die „Taburäume" in Kap. 4 im Allgemeinen Teil),
- Anlage von Reitwegen auf landwirtschaftlich intensiv genutzten Grünland- und (vor allem) Ackerflächen.

Zum ersten Aspekt wurden bereits in Kap. 3.2 Hinweise gegeben. Mit dem zweiten Gesichtspunkt sind die bereits erwähnten Möglichkeiten der ökologischen Aufwertung angesprochen: Reitwege in einer Breite von ca. 3 m können, wenn sie an die Stelle einer Ackernutzung treten, ähnliche Funktionen erfüllen wie die Ackerwildkrautstreifen, die durch staatliche Programme aus ökologischen Gründen in fast allen Bundesländern gefördert werden. Bei einer ausreichenden Weitläufigkeit des Reitwegenetzes und entsprechend extensiver Beanspruchung durch Reiter kann sich hier ein Vegetationsstreifen mit relativ schmaler Trittspur entwickeln, der bei Verzicht auf Herbizideinsatz wichtige Aufgaben der ökologischen Regeneration für die angrenzenden Nutzflächen erfüllen kann und zur Biotopvernetzung beiträgt.

Eine Ausweitung des Reitwegenetzes in der intensiv genutzten Kulturlandschaft (einschließlich des Waldes) ist aus ökologischer Perspektive zu befürworten: nicht nur, weil dann um so leichter auf das Bereiten ökologisch hoch sensibler Bereiche („Taburäume") verzichtet werden kann, sondern auch, weil dadurch eine ökologische Aufwertung zu erreichen ist. Die Gemeinsamkeiten reitsportlicher und ökologischer Interessen werden besonders dann sehr deutlich, wenn aus Gründen des Freizeitreitens Bestrebungen vereitelt werden, die auf eine weitere Asphaltierung des landwirtschaftlichen Wegenetzes abzielen.

Das **Reiten abseits von Wegen** geschieht,

- wenn sich der Reiter nicht an das Wegegebot hält (sei es, weil er schlecht passierbaren Wegestrecken ausweicht, sei es, weil er bewußt quer durch Wald und Flur reiten möchte) oder
- wenn im Rahmen von Pferdeleistungsschauen Geländeritte veranstaltet werden (Geländestrecke als Teil der „Vielseitigkeit" oder Reitjagden).

Während der erstgenannte Punkt durch effektiven Vollzug von bestehenden Geboten zu bewältigen ist (wobei die vereinsinterne Überwachung eine wichtige Rolle spielt, auch die Kennzeichnung der Pferde), sei kurz auf die Geländeritte im Rahmen von Veranstaltungen eingegangen.

4.6 Veranstaltungen in der freien Landschaft

Laut Mitteilung der „Reiterlichen Vereinigung" (Dr. Wagner, mündl.) führt die Geländestrecke im Rahmen der Vielseitigkeits-Prüfung („Military") zu 40 % über nichtöffentliche Wege, 50% über (abgeerntete) Äcker, 10 % durch Heide, Brachland und Wald.

Ökologische Probleme können sich ergeben, wenn die Wegstrecke abseits von Wegen und landwirtschaftlichen Nutzflächen durch Bereiche mit schützenswerter Vegetationsdecke führt (z.B. durch Heide- und Dünen- und Trockenrasen- Biotope) oder wenn Rückzugsbereiche scheuer, seltener Tierarten (z.B. des Birkhuhns und Auerhuhns) durchquert und beunruhigt werden. Solche möglichen Konflikte lassen sich jedoch leicht vermeiden, wenn rechtzeitig vor der Festlegung der Geländestrecke Kontakt und Einvernehmen mit der zuständigen Naturschutzbehörde und mit örtlichen Umweltschutzvereinigungen hergestellt wird.

Das gilt auch für die „Reitjagd" („Fuchsjagd"), bei der im Pulk ein vorgegebener Kurs im Galopp geritten wird, mit kleinen Hindernissen. Auch sie führt teilweise über landwirtschaftliche Flächen durch Wald, Heide, Brachland. Mooriger oder morastiger Untergrund wird aus sportfunktionalen Gründen bei allen Formen des Geländereitens gemieden. Jedoch führt das Durchqueren sportfunktionell geeigneter naturnaher Landschaftsteile zu gravierenden Konflikten mit den Belangen des Naturschutzes. Solche Konflikte lassen sich schon im Ansatz entschärfen, indem die für die „Fuchsjagd" vorgesehene Strecke mit der zuständigen Naturschutzbehörde abgestimmt wird.

Umweltprobleme können auch durch die Zuschauermengen bei größeren Veranstaltungen entstehen. Hier ist durch Absperrung trittempfindlicher Flächen, durch Müllentsorgung und ausreichendes Parkplatzangebot an unbedenklichen Stellen dafür zu sorgen, daß sich die umwelthygienischen, akustischen und ökologischen Belastungen in tragbarem Rahmen halten.

5. Ausbildung und „soziale Kontrolle" der Reiter

Besonders im Hinblick auf das Reiten in der freien Landschaft hängt es sehr stark vom Verhalten des Reiters ab, ob Umweltbelastungen verursacht werden. Abgesehen von möglichen Konflikten mit anderen Erholungsuchenden (die hier nicht weiter behandelt werden) geht es vor allem um die Einhaltung des Wegegebots. Die Bereitschaft des Reiters, die Wege nicht zu verlassen, hängt von seinem Naturverständnis, seinem reiterlichen Können und von der Überwachung des Wegegebots ab.

Die Förderung des Naturverständnisses kann sowohl im Rahmen der Reiterausbildung („Reiterpaß", „Deutsches Reiterabzeichen") geschehen als auch bei der Schulung von Lehrkräfte (Berittführer, Reitwarte, Amateurreitlehrer), die ihr Wissen an die ihnen anvertrauten Reiter weitergeben. Inzwischen haben etwa 120.000 Reiter den „Reiterpaß" mit seinen spezifischen Anleitungen über das Reiten in der Landschaft durch Prüfung erworben. Darüber hinaus können Informationsveranstaltungen im Zusammenhang mit Naturschutzverbänden abgehalten werden, auf denen Fachleute über ökologische Themen referieren.

An reiterlichem Können mangelt es vor allem bei Gelegenheitsreitern z.B. auf Reiter-Ferienhöfen. Die wenig ausgebildeten (Freizeit-)Reiter sind ausreichend über die rechtlichen Vorschriften zu informieren.

Da der gute Ruf eines umweltbewußten Reitvereins durch wenige undisziplinierte Reiter unverhältnismäßig stark in Mitleidenschaft gezogen werden kann, sollte eine freiwillige Kennzeichnung der Pferde erfolgen. Umweltschädigendes (und zugleich vereinsschädigendes) Verhalten Einzelner kann dadurch leichter unterbunden werden. Sofern die Selbstkontrolle der organisierten Reiter nicht funktioniert, sollte der Einsatz einer Reiterstaffel erwogen werden (wie im Raum Dortmund praktiziert).

Daß auch bei sehr hohem Reiteraufkommen durch diszipliniertes Verhalten die Konflikte mit anderen Nutzergruppen sowie die Umweltbeeinträchtigungen auf ein tragbares Maß begrenzt werden können, zeigt das Beispiel des Landkreises Warendorf. Hier wurde nicht nur für ein rücksichtsvolles Reiten auf Wegen gesorgt, sondern auch eine Zusammenarbeit mit Vertretern des Naturschutzes gesucht sowie öffentlichkeitswirksame und zugleich sinnvolle Aktionen durchgeführt (z.B. Müllsammelaktionen auf Reitwegen und in ihrem Umkreis).

6. Rechtliche Aspekte zum Reitsport

6.1 Errichtung von Reitsportanlagen

6.1.1 Reithallen

Maßgeblich für die Errichtung von Reithallen sind zunächst die bauordnungsrechtlichen Vorschriften der **Landesbauordnungen** (etwa: BauO NW). Die Errichtung einer Reithalle ist als bauliche Anlage eine genehmigungspflichtiges Vorhaben i.S.d. § 60 Abs. 1 BauO NW. Darüber hinaus ist das Bauplanungsrecht zu beachten. Es gelten die im allgemeinen Teil beschriebenen Anforderungen des BauGB. Im Hinblick auf die planungsrechtlichen Anforderungen an den Bau der Reithalle i.S.d. § 35 BauGB wird i.ü. auf die Darstellung der Prüfung der planungsrechtlichen Zulässigkeit von Golfplätzen verwiesen. Die dort dargestellten öffentlichen Belange – gerade jene des Naturschutzes und der Landschaftspflege – wie auch die Bezugnahme auf Schutzgebietsausweisungen des Landespflegerechts gilt gleichermaßen mit Blick auf die Errichtung von Reithallen.

6.1.2 Reitwege

a) Rechtliche Grundlagen

Nach § 50 Abs. 7 LG NW hat die untere Landschaftsbehörde die Aufgabe, ein ausreichendes Reitwegenetz zu errichten oder auszuweisen.

aa) Mitwirkung von Beteiligten

Die Landschaftsbehörden sollen im Zusammenwirken mit den Forstbehörden, den Gemeinden, den Waldbesitzern und den Reitverbänden für ein Reitwegenetz sorgen.

Streit besteht dahingehend, ob die eigentliche **„Neuanlage"** von Reitwegen überhaupt unter § 50 des Landschaftsgesetzes fällt oder ob § 50 LG NW nur die Pflicht der Behörde beinhaltet, dafür Sorge zu tragen, daß eine ausreichende Kennzeichnung und Ausweisung von Reitwegen bei vorhandenen Straßen und Wegen erfolgt.

bb) Kennzeichnung der Wege

Grundsätzlich obliegt der unteren Landschaftsbehörde gem. § 50 Abs. 7 LG NW die Kennzeichnungspflicht nach Ausweisung der Reitwege. Die Kennzeichnung kann aber auch vom Forstamt vorgenommen werden. Reitervereine und private reiterliche Interessengemeinschaften haben dagegen keine Befugnis, Reitwege mit Schildern zu versehen. Für die Kennzeichnung der Reitwege gelten die Vorschriften der StVO nach Ziffer 3.1 des Runderlasses der MinELF v. 17.2.1981 (geändert durch Runderlaß des MURL v. 13.2.1987).

Das Aufstellen, das Erfassen und die Unterhaltung der Verkehrszeichen ist Aufgabe der Kreise und kreisfreien Städte als untere Landschaftsbehörden.

Die Kreisordnungsbehörden ordnen (nach Ziffer 3 des Runderlasses d. MinWMV v. 22.1.1981) das Aufstellen der Verkehrszeichen nur im Einvernehmen mit der unteren Landschaftsbehörde an.

Um einer etwaigen Kollision zwischen Wander- und Reitwegen vorzubeugen und damit eine Zerstörung der Wanderwege durch die scharfkantigen Hufe der Pferde zu verhindern, ist nach § 50 Abs. 2 S. 2 LG NW die Kennzeichnung von Wanderwegen als Reitwege nicht zulässig.

b) Berücksichtigung faktischer Gegebenheiten

Die Neuerrichtung von Reitwegen kommt in der Praxis selten vor. Meist werden nur - neue - kurze Verbindungswege (Anbindungstrassen) eingerichtet, um ein geschlossenes Reitwegenetz zu schaffen und damit die größtmögliche Schonung von Wanderwegen und Waldfläche zu erreichen.

Angesichts der - mit Ausnahme des äußerst allgemein gefaßten Auftrags in § 50 Abs. 7 LG NW (s.o.) - weitgehend fehlenden rechtlichen Vorgaben für die erstmalige Herrichtung von Reitwegen beruht die nachfolgende Skizze des Verfahrensablaufs im wesentlichen auf Angaben aus der **behördlichen Praxis.**

aa) Vorgehen bei der Planung zur Errichtung von Reitwegen

(1) Bestandsaufnahme und Bedarfsermittlung

Es erfolgt eine Aufnahme des Bestandes an Wegen, die bisher als Reitwege benutzt wurden. Das Stadtplanungsamt erstellt eine Information über die bestehenden Reiterhöfe, privaten und öffentlichen Wege, Schutzgebiete und Parkplätze. Auch die individuelle Struktur und Frequentierung des Waldgebietes wird hierbei berücksichtigt.

Das Planungsamt sammelt die von Reitern und Reitervereinen eingebrachten Vorschläge zum Reitwegenetz und übersendet das Material der unteren Landschaftsbehörde. Berücksichtigt wird hierbei das Reitaufkommen aufgrund von Statistiken der Zahl der Reiter der umliegenden Reiterhöfe.

(2) Planung

Anhand einer Karte des betreffenden Gebietes wird eine Reinzeichnung des Reitwegekonzeptes unter Beachtung der Planzeichenverordnung für Landschaftspläne gefertigt. Diese Reinzeichnung muß den mitbetroffenen Nachbargemeinden zur Stellungnahme vorgelegt werden.

Der Kreis arbeitet dann das Material auf und erstellt aus den Informationen einen entsprechenden Planungsvorschlag.

Die Behörde stimmt sich mit den Randgemeinden ab, damit die Wegenetze ordnungsgemäß angebunden werden können.

An besonderen Vorgaben sind dabei zu beachten:
- Der landwirtschaftliche Fahrbetrieb muß berücksichtigt werden (Unfallgefahr durch Kollision).
- Die Reitwegeplanung kann gegenüber der Fußwegeplanung keinen Vorrang haben, vielmehr ist eine Abstimmung erforderlich.
- Weiterhin sind die betreffenden Eigentümer der Grundstücke, die das Reitwegekonzept erfaßt, zu ermitteln
- Abstimmungsgespräche erfolgen mit dem Kreisverband der ortsansässigen Reitervereine oder gegebenenfalls mit den einzelnen Vereinen selbst, den betroffenen Wandervereinen, den benachbarten Gemeinden, den Eigentümern, den Forstbehörden und Jagdvereinen.

Gleichzeitig sind Abstimmungsgespräche mit der Straßenverkehrsbehörde erforderlich, in denen die endgültige Kennzeichnung der Reitwege, d. h. Standort und Größe der Schilder, abgestimmt wird.

(3) Entscheidung / Beschluß
Das Reitwegekonzept ist danach dem entscheidungsbefugten Gremium (regelmäßig dem Kreistag) zur Beschlußfassung vorzulegen.

bb) Kostentragung und Realisierung
Der unteren Landschaftsbehörde obliegt es, durch Aufgabenzuweisung gem. § 50 Abs. 7 LG NW die Frage der Finanzierung zu klären.

Nach Abschluß der vorgenannten Verfahrensschritte erfolgt die Realisierung des Reitwegekonzeptes.

6.2 Ausübung des Reitsports

6.2.1 Reiten innerhalb von Hallen, Koppeln, Turnierplätzen

Die **Erstellung** derartiger Anlagen richtet sich nach den schon dargelegten Grundsätzen. Da die Ausübung des Reitsports keine Auswirkungen über den Bereich der Anlage hinaus hat, ergeben sich hier – auch für die **Nutzung** – keine sportartbedingten umweltrechtlichen Besonderheiten.

6.2.2 Reiten auf öffentlichen Straßen und Wegen

Das Straßenverkehrsgesetz und die Straßenverkehrsordnung regeln das Reiten auf öffentlichen Straßen und Wegen. Nach § 28 II S. 1 StVO gelten die für den gesamten Fahrverkehr einheitlich bestehenden Verkehrsregeln und Anordnungen sinngemäß für den Reiter. So hat auch der Reiter auf einer Kreuzung, die nicht durch Verkehrsschilder geregelt ist, dem von rechts in die Kreuzung einmündenden Verkehr Vorrang einzuräumen.

Aufgrund § 28 Abs. 2 S. 2 StVO hat jeder Reiter die Pflicht, auf öffentlichen Straßen und Wegen an geeigneter, gut sichtbarer Stelle eine Beleuchtung mitzuführen.

Gem. § 51 LG NW sind die Pferde mit einem **Kennzeichen** zu versehen, das nur gegen Entrichtung einer Abgabe ausgegeben werden darf. Weitere Einzelheiten zu Aufteilung, Inhalt und äußeren Maßen des Kennzeichens für Reitpferde sind in der Durchführungsverordnung zum Landschaftsgesetz NW in § 15 Abs. 1 geregelt.

Das Kennzeichen des Pferdes bezieht sich nach § 15 Abs. 2 DVO LG NW auf den Halter des Pferdes. Dem Halter wird zur vorsorglichen Kontrolle hiernach auch die Pflicht übertragen, den Beritt seines Pferdes durch Pfleger und andere Personen aufzuzeichnen. Die Kennzeichnung hat nach § 15 Abs. 3 DVO LG NW dergestalt zu erfolgen, daß das am Zaumzeug zu befestigende Kennzeichen gut sichtbar ist.

Um den Reitsport auch länderübergreifend in der in § 50 LG NW konkretisierten Art und Weise ausüben zu können, ist es nach § 15 Abs. 4 DVO LG NW ausreichend, der Kennzeichnungspflicht des jeweiligen Landschaftsgesetzes nachzukommen; hiernach gelten Kennzeichen, die in anderen Bundesländern für das Reiten in der freien Landschaft und im Walde vorgesehen sind, als Kennzeichen im Sinne von § 51 Abs. 1 LG NW.

Die Anordnung der Reitkennzeichen erfolgt durch das jeweilige Straßenverkehrsamt. Die Einnahmen aus der Reitabgabe sind für die Anlage und Unterhaltung von Reitwegen einschließlich der Anbringung, Wartung und Entfernung der Verkehrszeichen sowie für Ersatzleistungen nach § 53 Abs. 3 LG NW zweckgebunden.

Zuständig für die Ausgabe der Kennzeichen sind nach § 16 DVO LG NW die Kreise und kreisfreien Städte als untere Landschaftsbehörden.

6.3 Reiten auf privaten Wegen und Straßen

6.3.1 In der freien Landschaft

Aufgrund § 50 Abs. 1 LG NW ist das Reiten auf privaten Wegen und Straßen prinzipiell erlaubt.

Jedoch darf Reiten in der freien Landschaft nur zum Zweck der Erholung erfolgen (§ 50 Abs.6 S.1 LG NW). Des weiteren ist der Reitsport aufgrund § 53 Abs. 1 LG NW so auszuüben, daß die Belange der anderen Erholungssuchenden und die Rechte der Eigentümer oder Besitzer nicht unzumutbar beeinträchtigt werden.

Auch gilt die Befugnis zur Ausübung des Reitsports nicht für (fremde!) Gärten, Hofräume und sonstige zum privaten Wohnbereich gehörende oder einem gewerblichen oder öffentlichen Betrieb dienende Flächen (§ 53 Abs. 2 LG NW).

Eine weitere Beschränkung der Reitbefugnis kann sich daraus ergeben, daß bestimmte Flächen für den **Beritt gesperrt** werden. Nach Landes(pflege)recht, bspw. § 54 LG NW, kann die Ausübung des Reitsports durch den Grundstückseigentümer oder sonstigen Berechtigten untersagt bzw. tatsächlich ausgeschlossen werden. Der Grundstückseigentümer bedarf hierzu der vorherigen Genehmigung durch die untere Landschaftsbehörde. Die Genehmigung ist zu erteilen, wenn andernfalls die zulässige Nutzung der Flächen unzumutbar behindert oder eingeschränkt würde oder erhebliche Schäden entstehen würden. Im übrigen darf die Genehmigung nur erteilt werden, wenn hierfür ein wichtiger Grund vorliegt und die Sperrung unter Berücksichtigung des Interesses der Allgemeinheit vertretbar ist. Die Genehmigung ist in der Regel widerruflich oder befristet zu erteilen. Gesperrte Flächen sind für den Reiter sichtbar durch Schilder zu kennzeichnen (vgl. § 54 Abs. 2, 3 LG NW).

6.3.2 Im Wald

Das Reiten im **Wald** ist gem. § 50 Abs. 2 S. 1 LG NW prinzipiell nur auf den nach den Vorschriften der Straßenverkehrsordnung als Reitwege gekennzeichneten privaten Straßen und Wegen gestattet, darüber hinaus also untersagt. Von diesem Verbot können allerdings die Kreise und kreisfreien Städte im Einvernehmen mit der unteren Forstbehörde und den betroffenen Gemeinden nach § 50 Abs. 2 S. 3 LG NW Ausnahmen zulassen. Bei einer solchen Ausnahmegenehmigung sind insbesondere die Vorgaben nach dem Recht des Artenschutzes gem. § 20 c BNatSchG i.V.m. Landesvorschriften, etwa §§ 60 ff. LG NW, zu beachten. Hier hat der Reiter die Lebensgemeinschaft Natur mit ihren Entwicklungsformen und ihren Lebensräumen besonders zu respektieren.

Konkretisiert werden die Maßstäbe des artenschutzgerechten Verhaltens in §§ 62 – 66 LG NW. Danach ist es z.B. verboten, Flächen zu bereiten, in denen besonders geschützte Pflanzenarten angesiedelt sind, wenn diese hierdurch in ihrem natürlichen Bestand gefährdet werden.

Weiterhin soll durch § 62 LG NW der Schutz wildlebender Tiere gewährleistet werden, indem das mutwillige Aufscheuchen der Tiere unter Strafe gestellt wird. Ein solches Verhalten bedroht besonders in der Zeit der Aufzucht des Nachwuchses die natürliche Regulierung der Population.

Daneben gelten für das Reiten auf privaten Wegen und Straßen im Wald die gleichen Einschränkungen, wie sie schon oben für das Reiten in der freien Landschaft angeführt wurden (Erholungszweck, keine Beeinträchtigung von Rechten Dritter, Sperrflächen; siehe oben II. 3. a)).

6.4 Reiten außerhalb von Anlagen oder Wegen und Straßen

Mit Ausnahme des eigenen Grund und Bodens ist ein Beritt hier nicht gestattet.

6.5 Rechte und Pflichten im Zusammenhang mit der Ausübung des Reitsports

6.5.1 Schadensersatz bei Übertretung der Reitbefugnis

Wenn ein Grundstückseigentümer oder sonstiger Berechtigter nachweist, daß ihm durch den Erholungsverkehr im Rahmen der Betretungs- und Reitbefugnis ein nicht unerheblicher Schaden entstanden ist, hat ihm die untere Landschaftsbehörde diesen auf Antrag zu ersetzen (§ 53 Abs. 3 LG NW).

6.5.2 Reiten „auf eigene Gefahr"

Die Ausübung des Reitsports erfolgt im übrigen „auf eigene Gefahr", § 50 Abs. 6 S. 2 LG NW. Über die genaue Auslegung dieser Begrifflichkeit im Zusammenhang mit dem Haftungsumfang des Reiters bei Unfällen auf Reitwegen im Wald besteht Streit.

Grundsätzlich braucht der Waldbesitzer keine besonderen Vorkehrungen gegen typische Gefahrenquellen des Waldes, wie etwa Fahrspuren im Wege oder herabhängende Äste, zu treffen. Allerdings obliegt dem Waldbesitzer gegenüber dem Reiter dann einer Verkehrssicherungspflicht, wenn atypische Gefahrenquellen vorliegen. Werden vom Waldbesitzer Gefahrenquellen selbst geschaffen, z. B. durch Bewirtschaftung oder Eingrenzung (Schranken gegen Wildwechsel), so haftet er für Schäden, die durch den Gefahrenherd verursacht worden sind.

Freilich trifft auch den Reiter eine gewisse Pflicht zur Sorgfalt. Sind bestimmte Mängel des Wegezustandes zu erkennen, muß er sich darauf einstellen. Verletzt der Reiter insoweit seine Sorgfaltspflichten, trifft ihn selbst die Haftung für eintretende Folgen.

7. Zusammenfassende Würdigung

Der Reitsport läßt sich überwiegend umweltfreundlich ausüben. Hervorzuheben sind einerseits die potentiellen Belastungen, die (besonders hinsichtlich der Trassierung der Reitwege und der Standortfindung von Reitanlagen) leicht auf ein unerhebliches Maß gesenkt werden können. Andererseits sind die Chancen zur ökologischen Aufwertung von Flächen zu beachten. Sie liegen vor allem in der Anlage unbefestigter und größtenteils bewachsener Reitwege auf intensiv genutzten Agrarflächen sowie in der extensiven Pferdehaltung, die einen Beitrag zur ökologisch erwünschten Offenhaltung bewaldeter Mittelgebirgslandschaften leisten kann.

Das Maß der Umweltbeeinträchtigung durch den Reitsport hängt vor allem vom disziplinierten Verhalten der Reiter ab (Einhaltung des Wegegebots). Wenn dieses sichergestellt ist, dann ist kein Zusammenhang zwischen Reiterdichte und Umweltgefährdung festzustellen.

Zu den rechtlichen Aspekten zusammenfassend: Der Bau von Reithallen bestimmt sich nach Baurecht; bei der Erteilung der Baugenehmigung sind naturschutzrechtliche Belange zu berücksichtigen. Das Anlegen von Reitwegen erfolgt ebenfalls unter Beachtung des Naturschutzes (Biotop- und Artenschutz etc.). Das Reiten auf öffentlichen Straßen und Wegen wird durch StVG und StVO geregelt. Auf privaten Straßen und Wegen in der freien Landschaft und im Wald ist das Reiten bei Beachtung des Rücksichtsnahmegebots prinzipiell gestattet. Besondere naturschutzrechtliche Einschränkungen enthalten die Normen der §§ 62-66 LG NW (Schutz spezieller Pflanzenarten, Aufscheuchen von Tieren etc.).

Literatur

AGRARSOZIALE GESELLSCHAFT (Hrsg.): Golf und Reiter. Zum Für und Wider des Golf- und Reitsports im ländlichen Raum. Bericht über einen Experten-Workshop, Göttingen 1987

AMMER, U. / TIETZE, H.: Reiten in der offenen Landschaft - Eine Studie zur Verdeutlichung der Konfliktsituation und ein Beitrag zur Problemlösung, in: Forstw. Chl. 98, H. 4, 1979

BML (Bundesministerium für Ernährung, Landwirtschaft und Forsten, Hrsg.): Umweltverträgliche Reitwegeplanung - Modell Rheinisch-Bergischer Kreis (Bearb. Fleischhauer, K. / G. Ruwenstroth, B. Winkler, H. Strodthoff, GfL Bremen), Bonn 1984

BML (Hrsg.): „Auslaufhaltung - Artgerechte Pferdehaltung" und „Neue Haltungsformen für Pferde unter alten Dächern", Bonn o.J.

BRUNS, U.: Die Freizeitreiterei und ihre Bedeutung für die Landwirtschaft. Berichte über die AID-Tagung, Bonn-Bad Godesberg 1975

DEUTSCHE REITERLICHE VEREINIGUNG (Hrsg.): Handbuch für Reit- und Fahrvereine (Loseblattsammlung), Warendorf 1989

DEUTSCHE REITERLICHE VEREINIGUNG (Hrsg.): Umweltschutz und Tierschutz, in: Handbuch für Reit- und Fahrvereine, Loseblattsammlung, Warendorf 1989

DEUTSCHE REITERLICHE VEREINIGUNG (Hrsg.): Reitsport 2000 - Kongreßbericht Equitana 87, Warendorf 1987

DICKMANN, J.: Schäden durch Reiten im Wald, in: Natur und Landschaft, H. 5, 1985

ENGELHARDT, W.: Die umweltverträgliche Reitanlage, in: Reitsport 2000 (Deutsche Reiterl. V., Hrsg.), Kongreßbericht Equitana, Warendorf 1987

LASSEN, D./ B. NETZ: Reitsport - Landschaftsökologie - Landwirtschaft: eine konstruktive Partnerschaft, in: Report der Dt. Reiterl. Vereinig. Nr. 26/1987

MÖSSMER, R. / U. AMMER / H. HARTMANN: Erfahrungen mit der Modellstrecke im „Forstenrieder Park" München, in: Forstw. Cbl. 98, H. 4, 1979
PLOCHMANN, R.: Anmerkungen zum Reiten im Wald aus forstpolitischer Sicht, in: Forstw. Cbl. 98, H. 4 1979
SCHÖTTLE, V.: Reiten im Wald - am Beispiel Baden-Württembergs, in: Forstwirtschaftl. Centralblatt Jg. 98, H. 4, 1979
UNGER, S. / S. BINDER: Reiter und Umweltschützer - Interview mit FN-Umweltbeauftragten Dr. H.-D. Wagner und Bund-Vertreter H. Eßlinger, in: St. Georg 9/1988
VOLK, H.: Ansichten zum Reiten und Radfahren im Wald - Ergebnisse für Baden-Württemberg, in: Forstw. Cbl H. 4, 1979
WAGNER, D.: Pferdesport und Umweltschutz, in: Die Deutsche Sportjugend und der Umweltschutz, Frankfurt 1984

Golfsport (L)

Golfsport

1. Einführung

Die Zahl der Mitglieder und der Anlagen des Golfsports wächst seit 1950 in der Bundesrepublik stetig in den letzten Jahren besonders auffällig: Während 1978 nur etwa 40.000 Golfer registriert waren, verfügt der Deutsche Golfverband (DGV) zu Beginn der 90iger Jahre über einen Mitgliederbestand von knapp 300 Vereinen (mit Anlagen) in denen rund 125.000 Golfer organisiert sind. Hinzu kommt eine Zahl von ca. 30.000 nicht erfaßten Golfspielern. Bis zum Jahr 2000 wird ein Zuwachs von weiteren 300 Golfplätzen für möglich gehalten (BRÜGELMANN 1990).

Neben den clubgebundenen (privaten) Golfplätzen existieren noch einige wenige öffentliche Anlagen. Sowohl die privaten als auch die öffentlichen Golfplätze stehen nur Spielern offen, die den Nachweis der Platzreife erbringen können (Grundkenntnisse und -fertigkeiten des Golfspiels).

Während der Golfsport traditionsbedingt in einigen Ländern als Breitensport anzusehen ist (USA, Kanada, Japan, Schottland), weil hier zwischen 6 und 10 % der Bevölkerung Golf spielt, ist dieser Sport in der Bundesrepublik nur auf einen kleinen Kreis von Bürgern beschränkt (0,2 Promille der Bundes-Bevölkerung West).

Aus der Sicht des Golfsports kommen als Standort für eine Golfanlage vor allem reizvolle Landschaften im Umkreis von Verdichtungsgebieten infrage. Hierbei spielt die Wirtschaftlichkeit eines Platzes eine wichtige Rolle. Wie das Bundesinstitut für Sportwissenschaft (1987) festgestellt hat, muß beispielsweise eine 9-Loch-Anlage von 100.000 bis 200.000 Einwohnern in maximal 30 Autominuten erreichbar sein, damit der betreibende Verein die erforderliche Zahl von mindestens 300 Mitgliedern erreichen kann. Angaben zu der aus ökologischer Sicht empfehlenswerten Standortwahl und Größe von Golfplätzen werden in Abschnitt 4 gemacht.

Golfanlagen verfügen mehr oder weniger vollständig über folgende Infrastruktureinrichtungen:

- Clubhaus (mit Gastronomie, Verwaltung, Sanitär- und Umkleideräume, Golfgeschäft),
- Geräte- und Lagerschuppen für den Maschinenpark (Platzmeisterei),
- Abschlag- und Regenhütten,
- Schuppen für die Pumpanlage der Bewässerung,
- Parkplatz mit 100-150 Stellflächen (je nach Mitgliederzahl),
- Zufahrtsstraße(n),
- Ausrüstungsgegenstände (wie Abschlagsmarkierungen, Fahnenstangen, Abschlagsmatten, Bänke, Papierkörbe, Warnschilder).

Die Spiel- und Übungseinrichtungen eines Golfplatzes gehen aus der folgenden Tabelle hervor.

Nach der Zahl der Löcher und Spielbahnen werden 9-Loch-, 18-Loch- und 27-Lochanlagen unterschieden. Der „Standard" eines Golfplatzes (die Zahl der Schläge, mit denen ein guter Spieler in alle Löcher trifft) wird vom DGV festgelegt, wobei nach „kurzen Standardplätzen" (Standard 60-69, entspricht 3659-5669 m Gesamtlänge der Spielbahnen) und „Meisterschaftsplätzen" (Standard 70-74, entspricht 5670-6584 m Gesamtlänge) differenziert wird.

Aus der Sicht der Umwelt liegt ein Risiko (in naturnahen Landschaftsräumen), aber auch eine Chance (in intensiv genutzten Gebieten) in der sehr **großflächigen** Beanspruchung des Raumes durch Golfanlagen. Auf die Wahl des Standorts kommt es vor allem an, ob ein Golfplatz die Landschaft ökologisch auf- oder abwertet.

Spiel- und Übungseinrichtungen

Einrichtung	Funktion	Flächenbedarf
Spielbahn (Fairway)	Bereich zwischen Abschlag und Grün	ca. 0,5 - 3 ha
Abschlag (Tee)	Ball wird vom Abschlag zum Grün gespielt. Pro Spielbahn gibt es 2 - 3 Abschläge (Herren-, Damen- und Championabschlag)	ca. 200 m^2
Grün (Green)	Bereich der Spielbahn, der speziell für das Einlochen des Balles präpariert und mit einer Fahne markiert ist. 50 % aller Schläge finden auf dem Grün statt.	ca. 300 - 1200 m^2
Vorgrün (Collar)	Übergangsbereich zwischen Grün- und Spielbahn. Der Ball soll vom Vorgrün leicht auf das Grün geschlagen werden können.	wie Grün
Rauhe (Semirough, Rough, Hardrough)	Die Rauhe soll die Spielbereiche umgeben und Übergänge zu den angrenzenden Bereichen herstellen. Zur Spielerschwerung kann die Rauhe in die Spielbahnen hineingezogen werden. Dem ca. 10 - 15 m von der Spielbahn entfernten Hardrough kommt aus spieltechnischer Sicht keine Bedeutung zu.	abhängig von der zur Verfügung stehenden Gesamtfläche
Hindernisse (Hazards)	Man unterscheidet zwischen künstlichen Hindernissen, sog. Sandbunkern, und natürlichen Hindernissen, z. B. Grasmulden, Gräben, Wasserhindernisse. Die Art und Anzahl der Hindernisse sind von Golfplatz zu Golfplatz unterschiedlich. Beispielsweise können abseits von Küsten- und Heidegebieten Sandbunker als kleinflächige „Pottbunker" angelegt oder in der Spielbahn durch Grasmulden ersetzt werden.	abhängig von der Art und Anzahl der verwendeten Hindernisse, z. B. Sandbunker können zwischen 5 und 500 m^2 Fläche umfassen
Übungswiese (Driving Range)	Fläche zum Üben langer Ballschläge	2,5 - 4 ha
Golf Akademie	wie Driving Range	4 - 6 ha
Pitching Area	Fläche zum Üben kurzer und mittellanger Ballschläge	0,5 - 1 ha
Putting Grün	Fläche zum Üben kurzer Ballschläge (Einlochen)	0,1 - 0,2 ha
Pitch- und Putt-Platz mit 6 Spielbahnen 9 Spielbahnen	kleiner Golfplatz mit kurzen Spielbahnen, d. h. mit einer Länge von 50 - 120 m. Es werden hier vor allem Annäherungsschläge geübt.	3 - 4 ha 4 - 5 ha

Aus: Merkblatt „Naturschutz und Golfsport" LFU Bayern 1989

Im folgenden werden Golfanlagen nur aus der Sicht der Umwelt behandelt. Die in manchen Fällen besonders wichtige Frage der Sozialverträglichkeit bleibt ausgeklammert: Diese Frage stellt sich dann, wenn (gerade im Umkreis von Verdichtungsräumen) Gebiete mit Bedeutung für die (Nah)erholung relativ große Teilräume für Golfzwecke reservieren, also nur noch dem eingeschränkten Kreis der Golfer zur Verfügung stehen. Selbst wenn über den Golfplatz öffentliche Wege führen, bedeutet das Überqueren eines Golfareals für den Spaziergänger einen sehr eingeschränkten Genuß, wenn er fürchten muß, von einem Ball getroffen zu werden.

Flächenkategorien eines Golfplatzes

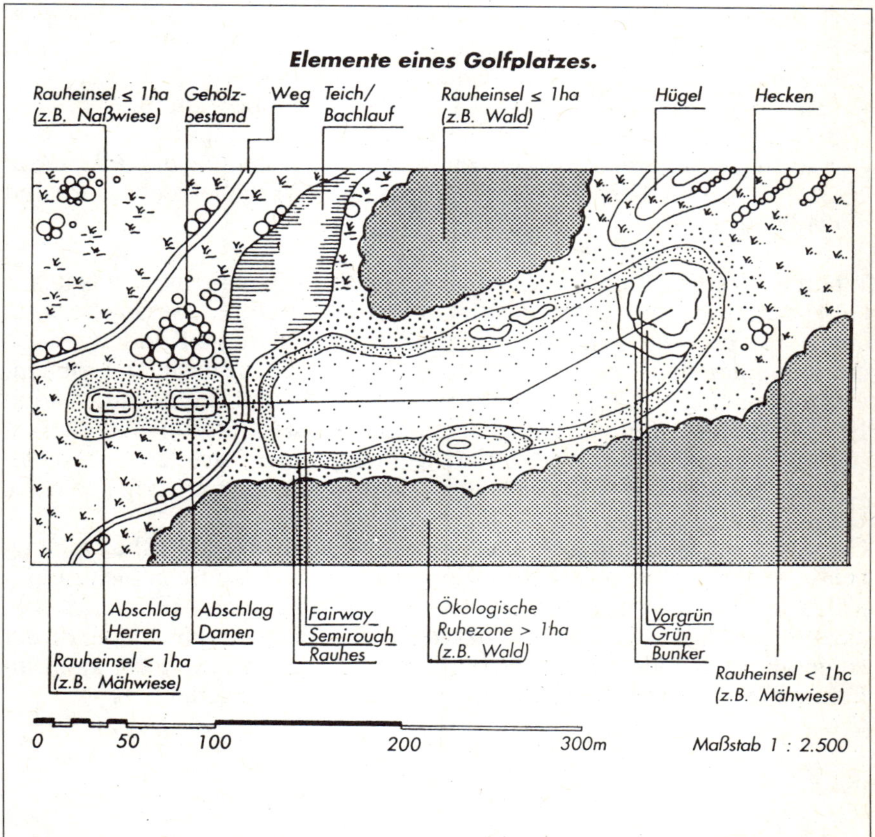

Aus: SCHEMEL, 1987

2. Gemeinsame Teilziele

Der Deutsche Golf-Verband nennt folgende Ziele, zu deren Erreichen der Golfsport (d.h entsprechend lokalisierte und gestaltete Anlagen) beitragen können (DGV 1985):

- Verminderung der Gewässer- und Grundwasserbelastung in Gebieten mit landwirtschaftlicher Intensivnutzung,
- Erhaltung und Pflege der Vielfalt, Eigenart und Schönheit des Landschaftsbildes,
- Bildung eines Refugiums für gefährdete und seltene Tier- und Pflanzenarten.

In der vom DGV herausgegebenen Broschüre „Golf – Sport in Landschaft und Umwelt" (1985) werden konkrete Absichten genannt, um diese Ziele zu erfüllen, z.B.

- Kartierung der vorhandenen Lebensräume, deren Schutz vorrangig ist,
- Erhaltung von Kleinlebensräumen wie z.B. Tümpel, Altholzbestände, Ruderalfluren, ungenutzte Wegränder, feuchte Wiesen,
- Erhaltung der natürlichen Waldmäntel und Staudensäume,
- Schaffung kleinräumig vernetzter Lebensraumstrukturen,
- Naturnahe, landschaftsökologisch orientierte Gestaltung und Pflege von Golfplätzen (in diesem Sinne auch „richtiges" Verhalten der Golfer und des Platzpersonals).

Wenn in Werbebroschüren des Golfsports die Formel „Sport + Natur = Golf" benutzt oder ganz einfach „Golf ist Naturschutz" behauptet wird, dann zeugt dies jedoch nicht von ehrlichem Bemühen um Konfliktvermeidung, sondern von einem allzu simplen, ökologisch unsensiblen Problemverständnis (vgl. dazu Golf-Info-Service, 1989 und Presseinformation 1990). Trotz guter Beispiele umweltverträglicher Standortwahl und Platzgestaltung lassen sich die zitierten Verallgemeinerungen sachlich nicht rechtfertigen, ebensowenig wie eine pauschale Ablehnung von Golfplätzen aus Umweltsicht.

Grundsätzlich ist es möglich, durch intensive landwirtschaftliche Nutzung belastete Gebiete ökologisch aufzuwerten, indem „landschaftliche Golfplätze" errichtet werden, wie sie der DGV ausdrücklich befürwortet (vgl. dazu Abschnitt 4). Ob dies im konkreten Fall tatsächlich gelingt oder ob der vorgesehene Standort ökologisch abgewertet zu werden droht, kann im Rahmen einer Umweltverträglichkeitsstudie geklärt werden.

3. Konflikte

3.1 Checkliste der Belastungen

Die folgende Liste zeigt die potentiellen Umweltbelastungen, gegliedert nach den verursachenden Eingriffstypen des Golfsports:

- Erstellung der Baukörper (Clubhaus, Nebengebäude, Straßen, Parkplätze)
  - Überbauung (Versiegelung) des Bodens und der Pflanzendecke
  - Zerschneidung von Lebensräumen
  - Beeinträchtigung des Landschaftsbildes
- Erzeugung von Verkehr (An- und Abfahrt der Sportler und Besucher mit PKW)
  - Lärm
  - Abgase
- Veränderung der Oberflächengestalt und der Pflanzendecke (Aufschüttungen, Abgrabungen, Umgestaltung des Bewuchses)
  - Nivellierung (Planierung) von Unebenheiten (auf den Spielbahnen, Grüns und Abschlägen)
  - Aufschüttungen von Hindernissen am „Grün"
  - Auffüllung und Entwässerung von Feucht- und Naßstellen sowie Überschwemmungsbereichen
  - Umbau und Ausbau von Gewässern
  - Ersatz naturnaher Vegetationsflächen durch Rasen (Spielbahnen einschl. Semiroughs, Grüns, Abschlägen)
  - Beseitigung (Rodung) von Bäumen und Sträuchern auf den bespielten Flächen
- Abwasserentsorgung (Clubhaus) sowie Düngung der Grüns und Abschläge
  - Belastung von Oberflächengewässern durch Einleitung von Abwässern und/oder Düngerauswaschung
  - Belastung des Grundwassers durch Versickerung von Abwässern und/oder Nitratzufuhr aus intensiv gedüngten Flächen
- Pflegemaßnahmen (auf Spielbahnen, Grüns, Abschlägen und teilweise im Bereich der Rauhezonen)

  Zerstörung oder Beeinträchtigung von Lebensräumen durch Veränderung
  - der Nährstoffbedingungen (Düngung),
  - des Feuchtegrades (Be- und Entwässerung),
  - der mechanischen Pflegeintensität (Schnitthäufigkeit),
  - des chemischen Milieus (gezielte Vernichtung unerwünschter Arten durch Pestizide),
  - der Bodendurchlässigkeit (Bodenverdichtung durch Maschineneinsatz).

- Sportaktivitäten (Spielbetrieb)
  - Beunruhigung von Tierarten mit großer Fluchtdistanz durch Aktivitäten auf den Spielbahnen
  - Beunruhigung und Beeinträchtigung von Tier- und Pflanzenwelt durch Eindringen in die naturnah belassenen Bereiche („ökologische Ruhezonen") außerhalb der Spielbahnen
- Veränderung eines charakteristischen Landschaftsbildes mit besonderer Ausprägung (mit hoher Erhaltenswürdigkeit im jetzigen Zustand, „Landschaften von besonderer Eigenart" (BNatSchG.)
- Sekundäre Folgewirkungen
  - Baugebietsausweisung für Zweitwohnsitze oder Freizeitwohngelegenheiten in der Nachbarschaft zum Golfplatz (z.B. in dichtbesiedelten Alpentälern: Erhöhung der Standortgunst)

Die hier aufgeführten Eingriffstypen und Landschaftsbelastungen können zum größten Teil vermieden oder ausgeglichen werden, ohne dadurch die golfsportlichen Flächenansprüche über Gebühr einschränken zu müssen. Wie sich die Eingriffsintensität minimieren läßt, wird in Abschnitt 4 behandelt.

3.2 Besonders bemerkenswerte Konflikte

Abgesehen von Baumaßnahmen und von Eingriffen in schützenswerte Lebensräume (naturnahe Biotope) finden die intensivsten flächenbezogenen Konflikte im Bereich der **Grüns und Abschläge** statt. Hier wird durch Dünger- und Pestizidgaben sowie durch sehr häufigen Schnitt und andere Pflegeeingriffe eine extrem naturferne Rasenfläche geschaffen, die allerdings nur einen sehr geringen Flächenanteil (3-5 % der Bahnflächen) einnimmt.

Weniger intensiv, dafür jedoch sehr großflächig (20 bis 30 ha pro 18-Loch-Platz) verändern die **Spielbahnen (Fairways)** die Landschaft. Ob diese Veränderung eine ökologische Auf- oder Abwertung darstellt, hängt davon ab, als wie naturnah (bzw. naturfern) die Flächen vor ihrer Umwandlung in Spielbahnen einzustufen sind.

Soll landwirtschaftliches Dauergrünland (Wiese, Weide) in den Rasen einer Spielbahn umgewandelt werden, dann findet eine ökologische Abwertung der betreffenden Fläche statt. Spielbahnen werden jährlich ca. 100 mal (wöchentlich 1-3 mal) auf 2 cm Graslänge geschnitten. Der Unterschied zwischen Spielbahnen und Wiesen liegt vor allem in der Strukturvielfalt und der damit verbundenen Artenvielfalt. „Die Auswirkungen intensiver Rasenpflege sind vernichtend. Pflanzen- und Tierarten werden bis auf eine geringe Zahl von 'Allerweltsarten' mit weiter Anpassungsfähigkeit reduziert ... Es sind die 'bewährten' Rasengräser, die eine eintönig strukturierte, niedrige, dichte Rasennarbe bilden, in welcher für Tiere der Wiesen vielfältige Habitat-Strukturen und Nahrungsquellen fehlen" (WOLF 1986). Landwirtschaftliches Dauergrünland ist in seiner Funktion als Lebensraum für die Tier- und Pflanzenwelt deutlich höher zu bewerten als der Vielschnittrasen der Spielbahnen.

3.3 Zur Schutzwürdigkeit bzw. Sanierungsfähigkeit von Flächen

Im folgenden werden vier Flächenkategorien nach ihrer ökologischen Wertigkeit und Ersetzbarkeit unterschieden:

Kategorie A: Tabuflächen
Diese Kategorie umfaßt solche ökologisch hochwertigen Biotoptypen, die durch die Errichtung eines Golfplatzes nicht verändert werden dürfen, weil ihr Verlust oder ihre ökologische Abwertung mittelfristig durch keinerlei Ersatz- oder Ausgleichsmaßnahmen angemessen kompensiert werden kann. Folgende Biotoptypen gehören z.B. zu den „unberührbaren" Bereichen:
- Lebensräume seltener Tier- und Pflanzenarten (Rote-Liste-Arten)
- Naturnahe Wälder
- Waldränder, Saumgesellschaften (älter als 20 Jahre)
- Feldgehölze (einschl. Saum)
- Alte Bäume (einzelstehend, in Reihen oder Gruppen, z.B. alte Streuobstwiesen, Kopfbäume, Alleen)
- Wallhecken, alte ebenerdige Hecken
- Hochmoore, Übergangsmoore (einschl. Torfstich)
- Niedermoore, Kleinseggensümpfe und Großseggenriede, Streuwiesen
- Verlandungsbereiche (mit Röhricht und Großseggenriede, Streuwiesen)
- Quellfluren und Quellen
- Naßwiesen, Naßweiden, Naßbrache
- Feuchtwiesen und Feuchtweiden
- Heiden (feuchte und trockene)
- Trocken- und Halbtrockenrasen (auf Silikat oder Kalk)
- Buckelwiesen
- Borstgrasrasen
- Salzrasen (an Binnensalzstellen)
- Küsten- und Binnendünen
- Wattflächen, Salzwiesen
- Natürliche Gewässer: Bäche, Flüsse, Weiher, Seen, Altwasser
- Felswand, Felsklippe, natürliche Höhlen
- Blockhalden, Schutthalden (natürliche)
- Hohlwege, Steilhänge
- Sölle (Tiefeislöcher)
- Biotoptypen als Bestandteile hochwertiger Landschaftsbilder

Kategorie B: Disponible Flächen hoher Wertigkeit

Diese Kategorie umfaßt ökologisch relativ wertvolle Flächen, deren Verlust mittelfristig (in weniger als 20 Jahren) durch gleichartigen Ausgleich oder gleichwertigen Ersatz kompensierbar ist. Folgende Biotoptypen gehören z.B. dazu:

- Intensiv-Forstflächen (Monokulturen) u. Mischwald-Jungwuchs
- Waldrand, Saumgesellschaften (jünger als 20 Jahre)
- Hecken (ebenerdig, relativ jung)
- Baumgruppe, Baumreihe, Einzelbaum (relativ jung)
- Magerwiese, Megerweiden
- Stehende Kleingewässer (künstlich)
- Gräben mit Gehölzbestand und Hochstaudenfluren, wasserführend
- Ufer stehender und fließender natürlicher Gewässer

Kategorie C: Disponible Flächen mittlerer Wertigkeit

Die Flächen dieser Kategorie sind wie bei (B) kompensierbar. Sie unterscheiden sich von diesen in ihrer ökologischen Wertigkeit. Zum Beispiel folgende Biotoptypen gehören der Kategorie C an:

- Böschungen, Feldraine, Wegeränder
- Gräben (künstlich gezogen) ohne Gehölzbestand (ständig oder periodisch wasserführend)
- Grünland- und Ackerbrache
- Schlagfluren, Ruderalfluren auf nährstoffreichen Standorten
- Steinbrüche, Kies- und Sandgruben, Schutthalden (aufgelassen)
- Kleinstrukturen (wie Mauern, Lesesteinwälle, Wurzelstöcke, Steinhaufen, Totholz)

Kategorie D: Disponible Flächen geringer Wertigkeit

Die relativ geringwertigen, naturfernen, ökologisch gestörten Flächen dieser Kategorie eignen sich besonders dazu, im Rahmen der Golfplatzplanung ökologisch aufgewertet zu werden (etwa durch deren Umwandlung in „Roughs", die sich selbst überlassen bleiben, oder durch die Pflanzung von Gebüschen). Zum Beispiel folgende Biotoptypen zählen zur Kategorie D:

- Intensiv genutztes Grünland (Fettwiesen, Fettweiden)
- Sportrasen, Parkrasen
- Ackerland einschl. Sonderkulturen (Wein, Hopfen)
- Gärten und Grabeland
- Obstkulturen (intensiv behandelt)
- Absetzbecken, Rieselfelder
- Halden, Aufschüttungen
- Straßenbegleitgrün (bei stärkerem Verkehr)
- Nicht mehr genutzte versiegelte Flächen (Straßen, Gleise, Mauerwerk)

Im Rahmen einer Flächenbilanz (Vorher-Nachher-Vergleich) kann überprüft werden, ob der Standort des zur Diskussion stehenden Golfplatzes ökologisch auf- oder abgewertet wird. Dazu bedarf es jedoch noch einer Feinbewertung und der Ergänzung durch solche Aspekte, die sich einer Flächenbilanzierung entziehen (z.B. Fragen des Biotopverbundes, der Störungsfreiheit für scheue Tiere sowie des Landschaftsbildes). Zur Methode siehe SCHEMEL (1987).

4. Lösungsansätze

Möglichkeiten der Belastungsminderung oder gar der ökologischen Aufwertung eines bereits erheblich belasteten Standorts bieten sich auf folgenden Handlungsebenen:

a) Wahl des Standorts
b) Größe der Anlage
c) Gestaltung der Anlage
d) Errichtung der begleitenden Infrastruktur
e) Pflege der Anlage

Die Belange des Golfsports sind durch eine große Flexibilität und somit auch durch eine hohe Anpassungsfähigkeit an ökologische Qualitätsansprüche gekennzeichnet. Es kommt allerdings entscheidend darauf an, ob sich im jeweiligen Golfclub (bzw. beim Projektbetreiber) eine umweltsensible Haltung durchsetzt. Vielfach gelten in künstlicher Manier naturfern gestaltete Anlagen als besonders attraktiv. Es gibt jedoch auch die Auffassung, die gerade in einer naturnah gestalteten Anlage besondere Reize und eine sportliche Herausforderung erkennt. Der Deutsche Golf Verband teilt weitgehend diese letztgenannte Auffassung, wie aus Abschnitt 2 hervorgeht.

zu a): Hinweise zur Standortwahl

Die wichtigste „Weiche" im Hinblick auf die landschaftsökologische (und auch landschaftsästhetische) Situation eines Golfplatzes wird mit der Entscheidung über den Standort der Anlage gestellt. Golfanlagen richten ihren Flächenanspruch aufgrund ihrer Größe auf den Bereich außerhalb dichter Bebauung, auf den Außenbereich. Je intensiver diese „freie Landschaft" bewirtschaftet ist, je kulturbetonter und naturferner sie sich in ihrem Gesamtcharakter und in ihren Einzelbereichen darstellt, desto mehr eignet sie sich aus ökologischer Sicht als Standort für einen Golfplatz.

Eine „ausgeräumte" Landschaft mit überwiegender Ackernutzung und ansonsten intensiv genutztem Grünland ist ökologisch minderwertiger als ein Golfplatz und kann durch die Anlage eines solchen ökologisch und ästhetisch mehr oder weniger aufgewertet und bereichert werden. Nur intensiv landwirtschaftlich genutzte Bereiche, die zum Verkauf oder zur

Verpachtung anstehen, sollten für eine Umwidmung zu Golfplätzen in Erwägung gezogen werden.

In Kap. 3.3 sind Flächenkategorien genannt, die eine erhaltenswerte Biotopqualität aufweisen und aus diesem Grunde völlig unbeeinträchtigt bleiben müssen („Tabuflächen") bzw. eines angemessenen Ausgleichs bedürfen, falls sie durch die Golfanlage verändert werden. In jedem Falle sind z.B. Feuchtbereiche zu erhalten, also jegliche Entwässerungsmaßnahmen (Drainagen) abzulehnen. Auch Brachflächen, auf denen sich die Tier- und Pflanzenwelt ungestört entfalten kann, sind als Standort für Golfplätze ungeeignet.

Als Regel für die Standortwahl gilt: ökologisch wertvolle Lebensräume meiden, ausgeräumte Agrarlandschaft aufwerten.

Neben der Biotopqualität des Standorts als dominierender Beurteilungsmaßstab spielen auch noch weitere umweltrelevante Standortmerkmale eine Rolle, und zwar

- Möglichkeiten eines Anschlusses an die öffentliche Kanalisation (Vermeidung einer mangelhaften Abwasserklärung),
- Möglichkeit der Nutzung vorhandener Bausubstanz (Vermeidung von Neubauten),
- Anschluß an das Straßennetz (Vermeidung des Baus von Erschliessungsstraßen).

Der ebenfalls wichtige Aspekt, daß Golfanlagen nicht zur Beanspruchung knapper Erholungslandschaften mit besonderer Bedeutung für die Allgemeinheit (z.B. im Umkreis von Ballungsräumen) beitragen sollten, wird hier nicht weiter aufgegriffen, weil es sich hierbei um die Wahrung sozialer Belange (also nicht um Umweltbelange) handelt.

Zu b): Hinweise zur Größe der Anlage

Je größer ein Golfplatz bemessen ist, desto mehr Chancen bestehen,

a) möglichen Konflikten auszuweichen, indem ökologisch empfindliche Bereiche aus dem Spielgeschehen herausgehalten werden (Bereiche außerhalb bzw. zwischen den Spielbahnen mit angemessenen Pufferzonen),
b) zu einer ökologischen Aufwertung des Standorts beizutragen, indem relativ intensiv genutzte Bereiche in extensiv oder überhaupt nicht genutzte Bereiche überführt oder in dem neue Lebensräume (z.B. naturnahe Teiche, Gebüschgruppen etc.) geschaffen werden.

Die Größe der (golfsportlich intensiv genutzten) „Grüns", „Abschläge" und „Spielbahnen" bleibt ziemlich gleich. Somit variiert mit der Größe des Platzes in erster Linie der Umfang der „Roughs" (hier im Sinne der ökologischen Ruhezonen). Wenn der ökologisch schützenswerte Bestand auf einem Golfplatzareal unbeeinträchtigt bleibt und die golftechnisch tolerierbaren Möglichkeiten einer ökologisch vielfältigen Gestaltung und zurückhaltenden Pflege der Spielbahnen ausgeschöpft worden sind, so ist die Größe der Anlage entscheidend dafür, ob der Golfplatz eine ökologische Bereicherung oder Verarmung der Landschaft bewirkt.

Der Deutsche Golfverband beruft sich ausdrücklich positiv auf ein Gutachten, in dem HABER den „landschaftlichen Golfplatz" als eine Anlage definiert, bei der die Spielbahnen rund ein Drittel des gesamten Golfplatzes einnehmen (GOLFmagazin, März 1983). Einem solchen extensiven Platztyp spricht HABER wegen der Größe der zwischen den Spielbahnen gelegenen Flächen „gute Möglichkeiten für eine bewußte Biotopgestaltung zum Zwecke des Artenschutzes" zu.

Für das Erreichen des Prädikats „landschaftlicher Golfplatz" sind zwei Bedingungen zu erfüllen: Erstens muß die Naturnähe des Standorts insgesamt zunehmen, wobei ökologisch wertvolle und nicht ersetzbare Flächen unbeeinträchtigt bleiben. Zweitens ist die „Drei-Drittel-Regel" zu erfüllen.

Die Drei-Drittel-Regel besagt, daß nur höchstens ein Drittel der Gesamtfläche sportfunktional genutzt ist (Nettospielfläche). Ein weiteres Drittel der Fläche wird durch gestalterisches Funktionsgrün eingenommen (schmale Rauhezonen zwischen den Spielbahnen) und ein Drittel erreicht die Qualität einer ökologischen Ausgleichsfläche (größere zusammenhängende Rauhebereiche, die vom sportlichen Geschehen unbeeinflußt sind).

Empfehlungen zur Flächengröße eines „landschaftlichen Golfplatzes" in Abhängigkeit von der Breite und Länge der Spielbahnen

	Durchschnittliche gesamte Bahnlänge (km)		Gesamte Bahnlänge (ha)		Flächengröße des Golfplatzes (ha)	
⌀ Bahnbreite incl. Semirough	18 Löcher	9 Löcher	18 Löcher	9 Löcher	18 Löcher	9 Löcher
30 m	5,0 6,1	2,5 3,1	15,0 18,3	7,5 9,2	45,0 54,9	22,5 27,6
35 m	5,0 6,1	2,5 3,1	17,5 21,4	8,8 10,7	52,5 64,2	26,4 32,1
40 m	5,0 6,1	2,5 3,1	20,0 24,4	10,0 12,2	60,0 73,2	30,0 36,6
50 m	5,0 6,1	2,5 3,1	25,0 30,5	12,5 15,3	75,0 91,5	37,5 45,9
60 m	5,0 6,1	2,5 3,1	30,0 36,6	15,0 18,3	90,0 109,8	45,0 54,9

Detail Teich

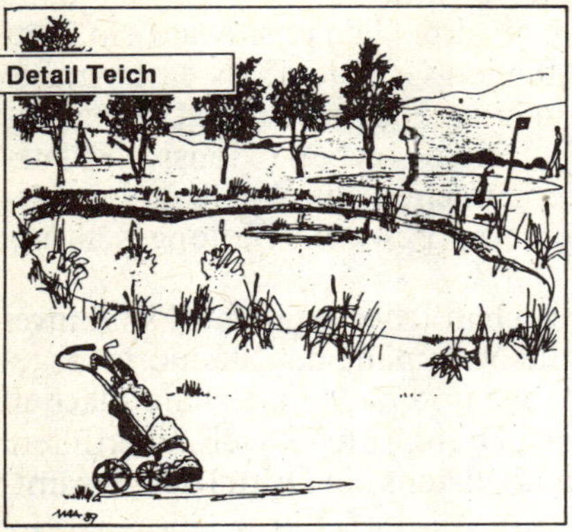

Negative Lösung

Positive Lösung

Detail Bachlauf

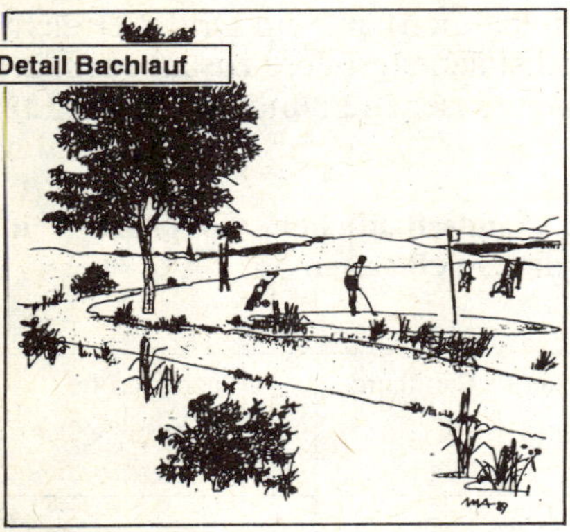

Negative Lösung

Positive Lösung

Detail Spielbahn

Zu c): Hinweise zur Gestaltung der Anlage

Bei der Gestaltung eines Golfplatzes bieten sich folgende Möglichkeiten der Konfliktvermeidung bzw. einer ökologischen Aufwertung des Geländes an, ohne daß dadurch eine Behinderung des Golfsports inkauf genommen werden muß:

- In die Spielbahnen können Strauchgruppen (in standortgerechter Artenzusammensetzung) und Gewässer hineinreichen und als natürliche Hindernisse in das Spielgeschehen einbezogen werden. Auch ist es durchaus möglich, einen Bereich von ca. 60 bis 100m im Anschluß an die Abschläge als nur extensiv gepflegte Wiese (Rauhe) zu belassen. Solche Biotope sind zwar in ihrem ökologischen Wert eingeschränkt, weil sie durch das Spielgeschehen einem relativ großen Störeinfluß ausgesetzt sind, sie können jedoch für unempfindliche Tier- und Pflanzenarten einen relativ reichhaltigen Lebensraum bieten und sich auch auf das Landschaftsbild günstig auswirken.
- Abfolge, Breite und Form der Spielbahnen können sehr flexibel an die ökologischen Erfordernisse des Geländes angepaßt werden. Die Breite beträgt zwischen 60 und 40 m, auch die Bahnlänge läßt sich ebenfalls bis zu einem gewissen Grad variieren (minimale Länge 85 m). Darüber hinaus erlaubt es die Kategorie der „gekrümmten Spielbahn" („Dogleg"), natürlichen Hindernissen (störanfälligen Biotopen) auszuweichen.
- Die Nettospielflächen (Spielbahnen, Green, Abschläge, Driving Range) brauchen im Durchschnitt pro Loch nicht mehr als 1 Hektar zu betragen. Bei Mehrbedarf handelt es sich möglicherweise um „Schmeicheleinheiten" für ungeübte Spieler (FRITZ 1990).
- Die golfsportlich als wünschenswert erachtete Breite einer Spielbahn hängt stark vom Spielverständnis des Golfclubs ab. „Ein gutes Spielergebnis, das einen sicheren Schlag erfordert, ist Ziel jedes Golfers. Ein leichter, übersichtlicher Platz mit überbreiten Spielbahnen grenzt letztlich an Selbstbetrug" (WALTER, 1986).
- Die Grenze zwischen den Spielbahnen und den weitgehend sich selbst überlassenen „ökologischen-Ruhezonen" (ungestörten Biotopen) sollten nicht scharf gezogen werden. Vielmehr ist die Gelegenheit zu ergreifen, möglichst breite und vielfältige Übergangszonen zwischen den Spielbahnen und den Biotopen auszuweisen.
- Empfindliche (störanfällige) Bereiche des Golfplatzes sind als solche zu kennzeichnen, wenn sie vor dem Eindringen der Spieler geschützt werden sollen. Die Golf-Spielregeln eröffnen die Möglichkeit, die Zugänglichkeit dieser Bereiche mit Hilfe von Pfählen zu reglementieren. (Durch weiße Pfähle markierte Bereiche dürfen nur zur Suche eines verlorengegangenen Balles, nicht jedoch zum Schlagen aufgesucht werden. Für Bereiche hinter schwarzen Pfählen gilt absolutes Betretungsverbot).

Grundsätzlich ist anzumerken, daß den naturnahen, sich völlig oder fast sich selbst überlassenen Biotopen auf einem Golfplatz nur dann eine zusätzliche Wertigkeit zugesprochen werden kann, wenn sie einen relativ geschlossenen größeren Bereich einnehmen. Denn bei Unterschreitung einer gewissen Mindestgröße (die bei 1ha liegt) sind der Ausbildung einer höheren ökologischen Komplexität (vor allem im Hinblick auf die Fauna) sehr enge Grenzen gesetzt. Was unter solchen Flächengrößen liegt, ist eher als punktuelles bzw. linienhaftes Strukturelement („kleinflächige Rauheinseln") anzusprechen, dessen Biotopwert deutlich gegenüber einem flächenhaften Bestand abfällt.

Mit Hilfe eines qualifizierten landschaftspflegerischen Begleitplanes können Festsetzungen getroffen werden, die eine optimale Berücksichtigung landschaftsökologischer und landschaftsästhetischer Belange sicherstellen.

Weitere Hinweise zur Gestaltung:

- Um die grundsätzlich zu erhaltenden „Tabuflächen" herum ausreichende Pufferflächen (Abstandszonen von mindestens 20 m Breite) unbespielt lassen (Rough). Am Waldrand sollte ein Saum aus Stauden und Gebüsch von mindestens 10m Breite ungenutzt bleiben.
- Naturnahe Fließgewässer (Bäche) nicht aufstauen.
- Verbaute Fließgewässer (z.B. unterirdisch verrohrt oder in Betonrinne) und trockengelegte Feuchtflächen renaturieren, Drainagen öffnen.
- Gewässer mit natürlichen Ufern belassen bzw. schaffen und an umgebende Lebensräume „anbinden": Der Lebensraum vieler Amphibien setzt sich aus Gewässer und Wald und Wiese zusammen, der nicht durch Vielschnittrasen unterbrochen werden darf. Gewässer und Hinterland sollten durch Roughs verbunden werden („Biotopvernetzung").
- Keine „Verinselung" der naturnahen Rough-Flächen, sondern ihre Vernetzung durch naturnahe lineare Elemente über die Spielbahnen hinweg. Vermeidung der Zerschneidung flächenhafter naturnaher Bereiche durch Spielbahnen.
- So wenig Erdbewegungen wie möglich durchführen. Abschläge nicht in erhöhter rechteckiger Form (als „Sargdeckelabschläge") ausbilden.
- Ausreichend breite Abstandsflächen zwischen den Spielbahnen belassen mit möglichst wenigen pflegerischen Eingriffen (Gehölzstreifen mit ausreichend breiten Säumen, zweimähdige Wiesenstreifen, sich selbst überlassene Sukzessionsflächen).
- Künstliche (landschaftsfremde) Spieleinrichtungen vermeiden, z.B. Abzäunungen und Ballfanggitter.
- In Wasserschutzgebieten und bei durchlässiger Deckschicht über Grundwasser: Unter Grüns und Abschlägen unterirdische Abdichtung einbauen und das aufgefangene Sickerwasser über diesen Intensivflächen wieder verregnen (über Speicher und Pumpe).

Golfanlagen, golfspezifische Infrastruktureinrichtungen

Standardplätze mit 9, 18, 27 Spielbahnen
Der Standard eines Golfplatzes, d. h. die Zähleinheit, die die Länge eines Golfplatzes festlegt, wird vom Deutschen Golfverband festgelegt. In Abhängigkeit vom Standard werden kurze Standardplätze (Standard 60–69, entspricht 3659 - 5669 m Gesamtlänge) und Meisterschaftsplätze (Standard 70 - 74, entspricht 5670 - 6584 m Gesamtlänge) unterschieden.

Kurze Standardplätze sind für die Durchführung von Turnieren und Meisterschaften nicht oder nur bedingt geeignet. Bei Meisterschaftsplätzen wird von Golfsportlern großer Wert auf eine optimale Pflege, auf attraktive Spielbedingungen (insbesondere für Spitzenspieler) und auf optimale golfspezifische Infrastruktureinrichtungen gelegt.

In der Nähe kleiner Orte oder zur Anbindung des Erholungsangebotes in Fremdenverkehrsgebieten werden oftmals wegen des geringen Kostenaufwands und Platzbedarfs 9-Loch-Golfanlagen gebaut. Der spätere Ausbau auf eine 18-Loch-Golfanlage wird in der Regel angestrebt.

Golfcenter mit Kurzplätzen
(„Pitch- und Puttplatz", „Par 3-Platz")
Seit kurzem entstehen im Nahbereich von Ballungsräumen mit knappem Flächenangebot Golfcenter mit unterschiedlichen Übungseinrichtungen. Diese eher sportplatzähnlichen Anlagen sollen wegen der kurzen Spielbahnen vor allem Golfanfängern und wegen der kürzeren Spieldauer einer breiten Öffentlichkeit zur Verfügung stehen.

Golfspezifische Infrastruktureinrichtungen
Alle Golfplätze verfügen über ein bestimmtes Angebot an golfspezifischen Infrastruktureinrichtungen, z. B.:

- Clubhaus mit Gastronomie, Verwaltung, Sanitär- und Umkleideräume, Golfgeschäft („Pro-Shop"),
- Geräte- und Lagerschuppen für den Maschinenpark,
- Abschlag- und Regenhütten,
- Schuppen für die Pumpenanlage der Bewässerung,
- Gebäude für die Hallen-Übungsanlage („Indoor"-Anlage),
- Parkplatz mit 50–250 Stellflächen (abhängig von der Mitgliederzahl),
- Zufahrtsstraßen,
- sonstige Ausrüstungsgegenstände wie Warnschilder, Abschlagsmarkierungen, Papierkörbe, Fahnenstangen, Abschlagsmatten, Bänke),
- Spiel- und Übungseinrichtungen (vgl. Übersicht 3).

- Einleitung aus Drainagen (unter Greens und Abschlägen) in angrenzende Gewässer unterlassen.
- Für Neupflanzungen ausschließlich standortheimische Baum- und Straucharten (der potentiell natürlichen Vegetation) verwenden. Auch standortgerechte Saatgutmischung für die Saumvegetation.

Zu d): Hinweise zur baulichen Infrastruktur

- Nutzung vorhandener Bausubstanz für Clubhaus und Nebengebäude. Erforderliche neue Gebäude in vorhandene Bebauung integrieren.
- Anschluß des Clubhauses an die öffentliche Abwasserkanalisation.
- Keine Zerschneidung und randliche Beeinträchtigung von erhaltenswerten Lebensräumen durch Erschließungswege (auch nicht durch die Drainwirkung oder Stauwirkung des unterirdischen Straßenkörpers).
- Keine Bodenversiegelung durch Zufahrtswege (nur wassergebundene Bauweise)
- Nicht vermeidbare Geräuscheinwirkung (z.B. durch Pflegebetrieb) sind durch ausreichende Abstände von benachbarter Wohnbebauung fernzuhalten.
- Lage des Parkplatzes in genügender Entfernung von Wohnbebauung und Ruhezonen der Erholung.

Zu e): Hinweise zur Pflege

Um den ökologischen Gesichtspunkten ausreichendes Gewicht zu sichern, sollten grundsätzlich **Pflegepläne** nach ökologischen Prinzipien erstellt werden mit Aussagen über Art und Maß der Pflege auf den verschiedenartigen Flächen. Die Pläne sollten mit den zuständigen Naturschutzbehörden abgestimmt sein. Es sollte auch angestrebt werden, Pflegepläne mit einem extensiven Konzept in verbindlicher Form bereits beim Genehmigungsverfahren vorzulegen, um bestimmte potentielle Konflikte von vornherein auszuschließen. Eine spätere Vollzugskontrolle ist notwendig.

Düngemittel nur im unbedingt notwendigen Maß anwenden. Auf Spielbahnen kann ca. 2-3 Jahre nach ihrer Anlage auf die Düngung völlig verzichtet werden, da sich bei Belassen des Schnittguts (Mulchen) der Nährstoffhaushalt in ein Gleichgewicht einpendelt.

Auf die Anwendung von Pflanzenschutzmitteln (Pestiziden) ist grundsätzlich zu verzichten. Ihre Anwendung sollte nur in Ausnahmefällen zeitlich begrenzt erwogen werden (etwa bei Schneeschimmelbefall auf Greens).

Biologische und mechanische Pflanzenschutzmaßnahmen werden empfohlen, z.B. Einrichtung von Nistmöglichkeiten für Greifvögel, Beseitigung von Unkräutern durch mechanische und thermische Behandlung.

Mahd der nicht bespielten Rauheflächen nur einmal Ende August. Wenn eine Ausmagerung der Fläche beabsichtigt ist, kann außerdem Anfang Juli gemäht werden (Abtransport des Mähguts). Auf mageren oder feuchten Standorten genügt alle drei Jahre eine Mahd.

Pflegeeingriffe in naturnahe Gehölzbestände sind zu vermeiden, um ihre Funktion als Brut-, Nahrungs- und Deckplatz nicht zu gefährden.

Anfallendes Schnittgut und Laub kompostieren und während des Rottevorgangs mehrmals umsetzen. Bei oberflächennahem Grundwasser Kompostierungsfläche befestigen, damit keine Sickersäfte in den Untergrund eindringen.

Der Greenkeeper muß ausreichend ökologisch-fachlich ausgebildet sein. Über seine Pflegearbeiten (einschließlich eventueller Düngung) sollte er ein Nachweisbuch führen, besonders über den Einsatz von Pestiziden („Giftbuch").

5. Rechtliche Aspekte zum Golfsport

5.1 Baurechtliche Anforderungen

Der Neubau eines Clubhauses, einer Platzmeisterei und damit einhergehend die Anlegung von Parkplätzen durch den (Golfplatz-)Betreiber bedarf einer Baugenehmigung. Die planungsrechtliche Zulässigkeit eines Golfplatzes hängt insoweit davon ab, ob es sich um ein privilegiertes Vorhaben (§ 35 Abs. 1 Nr. 5 BauGB) oder um ein sonstiges Vorhaben (§ 35 Abs. 2 BauGB) handelt. Nach § 35 Abs. 1 Nr. 5 BauGB ist ein Vorhaben im Außenbereich privilegiert zulässig, wenn es wegen seiner besonderen Anforderungen an die Umgebung, wegen seiner nachteiligen Wirkung auf die Umgebung oder wegen seiner besonderen Zweckbestimmung nur im Außenbereich ausgeführt werden soll und öffentliche Belange nicht entgegenstehen. Sog. sonstige Vorhaben im Sinne des § 35 Abs. 2 BauGB können im Einzelfall nur zugelassen werden, wenn ihre Ausführung und Benutzung öffentliche Belange nicht beeinträchtigt.

5.1.1 Golfplätze als „sonstige" Vorhaben

Golfplätze sind nach überwiegender Ansicht in aller Regel nichtprivilegierte, also sonstige Vorhaben. Die Annahme einer Privilegierung scheitert meist daran, daß das Golfplatzvorhaben unter **Ausschluß der Allgemeinheit** Ruhe und Erholung nur wenigen Personen - insbesondere den Klubmitgliedern - gewährt.

Deshalb beurteilt sich die planungsrechtliche Zulässigkeit von Golfplatzvorhaben primär anhand der Voraussetzungen des § 35 Abs. 2 und 3 BauGB.

5.1.2 Beeinträchtigung öffentlicher Belange

Was an öffentlichen Belangen für die Zulassung eines sonstigen Vorhabens hinderlich sein kann, ist in dem nicht abschließenden, vielmehr ergänzungsfähigen Katalog des § 35 Abs. 3 S. 1 BGB aufgeführt. Durch Planung und Bau von Golfanlagen ergeben sich regelmäßig Beeinträchtigungen folgender öffentlicher Belange:

a) Flächennutzungsplan

Eine Beeinträchtigung des Belangs „Widerspruch zu den Darstellungen des Flächennutzungsplans" muß in der Regel angenommen werden, wenn das fragliche Gebiet im Plan nicht als Grünfläche dargestellt ist. Möglicherweise setzt dies eine vorherige Änderung des jeweiligen Flächennutzungsplans voraus.

b) Ziele der Raumordnung und Landesplanung

Sonstige Vorhaben dürfen den Zielen der Raumordnung und Landesplanung, die in Landesentwicklungs- und Regionalplänen dargestellt werden, nicht widersprechen. Beachtlich ist freilich, daß die Prüfung einer möglichen Beeinträchtigung öffentlicher Belange in Gestalt der Ziele der Raumordnung und Landesplanung in der Regel entfallen kann, sofern die Gemeinde ihrer Anpassungspflicht an die Ziele im Rahmen der Flächennutzungsplanung nachgekommen ist. Nur im Falle einer nicht erfolgten Anpassung können Ziele der Raumordnung und Landesplanung somit – bei hinreichender Konkretisierung – die Zulassung eines Golfplatzvorhabens verhindern.

c) Natürliche Eigenart der Landschaft und ihre Aufgabe als Erholungsgebiet

Grundsätzlich soll der Außenbereich als Erholungslandschaft für die Allgemeinheit zur Verfügung stehen. Hiermit ist es bspw. nicht in Einklang zu bringen, daß verstreut einzelne Bauvorhaben errichtet werden, die der Landschaft eigentlich wesensfremd sind.

Häufig fühlen sich Golfclubs mit ihren Platzwünschen zu landschaftlich besonders schönen Gebieten hingezogen, zumindest aber zu Gebieten, die bislang nicht intensiv genutzt werden. Falls der Betreiber beabsichtigt, die Anlage in einem Gebiet zu errichten, das bis dato besondere Erholungsfunktionen erfüllt, würden diese zumindest beeinträchtigt, wenn nicht gänzlich aufgehoben. Hierbei wird auf den Regelfall der Golfplatzplanung abgestellt, bei dem eine Zugänglichkeit des Platzes für die Allgemeinheit nicht vorgesehen ist.

d) Natur- und Landschaftsschutz

Besonders bedeutsam sind die Anforderungen des Bundesnaturschutzgesetzes (BNatSchG) und der Naturschutzgesetze der Länder. So erfassen das BNatSchG und das Landschaftsgesetz NW (LG NW) – neben dem oben schon dargestellten Betretungsrecht – auch **Eingriffe in Natur und Landschaft.** Unter einem solchen Eingriff verstehen die Gesetze dabei alle Veränderungen der Gestalt[1]) oder Nutzung von Grundflächen, die die Leistungsfähigkeit des Naturhaushalts oder das Landschaftsbild **erheblich** oder **nachhaltig** beeinträchtigen können[2]). Eine beispielhafte Aufzählung findet sich in § 4 Abs. 2 LG NW. Der Verursacher eines Eingriffs ist zu verpflichten, vermeidbare Beeinträchtigungen von Natur und Landschaft zu unterlassen sowie unvermeidbare Beeinträchtigungen **auszugleichen** durch Maßnahmen des Naturschutzes und der Landschaftspflege[3]). Als ausgeglichen gilt dabei ein Eingriff, wenn nach seiner Beendigung keine erhebliche oder nachhaltige Beeinträchtigung des Naturhaushaltes zurückbleibt und das Landschaftsbild landschaftsgerecht wiederhergestellt oder neu gestaltet ist. Ganz zu untersagen ist der Eingriff, wenn die Belange des Naturschutzes bei der Abwägung aller Anforderungen an Natur und Landschaft vorrangig sind und die Beeinträchtigung nicht zu vermeiden oder nicht im erforderlichen Maße auszugleichen ist[4]).

Für Golfsportanlagen bedeutet dies konkret, daß schon die Planung an diesen Grundsätzen – insbesondere dem der landschaftsgerechten Wiederherstellung des Landschaftsbildes – orientiert sein muß. Dies wird meist eine Frage der geschickten landschaftsgärtnerischen Gestaltung sein – zu denken ist an die Einbeziehung existierender Baumbestände, Herrichtung von Wasserhindernissen als Biotope, Anlegen von Wildwiesen etc. Werden die genannten Grundsätze nicht beachtet, kann eine Bauerlaubnis nicht erteilt werden.

Daneben werden Golfplätze vielfach in Bereichen geplant, die als Naturschutz- oder Landschaftsschutzgebiet ausgewiesen sind. Ein insoweit bestehender Nutzungskonflikt ist primär anhand der hierfür geltenden gesetzlichen Vorgaben des BNatSchG und der einschlägigen Vorschriften der Landesnaturschutzgesetze zu entscheiden: Sofern durch ordnungsbehördliche Verordnung bzw. einen Landschaftsplan ein **Naturschutzgebiet** festgesetzt ist, wird regelmäßig bereits diese Ausweisung ein nicht überwindbares rechtliches Hindernis für ein in diesem Gebiet geplantes Golfvorhaben darstellen.

Häufiger wird das beabsichtigte Golfplatzvorhaben nach den Vorstellungen des Betreibers in einem Landschaftsschutzgebiet liegen. Sofern die vom Bauwerber bei der unteren Landschaftsbehörde zu erwirkende landespflegerechtliche Befreiung bzw. Erlaubnis erteilt wurde, kann die Baugenehmigungsbehörde in der Regel davon ausgehen, daß insoweit keine Belange des Natur- und Landschaftsschutzes beeinträchtigt sind.

Für alle Gebiete des Außenbereichs, die nicht einer (solchen) speziellen Schutzanordnung nach dem jeweils geltenden Landesrecht unterfallen, bleibt folgendes zu beachten: Eine die Genehmigungsfähigkeit des Golf-

[1]) Hierzu gehören die aufstehenden Pflanzenbestände und bauliche Anlagen jeder Art.
[2]) § 8 Abs. 1 BNatschG; § 4 LG NW.
[3]) § 8 Abs. 2 BNatschG; § 4 Abs. 4 LG NW.
[4]) § 8 Abs. 3 BNatschG; § 4 Abs. 5 LG NW.

platzvorhabens hindernde Beeinträchtigung des naturschutzrechtlichen Belangs im bundes(bau)rechtlichen, eigenständigen Sinne ist anzunehmen, wenn ein dem Landschaftsbild oder ökologisch relevanten Teilen der Landschaft gegenüber unangemessenes Bauvorhaben - nachweisbar, etwa aufgrund von Biotopkartierungen oder Einzeluntersuchungen - vorliegt und hierdurch die Grundsätze und Ziele des Bundesnaturschutzgesetzes negativ betroffen werden.

Ob von dem geplanten Vorhaben Beeinträchtigungen i.d.S. ausgehen, läßt sich jeweils nur anhand des konkreten Einzelfalles entscheiden. Entspricht der Golfplatzträger mit seiner Planung allen von der Naturschutzbehörde eingebrachten Anregungen und sind diese in Form von Nebenbestimmungen in die Baugenehmigung eingegangen, ist eine Beeinträchtigung von Belangen des Natur- und Landschaftsschutzes regelmäßig nicht anzunehmen.

5.2 Rechtliche Anforderungen des Natur- und Landschaftsschutzrechts

In bestimmten Fällen sind parallel - oder genauer: zeitlich vorher - zum Baugenehmigungsverfahren andere Gestattungen vom Träger der geplanten Golfanlage einzuholen.

Ein von der zuständigen Naturschutzbehörde durchzuführendes Verfahren ist etwa das einer **Erlaubnis oder Befreiung** von den Festsetzungen eines Landschaftsplanes, wenn der Standort der geplanten Golfanlage in einem Landschaftsschutzgebiet liegt. Hingegen können Ausnahmegenehmigungen in Naturschutzgebieten regelmäßig nicht erreicht werden.

Sofern das Golfvorhaben im Einzelfall entweder dem Schutzzweck nicht abträglich ist sowie den Gebietscharakter nicht verändert oder dieser Zustand von der Genehmigungsbehörde durch die Beifügung von Auflagen oder sonstigen Nebenbestimmungen zur Genehmigung erreicht werden kann, hat der Betreiber einen Anspruch auf Erteilung der Erlaubnis. Die Beifügung von Nebenbestimmungen (etwa: Auflagen) zur Genehmigungsentscheidung kann freilich in konkreto einen erheblichen Einfluß auf die Planungsgrundlagen des Golfvorhabens ausüben.

6. Zusammenfassende Würdigung

Der Golfsport beansprucht die Landschaft durch eine sehr flächenintensive Anlage bei relativ geringer Nutzungsintensität. Die Standortansprüche für den Golfplatz sind sehr flexibel, weil sie weder auf Naturnähe noch auf bestimmte Landschaftsformationen angewiesen sind.

Die Errichtung von Golfanlagen ist schon allein aufgrund ihrer Flächenausdehnung ein Eingriff von überörtlicher Bedeutung. In Landschaften mit guter Erholungseignung für die Allgemeinheit ist die Reservierung großer Flächen für einen eingegrenzten Personenkreis heute nur noch vertretbar, wenn schwerwiegende öffentliche Belange dies erfordern. Im Rahmen dieses Handbuchs geht es jedoch nicht um die soziale Verträglichkeit, sondern um die Frage der Umweltauswirkungen. Aus ökologischer Sicht ist ein Golfplatzprojekt nur vertretbar, wenn damit keine Einbußen an Umweltqualität verbunden sind. Da jedoch die flexiblen Standorterfordernisse eines Golfplatzes darüber hinaus eine ökologische Standortaufwertung relativ leicht möglich machen, sollte der „landschaftliche Golfplatz" als Forderung gelten, d.h. ein Platz, dessen relativ naturferne Spielbahnen (Vielschnittrasen) nicht mehr als ein Drittel des Platzareals einnehmen. Eine ökologische Aufwertung der Fläche durch Golfsport ist nur möglich, wenn der weit überwiegende Flächenanteil des projektierten Anlagenstandorts aus Acker besteht.

Angesichts der stark wachsenden Nachfrage nach Golfplätzen sollte also durch strenge Rahmenvorgaben bei der Standortwahl verhindert werden, daß ökologisch reichhaltige Landschaftsteile entwertet werden. Statt dessen sollte die Chance genutzt werden, hoch belastete Ackerflächen durch Golfsport aufzuwerten.

Aus rechtlicher Sicht zusammenfassend:

Bei der Errichtung von Golfplätzen sind primär baurechtliche Anforderungen zu beachten. Innerhalb des baurechtlichen Genehmigungsverfahrens wird aber auch die Beeinträchtigung öffentlicher Belange, insbesondere solche des Naturschutzes, überprüft. Ein Golfplatz gilt als Eingriff in Natur und Landschaft. Über dessen Vermeidung, Zulässigkeit und gegebenenfalls Ausgleich hat die Genehmigungsbehörde zu befinden, möglichst auf der Grundlage einer kommunalen Umweltverträglichkeitsprüfung.

Literatur

AMANN, E.: Hinweise zur Strukturierung von Erholungsbelangen der Allgemeinheit bei der Beurteilung stadtnaher Golfvorhaben, in: Landschaft und Stadt, H. 3, 1989

BAVARIA SPORT U. FREIZEIT (Hrsg.): Golfplatz-Bau in der Praxis. Seminarbericht, München 1987

BGL (Bundesverb. Garten-, Landschafts- u. Sportplatzbau), DGV et.al. (Hrsg.): Stillegung landwirtschaftlich genutzter Flächen – eine Chance für den Golfsport. Ergebnisse eines Experten-Kolloquiums 1987

BISP (Bundesinstitut f. Sportwissenschaft): Planung, Bau und Unterhaltung von Golfplätzen. Schriftenreihe Sport und Freizeitanlagen, Planungsgrundlagen P 1, Köln 1987

BRÜGELMANN, J.: Trends im Golfsport, in: Sportstättenbau und Bäderanlagen, H. 2, 1990

CIPRA (Internationale Alpenschutz-Kommission) (Hrsg.): Sport und Umwelt im Alpenraum (I): Golf, 6/90, Vaduz 1990

DGV (Deutscher Golf Verband): Golf – Sport in Landschaft und Umwelt, Wiesbaden 1985

ERBGUTH, W. / H.-J. RICHARD: Golfplätze als privilegierte Außenbereichsvorhaben. Natur und Recht 1987, 214

FINGER, J.: Zurück zur Natur, in: Golfmagazin, H. 6, 1982

FORTMANN, H./E.-M. HINRICHS/S. KRIEG-KLINGER/A. TESCH: Umweltverträglichkeit von Golfsportanlagen. Arbeitsmaterialien 11. Schriftenreihe des Instituts für Landschaftspflege und Naturschutz der Univ. Hannover, 1989

FREISE-HARENBERG / D. SCHUPP: Golf und Naturschutz, in: Informationsdienst 5, Niedersächsisches Landesverwaltungsamt (Hrsg.), Hannover 1989

HAAG, W.: Golfen im Dienst des Biotop- und Artenschutzes? (Beispiel Golfclub Schotten), in: WWF-Journal 1, 1987

HABER, W.: Zur landschaftsökologischen Beurteilung von Golfplätzen, in: Golfmagazin, H. 3, 1983

HARDT, G. / H. SCHULZ / H. JACOB: Nmin – Gehalte unter Golfrasen, in: Rasen – Turf – Gazon, H. 2, 1988

LASSEN, D.: Landschaftsökologische Flächenbilanz auf Golfplätzen, in: Natur und Landschaft, H. 2, 1989

LFU (Bayer. Landesamt f. Umweltschutz) und ANL (Akademie f. Naturschutz u. Landschaftspflege): Naturschutz und Golfsport. Merkblätter zur Landschaftspflege und zum Naturschutz 2, München 1989

MINISTERIUM F. UMWELT B.W. (Hrsg.): Leitfaden zur landschaftsbezogenen Beurteilung und Planung von Golfanlagen. LfU, Karlsruhe 1989

SCHEMEL, H-J.: Umweltverträgliche Freizeitanlagen – Eine Anleitung zur Prüfung von Projekten des Ski-, Wasser- und Golfsports aus der Sicht der Umwelt, Bd. 1 (Analyse und Bewertung). Berichte des Umweltbundesamtes 5, Berlin 1987

SCHEMEL, H.-J.: Die Umweltverträglichkeitsprüfung von Golfplätzen im Rahmen von Raumordnungsverfahren, in: Arbeitsmaterial 172, 12. Seminar für Landesplaner in Bayern. Akademie für Raumforschung und Landesplanung (Hrsg.), Hannover 1990

STEINBERG, E.: Golfplätze in der Region München – Situation und regionalplanerische Beurteilung, in: Landschaft und Stadt, H. 1, 1989

TETTINGER, P.J./A. KLEIN-SCHNITTGER: Aktuelle Rechtsprobleme im Konfliktfeld von Sport und Umweltschutz. Juristen-Zeitung, 47. Jg. 1992, H. 3, S. 109, 114f.

WALTER, S.: Golfplätze aus landschaftspflegerischer Sicht, in: Garten und Landschaft, H. 6, 1986

WOLF, G.: Schutz und Pflege von Biotopen und Golfplätzen, in: Garten und Landschaft, H. 6, 1986

Landgebundener Motorsport (M)

Landgebundener Motorsport (Automobil- und Motorradsport)

1. Einführung

Der Automobil- und Motorradsport zählt zu den umstrittendsten Sportarten, wobei sich die Kritik nicht nur auf die Umweltauswirkungen bezieht, sondern auch z.B. folgende Argumente anführt:

- „Der (landgebundene) Motorsport ist nicht mehr Sport, sondern in erster Linie Geschäft und Show (im Hinblick auf die spektakulären Rennveranstaltungen und auf die Werbestrategien der Kraftfahrzeugindustrie)."
- „Der Motorsport übt einen schlechten Einfluß auf das Fahrverhalten im normalen Straßenverkehr aus, weil damit das Schnellfahren (z.B. in Form waghalsiger Überholmanöver) mit einem positiven Image belegt wird. Dem Ziel eines defensiven, energiesparenden Fahrverhaltens widerspricht zumindest der auf Geschwindigkeit ausgelegte Motorsport."
- „Der Motorsport ist nur ‚die Spitze des Eisbergs der motorisierten Gesellschaft'. Diese Kritik richtet sich weniger gegen den Motorsport als solchen, sondern vielmehr gegen seinen Mißbrauch als Vehikel einer unkritischen (die Problematik des Kfz-Verkehrs verharmlosenden) Auto-Ideologie, in deren Blickwinkel die Welt zur Motorwelt gerinnt."
- „Autorallyes und andere Motorsportveranstaltungen sind nicht zeitgemäß, weil sie ein Verkehrsmittel propagieren, dessen Probleme (Verkehrsopfer, Umweltbelastungen) eine der größten Herausforderungen unserer Zeit darstellen. Statt dem Auto ein positives Image zu verschaffen, entspricht den Forderungen unserer Zeit vielmehr eine Haltung, die im Automobil und Motorrad lediglich ein notwendiges Übel sieht, solange andere (öffentliche) Verkehrsmittel nicht in ausreichendem Maße zur Verfügung stehen."
- „Der Autosport dient der Automobilindustrie dazu, Bedürfnisse nach ihren Produkten zu wecken. Kein Produkt wird so intensiv mit dem Stichwort ‚Sport' vermarktet wie das Auto." Hierzu ein Zitat: „Die Automobilbranche sorgt mit ihren Rennabteilungen, Werbemanagern und durch die alltägliche Programmierung auf die Schnelligkeit ihrer Produkte dafür, daß das Verkehrsmuster der ‚Geschwindigkeit' und ‚Sportlichkeit' weiter in den Köpfen der Menschen Bestand hält. Rennsport, Automobilismus und der Geschwindigkeitsmythos stehen für eine Politik, die das Auto vor den Menschen stellt" (SCHERHAG, 1986).

Die Motorsportverbände führen demgegenüber u.a. folgende Argumente **für** den Motorsport ins Feld:

- „Der Motorsport ist die beste Erziehung für mehr Verkehrssicherheit, weil die Sportler die Beherrschung ihres Fahrzeugs besonders gut lernen."
- „Der Motorsport ist die Haupttriebfeder der technischen Weiterentwicklung im Fahrzeugbau (auch in bezug auf energiesparende und umweltschonende Technologie)."
- „Durch die Organisation in Motorsportclubs wird das wilde, unkontrollierte Fahren auf ungeeigneten Flächen unterbunden, indem es auf geregelte Bahnen gelenkt wird."

Im vorliegenden Handbuch soll zum grundsätzlichen „Pro und Contra Motorsport" keine Stellung bezogen werden. Es geht hier lediglich darum, die Berührungspunkte des Sports mit Umweltbelangen aufzuzeigen und Konfliktlösungen anzubieten.

Zunächst einige Angaben zum Motorsport:

In der Bundesrepublik Deutschland gibt es ca. 154.000 aktive Motorsportler (Stand 1989), die im Allgemeinen Deutschen Automobil Club (ADAC), im Automobilclub von Deutschland (AvD) und im Deutschen Motorsport Verband (DMV) organisiert sind. Aktive Motorsportler im engeren Sinne (Lizenzfahrer) zählen ca. 16.000 (Vierrad) und ca. 6.000 (Zweirad). Nach Auskunft des DMV kommen noch ca. 200.000 nichtorganisierte Besitzer von Gelände-Motorrädern hinzu.

Die vielfältige Ausprägung des Automobil- und Motorradsports ist in den Übersichten 1a) und 1b) stichwortartig nach Wettbewerbsarten (ohne Differenzierung nach Fahrzeugklassen) dargestellt. Allein der ADAC führte in der Bundesrepublik 1986 insgesamt ca. 1.000 Automobilveranstaltungen für lizensierte Sportler und rund 4.000 Veranstaltungen für Hobbysportler durch (ADAC 1987). Nach Auskunft des ADAC (Messner, mündl.) sind als Folge von Selbstbeschränkungen die Veranstaltungen in den letzten Jahren erheblich reduziert worden, und zwar auf 680 (mit Lizenz) und 2.700 (Hobbysportler) im Jahre 1989. Die Veranstaltungen mit Lizenzfahrern finden zu 30 – 40% im freien Gelände statt, ansonsten auf permanenten Rennstrecken.

Es gibt in Deutschland zwei permanente, asphaltierte Rennstrecken (Nürburgring und Motodrom Hockenheim). Die meisten **Rennen** werden auf permanenten Rennstrecken, selten auf öffentlichen (gesperrten) Straßen durchgeführt. Asphaltierte kleinere Kart-Bahnen zwischen 500 und 1.300m Länge kommen hinzu (z.B. 22 ADAC-Bahnen). Der **Bahnsport** spielt sich auf unversiegelter Fläche ab: in der Bundesrepublik gab es 1987 knapp 80 permanente Sand-, Speedway- und Grasbahnen und ca. 80 Motocross-Strecken. Nach Auskunft des ADAC haben sich diese Zahlen in jüngster Zeit vermindert (Selbstbeschränkung). Zahlen zu Übungs- und Wettkampfplätzen für sonstiges **Geländefahren** (Enduro und Trial) liegen nicht vor. Längst nicht jeder der gegenwärtig 2.131 Motorsportclubs (Stand 1989) hat einen solchen Platz zu Verfügung. Die Motorsportverbände fordern für jeden Club der Enduro oder Trial betreibt, ein eigenes Übungsge-

Übersicht Ia: Wettbewerbsarten des Automobilsports mit Flächenbeanspruchung

Wettbewerbsarten:	Erläuterung zur Aktivität	Art der beanspruchten Fläche
Lizenzsport Automobile:		
Rundstreckenrennen	Touren-, Sport- und „Formel”wagen nach Geschwindigkeit	Rundkurs auf permanenter Rennstrecke (z. B. Nürburgring) oder Flugplatzpisten
Bergrennen	kurvenreiche Bergstrecken, „Kampf gegen den Berg und gegen die Uhr”	öffentliches Straßennetz
Slalom	Parcourslänge 1000–2000 m („Wedeln um rot-weiße Hütchen”)	größere Parkplätze (asphaltiert)
Kart- und Elobilrennen	mit „Go-Karts”, für Jugendliche ab 12 Jahren und Erwachsene. Elobile sind mit Elektromotoren ausgestattet.	asphaltierter Rundkurs, auch in geschlossenen Hallen (Elobile)
Auto-Cross	Geländefahrt auf unbefestigten Rundkursen (von 600 bis 1000 m Länge und 8–10 m Breite), schwieriges Gelände mit Streckenmarkierungen	freies Gelände (Schotter, Sand, abgeerntete Ackerflächen, Kiesgruben, selten Wald)
Rallyecross	maximal 6 km Rundstreckenrennen im Sprintstil	ca. 1000 m lange permanente Rennstrecke mit abwechselndem Schotter- und Asphaltbelag
Leistungsprüfung	bis 200 km (national), über 200 km (international) auf abgesperrten Rundkursen mit schwieriger Streckenführung	permanente Rennstrecke (z. B. Nordschleife Nürburgring oder Hockenheim-Motodrom)

Rallye/ Wertungsfahrt	Gesamtstrecke bis 200 km (national), über 200 km (international), bestehend aus (abgesperrten) Sonderprüfungen mit dazwischenliegenden Verbindungsetappen im öffentlichen Straßenverkehr (hier maximaler Schnitt 40 km/h)	über Straßen (befestigt und unbefestigt) und durch Gelände (Schotter, Sand, Schlamm, Wasserdurchfahrten, Bodenwellen, Sprunghügel, Schnee, Eis)
Truck-Rennen	Rennen von Lastwagen (Sattelschlepper, Spezialkonstruktionen etc.)	permanente Rennstrecke (Nürburgring, Hockenheim)
Lizenzfreie, touristische Wettbewerbe des Automobilsports:		
Orientierungsfahrten	maximal 75 km Streckenlänge und höchstens 3 Stunden Organisationszeit	öffentliches Straßennetz
Bildersuchfahrten	neben der Strecke wird eine Anzahl von Motiven gesucht	öffentliches Straßennetz
Auto-Trial	besondere Geschicklichkeitsanforderungen auf abgesteckten schwierigen Geländeanpassungen (Sektionen)	freies Gelände (Steinbrüche, Kies- und Sandgruben, Brache)
Geschicklichkeitsturniere	auf engem Raum werden die Wagen an Hindernissen vorbeigesteuert, z. B. Slalom rückwärts	asphaltierte Plätze (z. B. Parkplätze)
Stern-, Ziel- und Heimatfahrten	mehrere Orte (mit Sehenswürdigkeiten) werden innerhalb einer festgesetzten Zeit angefahren („Tourensport" oder „Motor-Touristik")	öffentliches Straßennetz
sonstige Wettbewerbe	z. B. Skijöring (Skifahrer wird nachgezogen), Schlepperturniere und Geschicklichkeitsturniere für Lastwagen	befestigte und unbefestigte Flächen

Übersicht Ib: Wettbewerbsarten des Motorradsports mit Flächenbeanspruchung

Wettbewerbsarten:	Erläuterung zur Aktivität	Art der beanspruchten Fläche
Lizenzsport Motorräder:		
Straßenrennen	Rundstreckenrennen, Bergrennen mit nicht für den Straßenverkehr zugelassenen Motorrädern	abgesperrte Straßen oder auf permanenten Rennstrecken und Flugplätzen
Bahnsport	Grasbahn, Sandbahn, Speedway und Eisspeedway. Rundkurse 500-1000 m lang, bei Speedway 400 m. Bewertet wird nach Schnelligkeit. Maschinen haben keine Bremsen	Motorsport-Stadien: Rennanlagen mit offenem Boden (Sand, Asche, Gras), auch in Hallen
Trial	Bewertet wird nur der Fahrstil des Motorradfahrers in schwierigem Gelände (Höchstfahrzeit festgelegt). Langsames, relativ geräuscharmes Fahren	freies Gelände mit Hindernissen (Gräben, Schlamm, Steine, hohe Stufen, enge Kehren)
Enduro	Geländefahrt besteht aus „Zuverlässigkeitsfahrt" und „Sonderprüfung", insgesamt ca. 150 km Streckenlänge (3–4 Runden). Mindestens 60 % durch schwieriges Gelände (Steilstrecken, Schotter etc.), bei Sonderprüfung (3–5 km) Höchstgeschwindigeit, sonst Schnitt 50 km/h	freies Gelände und öffentl. Straßen sowie auf Truppen-Übungsplätzen
Moto-Cross	Wird auf einem natürlichen Rundkurs im Gelände gefahren. Die Rundenlänge beträgt zwischen 400 und 2000 m sowie 6 m Breite. Strecke mit Steigungen und Abfahrten, Kurven, Geraden und Sprunghügel (Zeitraum 15–40 Minuten)	freies Gelände (z. B. Brache, Kiesgrube), auch in Hallen und Stadien möglich (Hallen-Cross-Cup)

Lizenzfreie, touristische Wettbewerbe des Motorradsports:		
Motorradtouristik	Heimat-, Bildersuch- oder Quizfahrten, Ziel- und Sternfahrten: Zielorte müssen in einer festgesetzten Zeit angefahren werden	öffentliches Straßen- und Wegenetz
Motorrad-Turnier	Geschicklichkeitsprüfung: schwierige und überraschende Situationen im Straßenverkehr werden simuliert (Parcours ist in möglichst kurzer Zeit zu durchfahren)	Straßen- und Wegenetz, Parkplätze
Motorrad-Slalom	400-m-Slalomstrecke nach Schnelligkeit	Hartplatz
Straßenzuverlässigkeitsfahrt	Streckenlänge maximal 120 km (Sollfahrzeit nicht mehr als 40 km/h) mit zwei Sonderprüfungen	permanente Rennstrecken Nürburgring, Hockenheim
Geländefahrten	Streckenlänge maximal 30 km (2–3 Runden)	freies Gelände (z. B. Feldwege, abgeerntete Äcker)
Trial	Auf ca. 30 schwierigen Strecken (Sektionen) nach Geschicklichkeit	freies Gelände (z. B. Steinbrüche, Kiesgruben)
Sonstige Veranstaltungen	z. B. Skijöring (Skifahrer am Seil), Motoball (Motorrad-Fußballspiel)	Hart- oder Rasenplatz

Informationsquellen: ADAC-Motorsport Jahrbuch 1989, ADAC-Automobilsport-Leitfaden (1989), ADAC-Motorradsport-Leitfaden (1988), „Motorsport Kurzinformation über die Disziplinen Automobil und Motorrad" DMV-Landesgruppe Baden-Württemberg (o.J.) und BAUER (1989) sowie mündliche Auskünfte (Messner, ADAC).

lände. Es laufen auch Bestrebungen nach weiteren permanenten Großrennstrecken (BAUER 1989).

2. Gemeinsame Teilziele

Wie aus der Dokumentation „ADAC und Umwelt" (1989) hervorgeht, setzt sich der größte Motorsport-Verband ein für

- Schadstoffreduzierung (für bleifreien Kraftstoff und schadstoffarme Fahrzeuge).
- Lärmschutzmaßnahmen (technische Maßnahmen der Geräuschreduzierung am Fahrzeug, Aufklärung für mehr „lärmbewußtes Verhalten", „Leise fahren – Kraftstoff sparen").
- Mitwirkung bei Verkehrsberuhigung und Geschwindigkeitsbegrenzung im innerörtlichen Bereich. Neben der Erhöhung der Verkehrssicherheit geht es darum, „Lärm und Abgase der Verkehrs zu mindern. Zusätzlich werden Fahrten im Freizeit- und Erholungssektor vermieden, da die Aufenthaltsfunktion im Nahbereich verbessert wird" (S. 76).

Unter der Überschrift „Motorsport und Umwelt – Konsequente Rücksichtnahme" bekundet der Motorsport in einer Selbstdarstellung seine Bereitschaft zur „strikten Selbstbeschränkung": „Die Anzahl der Veranstaltungen wurde reduziert, der Trend geht heute zu einer deutlichen Qualitätssteigerung der bestehenden Rallyes. Bei der Streckenwahl sind die Organisationskomitees sehr umsichtig: Rallyefahrer bleiben fort aus Naturschutzgebieten. Es wird dafür gesorgt, daß Ortschaften möglichst weiträumig umfahren werden. Der Strom der Zuschauer wird kanalisiert, nur einige wenige Stellen, die sowohl attraktiv als auch problemlos erreichbar sind, werden als Zuschauerpunkte ausgewiesen." Es werden auch Beispiele genannt

- für die Verminderung des Lärms (Schalldämpfer, niedrigere Grenzwerte für Rennfahrzeuge)
- für eine Reduzierung des Kraftstoffverbrauchs (Einführung der Verbrauchsformel: Jahr für Jahr wird eine bestimmte Menge Kraftstoff weniger gestattet)
- für die Durchsetzung von Katalysatoren und bleifreiem Benzin bei bestimmten Wettbewerbs-Klassen.

In dem ADAC-Faltblatt „Machen Sie mit! Motorsport ist fair zur Umwelt" wird die Einhaltung von Verhaltensregeln empfohlen (siehe Kap. 4.3).

3. Konflikte

3.1 Checkliste

Im folgenden werden die möglichen Umweltbelastungen den verursachenden Aktivitäten des Motorsports zugeordnet.

Erstellung von und Betrieb auf festen Anlagen (permanente Rennstrecken wie Nürburg-Ring, aber auch kleinere asphaltierte Strecken):
- Waldrodungen
- Überbauung und Beeinträchtigung wertvoller Biotope
- Flächenversiegelung, verstärkter Oberflächenabfluß bei Niederschlägen
- Verschmutzung von Oberflächengewässern durch Fahrbahnabwässer
- Grundwassergefährdung durch flüssige Schadstoffe (z.B. Öle, Schwermetalle)
- Bodenbelastung durch flüssige und gasförmige Schadstoffe (z.B. Blei-Abgase)
- Zerschneidung von Lebensräumen (Unterbrechung ökologischer Kontaktbeziehungen)
- Eingriffe ins Relief (Nivellierungen, Aufschüttungen)
- Beeinträchtigung des Landschaftsbildes
- Erzeugung von Lärm (Sportbetrieb)
- massive temporäre Eingriffe während der Bauphase

Großveranstaltungen mit großer Besucherzahl (bis ca. 100.000 am Nürburgring bei einer Veranstaltung), vgl. Kap. B:
- Lärm und Abgase durch den Besucherverkehr
- Lärm durch die Zuschauer
- Vegetationsschäden durch Tritt der Zuschauer
- Hinterlassen von Abfällen

Sekundäranlagen (als Nebenanlagen oder als Folge permanenter Rennstrecken):
- Bau oder Ausbau von Zubringerstraßen
- Bau von Nebenanlagen (Tribünen, Parkplätze, Versorgungsgebäude)
- Bau zusätzlicher Freizeitanlagen (z.B. Campingplätze, Freizeitpark, Feriendorf)
- Veränderung des Landschaftscharakters (Verdrängung ruhiger, nichtinfrastrukturorientierter Erholungsformen)

Rennen auf öffentlichen Straßen und Wegen:
- Erzeugung von Lärm und Abgasen
- Beunruhigung scheuer Tierarten in der Nachbarschaft der Rennstrecke

Beanspruchung von Gelände in der freien Landschaft (Geländefahren):
- Erzeugung von Lärm und Abgasen im Rahmen von Wettkämpfen, Übungsfahrten und Besucherverkehr
- Belastung bzw. Zerstörung von teilweise schutzwürdigen Pflanzengemeinschaften (durch Reifendruck, Reifenschlupf, Bodenverdichtung, Wurzelverletzungen und Tritt)

- Belastung oder Vernichtung von (teilweise schutzwürdigen) Tierpopulationen durch Veränderung und Zerstörung von (Teil)Lebensräumen, durch Beunruhigung und Vertreibung von (z.B. brütenden) Vögeln und sonstigen störanfälligen Großtierarten sowie durch Überfahren (z.B. von Amphibien und Reptilien)
- Boden- und Gewässerverschmutzung durch Öl und andere Schadstoffe (mit Gefahr der Grundwasserbeeinträchtigung)

In dieser Checkliste sind zwar die Auswirkungen des Besucheraufkommens bei Großveranstaltungen angesprochen, jedoch nur insoweit, als die Besucher**massierung** auf relativ engem Raum zu besonderen Belastungen führt. Die Umweltauswirkungen des Anreiseverkehrs (Luftbelastung, Lärm, Ressourcenverbrauch) sind hier bewußt nicht berücksichtigt (vgl. dazu Kap. „Großveranstaltungen").

3.2 Besonders beachtenswerte Konflikte

Die Hauptkonflikte des Motorsports mit Belangen des Umwelt- und Naturschutzes lassen sich in zwei Gruppen unterteilen: umwelthygienische Konflikte (Lärm- und Abgasproblematik) und landschaftsökologische Konflikte (Beanspruchung ökologisch sensiblen Geländes abseits von befestigter Fahrbahn).

Der Technische Überwachungsverein Norddeutschland und andere Institute (zitiert in UBA 1989) haben folgende Emissionswerte (Schalleistungspegel) für Lärm auf bestimmten Motorsportanlagen ermittelt:

Motocross: 128 dB(A). Motorräder werden zu 70% der Veranstaltungsdauer betrieben.

Speedway: 135-138 dB(A). Motorräder sind zu 40% der Veranstaltungsdauer in Betrieb.

Sandbahn: 137 dB(A). Motorräder werden zu 40% der Veranstaltungsdauer betrieben.

Die Lärmproblematik (nicht nur im Zusammenhang mit Motorsport) wird in einem eigenen Kapitel abgehandelt. Im folgenden soll vertieft auf das landschaftsökologische Konfliktfeld eingegangen werden.

Vor allem durch folgende drei Sportformen werden Teile der freien Landschaft intensiv beansprucht:

- durch Geländefahrt (GS) mit Enduro-Maschinen, wobei die Wettbewerbe auf Straßen, Feld- und Waldwegen sowie auf separaten Landschaftsbereichen (für Cross-Prüfungen) durchgeführt werden;
- durch das Trial in sehr schwierigem Gelände, wobei es allein um die Geschicklichkeit geht;
- durch das Motocross, wobei im Pulk auf Geschwindigkeit gefahren wird: Rundkurs ohne extreme Geländebedingungen (nur Bodenwellen und ähnliche leichtere Hindernisse sind erwünscht).

Nicht nur die Wettkampfveranstaltungen, sondern auch der Übungsbetrieb und in zunehmendem Maße die wettbewerbsunabhängigen Aktivitäten der nichtorganisierten Besitzer von Geländemotorrädern können in empfindlichen Landschaftsteilen zur Ursache von ökologisch gravierenden Zerstörungen werden.

Die beiden folgenden Zitate veranschaulichen die Beanspruchung der Landschaft: „Daß es Schwierigkeiten mit den GS-Veranstaltungen gibt, leuchtet ein. Denn hier lassen sich Flurschäden kaum vermeiden; soll die Strecke für den Fahrer Würze haben und die Zuschauer nicht zum Gähnen bringen, muß auch im Wald gefahren werden – da gibt's Schlamm, Auffahrten, Wurzeln" (aus: Motocross 1/83). „Die Trial-Strecke ist ein Gelände-Rundkurs, dessen Spezial-Abschnitte so raffiniert angelegt sind, daß der Laie es für nahezu unmöglich hält, sie mit einem Motorrad zu bezwingen. Die Strecke liegt meistens im Brachland, stillgelegten Steinbrüchen oder Sandkuhlen" (ADAC-Motorradsport, Leitfaden 1988).

In den vom Geländesport beanspruchten Landschaftsteilen entstehen vor allem folgende ökologische Belastungen:

- Zerstörung der Vegetationsdecke und Beschädigung von Wurzeln im Bereich der wiederholt befahrenen Spuren. Dabei kann es auch zur Vernichtung von Beständen gefährdeter Arten kommen.
- Verringerung der Artenzahl und Verschiebung des Artenspektrums, indem solche Pflanzengesellschaften aus der Fläche „gedrängt" werden, die gegenüber mechanischer Belastung (Tritt, Überrollen) empfindlich reagieren. Auch hier können seltene und gefährdete Arten betroffen sein.
- Die Belastung der Tierwelt durch Beunruhigung und Vertreibung (z.B. bei brütenden Vögeln und Säugetieren) sowie durch Überfahren (Reptilien, Amphibien, Käfer etc). So etwa werden Eidechsen und Blindschleichen leicht getötet, die sich auf vegetationslosen Stellen (z.B. Fahrspuren) sonnen. Auch der Laich von Amphibien wird beim Durchfahren alter, wassergefüllter Spuren vernichtet. In manchen Fällen werden seltene Arten betroffen und ganze Populationen ausgelöscht (SCHULTHEISS 1985).

  Durch den Motorsport besonders gefährdet sind Arten, die
  - auf dem Boden bzw. auf Wiesen brüten (z.B. Ziegenmelker, Brachvogel),
  - in Steilwänden brüten (z.B. Uferschwalbe),
  - auf offenen lockeren Boden (z.B. Ameisenlöwe) oder auf bestimmte (geschädigte) Pflanzen angewiesen sind (Insekten),
  - auf Beunruhigung mit Flucht reagieren (z.B. Birkwild).
- Die Belastung der Tier-Lebensräume durch Abgase und Öl. Am Beispiel der Käfer- und Spinnenfauna hat MAURER (1974) eine durch Verkehrsimmissionen erheblich verringerte Artenvielfalt nachgewiesen (zitiert bei BAUER 1989). Das Problem der Ölverschmutzungen ist inzwischen technisch gelöst, indem bei den Sportfahrzeugen Öl- und Benzin-Auf-

fangbehälter am Vergaser und Motor installiert worden sind. Daher können nur noch Störfälle in dieser Hinsicht zum Problem werden.
- Die Konflikte des Motorsports mit anderen, auf Ruhe ausgerichteten Formen der Erholung in der freien Landschaft werden im Rahmen des Kapitels „Lärm" (A) angesprochen.

3.3 Zur ökologischen Qualität von Motorsport-Gelände

In die ansonsten intensiv landwirtschaftlich genutzte Kulturlandschaft „eingestreute" Brachländer, Ruderalstellen, aufgelassene Kiesgruben, Steinbrüche etc. zeichnen sich durch ihren großen Artenreichtum aus und erfüllen folgende ökologische Funktionen:
- Reproduktionsstätten für Säugetiere, Vögel, Reptilien und wirbellose Tiere,
- Nahrungsräume für die meisten Tierarten,
- Fluchträume für die Mehrzahl der Wirbeltierarten,
- Überwinterungsräume (z.B. für Insektenlarven und -eier).

Von diesen ungenutzten Lebensräumen aus können die benachbarten Flächen immer wieder besiedelt werden. Aus ökologischer Sicht ist eine räumliche Vernetzung solcher relativ isolierter „Trittsteinbiotope" ein besonders wichtiges Ziel.

Für motorsportlich anspruchsvolles, interessantes Gelände (Geröll- und Feinschutthalden, Steinbrüche, flächig ausgebildete vegetationsfreie Standorte, Sand- und Kieswände, eingestreute Feuchtbereiche) sind z.B. folgende ökologische Standort-Ausprägungen charakteristisch und treten folgende typische Indikator-Tierarten und -gruppen auf (RIECKEN/BLAB 1989):

a) ohne Bodenauflage, trockenwarme Felsschutt- und Geröllfluren mit starker Erwärmung und großen Temperaturunterschieden im Tages- und Jahresgang:
   - Kriechtiere (z.B. Mauereidechse)
   - Schmetterlinge (z.B. Roter Scheckenfalter, Apollofalter)
   - Springschrecken (z.B. Rotflügelige Ödlandschrecke)

b) gebüschbestandene Steinhaufen:
   - Reptilien (z.B. Blindschleiche, Zauneidechsen)
   - Iltis

c) vegetationfreie Flächen (z.B. Störstellen in Trocken- und Halbtrockenrasen):
   - Laufkäfer (z.B. Amara infirma)
   - Ameisenlöwen
   - Hühnervögel (z.B. Rebhühner, Wachteln) Sandbadestellen

d) Sandbänke und andere „Sandstrukturen":
   - Grabwespen
   - Bienen (insbes. Sandbienen)
   - Faltenwespen

- Laufkäfer-Larven
- Schwarzkäfer

e) sonnenexponierte Erdwände, Abbruchkanten, Kieswände:
- Bienenfresser (Vogel)
- Uferschwalbe
- Wespen und Bienen (wie d)
- Kurzflügelkäfer

f) nordexponierte (beschattete) Erd-, Kies- oder Lehmwände:
- Eisvogel

g) Steinbruch-Schotterflächen (kiesig), Aufschüttungen:
- Schmetterlinge (zahlreiche Arten)
- Rüsselkäfer (zahlreiche Arten)
- Blattkäfer
- Bockkäfer (z.B. Natterkopf-Walzenhalsbock)

h) waldfreie, vegetationsreiche Feucht- und Naßstellen (z.B. feuchte/nasse Hochstaudenbestände) mit feuchtkühlem Mikroklima, hoher Bodenfeuchte:
- Laufkäfer (zahlreicher Arten)
- Springschrecken (z.B. Sumpfschrecke)
- Spinnen (z.B. Antistea elegans).

i) vegetationslose, schlammige Bereiche im Einfluß des Grund- und Stauwassers:
- Laufkäfer (zahlreiche Arten)
- Springschrecken (z.B. Lang- und Kurzflügige Schwertschreke)
- Schwalben (Entnahmestellen von Lehm für Nestbau)

k) kleine offene Wasserflächen (zum Teil nur temporär):
- Lurche (z.B. Moorfrosch, Laubfrosch, Kreuzkröte (sehr gefährdet)
- Kriechtiere (z.B. Ringelnatter)
- Schwimmkäfer (zahlreiche Arten)
- Krebse (z.B. Lepidurus apus)
- Strudelwürmer

Die hier nicht vollständig aufgezeigten Biotoptypen geben bereits einen hinreichenden Eindruck von der strukturellen Vielfalt des für den Motorsport bevorzugten Geländes (ohne Wald und ohne Bereiche an der Küste und in den Alpen).

4. Lösungsansätze

4.1 Maßnahmen allgemein

Daß die Verbände und Vereine des Motorsports sich aus Einsicht in die ökologischen Zusammenhänge ihres Tuns und aus Verantwortung gegenüber der Umwelt für eine Vermeidung von Umweltbelastungen einsetzen und auch Einschränkungen ihrer Sportausübung befürworten – das ist ein Ziel dieses Handbuchs. Die Verbände und Vereine können auf ihre Mitglieder in diesem Sinne einwirken und bei der Organisation von Wettbewerbsveranstaltungen die ökologischen Grenzen respektieren.

Die Möglichkeiten der Selbstbeschränkung und Selbstkontrolle sind jedoch im Hinblick auf die unorganisierten Freizeitsportler wesentlich geringer. Aber gerade diese Gruppe verursacht in vielen Fällen die meisten Umweltprobleme. Laut SCHULTHEISS (1986) findet die „Sportausübung am Feierabend" mit Gelände-Motorrädern zu 40% in der „freien" Natur, zu 20% auf Feldwegen und zu 40% auf Straßen statt. Dem undisziplinierten („wilden") Fahren abseits von Wegen kann durch Vereine entgegengewirkt werden, die ihre Mitglieder dazu bringen, den Motorsport nur auf dafür ausgewiesenen Flächen auszuüben.

Sowohl die organisierten als auch die nichtorganisierten Motorsportler werden durch die Werbung der Sportartikel-Hersteller erreicht. Wenn die einschlägige Werbung suggeriert, das Fahren durch unwegsames Gelände gehöre zum „Abenteuer Motorsport" und sichere dem Fahrer die Bewunderung seiner Mitbürger, dann blockiert dies jeden Versuch, den Motorsportler zu einem rücksichtsvollen Verhalten gegenüber der Natur anzuhalten. In diesem Bereich der Image-Pflege können die Motorsportverbände aktiv werden, indem sie ihren nicht unbeträchtlichen Einfluß auf die Fahrzeugindustrie im Sinne der Umweltschonung geltend machen.

Auch im Rahmen der Veranstaltung von Wettbewerben können die Verbände für mehr Umweltschutz wirksam werden. Sowohl bei der Wahl des Geländes für den Wettbewerb als auch bei der Korrektur von Wettkampfregeln können die Spitzenverbände dafür sorgen, daß Umweltkriterien ernsthaft einbezogen werden. Jegliche Verherrlichung der Geschwindigkeit sollte unterbleiben. Statt dessen kann die Imagebildung verstärkt auf geschicktes und umsichtiges Fahrverhalten ausgerichtet sein.

Die Maßnahmen, die Vertreter des Motorsports zur Verringerung und Vermeidung von Umweltbelastungen ergreifen können, sind zu gliedern in

- Maßnahmen am Fahrzeug,
- umweltverträglicher Wahl der Fahrstrecke
- Aufklärung über Umweltfragen (z.B. im Rahmen der Mitgliederzeitschrift und adressiert an die Fahrzeughersteller).

4.2 Maßnahmen am Fahrzeug (über das bisherige Maß hinaus)

- Senkung des Kraftstoffverbrauchs (Energieeinsparung),
- Verringerung der Schadstoffe (Katalysator-Pflicht, bleifreies Tanken)
- Senkung der Geräuschemission durch Lärmschutz am Fahrzeug (geräuscharme Technik)
- Erhöhung der Haltbarkeit (Müllvermeidung)

- Verwendung von wiederverwertbarem Material (Recycling)

Im folgenden wird auf die umweltverträgliche Standortwahl von Wettbewerbsveranstaltungen (bzw. Fahrstrecken) näher eingegangen.

4.3 Ökologisch geeignete Standorte für Geländefahrten

Wenn heute immer mehr Jugendliche ihre Vorliebe für Gelände-Motorräder entdecken, dann läßt sich das durchaus als einen zeitlich begrenzten „Ausbruchsversuch" aus einem stark reglementierten und vorprogrammierten (Berufs-)Alltag deuten. Denn dieser Sport stellt nicht nur vielfältige Ansprüche an Geschicklichkeit und Reaktionsvermögen, sondern das Geländefahren erfordert auch eine gute Portion Waghalsigkeit. Selbstbestätigung im Abenteuer und das Abtasten und Erweitern der körperlichen Leistungsgrenzen sind treibende Motive solcher Aktivitäten. Parallele Trends finden sich im sog. „Abenteuerurlaub" und im Variantenskilauf abseits der präparierten („langweiligen") Pisten.

Der „Kontakt zur Natur" spielt dabei nur in soweit eine Rolle, als ein „wilder" Charakter des Geländes die Voraussetzung für dieses „Abenteuertum" bildet, aber nur als Kulisse und Untergrund, nicht als für sich wesentlicher und wirksamer „Erlebnisraum Natur".

Eine aus der Sicht des Motorsports und des Natur- und Landschaftsschutzes gleichermaßen wichtige Frage stellt sich in diesem Zusammenhang:

Inwieweit lassen sich die angedeuteten Bedürfnisse der Motorradsportler auch in einem schwierigen „wilden" Gelände befriedigen, das zwar dem Fahrer das entsprechende Können abverlangt, dabei jedoch keine ökologisch schützenswerten, durch die Sportaktivität bedrohten Qualitäten aufweist? Mit anderen Worten: Läßt sich geeignetes Übungs- und Wettbewerbsgelände finden (bzw. aus einem naturfernen Zustand entwickeln, „herstellen"), das durch den Motorsport ökologisch nicht abgewertet wird?

Entsprechende Bemühungen um geeignete Standorte sollten von Sportvereinen und Naturschutzgruppen möglichst gemeinsam getragen sein. Da einerseits die sportlichen Mindestanforderungen an die Geländeform erfüllt sein sollen, andererseits die Rahmenbedingung des Schutzes ökologischer Qualitäten einzuhalten ist, muß den Sportlern zunächst vermittelt werden, worin die erhaltenswerten Naturqualitäten sportfunktional geeigneter Flächen bestehen.

Eine Schlüsselrolle spielt hier das Verständnis bzw. Unverständnis vom ökologischen Wert der **Brachflächen**. Diese Brachen – seien es ehemalige Kies- und Sandgruben oder sonstige trockene bzw. feuchtnasse Bereiche mit teilweise üppigen, aber ungepflegtem Pflanzenwuchs und extremen Geländeformen – bieten sich in den Augen des Motorsportlers als interessante Übungs- und Wettkampfflächen an.

Dazu das folgende Zitat, das auf alle Geländeformen des Motorsports bezogen werden kann: „Trial-Sport findet normalerweise in der freien Natur statt, und zwar da, wo sie sich Motorradfahrern gegenüber mit Geröllhalden, Gesteinsbrocken, Gräben, Schlamm und anderen Hindernissen ziemlich verschlossen zeigt. Damit keine Mißverständnisse entstehen: Trial-Fahrer sind nicht dort zugange, wo man die Natur mit Füßen tritt, sondern dort, wo sie wirklich keinen Schaden anrichten: in Kiesgruben, aufgelassenen Steinbrüchen oder brachliegendem Gelände ...” (ADAC-Motorwelt, H. 4/1984).

Das Zitat zeigt, wie mißverstanden das „Ödland” immer noch ist. Daß die aufgelassenen Abbaustellen und andere brachliegende Flächen zu den ökologisch wertvollsten Bereichen gehören, ist den Motorsportlern oft nicht bewußt. In unserer fast flächendeckend von menschlicher Nutzung überformten Kulturlandschaft sind solche Brachen vielfach Rest-Lebensräume seltener und bedrohter Tier- und Pflanzengemeinschaften.

Brachflächen, die höchstens 3 % unseres dicht besiedelten und intensiv bewirtschafteten Landes einnehmen, beherbergen den weitaus größten Teil der schützenswerten Ökosystem-Typen. Sie sollen 85% des heimischen Tier- und Pflanzenbestandes (das sind 77.000 Arten) das Überleben sichern. Zu den Brachflächen zählen auch die Trocken- und Halbtrockenrasen, in denen besonders viele vom Aussterben bedrohte (gefährdete) Pflanzenarten vorkommen, nämlich 145 von insgesamt 437 an solche Standorte angepaßten Arten (=33,2%). Potentiell gefährdet sind hier außerdem 35 Pflanzenarten (KAULE 1986). Auf jede einzelne Pflanzenart sind mehrere, teilweise sogar eine große Zahl von Tierarten (Insekten etc.) angewiesen. In den Biotopen der Brachflächen leben bevorzugt auch 12 Kriechtierarten und 19 Lurcharten, von denen 8 bzw. 12 zu den gefährdeten Arten gehören.

Die in der Bevölkerung weit verbreitete Meinung, Brachflächen (auch „Unland” genannt) seien „unordentlich”, „verkommen” und „nutzlos”, stammt aus einer Zeit, in der die Fläche allein nach ihren ökonomisch verwertbaren Erträgen beurteilt wurde und ökologische Funktionen noch unbekannt waren.

Der ökologische Wert solcher naturnahen Refugien ist in der Regel um so höher, je seltener und kleinflächiger solche von landwirtschaftlicher und sonstiger Nutzung verschonten Flächen im Gebiet der jeweiligen Gemeinde und Region vorkommen. Sie gehören oftmals zu den im weiten Umkreis letzten Lebensräumen, in denen sich vielfältige Naturprozesse noch weitgehend ungestört entwickeln können und gefährdete Arten eine Überlebenschance haben. Das gleiche Standortmosaik aus sumpfigen und schlammigen, sandigen, kiesigen und steinigen, bewachsenen und unbewachsenen, gewellten, steilen und flachen Bereichen, das dem Geländefahrer als ideales Aktivitätsfeld erscheint, bietet für die Tier- und Pflanzenwelt zahlreiche Nahrungsquellen, Unterschlupfe und wertvolle Milieubedingungen („ökologische Nischen”). Der Konflikt ist unübersehbar: Im Falle entwickelter Brachflächen überschneidet sich räumlich die sportfunktionale Eignung vielfach mit hoher ökologischer Erhaltenswürdigkeit und Störanfälligkeit.

Daß neben den Brachflächen (die vor nicht allzulanger Zeit ihre frühere Nutzung „eingebüßt" haben) auch andere naturnahe Bereiche ökologisch schützenswert sind, braucht hier nicht extra betont zu werden (vgl. Kap. 4 im allgemeinen Teil des Handbuchs).

Welche Flächen eignen sich auch aus ökologischer Sicht für den Motor-Geländesport? Zwei Voraussetzungen müssen erfüllt sein:
1. Das Gelände darf keine ökologisch erhaltenswerten Qualitäten aufweisen, die durch den Motorsport abgewertet werden.
2. Das Gelände muß sportfunktional die Eigenschaften besitzen, die für das Geländefahren mit Autos bzw. Motorrädern den gesuchten Schwierigkeitsgrad (die gewollte Herausforderung) bieten.

Folgende Flächen erfüllen diese Voraussetzungen:
- frisch abgebaute oder noch im Abbau befindliche Kies-, Sandgruben und Steinbrüche, in denen - sofern erforderlich - Teilflächen auch noch mit künstlichen Hindernissen bestückt werden können,
- aufgelassene Schutt- und (ungiftige) Müllplätze sowie Industriebrache, wo auf Teilflächen gute Gelegenheiten für den Motorsport vorzufinden sind oder geschaffen werden können,
- für den Motorsport geöffnete Truppenübungsplätze, die solche Teilbereiche zeitweise zur Verfügung stellen, auf denen sonst militärische Geräte erprobt werden,
- Hallen und Stadien, in denen noch mehr als bisher Wettbewerbsveranstaltungen des Geländesports durchgeführt werden können.

Grundsätzlich sind alle naturnahen Landschaftsteile (wie Wald, entwickelte Brachen, Feucht- und Trockenstandorte) unbedingt vom Motorsport zu meiden. Allenfalls die genannten naturfernen Flächen kommen als Standorte für Motorsport-Geländefahren infrage: also Flächen, die ökologisch bereits hoch belastet sind und wo keine ökologischen Werte „auf dem Spiele stehen".

Durch gute Wartung ist strikt zu vermeiden, daß auf Freigelände Ölverluste auftreten, die eine Gefährdung des Grundwassers darstellen würden.

In begründeten Einzelfällen kann Motorsport auch in ökologisch höherwertigen Bereichen zugelassen werden, und zwar dann, wenn (aufgrund ökologisch fachkundigen Urteils) durch das regellose Querfeldeinfahren ökologisch erwünschte Eingriffe erzielt werden. Manche Tier- und Pflanzengesellschaften sind auf vegetationslose, nährstoffarme, unbeschattete Rohböden angewiesen und profitieren daher von einer periodischen Zerstörung der Grasnarbe und sonstiger Vegetation. In manchen Landschaftsteilen (z.B. bestimmten verwilderten Kiesgruben) könnte diese Zerstörung durch Motorsport-Geländefahren herbeigeführt werden (vgl. HOLZNER et. al.). Hier könnte ein Wechsel von Sperrung (3 Jahre) und Wiederbe-

nutzung (1 Jahr) ökologisch positiv wirken. Solche Einzelfälle müssen natürlich vom Votum der zuständigen Naturschutzstellen abhängig gemacht werden.
Auch wenn diese ökologisch begründete Forderung nach einer umweltschonenden Standortwahl der Geländestrecken von Seiten der Motorsportverbände akzeptiert und ihr Vollzug überwacht würde, bleibt das Problem: wie lassen sich die nichtorganisierten („wilden") Geländefahrer aus ökologisch wertvollen und sensiblen Bereichen fernhalten?

Was kann der einzelne Motorsportler tun?

In dem ADAC-Faltblatt „Machen Sie mit! Motorsport ist fair zur Umwelt" wird die Einhaltung u.a. folgender Regeln empfohlen:

- Parken Sie nur auf den dafür ausgewiesenen Plätzen!
- Benutzen Sie nur ausgeschilderte Wege!
- Bleiben Sie als Zuschauer in den vorgesehenen Bereichen, als Aktiver auf dem Trainingsgelände!
- Zertreten Sie keine Pflanzen und brechen Sie keine Zweige ab!
- Rauchen Sie nie im Wald und machen Sie dort kein Lagerfeuer!
- Werfen Sie Ihren Abfall in dafür vorgesehene Behälter oder nehmen Sie ihn wieder mit!
- Gehen Sie nur mit optimal eingestellten Fahrzeugen (Lärm, Abgas) an den Start!
- Vermeiden Sie unnützes Warmlaufenlassen und unnötige Probefahrten!

5. Rechtliche Aspekte

Motorsport läßt sich auf die unterschiedlichste Art und Weise betreiben. Im vorliegenden Zusammenhang geht es um den auf dem Erdboden ausgeübten Motorsport, nicht den Flug- oder Wassersport. Auch „an Land" eröffnen sich verschiedene Möglichkeiten. Sportgerät kann ein Personenkraftwagen sein (in allen erdenklichen Modifizierungen), ein Krad, ein Go-Cart oder andere, bisweilen abenteuerliche Konstruktionen.

Für eine rechtliche Erfassung des Motorsports ist jedoch entscheidender, wo die Fahrzeuge gefahren werden. Dies kann geschehen in dafür hergerichteten Hallen (im folgenden I.), auf einer besonderen Anlage unter freiem Himmel (II.), außerhalb solcher Anlagen und außerhalb des öffentlichen Straßenverkehrs (III.) und im öffentlichen Straßenverkehr bzw. auf Anlagen, die sonst dem öffentlichen Verkehr dienen (IV.).

5.1 Motorsport in Hallen

Die **Errichtung** der Halle selbst richtet sich nach den Vorschriften des Baurechts. Das Gebäude bedarf der Genehmigung durch die Baubehörde. Bezüglich des Genehmigungsverfahrens kann auf den allgemeinen Teil verwiesen werden. Da die Ausübung von Motorsport keine Auswirkungen über den Bereich des Halleninnern hinaus hat, ergeben sich hier - auch für die Nutzung - keine sportartbedingten umweltrechtlichen Probleme.

5.2 Motorsport auf besonderen Anlagen unter freiem Himmel

Soll eine Rennstrecke (Rundkurs, Parcour) errichtet und betrieben werden, möglicherweise mit Nebenanlagen wie Tribüne, Garagen, Fahrerlager oder ähnlichem, ist die Zulässigkeit des Vorhabens primär anhand des Bundes-Immissionsschutzgesetzes (BImSchG) zu überprüfen.

Das BImSchG unterscheidet zwischen genehmigungsbedürftigen und nicht genehmigungsbedürftigen Anlagen. Die Genehmigungspflicht beurteilt sich nach § 4 BImSchG. Danach bedarf sowohl die Errichtung als auch der Betrieb von solchen Anlagen der Genehmigung, die „auf Grund ihrer Beschaffenheit oder ihres Betriebs in besonderem Maße geeignet sind, schädliche Umwelteinwirkungen hervorzurufen oder in anderer Weise die Allgemeinheit oder die Nachbarschaft zu gefährden, erheblich zu benachteiligen oder erheblich zu belästigen"[1]). Welche Anlagen nun im einzelnen hierzu zu zählen sind, muß prinzipiell von Fall zu Fall nach den jeweiligen Gegebenheiten sorgfältig geprüft werden. Allerdings existiert eine Rechtsverordnung[2]), in der alle Anlagen aufgeführt sind, die von der Verwaltung als immer genehmigungsbedürftig eingestuft werden. In Textziffer 10.17 (Spalte 2) des Anhangs dieser Bundesimmissionsschutzverordnung werden genannt: „Anlagen, die an fünf Tagen oder mehr je Jahr der Übung oder Ausübung des Motorsports dienen, ausgenommen Modellsportarten".

Es ist also zu unterscheiden:

5.2.1 Soll die geplante Motorsportanlage mehr als fünf Tage im Jahr genutzt werden, braucht derjenige, der sie errichten und betreiben will, eine Genehmigung. Für die Erteilung gilt - anders als z.B. für industrielle Großanlagen - ein **vereinfachtes Verfahren**, so daß eine schnellere Entscheidung der Genehmigungsbehörde möglich ist[3]).

Die Genehmigung wird von der zuständigen Behörde[4]) nur unter bestimmten Voraussetzungen erteilt. Zunächst muß der Errichtungswillige einen **schriftlichen Antrag** bei der Behörde stellen. Er hat seinem Antrag alle Zeichnungen, Erläuterungen und sonstigen Unterlagen beizufügen,

---

[1]) § 4 Abs. 1 Satz 1 BImSchG

[2]) Vierte Verordnung zur Durchführung des Bundes-Immissionsschutzgesetzes (Verordnung über genehmigungsbedürftige Anlagen - 4. BImSchV vom 24.Juli 1985 (BGBl. I S. 1586), ergangen auf der Ermächtigungsgrundlage des § 4 Abs. 1 Satz 3 BImSchG.

[3]) vgl. § 19 BImSchG

[4]) Welche Behörde dies ist, wird durch Landesrecht, in der Regel in Form von Rechtsverordnungen bestimmt; zum Beispiel: nordrheinwestfälische Verordnung zur Regelung von Zuständigkeiten auf dem Gebiet des Arbeits-, Immissions- und technischen Gefahrenschutzes (ZustVO AJtG) v. 6.2.1973 (GV NW S. 66, zuletzt geändert durch VO v. 16.12.1986, GV NW 1987 S.2).

die es der Behörde ermöglichen, die weiteren Genehmigungsvoraussetzungen, auf die im folgenden eingegangen wird, zu überprüfen. Reichen die Unterlagen für die Prüfung nicht aus, setzt die Behörde dem Antragsteller eine Frist zur Ergänzung. Ist ein ordnungsgemäßer Antrag gestellt, muß die Behörde die Genehmigung erteilen, wenn folgende weiteren Voraussetzungen erfüllt sind (vgl. § 6 BImSchG):

a) Es muß sichergestellt sein, daß die **Betreiberpflichten** erfüllt werden, die das BImSchG in § 5 normiert. Hierzu gehört insbesondere, daß die Anlage so errichtet und betrieben wird, daß **schädliche Umwelteinwirkungen** nicht hervorgerufen werden können[1]). Unter schädlichen Umwelteinwirkungen versteht das Gesetz dabei solche Immissionen, die nach Art, Ausmaß und Dauer geeignet sind, Gefahren, erhebliche Nachteile oder erhebliche Belästigungen für die Allgemeinheit oder die Nachbarschaft herbeizuführen[2]). Ob eine Umwelteinwirkung eine erhebliche Belästigung oder erhebliche Nachteile hervorruft, muß je nach Motorsportanlage und örtlichen Gegebenheiten im Einzelfall entschieden werden.

Belästigungen und Nachteile für die Allgemeinheit und die Nachbarschaft ergeben sich dabei typischerweise aus folgenden Gesichtspunkten:

Hohe **Lärmbelastung** durch die aufheulenden, hochtourigen Motoren der Sportfahrzeuge, aber auch durch das An- und Abfahren von Zuschauern. Als Maßstab bei der Prüfung der Erheblichkeit der Belastung wurde bislang die TA Lärm[3]) herangezogen. Inzwischen ist die Sportanlagenlärmschutz-Verordnung erlassen worden[3a]).

Je nach räumlicher Lage des Motorsportgeländes können Lebensräume für die **Tier- und Pflanzenwelt** vernichtet oder gefährdet werden. Handelt es sich um eine Moto-Cross-Anlage, wird durch das Befahren des Geländes (z.B. Kiesgrube) sogar mit Sicherheit das Bodengefüge zerstört und in die dort angesiedelte **natürliche Pflanzenwelt nachteilig eingegriffen**. Dies gilt um so mehr, falls zur Herstellung des Parcours das Gelände teilweise aufgeschüttet und abgegraben werden soll, eine Maßnahme, die regelmäßig erforderlich sein wird, um das flache Gelände einer Kiesgrube für das Cross-Fahren interessant zu machen.

Zudem kann bei jeder Motorsportanlage durch den mit solchen Rennen verbundenen massiven **Schadstoffausstoß**[4]) eine Umweltschädigung eintreten. Dies gilt ebenso für den mit einem Rennen einhergehenden Massenbetrieb einschließlich der Parkraum suchenden Zuschauer; hierdurch können erhebliche **Landschaftswunden** entstehen.

---

[1]) § 5 Abs. 1 Nr. 1 BImSchG

[2]) vgl. § 3 Abs. 1 BImSchG

[3]) Allgemeine Verwaltungsvorschrift über genehmigungsbedürftige Anlagen nach § 16 der Gewerbeordnung – GewO Technische Anleitung zum Schutz gegen Lärm (TA Lärm) v. 16. Juli 1968.

[3a])18. DVO zum BImSchG v. 18.7.1991, BG Bl. I, S. 1588, bes. S. 1790

[4]) Maßstab für die Erheblichkeit: TA Luft (technische Anleitung zur Reinhaltung der Luft v. 4.4.1986, GMBl. S. 95, ber. S. 202).

Auch **wasserrechtliche** Belange können im Einzelfall zur Bejahung einer schädlichen Umwelteinwirkung führen, besonders, wenn die Anlage in einem Wasserschutzgebiet, einem Moorgelände oder in einer Kiesgrube errichtet werden soll: Die Gefahr, daß bei Unfällen oder Pannen auslaufendes Benzin oder Öl in das Grundwasser gerät, ist hier - wegen der geringen Dichtigkeit der Böden - besonders groß.

b) Eine **Rechtverordnung**, die weitere Anforderungen an genehmigungsbedürftige Anlagen stellt - i.S.d. § 6 Nr. 1, 2. Halbsatz BImSchG - existierte bisher für den Bereich des Motorsports nicht (vgl. nunmehr aber die 18. BImSchV, vorstehend).

c) Andere **öffentlich-rechtliche Vorschriften**[1]) dürfen der Errichtung und dem Betrieb der Anlage nicht entgegenstehen[2]). An dieser Stelle erfolgt also eine umfassende Prüfung durch die Behörde, ob das Projekt gegen weitere Normen des öffentlichen Rechtes verstößt.

Im Bereich des Motorsports kommen hier insbesondere die folgenden Vorschriften in Betracht:

aa) Die Anlage muß den Bestimmungen des **Baurechts** entsprechen. Je nach ihrer Gestaltung ist allein Bauordnungsrecht anwendbar, also die Bauordnungen der Länder, oder zusätzlich auch Bauplanungsrecht, also die Normen des Baugesetzbuches und der Baunutzungsverordnung. Während das Bauordnungsrecht aufgrund der ausdrücklichen Einbeziehung von Sportanlagen[3]) immer Anwendung findet, erfaßt das Bauplanungsrecht nur „bauliche Anlagen" i.S.d. § 29 BauGB. Um eine „bauliche Anlage" handelt es sich bei einem Motorsportparcour dann nicht, wenn er völlig unbefestigt oder lediglich eingeebnet oder mit einer geringfügigen Aschenlage versehen ist. Gegenteiliges gilt, wenn die Oberfläche mit Baumaterial aufgefüllt oder sonst, z.B. durch Zement, Split, Asphalt befestigt ist. Bauplanungsrecht ist ebenfalls einschlägig, wenn bauliche Nebenanlagen wie Fahrerlager, Garagen, Tribünen etc. errichtet werden.

Findet das Bauplanungsrecht Anwendung, so ist - je nach den Gegebenheiten des Falles - zu unterscheiden, ob das Baugelände in einem Gebiet liegt, für das die Gemeinde einen Bebauungsplan aufgestellt hat, oder im unbeplanten Innenbereich oder aber im Außenbereich. Es gelten hier die im allgemeinen Teil angesprochenen allgemeinen Regeln des Bau(planungs)rechts. Soll die Anlage im Außenbereich errichtet werden, so ist von Bedeutung, daß es sich um ein **privilegiertes Vorhaben** i.S.d. § 35 Abs. 1 Nr. 5 BauGB handelt, da Autorennstrecken wegen ihrer Größe regelmäßig nicht im baurechtlichen Innenbereich angelegt werden können. Allerdings können öffentliche Belange entgegenstehen, zu denen unter anderem auch der Natur- und Landschaftsschutz und die natürliche Eigenart der Landschaft zu zählen sind. Dieser Umweltaspekt ist besonders gewichtig, wenn

[1]) und Belange des Arbeitsschutzes.
[2]) § 6 Nr. 2 BImSchG
[3]) vgl. z.B. § 2 Abs. 1 Nr. 4 BauO NW

das Vorhaben in einem Naturschutz- oder Landschaftsschutzgebiet durchgeführt werden soll. In jedem Fall ist eine sorgfältige Abwägung zwischen dem privaten Vorhaben und den öffentlichen Belangen erforderlich, die je nach Anlagengestaltung unterschiedliche Ergebnisse zeitigen kann.

Auch können **straßenrechtliche Vorschriften** entgegenstehen, bspw., wenn die einzige Zufahrt zu einer Anlage ein nicht dem öffentlichen, sondern allein dem landwirtschaftlichen Verkehr beschränkt gewidmeter Gemeindeweg ist[1]).

bb) Soll die Anlage in der freien Landschaft errichtet werden, stehen dem regelmäßig die **Naturschutzgesetze der Länder**[2]) entgegen. Diese regeln unter anderem die sogenannte Betretungsbefugnis der freien Landschaft. Es handelt sich hierbei um das Recht, private Wege und Pfade, Wirtschaftswege, Feldraine, Böschungen, Öd- und Brachflächen und andere landwirtschaftlich nicht genutzte Flächen in der freien Landschaft zu Erholungszwecken zu betreten. Die Naturschutzgesetze legen fest, daß es nur erlaubt ist, den bezeichneten Teil der freien Landschaft zu **betreten** (d.h. zu Fuß!), mit **Fahrrädern** und **Krankenfahrstühlen** zu befahren[3]) und – eingeschränkt – darauf zu reiten[4]). Das Befahren der freien Landschaft mit motorisierten Fahrzeugen ist dagegen nicht gestattet[5]). An diesem gesetzlichen Verbot ändert auch eine Erlaubnis des Grundstückseigentümers nichts[6]).

Das BNatSchG bestimmt des weiteren, daß alle Maßnahmen unzulässig sind, die zu einer Zerstörung oder sonstigen erheblichen Beeinträchtigung bestimmter, in § 20c BNatSchG **aufgezählter Biotope** führen (Biotopschutz als Unterfall des Artenschutzes). Die Länder sind allerdings befugt, Ausnahmetatbestände zu normieren. Soll also die Motorsportanlage in der Nähe eines solchen Biotops oder gar darin errichtet werden, müssen die Merkmale des § 20c BImSchG und der evtl. erlassenen landesrechtlichen Vorschriften[7]) sorgfältig überprüft werden.

Eine dem Betreten der freien Landschaft entsprechende Regelung ist in den **Landesforstgesetzen**[8]) für den Wald getroffen. Auch hier ist die Benutzung motorgetriebener Fahrzeuge untersagt.

Weitere Anforderungen an Motorsportanlagen können sich ergeben, wenn das Gebiet, in dem das Vorhaben durchgeführt werden soll, als Landschaftsschutzgebiet oder Naturschutzgebiet ausgewiesen ist und für diesen Bereich eine Natur- oder Landschaftsschutzverordnung erlassen wurde[9]).

---

[1]) vgl. § 5 Abs. 3 StrG-BW; VG Sigmaringen, NuR 1988, 307
[2]) für NW vgl. § 49 LG NW
[3]) vgl. § 49 Abs. 2 LG NW
[4]) vgl. § 50 f. LG NW
[5]) ausdrücklich: § 38 Abs. 1 NatSchG Bad.-Würt
[6]) VG Freiburg, wiedergegeben in NuR 1988, 1129 (131)
[7]) z.B. §§ 60 ff. LG NW
[8]) z.B. §§ 2 f. LFoG NW
[9]) z.B. LSchVO Bergstraße-Odenwald, erlassen aufgrund des früheren Reichsnaturschutzgesetzes und gemäß § 48 Abs. 3 HessNatSchG übergeleitet.

Auch kommen **Polizeiverordnungen**[1]) in Betracht, die auf der Grundlage des Polizeigesetzes des jeweiligen Bundeslandes erlassen worden sein können.

d) Gelangt die Behörde nach eingehender Prüfung der Gegebenheiten des konkreten beantragten Vorhabens zu dem Ergebnis, daß sowohl die Erfüllung der Betreiberpflichten sichergestellt ist als auch öffentlich-rechtliche Vorschriften nicht entgegenstehen, hat sie die Genehmigung zu erteilen[2]). Andernfalls muß sie die Genehmigung versagen. Es handelt sich um eine gebundene Entscheidung.

Die Genehmigung hat die besondere Folge, daß sie weitere, nach anderen Rechtsvorschriften für die Anlage erforderliche Genehmigungen mit einschließt[3]), sogenannte Konzentrationsmaxime. So braucht also z.B. eine Baugenehmigung nicht gesondert beantragt und erteilt zu werden. Dies ist insofern auch sachgemäß, als die Aspekte des Baurechts aufgrund des § 6 Nr. 2 BImSchG schon im Verfahren nach dem BImSchG überprüft wurden.

Der Genehmigung kann eine Nebenbestimmung (z.B. in Form einer Auflage) beigefügt werden, soweit sie erforderlich ist, um die Erfüllung der Genehmigungsvoraussetzungen sicherzustellen[4]). Sie kann - unter den besonderen Voraussetzung des § 21 BImSchG - auch widerrufen werden.

5.2.2 Soll die geplante Motorsportanlage weniger als fünf Tage im Jahr genutzt werden, braucht derjenige, der sie errichten und betreiben will, keine Genehmigung nach dem BImSchG. Es gelten allerdings bezüglich schädlicher Umwelteinwirkungen die gleichen Betreiberpflichten wie für eine genehmigungsbedürftige Anlage (§ 22 BImSchG); zu diesen Pflichten siehe oben unter 1. bei a). Konsequenz eines Pflichtverstoßes ist, daß die Behörde **Anordnungen** treffen kann, die die Einhaltung der Pflichten sicherstellen (§ 24 BImSchG). Kommt der Betreiber einer Anordnung nicht nach, kann die Behörde den Betrieb der Anlage ganz oder teilweise untersagen (§ 25 BImSchG).

Weitergehende öffentlich-rechtliche Vorschriften bleiben durch das BImSchG jedoch ausdrücklich unberührt (§ 22 Abs. 2 BImSchG). Dies bedeutet, daß Rechtmäßigkeits- und Genehmigungserfordernisse nach anderen Gesetzen beachtlich sind.

Damit wird nach Bauordnungsrecht eine **Baugenehmigung**[5]) erforderlich. Sie ist zu erteilen, wenn dem Vorhaben öffentlich-rechtliche Vorschriften nicht entgegenstehen. Hierzu gehören insbesondere die Normen

[1]) Z.B. in Baden-Württemberg: Polizeiverordnung über die Erlaubnispflicht für Veranstaltungen mit Kraftfahrzeugen außerhalb öffentlicher Straßen vom 2.12.1976 (GBl. S. 630) i.d.F. vom 19.3.1984 (GBl. S. 281).

[2]) § 6 BImSchG

[3]) § 13 BImSchG

[4]) § 12 Abs. 1 BImSchG

[5]) für NW: § 70 BauO NW

ordnungsrechts und - soweit anwendbar[1]) - die des Bauplanungsrecht oder - falls erlassen - eine Landschaftsschutzverordnung, eine Polizeiverordnung (zu diesen Vorschriften schon oben unter 1. c) bb). Besonders bedeutsam für Motorsportanlagen sind die Anforderungen des Bundesnaturschutzgesetzes (BNatSchG) und der Naturschutzgesetze der Länder. So regeln das BNatSchG und das Landschaftsgesetz NW (LG NW) - neben dem oben schon dargestellten Betretungsrecht - auch **Eingriffe in Natur und Landschaft**. Unter einem solchen Eingriff verstehen diese Gesetze dabei alle Veränderungen der Gestalt[3]) oder Nutzung von Grundflächen, die die Leistungsfähigkeit des Naturhaushalts oder das Landschaftsbild **erheblich** oder **nachhaltig** beeinträchtigen können[4]). Eine beispielhafte Aufzählung findet sich in § 4 Abs. 2 LG NW. Der Verursacher eines Eingriffs ist zu verpflichten, vermeidbare Beeinträchtigungen von Natur und Landschaft zu **unterlassen** sowie unvermeidbare Beeinträchtigungen **auszugleichen** durch Maßnahmen des Naturschutzes und der Landschaftspflege[5]). Als ausgeglichen gilt dabei ein Eingriff, wenn nach seiner Beendigung keine erhebliche oder nachhaltige Beeinträchtigung des Naturhaushaltes zurückbleibt und das Landschaftsbild landschaftsgerecht wiederhergestellt oder neu gestaltet ist. Ganz zu untersagen ist der Eingriff, wenn die Belange des Naturschutzes bei der Abwägung aller Anforderungen an Natur und Landschaft vorrangig sind und die Beeinträchtigung nicht zu vermeiden oder nicht im erforderlichen Maße auszugleichen ist[6]). Im letzten Fall dürfte also eine Baugenehmigung nicht erteilt werden.

5.3 Motorsport außerhalb besonderer Anlagen und außerhalb des öffentlichen Straßenverkehrs

Soweit bei der Ausübung des Motorsports die freie Landschaft (private Wege und Pfade, Wirtschaftswege, Feldraine, Böschungen, Öd- und Brachflächen und andere landwirtschaftlich nicht genutzte Flächen) in Anspruch genommen werden soll, steht dem § 49 **LG NW** bzw. die vergleichbaren Normen der Gesetze der anderen Bundesländer entgegen. Ein „Betretungsrecht" besteht nicht für motorisierte Fahrzeuge (vgl. schon oben 1. c)). Eine Befreiung von diesem Verbot ist nur in Extremfällen möglich[7]), bspw. wenn sich andernfalls eine nicht beabsichtigte Härte ergäbe und die Befreiung mit den Belangen des Naturschutzes und der Landschaftspflege zu vereinbaren ist oder wenn überwiegende Gründe des Wohls der Allgemeinheit die Befreiung erfordern.

---

[1]) siehe oben 1.c) aa)
[2]) Hierzu gehören die aufstehenden Pflanzenbestände und bauliche Anlagen jeder Art.
[3]) § 8 Abs. 1 BNatSchG; § 4 LG NW
[4]) § 8 Abs. 2 BNatSchG; § 4 Abs. 4 LG NW
[5]) § 8 Abs. 3 BNatSchG; § 4 Abs. 5 LG NW
[6]) § 69 Abs. 1 LG NW
[7]) insbes.: § 6 Abs. 4 LG NW

Einer motorsportlichen Betätigung im Wald stehen die **Landesforstgesetze** entgegen, die Motorfahrzeuge nicht zulassen (siehe schon oben).

Außerhalb der Bereiche des Waldes und der freien Landschaft vermag das Fahren immer noch einen Eingriff in Natur und Landschaft (im oben unter II. 2. beschriebenen Sinne) darzustellen, für den nach den **Naturschutzgesetzen** der Länder[1]) eine Genehmigung der unteren Landschaftsbehörde erforderlich sein kann.

Auch **Landschaftsschutzverordnungen** und **Polizeiverordnungen** sind hier erneut zu nennen. Soweit erlassen, können sie Verbote und Genehmigungserfordernisse normieren.

5.4 Motorsport im öffentlichen Straßenverkehr bzw. auf Anlagen, die sonst dem öffentlichen Verkehr dienen

Um ein Fahrzeug im öffentlichen Verkehr führen zu dürfen, bedarf es zunächst selbstverständlich einer gültigen Fahrerlaubnis des Fahrzeugführers und einer Zulassung des Fahrzeuges nebst Haftpflichtversicherung nach den allgemeinen Regeln des Straßenverkehrsrechtes.

Rennen auf öffentlichen Straßen sind prinzipiell verboten[2]). In der diesbzgl. Verwaltungsvorschrift (VV) werden „Rennen" definiert als Wettbewerbe oder Veranstaltungen zur Erzielung von Höchstgeschwindigkeiten mit Kraftfahrzeugen. Die VV stellt weiter klar, daß organisierte wie nichtorganisierte Rennen von dem Verbot erfaßt werden. Von diesem Verbot können allerdings zur Bewältigung atypischer Fallgestaltungen Ausnahmen gemacht werden[3]). Es müssen dann aber schon ganz erhebliche und gewichtige Gründe für die Ausnahmeregelung sprechen. Bei ihrer Entscheidung hat die Behörde[4]) einen weiten Ermessensspielraum. In der VV zu § 29 Abs. 1 StVO wird sie angewiesen, die Erlaubnis nur zu erteilen, wenn Straßen mit geringer Verkehrsbedeutung benutzt werden. Sie hat die vom Rennen in Anspruch genommenen Staßen zu sperren und in jedem Fall zu prüfen, ob eine zumutbare Umleitung für den Verkehr vorhanden ist und ob das Interesse an der Veranstaltung so stark überwiegt, daß die Beeinträchtigung des allgemeinen Verkehrs hingenommen werden kann. Weitere Anweisungen für die Erteilung der Ausnahmegenehmigung werden der Behörde in der Verwaltungsvorschrift zu § 46 StVO gemacht.

Andere Veranstaltungen als Rennen, die die **Straßen mehr als üblich in Anspruch nehmen,** bedürfen der Erlaubnis[5]). Das ist der Fall, wenn die

---

[1]) insbes.: § 6 Abs. 4 LG NW
[2]) § 29 Abs. 1 StVO
[3]) § 3 46 Abs. 2 StVO
[4]) zuständig: gem. § 46 Abs. 2 StVO die oberste Landesbehörde
[5]) § 29 Abs. 2 StVO

Benutzung der Straße für den Verkehr wegen der Zahl oder des Verhaltens der Teilnehmer oder der Fahrweise der beteiligten Fahrzeuge eingeschränkt ist. Durch die zu § 29 Abs. 2 StVO und § 46 Abs. 2 StVO erlassenen Verwaltungsvorschriften wird der Genehmigungsbehörde eine Vielzahl von Richtlinien vorgegeben. Diese betreffen sowohl die Frage, wann eine Veranstaltung erlaubnispflichtig ist, als auch allgemeine Grundsätze und das Erlaubnisverfahren.

6. Zusammenfassende Würdigung

Umwelt- und Naturschutzverbände stellen die Daseinsberechtigung des Motorsports generell in Frage. Über die umweltpolitische Verantwortbarkeit des Motorsports in der heutigen Zeit soll hier nicht geurteilt werden, da diese Frage eher sozialpsychologische Dimensionen berührt (vgl. Einführungskapitel). Denn es steht hier nicht der individuelle Kfz-Verkehr mit all seinen Problemen im Blickfeld, sondern nur der landgebundene Motorsport, der mit seinen Angeboten einer bestehenden Nachfrage nach sportlichem Umgang mit Automobilen und Motorrädern entgegenkommt.

Die vielfältigen, teils an spezielle Anlagen gebundenen, teils auf öffentlichen Straßen und im freien Gelände durchgeführten Aktivitäten rufen Umweltprobleme vor allem in bezug auf die Erhöhung der Lärm- und Abgasbelastung sowie in bezug auf die Zerstörung von Lebensräumen der Tier- und Pflanzenwelt hervor.

Über die Zumutbarkeit von Sportgeräuschen werden im Lärm-Kapitel Aussagen getroffen. Durch sorgfältige Streckenführung der Rallyes bzw. Wahl des Standorts von Übungs- und Wettbewerbsarealen sollten großräumige Gebiete der eher ruhigen Freizeitgestaltung (z.B. Naturparks) gemieden und ein ausreichender Abstand zu Wohn- und Erholungsbereichen (kleinräumig) eingehalten werden.

Eine deutliche Reduzierung der Wettbewerbsveranstaltungen würde den Konflikt deutlich entschärfen.

Ökologisch erhaltenswerte und empfindliche Bereiche der Landschaft dürfen weder für Wettbewerbe noch für den Übungsbetrieb motorsportlich beansprucht werden (von ökologisch begründeten Ausnahmefällen abgesehen). Zu den gegenüber Motorsport empfindlichen Bereichen zählen insbesondere Naturschutz- und Landschaftschutzgebiete, Boden- und Wiesenbrüterflächen, Feuchtgebiete, Trockenrasen, geschützte Landschaftsbestandteile, von der Biotopkartierung erfaßte Bereiche sowie andere Lebensräume (z.B. Brachland), in denen sich sensible Tier- und Pflanzenarten entwickelt haben. Auf ökologisch belastbare Standortalternativen wurde in Kap. 4 hingewiesen. In manchen Fällen beschränkt sich die Empfindlichkeit nur auf bestimmte Zeiten (z.B. Brutzeiten schützenswerter Arten). Unbedingt sollte eine rechtzeitige und ernsthafte Absprache mit Vertretern des Umwelt- und Naturschutzes getroffen werden, bevor der Antrag auf Genehmigung von Geländeveranstaltungen gestellt wird.

Mittelfristig ist eine Verlagerung aller Motorsportveranstaltungen auf dazu speziell hergerichteten Anlagen anzustreben. Neu geplante Anlagen sind einer Umweltverträglichkeitsprüfung zu unterziehen, ebenso die Altanlagen, sofern sie einer erheblichen Mehrbeanspruchung ausgesetzt werden sollen.

Sofern die Vertreter des Motorsports die skizzierten, aus Umweltsicht gesteckten Grenzen aus Einsicht befürworten, wird ihnen empfohlen, ihre Möglichkeiten zur Umweltaufklärung ihrer Mitglieder und der nichtorganisierten Motorsportler voll auszuschöpfen. Bei dieser Aufklärung sollte die Zusammenarbeit mit der Verwaltung und mit Organisationen des Umwelt- und Naturschutzes gesucht werden. Eine verstärkte Information über ökologische Zusammenhänge und Schutzerfordernisse kann verbreitet werden z.B. in Mitglieder- und Fachzeitschriften oder in Informationsheften und Faltblättern beim Kauf von Geländemotorrädern. Auch ein mäßigender und das Umweltbewußtsein stärkender Einfluß der Motorsportverbände auf die Werbestrategie der Fahrzeuganbieter wäre ein effektiver Beitrag für mehr Umweltschutz im Bereich Motorsport.

Zusammenfassung der rechtlichen Aspekte:

Zur Errichtung von Motorsportanlagen unter freiem Himmel ist eine Genehmigung nach dem Bundes-Immissionsschutzgesetz erforderlich. Hier erfolgt eine eingehende Überprüfung unter umweltrechtlichen Gesichtspunkten: Vermeidung schädlicher Umwelteinwirkungen wie Lärmbelastung, nachteiliger Eingriff in Tier- und Pflanzenwelt, Schadstoffausstoß etc. Natur- und Landschaftsschutzverordnungen können weitere Einschränkungen vorsehen. Auch die Vorschriften des Baurechts werden überprüft; bauplanungsrechtlich gilt eine Motorsportanlage als privilegiertes Vorhaben. Ein freies Fahren außerhalb besonderer Anlagen unterfällt den Regelungen über das allgemeine Betretungsrecht und ist damit nur ausnahmsweise zulässig.

Literatur

ABN (Arbeitskreis beruflicher und ehrenamtlicher Naturschutz) (Hrsg.): Sport und Naturschutz im Konflikt. Jahrbuch für Naturschutz und Landschaftspflege, Bd. 38, 1986

ADAC (Allgemeiner Deutscher Automobilclub): Informationsbroschüren „Motorsport heute", „Jahrbuch 1989", „Automobilsport", „Motorradsport", München 1988/89

ADAC: ADAC und Umwelt - Dokumentation über Aktivitäten im ADAC, München 1989

ADAC: Motorsport ist fair zur Umwelt - 10 kleine Regeln mit großer Wirkung (Faltblatt), München o.J.

AG LANDSCHAFTSÖKOLOGIE: Gutachten über die Auswirkungen von MC-Veranstaltungen des MSC Galldorf auf Fauna, Flora und Vegetation des Renngeländes (im Auftrag der Landesanstalt f. Umweltschutz BW), Stuttgart 1986

ARBEITSKREIS VERKEHR U. UMWELT: Motor„sport" - ein Kongreßbericht, in: IDV 26, Berlin 1988

BAUER, H.: Motorsport und Umwelt - Darstellung eines problembeladenen Beziehungsgefüges unter besonderer Berücksichtigung von Lösungsansätzen. Europäische Hochschulschriften Peter Lang 1989

DICKMANN, J.: Autorallye im Landschaftsschutzgebiet, in: Natur und Landschaft, H. 3, 1985

DSK (Deutscher Sportfahrerkreis): Motorsport und Umwelt - Auswegloser Widerspruch oder verträgliches Miteinander? Information 1989

HOLZNER et. al.: Untersuchung der österreichischen Trockenrasen - Landschaften, in: „Grüne Reihe" des Österr. Bundesministers für Gesundheit und Umweltschutz. Gutachten des Botanischen Instituts der Univ. f. Bodenkultur, Wien (zitiert bei BAUER 1989 a.a.O.)

RIECKEN, U. / J. BLAB: Biotope der Tiere in Mitteleuropa. Naturschutz aktuell, Nr. 7, Bundesforschungsanstalt für Naturschutz und Landschaftsökologie, Bonn 1989

SCHERHAG, M.: Sport und Umwelt - eine Analyse der gegenwärtigen Diskussion über die Zusammenhänge von Sport und Umweltzerstörung, Diplomarbeit Sporthochschule Köln, 1985

SCHULTHEISS, H.: Motocross: Gefahren für Natur und Landschaft, in: AB (Hrsg.) Sport und Naturschutz im Konflikt, a.a.O.

TEMPEL, W.: Zur Problematik von Motorsportanlagen am Beispiel des Nürburgringes, in: ABN (Hrsg.) a.a.O., Bonn 1986

THEML, H.: Auto und Umwelt, in: Bode/Hamberger/Zängl (Hrsg.): Alptraum Auto - eine hundertjährige Erfindung und ihre Folgen, München 1986

WEBB, R. / H.G. WILSHIRS (Ed): Environmental Effects Off-Road Vehicles, New York/Heidelberg/Berlin 1983

Flugsport (N)

Flugsport

1. Einführung

Neben den in der Übersicht genannten Luftfahrzeugen zählen auch noch Fallschirme und Modellflugzeuge zum Flugsport. Im folgenden wird nicht auf jede einzelne dieser Flugsportarten gesondert eingegangen. Sofern die Aussagen über die Umweltauswirkungen nur für bestimmte Disziplinen gelten, wird darauf verwiesen. Der Modellflugsport wird in einem Exkurs behandelt, weil seine Auswirkungen besonders wenig verallgemeinerbar sind.

Übersicht: Quantitative Angaben zum Flugsport

Luftfahrzeuge / Sportler und Anlagen	Flugsportanlagen (Anzahl in der Bundesrepublik)	Anzahl der Luftfahrzeuge 1989 in der Bundesrepublik	Anzahl der Lizenzen in der Bundesrepublik
kleine Propellerflugzeuge (Klasse E, bis zu zwei Tonnen)	Verkehrslandeplätze (114)	5.480	30.000 (Privatflugzeugführer)
Motorsegler	Sonderlandeplätze (148)	1.240	17.000 (Motorseglerführer)
Segelflugzeuge	Segelfluggelände (240)	6.656	26.000 (Segelflugzeugführer)
Ultraleichtflugzeuge (ULF)	Ultraleichtfluggelände (54)	1.100	3.250 (Ultraleichtfluglizenz)
Freiballone	Ballonstartplätze (22)	337	640 (Freiluftballonführer)
Hängegleiter (Drachen)	Drachen-/Gleitsegelfluggelände (81)	8.000	lizenzfrei 15.000 organisierte Sportler
Gleitsegel (Gleitschirme, Paragleiter)		2.500	lizenzfrei 3.500 organisierte Sportler

Quelle: CH. KIRST (1989), geringfügig verändert

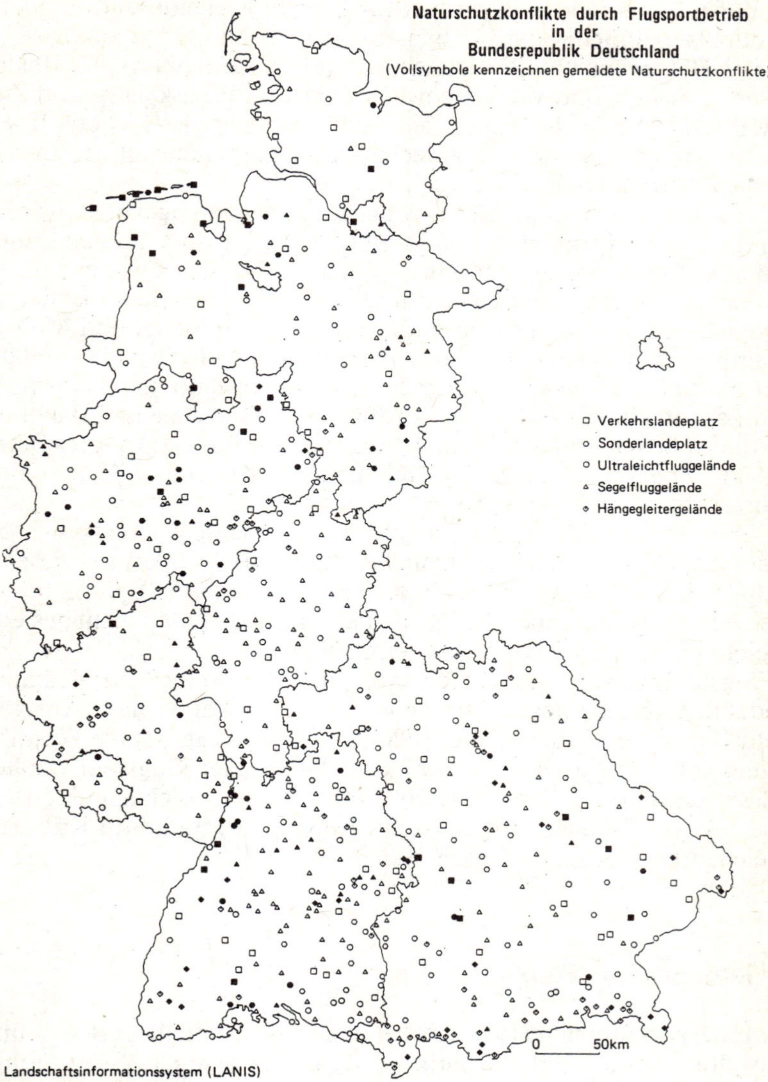

Landschaftsinformationssystem (LANIS)
Bundesforschungsanstalt für Naturschutz und Landschaftsökologie (BFANL)
Bonn - Bad Godesberg 1989

Außer den Verkehrslandeplätzen verfügen die Flugsportanlagen nur selten über versiegelte (asphaltierte, betonierte) Landebahnen. Nach Angaben des Luftsportverbandes Bayern ist für Segelfluggelände und Landeplätze ein durchschnittlicher Flächenbedarf von 7 ha zu unterstellen. Davon entfallen 3 Hektar für den Betrieb (Start- und Landebahnen), 0,3 Hektar für Hallen, Gebäude und Vorfeld sowie 0,2 Hektar für Parkplätze und Zufahrt (BAIER, o.J.). Etwa die halbe Fläche der Anlage ist also fliegerisch weitgehend ungenutzt und kann für Zwecke der ökologischen Aufwertung herangezogen werden (siehe dazu Kap. 5).

Für jede Flugsportanlage (Landeplatz und Segelfluggelände) werden im Rahmen der Genehmigung bestimmte Flugbetriebsregelungen festgelegt. Außer bei Start und Landeanflug muß laut Luftverkehrsordnung (LuftVO) ganz allgemein eine „Sicherheitsmindesthöhe" eingehalten werden. Diese beträgt über Städten, anderen dichtbesiedelten Gebieten und Menschenansammlungen 300 m (1.000 Fuß), in allen übrigen Fällen 150 m (500 Fuß) über Grund und Wasser. Gemessen wird der Abstand vom höchsten Hindernis aus in einem Umkreis von 600 m. Segelflugzeuge und Ballone können die Höhe von 150 m auch unterschreiten, „wenn die Art ihres Betriebes dies notwendig macht und eine Gefahr für Personen und Sachen nicht zu befürchten ist" (§ 6 LuftVO).

Der Luftraum über einer Flugplatzverkehrszone erstreckt sich bis zu einer Höhe von 700 m über Grund. Der Flugbetrieb außerhalb dieser Zone reicht bis in eine Höhe von 3300 m. Über der Landschaft (dünn besiedelt) ist eine Mindestflughöhe von 150 m über Grund und über dicht besiedelten Gebieten eine solche von 600 m einzuhalten.

Flugsportanlagen (abgesehen von den besonders problematischen Modellflugplätzen) liegen immer in der freien Landschaft. Anlagen für Motorflugzeuge wurden in die Außenbereiche gelegt, um die Wohnbevölkerung vor dem Fluglärm zu schützen. Motorloser Flugsport wählte sich Anlagenstandorte vor allem nach klimatischen Gesichtspunkten („thermisch aktive" Bereiche mit stärkeren Aufwinden) und nach Kriterien der Erreichbarkeit (Nähe zu Verdichtungsräumen).

2. Gemeinsame Teilziele

Der Flugsport findet in Höhen statt, die wenig unmittelbare Berührung mit Umweltproblemen mit sich bringen (abgesehen von Luftverunreinigungen). Die sich den Fliegern hauptsächlich von oben erschließende Landschaft gewährt dann den größten Genuß, wenn sie ein vielfältiges Landschaftsbild (verbunden mit ökologischer Vielfalt) aufweist und keine gravierenden Umweltbelastungen zu bemerken sind (z.B. rauchende Schlote, dichtes Straßennetz, hohe Siedlungsdichte).

3. Konflikte

3.1 Checkliste mit Erläuterungen

Belastungen durch Bau und Betrieb der Flugsportanlage:
- Störung oder Vernichtung von naturnahen Lebensräumen der Tier- und Pflanzenwelt durch ökologisch mangelhafte Standortwahl
- Belastung von extensiven Vegetationsbereichen durch naturferne Pflegemaßnahmen (z.B. zu häufige oder falsch terminierte Mahd)
- Schädigung der Vegetation und der Bodendecke durch Zuschauer und deren Kraftfahrzeuge (bei Großveranstaltungen)
- Störung des Landschaftsbildes (Baulichkeiten)

Belastungen durch die Flugaktivitäten:
- Aufscheuchen und Beunruhigung von Tieren durch problematische Flugrouten oder durch tiefes Überfliegen ihrer Lebensräume: Vogelbrut- und Siedlungsgebiete, Refugien von Rauhfußhühnern, Brutfelsen von Greifvögeln, Rast- und Überwinterungsgebiete von Wasservögeln, Schlafplätze
- Lärmerzeugung (Motorflugzeuge)
- Luftverunreinigung (Motorflugzeuge)

Sekundäreffekte (im Zusammenhang mit der Ausübung des Flugsports):
- wildes Campen
- Störung von Ruhezonen durch den sportbedingten Kfz-Verkehr

Auf die Problematik der Beunruhigung von Wildtieren durch Flugsport wird im folgenden Kapitel näher eingegangen.

In der Vergangenheit wurden meist landwirtschaftlich ertragsarme Standorte für die Anlagen gewählt. Diese Standorte weisen oft einen hohen ökologischen Wert auf: Magerböden, Sandflächen, flachgründige Kalkböden, Feuchtbereiche. Hier spielt die Art und Intensität der Pflegemaßnahmen auf den Anlagen eine besondere Rolle im Hinblick auf die Erhaltung solcher Werte. Wenn aus „fliegerischen" Gründen, speziell zur Verhinderung von Vogelschlag, bewußt naturnahe Lebensräume naturfern gestaltet werden, dann wirkt sich das belastend auf den Naturhaushalt aus. Das gilt auch für Pflegemaßnahmen, die aus anderen Gründen (z.B. „Ordnung und Sauberkeit") vorgenommen werden.

Zum Fluglärm:
In den „Lärmschutzforderungen für Luftfahrzeuge (LSL)" sind (auch für Propellerflugzeuge mit höchstzulässiger Startmasse bis 9.000 kg und für Motorsegler) Lärmzulassung und Meßverfahren geregelt. Es gibt bereits eine ganze Anzahl von Leichtflugzeugen bis 2.000 kg Startmasse und

Motorsegler, die wesentlich weniger Geräusche emittieren als von den Lärmgrenzwerten vorgeschrieben ist. Das läßt darauf schließen, daß die Grenzwerte nicht dem Stand der Technik entsprechen (vgl. die Liste der Fabrikate in UBA 1989, S. 273).

Gegenwärtig gelten folgende Lärmgrenzwerte für Luftfahrzeuge (Lfzg):

88 dB(A): Luftfahrzeuge mit höchstzulässiger Startmasse von 1400 bis weniger als 9000 kg

76 dB(A): Motorsegler mit höchstzulässiger Startmasse von 600 kg und weniger

55 dB(A): Einsitzige Ultra-Leichtflugzeuge (hier in 150 m unter Flugpfad gemessen)

Der Lärmgrenzwert erhöht sich linear von 600 bis 1400 kg höchstzulässiger Startmasse. Luftfahrzeuge und Motorsegler bis zu 2000 kg Startmasse dürfen am Rumpf das Umweltzeichen führen, wenn sie die genannten Grenzwerte um mindestens 8 dB(A) unterschreiten. Sie erfüllen die erhöhten Schallschutzanforderungen.

Dazu der Luftsportverbund Bayern (LBV):

„Die technische Entwicklung darf sich nicht am gesetzlichen Grenzwert orientieren, sondern muß nach dem maximal Wünschbaren streben" (BAIER, o.J.).

Durch die „Verordnung über die zeitliche Einschränkung des Flugbetriebs mit Leichtflugzeugen und Motorseglern an Landeplätzen" vom 16. August 1976 sind Anreize geschaffen worden, den Einsatz von besonders leisen Luftfahrzeugen zu fördern. Darin wurde der Betrieb mit Leichtflugzeugen und Motorseglern an Landeplätzen mit mehr als 20.000 Flugbewegungen im Jahr werktags vor 7 Uhr, zwischen 13 und 15 Uhr und nach Sonnenuntergang sowie sonn- und feiertags vor 9 und nach 13 Uhr eingeschränkt. Von den zeitlichen Einschränkungen werden insbesondere die erheblich belästigenden Platzrundenflüge, Schulflüge, Rund- und Besichtigungsflüge, Reklameflüge und Flugzeugschleppstarts erfaßt. Den zeitlichen Einschränkungen sind Flüge mit Leichtflugzeugen und Motorseglern, die den festgesetzten erhöhten Schallschutzanforderungen entsprechen, nicht unterworfen (UBA 1989).

Zu den **Luftschadstoffen** sind keine Angaben über die Sportfliegerei, sondern nur über die Flüge insgesamt verfügbar: Jährlich werden bei (zivilen und militärischen) Flügen über der Bundesrepublik 2,8 Mio Tonnen Kraftstoff verbraucht. Die von Flugzeugen emittierten jährlichen Abgasmengen belaufen sich auf 2700 t Schwefeldioxid, 28.900 t Stickoxide, 47.800 t Kohlenmonoxid und 1.200 t Kohlenwasserstoff. Auf den Flugsport fällt davon nur ein Bruchteil.

3.2 Zur Beunruhigung von Wildtieren durch Flugbewegungen

a) Rahmenbedingungen

Die Problematik der Beunruhigung von Tieren bezieht sich nicht nur, aber besonders auf Drachen- und Gleitschirmflieger, weil sie überall dort starten dürfen, wo der Grundstückseigentümer zustimmt. Aufgrund der leichten Transportierbarkeit des Fluggerätes (ein Gleitschirm wiegt 4,5 kg und läßt sich im Rucksack tragen) sind daher gerade auch die sensiblen Rückzugsbereiche scheuer Tierarten potentiell bedroht durch solche Aktivitäten.[1])

So etwa sind hinsichtlich der Vogelwelt die störempfindlichen Lebensräume von Felsbrütern, Feuchtwiesenbrütern und Rauhfußhühnern betroffen. Wie eine Befragung von Naturschutzbehörden ergab, liegen zahlreiche Flugplätze für Motor- und Segelflieger auch im Bereich von Feuchtwiesen mit Brutvogelbesatz (KIRST 1989).

b) Auslösende Störaktivitäten und Reaktionen bestimmter Tierarten

Störungen bestimmter Tierarten durch Luftfahrzeuge werden vor allem dann hervorgerufen, wenn ein Mindestabstand zwischen Fluggerät und Tier unterschritten und kritische Winkelgeschwindigkeiten überschritten werden. Dies kann z.B. in der Startphase und beim Landeanflug geschehen: die in der Umgebung des Flugfeldes lebenden Tiere werden hierbei tief überflogen. Außerhalb dieser Umgebungsbereiche können Störungen erfolgen

- beim nahen Anfliegen von kreisenden Vögeln, speziell Greifvögeln, die gern als Anzeiger von Aufwind beansprucht werden,
- beim Tieffliegen aufgrund eines geringen Gleitwinkels (wenn z.B. Gleitschirme in geringer Höhe parallel zur Hangneigung fliegen).

Die von solchen Störungen potentiell betroffenen schützenswerten Tierarten sind (Feucht)Wiesenbrüter (z.B. Wiesenpieper, Brachvogel, Uferschnepfe, Bekassine), Felsbrüter (z.B. Alpenmauerläufer, Alpendohle, Wanderfalke), Rauhfußhühner (Birkwild, Auerwild), Steinadler, Uhu und Baumwipfelbrüter wie Fischadler und Baumfalke.

Populationen solcher Tierarten werden vor allem beeinträchtigt, indem durch die Störung ihr Brut- und Fortpflanzungserfolg teilweise oder ganz unterbunden oder die Nahrungsaufnahme verhindert wird. Die wenigen Stunden des Flugbetriebs reichen aus, um solche Wirkungen zu erzielen (z.B. durch Erkalten der Eier).

Die Auswirkungen des normalen (regelmäßigen) Flugbetriebs unterscheiden sich von den Störeffekten, die von **Flugtagen** ausgehen. Plötzliche Menschenmassen, ungewohnte Flugrouten und Tiefflüge sowie Kunstflugvorführungen vertreiben auch solche Vögel aus ihren Habitaten, die an

[1]) Eine Außenstart- und Landeerlaubnis muß bei der Luftfahrtbehörde erst beantragt werden (und kann erst dann nach Prüfung u.U. abgelehnt werden), wenn in einem Gebiet regelmäßig geflogen werden soll.

normalen Tagen kaum beeinträchtigt werden. Laut SCHÖPF (1988) sind die besonders störintensiven Flugtage dann ökologisch unproblematisch,

- wenn sie nur einmal im Jahr (vielleicht 1-2 Tage hintereinander) stattfinden,
- wenn sie zu einem vertretbaren Zeitpunkt (Spätsommer) durchgeführt werden,
- wenn für die Tiere in der Nähe ein entsprechendes Ausweichgelände zur Verfügung steht (für Nahrung und Unterschlupf).

Über ein Beispiel aus Hessen (Verkehrslandeplatz Reichelsheim/Wetterankreis) berichtet KEIL (1986). Hier wurde ein angrenzendes Naturschutzgebiet erheblich beeinträchtigt, indem durch Ultraleichtflugzeuge die Brut zweier vom Aussterben bedrohter Vogelarten verhindert wurde. „Über die Reaktion anderer Limikolen z.B. Bekassine und Kiebitz, liegen noch keine gesicherten Unterlagen vor. Die brutwilligen Paare von Uferschnepfe und Großem Brachvogel verließen Ende April/Anfang Mai das Naturschutzgebiet. Auch 1985 wurden zum gleichen Zeitpunkt bereits begonnene Gelege aufgegeben. Bei beiden Vogelarten konnten panische Fluchtreaktionen beim Erscheinen von ULF eindeutig festgestellt werden. Der seit vielen Jahren auf dem Landeplatz stattfindende Flugverkehr mit anderen Flugzeugen hatte keine negativen Einflüsse auf die Vogelwelt im NSG Mähried."

Beunruhigung und Flucht der Tiere werden durch den optisch wahrgenommenen Flugkörper, jedoch kaum durch Lärm ausgelöst (es sei denn, durch die akustische Schreckwirkung). Lärm wird von den meisten Tieren toleriert (RANFTL, 1988). Darauf deuten die zahlreichen Vögel und Schalenwildarten hin, die sich durch hohe Lärmemissionen weder auf Truppenübungsplätzen (Panzer) noch auf Flughäfen vergrämen lassen.[1]) Diese Fluglärmempfindlichkeit der meisten Wildtiere setzt allerdings voraus, daß dieser Lärm regelmäßig und gleichförmig auftritt (was z.B. beim Motormodellflug nicht der Fall ist, siehe Abschnitt 5). Es gibt jedoch auch einige stark bestandsbedrohte Arten, die geräuschempfindlich sind (KEIL, 1988).

Entscheidend für den Flucht auslösenden Störeffekt ist das Fluggerät in seiner visuellen Wirkung auf das betreffende Tier. Wie ist das zu erklären?

c) Störökologische Zusammenhänge

Die Fluchtreaktion mancher Tierarten ist damit zu erklären, daß das Flugobjekt mit Feinden aus der Luft verwechselt wird. Die erste potentiell gestörte Tiergruppe sind also Beutetiere von Greifvögeln. Flugzeuge, Drachen etc. lösen Signalreize aus. Dabei kann es sich um ein kompliziertes Bewegungs- und Formensehen handeln. In manchen Fällen ist eine

[1]) Allerdings wurden bei Tieren, die sehr häufig hohen Schallpegeln ausgesetzt sind, physiologische Lärmschäden nachgewiesen.

bestimmte Winkelgeschwindigkeit starr und artspezifisch vorgegeben: Die Fluchtreaktion wird ausgelöst, wenn ein Flugobjekt („Feind") in einer bestimmten Entfernung (Fluchtdistanz) mit einer bestimmten Geschwindigkeit in den Sehbereichswinkel des Vogels gelangt. In diesem Moment wird das Scharfsehen und damit eine Objekt- und Entfernungsabschätzung durch den Vogel möglich.

Die Fluchtreaktion wird also keineswegs nur durch die Form des Flugbildes („Feindschema") ausgelöst, sondern auch durch die Fluggeschwindigkeit. Als sogenannte Winkelgeschwindigkeit ist sie bei schnell fliegenden Objekten sogar bedeutsamer als die Form. Das hängt damit zusammen, daß die Vögel und Säugetiere als potentielle Beutetiere von Luftfeinden sich nicht leisten können, eine genaue Diagnose des naturnahen Flugobjektes vorzunehmen, wenn dieses eine (bei den einzelnen Arten aufgrund ihrer eigenen Fluchtfähigkeit verschiedene) Grenzgeschwindigkeit überschreitet. Von da ab hilft unter Umständen nur noch die „automatische" Fluchtreaktion.

Bei gleicher Gefahrengeschwindigkeit, etwa 20 Meter pro Sekunde (= 72 km/h), ergibt sich, wie die Zeichnung verdeutlicht, die kritische Distanz, bei welcher es zur Fluchtreaktion kommt. Ist das Flugobjekt weiter entfernt, durchschneidet es den erfaßten Winkel des Sehfeldes nicht in der kritischen unteren Zeitspanne von einer halben Sekunde bis zu einer Sekunde. Bei dieser sicheren Entfernung wird das Flugobjekt auf die Form hin analysiert und erst daraufhin als gefährlich oder ungefährlich eingestuft. Befindet es sich jedoch innerhalb der kritischen Zone, wird der Erfassungswinkel durchschnitten und daraufhin sofort die „blinde Flucht" ausgelöst.

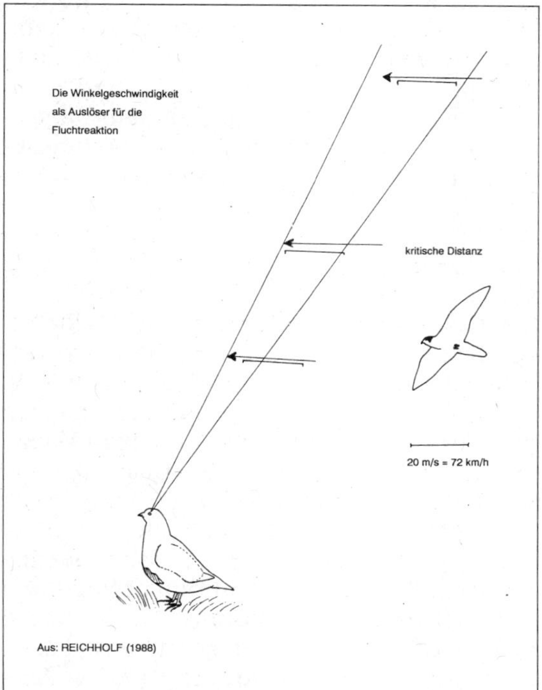

Aus diesem Grund ist es notwendig, die Abstände von Brutgebieten oder sonstigen Geländeteilen mit Vorkommen empfindlicher Arten in Abhängigkeit von der Flugge-

schwindigkeit zu staffeln. Langsame Flugobjekte werden in größerer Nähe erduldet als schnelle und diese lösen bei entsprechend großer Entfernung oder auch bei entsprechender Größe (Verkehrsflugzeuge) keine Fluchtreaktionen mehr aus. Für Modellflugplätze und schnelle Kleinflugzeuge sind daher Abstände von 1000 Metern eher noch zu knapp als zu großzügig bemessen.
Besonders störempfindlich reagieren Tiere in der Brut- und Setzzeit. In diesen sensiblen Phasen wird die Reizschwelle deutlich herabgesetzt, die Fluchtdistanzen nehmen zu. Vogelschwärme (besonders solche auf offenen Wiesen-, Acker- oder Wasserflächen) verhalten sich in der Regel noch empfindlicher als Einzelindividuen, weil das scheueste Individuum durch seine Fluchtreaktion die anderen mitreißt.

4. Lösungsansätze

Welche Mindestbedingungen sind einzuhalten, damit im Falle der Nachbarschaft eines Fluggeländes zu Habitaten freilebender Tiere die Störwirkung des Flugbetriebs ein tragbares Maß nicht überschreitet? Wie kann gewährleistet werden, daß die Fluggeräte keine nachhaltige oder dauerhafte Störquelle darstellen? Als Ansatzpunkte bieten sich räumliche und zeitliche Regelungen an. Auch eine ökologische Aufwertung auf dem Fluggelände ist vielfach möglich. Schließlich sind auch ein verantwortungsbewußtes Verhalten der Sportler und entsprechende Regelungen durch den Verband von Bedeutung.

a) Räumliche Ansätze der Konfliktminderung:
Wenn das direkte Überfliegen eines Habitats (des Lebensraumes einer Tierpopulation) nicht zu vermeiden ist, muß eine Mindesthöhe (Mindestabstand) über dem Habitat eingehalten werden, die der Fluchtdistanz entspricht. Die Fluchtdistanz (also der Abstand, bei dem das Tier nicht gestört wird, also z.B. ein brütender Vogel sein Nest aufsucht und darauf sitzen bleibt) beträgt zwischen 150 und 200 m. Die erforderliche Distanz zu Vogelschwärmen, insbesondere zu Ansammlungen auf Wasserflächen ohne Deckung (Schilfufer), erhöht sich um das 3- bis 5fache.

Damit die Störung für die betroffenen Tiere kalkulierbar wird und ein Gewöhnungseffekt eintreten kann, sind für den An- und Abflug immer dieselben linearen Routen zu wählen (Festlegung ganz bestimmter Start- und Landerouten). Die Piloten sind entsprechend zu informieren.

Bei Fluggeländen für Drachen und Gleitsegler muß gewährleistet sein, daß für die störanfälligen Tiere in unmittelbarer Nähe ausreichender Ausweich- und Rückzugsraum zur Verfügung steht (Ruhezonen mit Refugienfunktion auf einer vom Flugbetrieb ungestörten Seite des Flugberges). Auch die von den Luftsportlern benutzten Aufstiegs- bzw. Auffahrtswege sowie Auf- und Abbauplätze sind festzulegen und dürfen nicht verlassen werden.

b) Zeitliche Ansätze der Konfliktminderung

Im Hinblick auf den Gewöhnungseffekt ist ein im Jahresverlauf gleichmäßiger Flugbetrieb wesentlich unproblematischer als massiv einsetzender Betrieb z.B. im Frühjahr oder (kurzfristig) im Rahmen von Flugveranstaltungen.

Tageszeitliche Beschränkungen des Flugbetriebs auf die Zeit zwischen 8 Uhr und 18 Uhr tragen wesentlich dazu bei, den Störeffekt auf ein tragbares Maß zu reduzieren. Vor und nach dieser Zeit sollten keine Menschen auf dem Fluggelände anwesend sein. Die Tiere gewöhnen sich dann an diese störungsfreien Zeiten und können diese nutzen.

Jahreszeitlich liegt die sensibelste Phase für die Brutvögel im Frühjahr und im Frühsommer während der Brut und Aufzucht der Jungtiere. Die erhöhte Störempfindlichkeit hat zur Konsequenz, daß erweiterte radiale Abstände zu Tierhabitaten eingehalten werden müssen. Erhebliche Störanfälligkeiten sind während der Mauser- und Durchzugszeiten im Hochsommer und Herbst gegeben, wenn die Vögel Ruhe brauchen, um genügend Fettvorräte für Weiterflug und Überwinterung anlegen zu können.

Während der Brut- und Aufzuchtszeit sollten Ultraleichtflugzeuge und motorlose Fluggeräte besondere Rücksichten auf Greifvögel nehmen. Schon bevor sie von Greifvögeln attackiert werden (spätestens als Reaktion auf deren Vertreibungsflüge, die den tatsächlichen Angriffen vorausgehen) sollten die Flugsportler ihre Flugrichtung ändern und das Revier des sich verteidigenden Vogels verlassen. Ein Greifvogel, der ein Segelflugzeug attakiert, erliegt übrigens meist seinen Verletzungen, die er sich bei der Verteidigung zuzieht.

Eine manchmal geforderte Zusammenlegung von Flugplätzen ist ökologisch nicht sinnvoll, weil mit einer solchen Zentralisierung eine Überfrequentierung des Geländes an flugsportlich geeigneten Tagen verbunden ist.

c) Ökologische Aufwertung der Flugsportanlage

Ohne die Flugsicherheit einzuschränken, kann eine Flugsportanlage ökologisch aufgewertet werden, indem ehemals naturferne Bereiche in einen naturnahen Zustand überführt werden. Unter Berücksichtigung flugtechnischer Erfordernisse (z.B. Verhinderung von Vogelschlag) können die nach verschiedenen flugsportlichen Funktionen abgegrenzten Teilbereiche der Anlage in verschiedener Weise naturnah gestaltet werden

- durch Sich-Selbst-Überlassen (natürliche Sukzession) oder
- durch Biotopmanagement (gezielte Pflege nach ökologischen Grundsätzen).

Es wird empfohlen, in den Sicherheitsbereichen entlang der Längsseiten der Flugsportanlagen sowie in den nicht direkt für Start und Landung benö-

tigten inneren Teilbereichen der Anlagen je nach Standort folgende Biotoptypen zu schaffen bzw. sich entwickeln zu lassen (vgl. dazu BUNZEL-DRÜCKE 1989):
- kleinere Wasserflächen und Tümpel (mit Flach- und Tiefwasserzone),
- Wassergräben (evtl. renaturieren),
- Feldgehölze, Gebüschgruppen,
- Hecken (wildwachsend, mit Saum),
- Staudenfluren, Ruderalfluren,
- natürliche Magerwiesenvegetation (evtl. Aushagerung von Fettwiesen: ein- bis zweimalige Mahd pro Jahr aber kein Dünger- und Pestizideinsatz, Abtransport des Mähgutes),
- Steinhaufen (für Reptilien),
- „grüne Wände" (mit Klimmpflanzen an Gebäuden) und Flachdachbegrünung,
- Fledermausunterschlupfe (Schlitze in Flughalle, Kästen).

Mit der Anlage solcher und ähnlicher Lebensräume können wertvolle Tier- und Pflanzengemeinschaften entstehen und an den Standort gebunden werden. Der „ökologische Vorteil" der Schutz- und Randbereiche von Fluggeländen besteht darin, daß sie weder landwirtschaftlich genutzt noch von Menschen in nennenswerter Frequenz betreten werden. Daher stellen diese Bereiche ein geeignetes Refugium für solche (Klein-)Tierarten dar, die sich durch den Flugbetrieb nicht gestört fühlen.

d) Regeln der Verbände und Vereine

Die folgenden Aussagen sind einem Informationspapier entnommen, das vom Umweltreferenten des Luftsportverbandes Bayern (LVB) für den Deutschen Aero-Club formuliert wurde (DAeC o.J.):

Die Sportfliegerei erkennt an, daß:
- den berechtigten Belangen des Natur- und Umweltschutzes verstärkt Rechnung zu Tragen ist,
- die von ihr geforderten natur- und umweltfreundlichen Verhaltensweisen zu beherzigen sind,
- in begründeten Fällen aus Rücksicht auf Natur und Umwelt auch Einschränkungen hingenommen werden müssen oder freiwillig Verzicht geübt wird.

Der organisierte Luftsport verlangt von seinen Mitgliedern, daß sie sich um natur- und umweltfreundliche Verhaltensweisen bemühen, indem sie

a) eine sachgerechte Einstellung zum Problemkreis Mensch, Natur und Umwelt anstreben:
   - der Luftsport sich laufend über die Zusammenhänge und Abläufe in der Natur und über die Wirkungen seiner Aktivitäten auf die Natur und Umwelt informiert und informieren läßt,
   - jeder Verein wenigstens ein Mitglied, das sich der Natur besonders verbunden zeigt, als Naturschutzwart ausbilden läßt;

b) behutsam mit den ihnen zur Verfügung stehenden Flächen umgehen:
- genehmigte Modellflugplätze, sowie genehmigte Start- und Landeplätze für Gleitflugzeuge (Drachenflieger) vom Luftsportverband oder der Genehmigungsbehörde in einer Karte (möglichst Maßstab 1:200.000) aufgezeigt und bekanntgemacht werden, soweit nicht schon geschehen),
- Flugplätze, Segelfluggelände und Modellflugplätze in Feuchtgebieten mit tatsächlichem oder möglichem Wiesenbrütervorkommen und auf ökologisch besonders wertvollen Flächen weder geplant noch neu angelegt werden,
- nichtgenehmigungspflichtige Start- und Landeflächen, die nur vorübergehend von Hängegleitern/Drachenfliegern benutzt werden, in ihrer Zahl beschränkt und registriert werden,
- die Startplätze der Drachenflieger auf exponierten Höhen zusammengelegt, die Gebiete der Ruhe und mit Uhu-Vorkommen, Wanderfalken und Steinadler dabei gemieden werden und dem Trend zum Winden- und Schleppstart gefolgt wird,
- auf vorhandenen, genehmigten Plätzen - insbesondere Modellflugplätzen - Rücksicht auf die bedrohten Wiesenbrüterarten genommen wird, um Störungen vor allem während der Brutzeit (1. März - 30. Juni) zu vermeiden,
- genehmigte Flugplätze auch nichtorganisierten Luftsportlern für ihren Sport zur Verfügung gestellt werden,
- Verkehrslandeplätze und Militärflugplätze mehr als bisher dem Luftsport zugänglich gemacht werden;

c) eine stete Reduzierung der Umweltbelästigung anstreben:
- Sportflieger nicht mit motorgetriebenen Luftfahrzeugen in Höhen unter 1000 ft (ü.G.) über ihnen bekannte Brut- und Nistplätze, Wasserflächen mit rastenden Wat- und Wasservogelbeständen oder Wintergästen sowie Gebieten der Ruhe und Erholung (z.B. Badeseen) fliegen,
- durch Wahl geeigneter Flugrouten und entsprechende Verhaltensweisen am Boden und in der Luft die Möglichkeiten der Lärmminderung stets wahrgenommen werden, wobei angestrebt wird, daß auch die gesetzlichen Mindestgrenzen unterschritten werden,
- zumindest die gesetzlichen Lärmgrenzen und die in den luftrechtlichen Genehmigungsbescheiden enthaltenen Auflagen zur Lärmminderung stets beachtet werden,
- die Einhaltung der Bestimmungen und Auflagen durch die Vereinsvorstände überwacht und durch geeignete Maßnahmen erwirkt werden,
- durch Wettbewerbe und Preise die Luftsportler, insbesondere der Modellflugvereine angeregt werden, lärmmindernde, abgasreduzierende und energiesparende Verbesserungen an Flugmotoren vorzunehmen und vornehmen zu lassen;

d) sonstige Maßnahmen des Luftsports zum Natur- und Umweltschutz ergreifen, z.B:
- Flugplatz, Parkplätze und Abstellflächen entsprechend den landschaftsökologischen Erfordernissen eingefriedet werden (z.B. mit wildwachsenden Hecken); auf den nichtbenutzten Geländeteilen standortheimische Gräser, Kräuter, Sträucher und Bäume angesät oder angepflanzt werden, oder aber weitgehend der natürlichen Entwicklung überlassen bleiben,
- umweltgerechte Entsorgung (Altöl, getrennter Müll usw.),
- die technische Entwicklung der Flugmotoren soll mit allen verfügbaren Mitteln in Richtung auf Lärmminderung, Energieeinsparung und Abgasreduzierung vorwärtsgetrieben werden.

5. Exkurs zum Modellfliegen

Das Modellfliegen hat gegenüber den anderen Flugsportarten einige Besonderheiten, die es im Hinblick auf den Umwelt- und Naturschutz besonders problematisch werden lassen:
- diese Flugsportart kann auch im Wohnbereich ausgeübt werden (Lärmbelästigung),
- ausgewiesene (und genehmigungsbedürftige) Modellflugplätze sind eher die Ausnahme als die Regel. Das „wilde" Fliegen wird zum Problem, weil eine Konfliktminimierung durch Steuerung der Standortwahl entfällt bzw. erschwert wird.
- die unkalkulierbaren, abrupten Flugmanöver der Modelle (horizontal und vertikal), verbunden mit hohen Winkelgeschwindigkeiten und Geräuschen, rufen eine besonders starke Störwirkung auf Tiere hervor.

Auch beim Modellflugsport ist für die letzten 10 Jahre eine drastische Ausweitung festzustellen. Der Deutsche Modellflieger Verband zählt 40.000 Mitglieder, wobei auf ein Mitglied durchschnittlich fünf Flugmodelle entfallen. In der Bundesrepublik gibt es ca. 1000 Modellflugplätze. Die meisten der tatsächlich genutzten Modellflugplätze sind nicht genehmigt. Die Zahl der nichtorganisierten Modellflieger ist unbekannt.

Jedermann kann sein Segelflugmodell (bei einem Gewicht von nicht über 5 kg) in Betrieb nehmen, sofern der Grundstückseigentümer damit einverstanden ist.[1]) Das gleiche gilt für Motorflugmodelle, wenn sie in einer Entfernung von mehr als 1,5 km von Wohngebieten gestartet werden.

Die Größe eines ausgewiesenen Modellflugplatzes beträgt durchschnittlich 1 Hektar. Vom Platzmittelpunkt aus wird der Luftraum in einem 400 m-Radius beansprucht. Hinsichtlich des zulässigen Lärms gilt der (auf dem

[1]) nach § 1 Luftverkehrsgesetze in Verbindung mit § 16 Luftverkehrsordnung

Fluggelände gemessene) Grenzwert von 84 dB (A) bei einer Entfernung von mindestens 1,5 km vom bewohnten Gebiet. Bei reduzierter Entfernung verschärfen sich die zulässigen Lärmwerte wie folgt:

80 dB(A) : Entfernung 1,2 km bis unter 1,5 km
75 dB(A) : Entfernung 900 m bis unter 1,2 km
68 dB(A) : Entfernung 600 m bis unter 900 m

Das monotone Surren der kleinen Flugkörper wird nicht nur von der Wohnbevölkerung, sondern auch von vielen Erholungsuchenden als besonders lästig empfunden. Der Flugbetrieb findet überwiegend an Wochenenden statt, auch in einigen Abendstunden der Werktage.

Der wichtigste ökologische Störeffekt des Modellflugsports liegt darin, daß Wildtiere und besonders Vögel erheblich gestört, an der Brut gehindert und vielfach sogar aus ihrem Areal vertrieben werden.

Das folgende Zitat veranschaulicht diesen Störeffekt:

„Der Beginn der jährlichen Flugsaison fällt meist auch mit dem Beginn der Brutperiode der Vögel und der Setzzeit vieler Säugetiere zusammen. So wird während der verhältnismäßig störungsfreien Werktage zu Beginn der Brutzeit das Wiesengelände von den dort zur Brut schreitenden Vogelarten in Reviere eingeteilt. Diese Reviere werden gegenüber den in der Nachbarschaft lebenden Artgenossen oder gegenüber Neuankömmlingen, die noch ein Brutrevier suchen, verteidigt. Erst wenn diese Phase der Fortpflanzungsperiode beendet ist, kann mit dem eigentlichen Brutgeschäft (Nestbau, Eiablage, Bebrütung der Eier, Betreuung der geschlüpften Jungen) begonnen werden. Der an den Wochenenden stattfindende Flugsportbetrieb wirft dieses feine und sehr labile Gefüge völlig über den Haufen. Letztlich bedeutet dies für die Vogelpopulation, daß am folgenden Wochenanfang die Reviereinteilung „neu" geregelt werden muß. Das dann folgende Wochenende zerstört erneut diesen Prozeß. Sind Gelege vorhanden, so werden diese während des Flugbetriebes meist für längere Zeit verlassen, was sehr schnell zum Erkalten der Eier und zum Absterben der Embryonen im Ei führt ... Die Altvögel bleiben jedoch im Revier und können so während der ganzen Brutperiode festgestellt werden, jedoch ist der Bruterfolg dann gleich Null. Die zu beobachtenden Brutvögel vermitteln aber den Eindruck, daß alles in bester Ordnung sei" (KEIL, 1988).

Das in den vorangegangenen Abschnitten erläuterte Problem, daß einige Wiesenvögel aufgrund der Verwechslung des Flugobjekts mit Freßfeinden (Feindbildschema und Winkelgeschwindigkeit von Greifvögeln) aufgeschreckt und vertrieben werden, trifft auch für den Modellflugsport zu. Dieser Effekt reicht über das eigentliche Fluggelände hinaus und kann daher in der Umgebung z.B. Horste bedrohter Vogelarten, Feuchtgebiete, Nahrungsreviere und ähnliche schützenswerte Objekte erheblich beeinträchtigen.

Maßnahmen der Konfliktminderung müssen vor allem darauf abzielen, das „wilde Fliegen" zu unterbinden und bei der Wahl geeigneter Standorte für Modellflugplätze sicherzustellen, daß nur solche Areale als Standorte für Modellflugplätze gewählt werden, die keine Funktion als Lebensraum störanfälliger Tierarten erfüllen. Im Einzelnen können folgende Regeln gelten (nach KEIL 1988):

- Meidung empfindlicher Lebensräume: keine Wiesenflächen, Talauen und sonstige ökologisch wertvollen Bereiche, sondern statt dessen ökologisch „arme" Ackerflächen und sonstige „ausgeräumte" oder ökologisch ohnehin belastete Areale als Modellflugplätze. Zu vorhandenen Naturschutzgebieten und sonstigen besonders hochwertigen Bereichen sollte ein Mindestabstand von 1000 m eingehalten werden, gemessen vom äußersten Radius des Fluggeländes. In bezug auf „normales" Wiesengelände gilt es ein Mindestabstand von 200 m zu respektieren (möglichst noch durch eine Hecke von diesem abgetrennt).
- Technische Lärmvermeidung: Die Vereine sollten sich verstärkt um eine Verminderung der Motorengeräusche kümmern. Wenn dadurch eine Reduzierung des Mindestabstandes zu bewohnten Gebieten erreicht wird, läßt der Druck auf die freie (ortsferne) Landschaft entsprechend nach.
- Kommunale Verantwortlichkeit: Die Vereine sollten nicht direkt mit den Geländeeigentümern zwecks Abschluß eines Pachtvertrages verhandeln, sondern an die betreffende Gemeinde herantreten. Diese kann mit dem notwendigen Fachwissen (nach Rücksprache mit den zuständigen Fachdienststellen und Verbänden für Naturschutz) den ökologisch unbedenklichen Standort auswählen und mit den Vereinen Gestaltungsverträge für die Nutzung des Areals abschließen.

6. Rechtliche Aspekte

6.1 Rechtliche Grundlagen allgemein

Vom Luftverkehr gehen besondere Gefahren für die Allgemeinheit aus, die eine umfassende rechtliche Regelung verlangen.

Auf der einen Seite machen der große **Platzbedarf** von Flugplätzen und ihre Auswirkungen auf das Umfeld eine intensive rechtliche Kontrolle erforderlich. Andererseits ist nur durch das Vorhandensein von Flugplätzen und Vorschriften, die ihre **Benutzung** regeln, gewährleistet, daß Starts und Landungen von Luftfahrzeugen an einem dafür geeigneten Punkt konzentriert werden. Solcherart können andere Räume im Sinne eines effektiven Umweltschutzes freigehalten werden.

Unter diesen Gesichtspunkten unterscheidet sich das sportliche Fliegen in der Freizeit nicht vom gewerblichen Flugbetrieb. Es unterliegt im wesentlichen denselben rechtlichen Regeln.

Das Luftrecht ist gem. Art. 73 Nr. 6 GG in verschiedenen Gesetzen ausschließlich **bundesrechtlich** geregelt, so insbesondere durch das Luftverkehrsgesetz, die Luftverkehrszulassungsordnung, die Bauordnung für Luftfahrtgerät, die Luftverkehrsordnung und durch das Gesetz zum Schutz gegen Fluglärm.

Weiterhin sind zur Konkretisierung dieser Gesetze eine Fülle von Rechtsverordnungen ergangen, die die Anforderungen an das Luftfahrtgerät, das Luftfahrtpersonal sowie andere Belange bis ins Detail regeln. Aus umweltrechtlicher Sicht ist vor allem die Schallschutzverordnung zu nennen.

6.2 Errichtung von Flugplätzen

Flugplätze dürfen gem. § 6 Abs. 1 LuftVG nur mit Genehmigung angelegt oder betrieben werden. Für einen Teil der Flugplätze bedarf es darüber hinaus nach § 8 Abs. 1 LuftVG eines Planfeststellungsverfahrens.

6.2.1 Vor Erteilung der **Genehmigung** wird gem. § 6 Abs. 2 LuftVG geprüft, ob die geplante Maßnahme den Erfordernissen der Raumordnung und Landesplanung entspricht und ob die Erfordernisse des Naturschutzes und der Landschaftspflege sowie des Städtebaus und der Schutz vor Fluglärm angemessen berücksichtigt sind. Weiterhin muß das in Aussicht genommene Gelände geeignet sein, und die öffentliche Sicherheit und Ordnung darf nicht gefährdet werden.

Aus umweltrechtlicher Sicht ist die vorgeschriebene Berücksichtigung der Erfordernisse des **Naturschutzes** und der **Landschaftspflege** von besonderem Interesse. Diese Forderung verpflichtet die Genehmigungsbehörde, die Umweltverträglichkeit eines Projekts anhand der Ziele und Grundsätze des Naturschutzes und der Landschaftspflege zu überprüfen, wie sie nicht nur in §§ 1, 2 BNatSchG, sondern auch im ausfüllenden (Landespflege-)Recht der Länder näher ausgeformt sind. Die landesgesetzlichen Regelungen können z.B. auch das Starten und Landen in bestimmten Gebieten einschränken, etwa im Wege der Ausweisung von Naturschutzgebieten (vgl. insoweit den allgemeinen Teil sowie zum Golf- und Motorsport). Die Eingriffsregelung des nordrheinwestfälischen (Landespflege)-Rechts verlangt überdies grundsätzlich einen Ausgleich für Eingriffe in Natur und Landschaft; als solcher wird die Errichtung oder wesentliche Erweiterung von Flugplätzen in § 4 Abs. 2 Nr. 3 LG NW ausdrücklich bezeichnet. Wenn das nicht möglich ist, wie es bei der Anlage von Flugplätzen vielfach der Fall sein wird, soll der Schaden an Natur und Landschaft gem. § 5 Abs. 1 LG NW in einem anderen Bereich ausgeglichen werden.

Des weiteren ist der **Biotop-** und **Artenschutz** beachtlich. Nach § 20c BNatSchG sind alle Maßnahmen unzulässig, die zu einer Zerstörung oder Beeinträchtigung der dort aufgelisteten Biotope führen. Von dieser Regelung können die Länder aufgrund § 20c Abs. 2 BNatSchG Ausnahmen zulassen. Wegen der starken Auswirkungen des Flugverkehrs auf große Bereiche außerhalb des Flugplatzes wird eine Prüfung des Flugplatzvorhabens anhand des § 20c BNatSchG bei einem Vorhaben innerhalb oder im weiteren Umkreis eines solchen Biotops notwendig.

Aus der nach dieser Prüfung erteilten Genehmigung ergibt sich auch, für welche Luftfahrzeuge der zu errichtende Flugplatz genehmigt wird.

6.2.2 Ob zusätzlich zu dieser Genehmigung noch ein **Planfeststellungsverfahren** erforderlich ist, hängt von bestimmten Gegebenheiten ab. Für Flughäfen ist das Verfahren gem. § 8 Abs. 1 LuftVG immer durchzuführen. Flughäfen sind Flugplätze, die nach Art und Umfang des vorgesehenen Flugbetriebs einer Sicherung durch einen Bauschutzbereich nach § 12 LuftVO bedürfen. Andernfalls handelt es sich um einen Landeplatz. Für einen solchen kann – ebenso wie für ein Segelfluggelände – gem. § 17 LuftVG ein beschränkter Bauschutzbereich in dem Sinne bestimmt werden, daß bis zu einer Entfernung von 1,5 km vom Flugplatz Bebauung nur eingeschränkt möglich ist. Liegt eine Bestimmung dieser Art vor, so muß der Genehmigung gem. § 8 Abs. 1 LuftVG ein Planfeststellungsverfahren folgen. Ist das nicht der Fall, so genügt die Genehmigung gem. § 6 Abs. 1 LuftVG zur Anlage und zum Betrieb des Flugplatzes.

Neben der luftverkehrsrechtlichen Genehmigung können **weitere Zulassungen** erforderlich sein, soweit ihr Gegenstand nicht schon im Rahmen der Flugplatzgenehmigung mit erfaßt wird. So ist für die Betriebsanlagen eines Flugplatzes grundsätzlich eine Baugenehmigung erforderlich. Die BauO (NW) verneint allerdings in § 75 die Notwendigkeit einer Baugenehmigung für öffentliche Verkehrsanlagen (lediglich Zustimmung durch die obere Bauaufsichtsbehörde).

6.3 Ausübung des Flugsports

6.3.1 Soweit zulassungspflichtige Luftfahrzeuge benutzt werden sollen, ist ihr Gebrauch erst nach Nachweis der Verkehrssicherheit gestattet. Zulassungspflichtig sind Privatflugzeuge, Segelflugzeuge und Motorsegler. Keiner Verkehrszulassung bedürfen dagegen Ultraleichtflugzeuge, Hängegleiter, Gleitflugzeuge und Gleitschirme.

6.3.2 Alle genannten Luftfahrzeuge dürfen nur auf den für sie genehmigten Flugplätzen starten und landen. Es darf also nur ein Flugplatz benutzt werden, der für den Typ und die Klasse genehmigt worden ist, dem das Luftfahrzeug entspricht, mit dem gestartet oder gelandet werden soll.

Starts und Landungen außerhalb dieser Flugplätze sind außerdem gem. § 25 Abs. 1 Satz 1 LuftVG auf einem Gelände möglich, für das die örtlich zuständige Luftfahrtbehörde des Landes eine Außenstart- und -landeerlaubnis erteilt hat, sofern der Grundstückseigentümer oder der sonst

Berechtigte zugestimmt hat. Bei der Erteilung dieser Erlaubnis sind Belange des Naturschutzes zu beachten (vgl. dazu im allgemeinen Teil). Sie gilt für Hängegleiter, Gleitflugzeuge und Gleitsegel als erteilt, wenn der Start- und Landeplatz außerhalb eines Wohngebietes und mehr als 3 km von der Begrenzung eines Flugplatzes entfernt liegt (IV 3.2 der AllgVerf).[1])

Die Erlaubnis für Außenlandungen von Motorseglern und Segelflugzeugen, die sich auf einem Überlandflug befinden, gilt ebenfalls als erteilt. Entsprechendes ist vorgesehen für Überlandflüge mit Hängegleitern, Gleitflugzeugen und Gleitschirmen, für die es aber einer besonderen Erlaubnis bedarf (IV 1.10 der AllgVerf).

Eine weitere Ausnahme vom Flugplatzzwang gilt gem. § 25 Abs. 2 Nr. 1 LuftVG für Landungen von Segelflugzeugen, Hängegleitern, Gleitflugzeugen und Gleitschirmen, da aufgrund ihrer technischen Eigenschaften, insbesondere ihre Abhängigkeit von den Windverhältnissen, der Ort der Landung nicht vorausbestimmbar ist.

Alle diese Regelungen enthalten lediglich Ausnahmen vom Flugplatzzwang. Wenn ein Gelände jedoch nicht nur vorübergehend, sondern fortgesetzt und ausschließlich oder hauptsächlich für den Betrieb von Ultraleichtflugzeugen, Gleitflugzeugen, Hängegleitern und Gleitschirmen benutzt werden soll, ist regelmäßig eine Genehmigung zur Anlage und zum Betrieb eines Flugplatzes erforderlich.

6.3.3 Zum Schutz der Allgemeinheit vor Gefahren und zum Schutz der Umwelt bestehen zahlreiche weitergehende Vorschriften, etwa Regelungen über einzuhaltende Mindestabstände. Weiterhin ist eine Durchführung von Flügen mit Ultraleichtflugzeugen, Hängegleitern, Gleitflugzeugen und Gleitsegeln über oder in unmittelbarer Nähe von Wohngebieten oder Menschenansammlungen verboten. Unter umweltrechtlichen Gesichtspunkten von Bedeutung ist die Regelung, daß der Lärm, der bei dem Betrieb eines Luftfahrzeuges verursacht wird, nicht stärker sein darf, als es eine ordnungsgemäße Führung unvermeidbar erfordert (§ 1 Abs. 2 LuftVO).

7. Zusammenfassende Würdigung

Der Flugsport ist – von einigen problematischen Fluggeräten abgesehen – als ökologisch relativ unproblematisch einzustufen, sofern er in nichtstöranfälligen Gebieten ausgeübt wird.

---

[1]) Allgemeinverfügung über den Betrieb von bemannten, nichtzulassungspflichtigen Luftfahrzeugen in der Bundesrepublik Deutschland vom 15.5. 1982, NfL 96/82 (AllgVerf)

Umweltprobleme durch Flugsport entstehen,
- wenn die Flugsportanlagen am ökologisch falschen Standort eingerichtet wurden (Verlust ökologisch wertvoller Flächen durch Überbauung oder Veränderung, Beunruhigung und Vertreibung schutzwürdiger Tiere – vor allem Vögel – durch Benachbarung zu störanfälligen Lebensräumen) und/oder
- wenn Ultraleichtflugzeuge, Helikopter, Modellflugzeuge, Hängegleiter und Gleitschirme durch ihre besondere Störwirkung Wildtiere beunruhigen und vertreiben, z.B. Vögel am Brüten hindern.

Besonders diese Luftfahrzeuge geraten in Konflikt mit den Belangen des Naturschutzes. Sie lösen durch ihr überraschendes Auftauchen bzw. aufgrund einer Verwechslung mit Freßfeinden bei vielen Wildtieren panische Fluchtreaktionen aus. Das Vordringen der leicht transportierbaren Fluggeräte verschärft den Konflikt, weil dadurch die Störung in bisher unbehelligte Refugien getragen wird.

Die meisten Konflikte mit Belangen des Umwelt- und Naturschutzes werden durch das Modellfliegen hervorgerufen. Daher sind die bisher vielfach ungenehmigten Modellflugplätze einer strengen Prüfung zu unterziehen, damit sowohl die Störung durch Lärm als auch die Beeinträchtigung schützenswerter Lebensräume vermieden wird.

Bei Meidung störanfälliger Gebiete im Hinblick auf die Standortwahl von Flugplätzen, Flughöhe und Wahl der Flugrouten lassen sich die flugsportlich bedingten Umweltprobleme in tragbaren Grenzen halten.

Zu den rechtlichen Aspekten zusammenfassend:

Die Errichtung von Flugplätzen bemißt sich primär nach dem Luftverkehrsgesetz; danach bedürfen sie einer Genehmigung, bei deren Erteilung auch die Berücksichtigung der Erfordernisse des Natur- und Landschaftsschutzes geprüft wird. Hier werden insbesondere der Schutz von Natur- und Landschaftsschutzgebieten und der Biotop- und Artenschutz bedeutsam. Für die Ausübung des Flugsports gelten eine Vielzahl spezieller Vorschriften. Umweltrechtlich bedeutsam ist insbesondere Normierung der Pflicht, keinen Lärm über das unvermeidbare Maß hinaus zu verursachen.

Literatur

BAIER, K.: Luftsport und Umwelt. Manuskript einer Informationsbroschüre des Deutschen Aero Clubs, ohne Jahresangabe

BAIER, K.: Luftsportler lernen Natur und Umwelt schützen, in: Bayer. Luftsport-Nachrichten H. 3, 1988

BROGGI, M.: Flugsport und Naturschutz – Ergebnisse des Arbeitskreises, in: ABN (Hrsg.): Sport und Naturschutz im Konflikt. Jahrbuch für Naturschutz und Landschaftspflege 38, 1986

DAEC (Deutscher Aero Club): Natur- und umweltfreundliche Verhaltensweisen für den Luftsport. Programmentwurf o.J.

KIRST, C.: Flugsportanlagen in der Bundesrepublik Deutschland und ihr Konflikt mit dem Naturschutz, in: Natur und Landschaft, H. 7/8, 1989

KEIL, W.: Ultraleichtflugzeuge und Hängegleiter – Anfänge einer bedenklichen Entwicklung, in: ABN (Hrsg.): Sport und Naturschutz in Konflikt. Jahrbuch für Naturschutz und Landschaftspflege Bd. 38, 1986

KEIL, W.: Modellflugsport aus der Sicht des Vogelschutzes, in: LÖLF-Mitteilungen, H. 3, 1988

ODLOCH, G.: Einige Anmerkungen über die UL-Fliegerei. ANL-Seminar Laufen 1987

OTTO, F.: Eingriff in Natur und Landschaft durch Motormodellflugzeuge (aus der Rechtssprechung), in: Natur und Landschaft, H. 3, 1989

RANFTL, H.: Auswirkungen des Luftsports auf die Vogelwelt und die sich daraus ergebenden Forderungen, in: ANL Berichte 12, 1988

REICHHOLF, J.H.: Auswirkungen des Flugbetriebs auf die freilebende Tierwelt. ANL-Seminar „Luftfahrt und Naturschutz" 6.10.1988, Laufen

REICHHOLF, J.H.: Vögel und Umwelt in Flugplatzbereichen - ökologische Grundaspekte, Probleme und Lösungsmöglichkeiten, in: Vogel und Luftverkehr, Bd. 9, H. 2, 1989

REICHOLD, K.: Flugzeughallen als ideale Schlupfwinkel für Fledermäuse – Luftsportverband will mehr für die Umwelt tun. Süddeutsche Zeitung 18.4. 1988

ROSSBACHER, R.: Vogelschutz und Modellflugsport, in: Vogel und Umwelt, H. 1, 1982

UBA (Umweltbundesamt): Lärmbekämpfung 1988 - Tendenzen, Probleme, Lösungen, Berlin 1989

ZIESE, J. / G. WULFERT: Junge Disziplinen des Luftsports und ihre Auswirkungen auf die Natur, in: LÖLF-Mitteilungen, H.1, 1989

Tauchen (O)

Tauchen

1. Einführung

Im Verband Deutscher Sporttaucher (VDST) sind in 500 Vereinen ca.30.000 Taucher organisiert. Das Tauchen gehört zu den expandierenden Sportarten, wobei das Tauchen im Urlaub gerade an noch wenig beeinflußten Küstenabschnitten südlicher Meere besondere ökologische Probleme verursachen kann. Über die Anzahl dieser Freizeittaucher liegen keine Angaben vor. Der VDST schätzt, daß von seinen Mitgliedern etwa ein Drittel den Sport nur während des Urlaubs im Ausland ausübt.

Im folgenden steht das Tauchen in der Bundesrepublik im Mittelpunkt der Betrachtung (abgesehen vom Exkurs 3.3).

Zwei Formen des Sporttauchens werden unterschieden:

a) Schnorcheln mit ABC-Ausrüstung: „Begehung" eines Gewässers mit Hilfe von Maske, Schnorchel und Flossen, um das Gewässer besser beobachten zu können, und zwar direkt unterhalb der Wasseroberfläche bei zeitweiligem Abtauchen in das Gewässer.
b) Tauchen mit dem Preßluftgerät: Es wird ein Luftzulieferungssystem (Preßluftflaschen) benutzt, mit dessen Hilfe im Gewässer Beobachtungen unabhängig von natürlicher Atemnot durchgeführt werden können (also mit längerer Dauer und in größeren Tiefen).

In beiden Fällen kann Kälteschutzkleidung getragen werden.

Für das Freiwassertauchen und Orientierungstauchen werden natürliche bzw. künstlich angelegte Gewässer (Bagger- und Stauseen) in Anspruch genommen, das Training findet vorwiegend in Freibädern und Hallen statt.

Wettkämpfe (Landes-, Bundes-, Europa- und Weltmeisterschaften) werden in den Disziplinen Flossenschwimmen und Streckentauchen, Orientierungstauchen und Unterwasser-Rugby ausgetragen, und zwar zum größten Teil in Schwimmhallen.

Tauchen ist eine der Sportarten, die zum Teil in naturnahen Lebensräumen ausgeübt wird. Um die Tier- und Pflanzenwelt unter Wasser beobachten zu können, werden in solchen Fällen Gewässer aufgesucht, die von ihrem Reinheitsgrad und von ihrer ökologischen Struktur- und Artenvielfalt her als besonders hochrangig einzustufen sind. Der Tauchbetrieb findet jedoch überwiegend (nach Angaben des VDST: zu mehr als 90%) in mesotrophen oder eutrophen (mehr oder weniger nährstoffreichen) Gewässern sowie in Talsperren und Baggerseen statt. Diese sind in vielen Fällen gegenüber Tauchsport auch weniger empfindlich.

2. Gemeinsame Ziele

Der im VDST für Forschung/Umwelt zuständige Angehörige des Vorstands beschreibt den Zusammenhang von Tauchsport und Engagement für die Natur mit folgenden Worten:

„Tauchen bedeutet auch, unberührte Natur hautnah zu erfahren. Dies ist ein Privileg, das in einem Industrieland wie der Bundesrepublik nur wenigen Menschen zukommt. Dieser unmittelbare Naturkontakt und die eigenen Erfahrungen mit der Natur sind es auch, die die Taucher für die Umweltprobleme sensibilisieren und sie motivieren, sich aufgrund der eigenen Betroffenheit für die Naturerhaltung zu engagieren" (XYLANDER 1988).

Die Taucher sind selbst Betroffene von Gewässerverunreinigungen, die durch Versenken von Müll und Einleitung von Abwässern aller Art verursacht werden. Dementsprechend sind sie bereit, bei der Abwehr und Beseitigung solcher Belastungen mitzuwirken.

Der VDST weist auf die „Indikatorfunktion" hin, die der Taucher als Naturbeobachter unter der Wasseroberfläche oder durch aktive Gewässeruntersuchungen übernehmen können. Zusammen mit anderen Wassersportvereinen werden Gewässerreinigungsaktionen durchgeführt. Der VDST bietet Seminare an, die Kenntnisse zur Ökologie der einheimischen Gewässer vermitteln und zur Wasseruntersuchung anleiten.

In Deutschland ist die Unterwasserjagd gesetzlich streng verboten. Der VDST fordert ein Verbot der Unterwasserjagd (Harpunieren) auch in anderen Ländern und setzt sich weltweit für eine generelle Ächtung dieses Fehlverhaltens ein. Zusammen mit Umweltschutzorganisationen engagiert sich der Verband z.B. für den Schutz der Meeresschildkröten und der Wale in den Weltmeeren.

3. Konflikte

3.1 Checkliste

Stichwortartig werden mögliche Umweltbelastungen durch das Sporttauchen aufgezählt, die jedoch durch richtiges Verhalten der Taucher bzw. durch Meidung bestimmter Gewässer(bereiche) meist vermieden werden können:

Belastungen im Uferbereich:
- Zertreten von Ufervegetation beim Lagern, Ein- und Ausstieg
- Mechanische Zerstörung von Wasserpflanzen im Bereich des Schilfgürtels, der Schwimmblattzone, der Zone mit untergetauchten Pflanzen

und der Unterwasserwiesen (Armleuchteranlagen) in Form von Tritt, Abriß (nach Verfangen am Tauchgerät) und Wasserbewegung
- Störung der Wasservögel in Brut-, Nist-, Mauser- und Rückzugsgebieten durch Eindringen in Uferstreifen (zur Brutzeit) bzw. in offene Wasserflächen (zur Mauserzeit)
- Zerstörung von Fischlaich im Flachwasserbereich
- Erzeugung von Lärm beim Füllen von Preßlufttauchgeräten (Kompressor)
- Abgaserzeugung beim Flaschenfüllen mit Benzinmotorkompressoren
- Zurücklassen von Abfall

Belastungen im Gewässer:
- Beeinträchtigung der Photosynthese und Nährstofffreisetzung durch Sedimentaufwirbelung als Folge des Flossenschlags in der Nähe des Seegrundes
- Aufsteigen (Mitriß) von nährstoffreichem Tiefenwasser durch die ausgeatmete Luft des Tauchers: Transport von Nährstoffen aus dem Hypo- in das Epilimnion. Dieser Effekt ist in oligotrophen Seen bedeutsam.
- Unterwasserjagd: Gefahr der Ausrottung bestimmter Fischarten und Störung des Räuber- Beute-Gleichgewichts
- Beunruhigung von Fischen während ihrer Ruhephasen (in der Nacht und im Winter)
- Störung der Tier- und Pflanzenwelt bzw. durch Veränderung bestimmter Lebensraumstrukturen (Unterschlupfe, Laichplätze)

3.2 Besonders beachtenswerte Konflikte

Zwei mögliche Effekte des Tauchsports in Süßgewässern seien hier näher angesprochen:[1])

a) Durch die Taucher können Sedimente vom Seeboden aufgewirbelt werden, was sich unter Umständen belastend auf die Tier- und Pflanzenwelt (Biozönose) des Gewässers auswirken kann. Die Belastung ist dann am größten, wenn die Sedimente nicht nur lokal in Bewegung gesetzt, sondern über den durch die aufsteigenden Luftblasen erzeugten Wasserstrom im See verteilt werden.
b) Durch die Taucher können bei längerem Aufenthalt in größerer Tiefe erhebliche Wassermengen durch die abgeatmete Luft in Bewegung gesetzt werden, was zu Problemen führt, wenn Tiefenwasser (unterhalb der Sprungschicht) nach oben „gerissen" wird.

---

[1]) Die folgenden Angaben basieren auf Untersuchungen, die der VDST durchführen ließ (unveröffentl. Manuskript).

Zu a) Aufwirbeln von Sedimenten

Am meisten Sediment wird aufgewirbelt, wenn die Flossen Grundberührung haben (bis zu 2,5 g/l). Erst in 2 - 3 m Entfernung vom Grund wirkt sich der Flossenschlag nicht mehr auf das Sediment des Gewässers aus. Bei einem Abstand von 1 m reduziert sich die Aufwirbelung normalerweise bereits um ca. 90 %.

Eine starke Aufwirbelung von Sediment behindert den Lichteinfall. In manchen Fällen (bei Seen mit schlammigen Sedimenten) ist noch drei Tage nach dem Ereignis eine Resttrübung festzustellen, die eine erhebliche Behinderung der Photosynthese von Unterwasserpflanzen bewirkt.

Durch das im Wasser verteilte Sediment werden Pflanzennährstoffe freigesetzt (Remobilisierung von Stickstoff und Phosphor). Messungen in einem mesotrophen See haben ergeben, daß durch aufgewirbelte Sedimente der mineralische Gesamtstickstoff um 63 g/l und der Phosphatgehalt um bis zu 36 g/l stieg (lokale Nährstoffanreicherung).

In einigen Seen - besonders in Bergseen - kommen Fischarten vor, die für ihr Laichgeschäft kiesige Bereiche in größeren Tiefen beanspruchen. Die Eier und die Brut dieser Fischarten sind durch Sedimentablagerung besonders gefährdet. Daher sind solche Gewässer in der Zeit vom Ablaichen bis zum Ausschlüpfen der Fische vom Taucher zu meiden.

Einschränkend ist darauf hinzuweisen, daß auch natürliche Ereignisse (z.B. Stürme) zur großräumigen Aufwirbelung von Sedimenten führen. Kleinräumige und relativ seltene Aufwirbelungen durch Taucher sind als harmlos einzustufen. Ein einzelner Taucher in einem See wirkt sich kaum belastend aus. Ökologisch problematisch ist jedoch das regelmäßige Aufwirbeln von Sediment in bestimmten Bereichen.

Zu b) Tiefenwasserverlagerung

Durch die aufsteigenden Luftblasen eines Tauchers werden pro Stunde etwa 1000 m^3 Tiefenwasser in oberflächennahe Wasserschichten verlagert. Wenn sich der Taucher unter Wasser fortbewegt und daher kein stabiler Auftriebskegel entsteht, werden immer noch 100 m^3 pro Stunde „mitgerissen". Das bedeutet bei kleineren oligotrophen Seen mit größerer Wassertiefe und hoher Tauchfrequenz (etwa 1000 Tauchgänge pro Sommerhalbjahr), daß hier deutliche Eutrophierungserscheinungen auftreten.

Sowohl die Tiefenwasserverlagerung als auch die Sedimentationsaufwirbelung wirken sich besonders gravierend in oligotrophen Gewässern als ökologische Belastung aus.

3.3 Exkurs zum Tauchtourismus in fernen Ländern

Im Zuge des Massentourismus sind bereits verheerende Auswirkungen des Harpunierens festzustellen, die von der Ausrottung bestimmter ohnehin seltener Arten (z.B. einiger Zackenbarscharten) bis hin zu „leergeschossenen Unterwasserwüsten" reichen. Hinzu kommt der dadurch bedingte Verlust am Naturerlebnis für die anderen Taucher. Denn Fische zeigen in Regionen, in denen viel harpuniert wird, eine große Scheu. Wegen ihrer dann besonders weiten Fluchtdistanzen lassen sie sich nur sehr schwer ungestört beobachten.

Der Welttauchsportverband CMAS hat eine Reglementierung und erst recht ein Verbot der Unterwasserjagd abgelehnt und führt sogar Welt- und Europameisterschaften im Harpunieren durch, womit er (auch für die unorganisierten Freizeittaucher) ein sehr negatives Vorbild abgibt. Die Tauchsportindustrie bietet zumindest in ihren nichtdeutschsprachigen Katalogen ganze Unterwasserwaffen-Arsenale an.

Die Unterwasserjagd wird vom VDST in seiner Satzung als „verbandsschädigendes Verhalten" verurteilt, weil sie ein „mutwilliges Zerstören der Unterwasserflora und -fauna" darstelle. Wesentlich weniger umweltbewußt als der deutsche Verband verhalten sich zahlreiche ausländische Taucherorganistionen, vor allem im Bereich des Mittelmeeres.

Auch ein weiteres Problem in fernen Meeren sei hier angesprochen: die Zerstörung und Beeinträchtigung von Korallen beim Tauchen in Riffgebieten. Die zerbrechlichen Korallen werden durch mechanische Einwirkungen (Tritt, Ankerwurf, mutwilliges oder versehentliches Abbrechen) beschädigt sowie durch Sedimente, die beim Tauchen aufgewirbelt worden sind und das Wachstum der Korallen behindern oder gar unterbinden.

Diese beiden Beispiele sollen genügen, um anzudeuten, daß der Tauchsport als touristische Aktivität in Urlaubsgebieten des Mittelmeeres und der Weltmeere eine belastende Rolle spielen kann - sofern die dort verantwortlichen Regierungen und Tauchsportverbände weder Einsicht noch ökologische Verantwortung zeigen, um dem Tauchsport in ökologisch begründete Grenzen zu verweisen.

Ein Teil der Belastungen läßt sich vermeiden, wenn mit ausreichendem Bodenabstand und guter Tarierung getaucht wird. Der VDST propagiert in den von ihm organisierten Lehrgängen ausdrücklich diese rücksichtsvollen Verhaltensweisen.

In diesem Zusammenhang ist darauf hinzuweisen, daß die schwerwiegendsten Schäden an Korallen nicht etwa von den Tauchern herrühren. Vielmehr wird durch Korallenbruch zum Hausbau, Dretschfänge durch Fischboote und vor allem durch die Einleitung ungeklärter Abwässer die weitaus massivste Korallenzerstörung verursacht.

4. Lösungsansätze

Der VDST distanziert sich von „Unterwasserchaoten und naturzerstörenden Vandalen", auf die die meisten Gewässerschließungen (für alle Taucher) zurückzuführen seien. Durch die Aufklärungsbemühungen des Verbandes könne erreicht werden, daß die gefährdeten Gewässer „sensibel genutzt" werden und der Einfluß der Taucher auf diese Ökosysteme so gering wie möglich gehalten wird.

Im folgenden soll dargestellt werden, welche Gewässer(abschnitte) selbst einen natursensibel ausgeführten Tauchsport bei hoher Frequentierung nicht verkraften und wo die Möglichkeiten verantwortungsbewußter Taucher liegen, in Gewässern, die grundsätzlich aus ökologischer Sicht zum Tauchen geeignet sind, Belastungen zu vermeiden.

Im folgenden Zitat wird eine hohe ökologische Verantwortlichkeit des Tauchers und seine Bereitschaft zur Selbstbeschränkung deutlich: „Die Ausübung eines Sports wie des Tauchsports, der sein vornehmliches Betätigungsfeld in der freien Natur hat, kann unter Umständen mit den Ansprüchen der Natur kollidieren. In solchen Fällen sollte sehr kritisch zwischen dem eigenen Anspruch auf einen Tauchgang und den möglichen Folgen für die Natur abgeschätzt und im Zweifelsfall gegen einen Tauchgang entschieden werden" (XYLANDER 1989).

Die Zahl der im folgenden charakterisierten Gewässer, die von Tauchern gemieden werden sollten, erreicht nur einen geringen Prozentsatz im Vergleich zu den kleineren und größeren Seen, die bei rücksichtsvollem Tauchen (siehe Verhaltensregeln) ohne ökologische Probleme dem Sport zur Verfügung stehen. So etwa können in aller Regel die Baggerseen als Tauchgewässer genutzt werden, insbesondere dann, wenn sie keinen naturnahen Uferbewuchs aufweisen.

Gewässer, die sich aus ökologischer Sicht nicht für den Tauchsport eignen, weil sie zugleich hochwertig und empfindlich sind:

- kleine Gewässer mit durchgehend naturnahem Uferbewuchs (Röhrichtgürtel, Schwimmblattpflanzengürtel, Unterwasserpflanzen) ohne Einstiegsmöglichkeit über einen Steg,
- kleine oligotrophe Gewässer, deren Tier- und Pflanzenwelt an Nährstoffarmut angepaßt ist und keine Eutrophierung verträgt,
- Gewässer mit einem Schutzstatus, dessen Schutzziele mit den Effekten des Tauchsports in Konflikt geraten.

Die hier genannten Gewässertypen sind aus ökologischer Sicht auch für andere Nutzungen ungeeignet (z.B. für Segeln, Windsurfen, Badebetrieb, Angeln).

Andere Gewässer sollten in bestimmten Bereichen und zu bestimmten Zeiten nicht betaucht werden, wenn im Rahmen des Tauchsports

- das Laichen von Fischen gestört bzw. der Laich zerstört wird (Hauptlaichzeit im Mai),
- eine Wasserfläche, auf die sich mausernde Entenvögel zurückgezogen haben, beunruhigt wird,
- das Brutgeschäft von Wasservögeln beeinträchtigt wird,
- ein Unterwasserrasen (Armleuteralgen, Characeen) in geringem Bodenabstand überquert werden müßte.

Durch die Einhaltung folgender Verhaltensregeln[1]) kann der Taucher Belastungen vermeiden oder doch zumindest auf ein tragbares Maß verringern:

- Schon bei der Anfahrt und beim Lagern können Uferzonen beeinträchtigt werden.
  - Nur befahrbare Wege benutzen, Parken auf ausgewiesenen Plätzen.
  - Lagern in mindestens 50 m Entfernung vom Ufergürtel. Dem Taucher ist zuzumuten, daß er sein Tauchgerät unter Umständen fünfzig bis hundert Meter weit trägt oder über größere Entfernungen zum Abstiegsort schnorchelt.
  - Abfall vermeiden. Pfandflaschen und wiederverwendbares Geschirr benutzen.

- Der Einstieg und Ausstieg in das bzw. aus dem Gewässer ist dann ökologisch problematisch, wenn die empfindliche Ufervegetation durchquert werden muß. Daher:
  - Badestege, Bootsanleger oder ausgewiesene Badezonen als Einstieg/Ausstieg nutzen. Keine Trampelpfade anlegen.
  - Größere Entfernungen zwischen unproblematischem Einstieg und Taucherabstiegsstelle in Kauf nehmen.
  - Schilf- und Wasserpflanzengürtel meiden. Nur von der Peripherie des Pflanzengürtels aus beobachten. Kein Flaschenfüllen an Gewässern.
  - Beim Eistauchgang: Eislöcher nur mit Handbohrer und Handsäge anlegen (nicht mit Motorsäge oder Beil), um die winterschlafähnliche Ruhe der Fische nicht unnötig zu stören.

- Während des Tauchgangs können ebenfalls erhebliche Belastungen verursacht werden. Daher:
  - Erlernen des Austarierens, damit schwebendes Tauchen möglich wird und selbst in schwierigen Situationen ein unbeabsichtigtes Berühren der Pflanzen und des Grundes nicht zu befürchten ist.
  - Unerfahrene Taucher meiden empfindliche Gewässer.
  - Ausreichenden Abstand zur Unterwasserflora halten (Mindestabstand 1 m).
  - Fische weder berühren noch füttern oder jagen.
  - Photographieren nur in freischwebendem Zustand.
  - Bei Eistauchgang und Nachttauchgang: Winterruhe bzw. Nachtruhe der Fische beachten.

---

[1]) Diese Verhaltenregeln lehnen sich weitgehend an die vom VDST vertretenen und bei der Schulung seiner Mitglieder propagierten Hinweise bzw. Forderungen an.

- Je tiefer der Taucher unterhalb der Sprungschicht taucht, desto mehr Tiefenwasser wird an die Oberfläche transportiert. Dieser Effekt ist zu mindern. Daher:
  - Tauchtiefe nur knapp unterhalb der Sprungschicht einhalten.
  - Bei Tieftauchgängen ständige Fortbewegung in horizontaler Richtung.
  - Kleinräumige Ansammlung mehrerer Taucher in größeren Tiefen vermeiden (Luftblasenschleier).

- Wiederholte Aufwirbelung größerer Mengen von Sediment wirkt sich belastend auf die Lebensgemeinschaft eines Sees aus. Daher:
  - Vermeidung des harten Aufsetzens auf dem Seegrund („Fahrstuhleffekt").
  - Ausreichender Abstand beim Überschwimmen des Seegrundes (mindestens 2 m).
  - Durchtauchen von Sedimentfahnen vermeiden (Sedimenttransport im Blasenstrom).

- Nach dem Tauchgang sind ebenfalls Umweltaspekte zu beachten. Daher:
  - Keinen Abfall zurücklassen.
  - Schmutzwassereinleitungen dem Landratsamt melden.
  - Ökologische Besonderheiten der Naturschutzbehörde bekannt geben, z.B. Characeenbestände oder Fischfauna.
  - Gewässer(abschnitte), die aus Einsicht im Sinne der Selbstbeschränkung nicht betaucht werden sollen (weil hier besonders empfindliche Lebensgemeinschaften vorkommen), werden unter Tauchern bekannt gemacht und der Vollzug überwacht.

- Die Tauchsportler können durch stetige Gewässerbeobachtung und aktive Maßnahmen wichtige Aufgaben des Gewässerschutzes übernehmen:
  - Gewässeruntersuchung (biologische und chemische Methoden)
  - Durchführung von Gewässerreinigungsaktionen (außerhalb der Laichzeiten)
  - An geeigneten Stellen unter Anleitung eines Fachmannes neue Lebensräume schaffen durch Ausbringen von Wasserpflanzen (als ökologische Starthilfe in künstlich angelegten Gewässern)
  - Mitwirkung bei der Unterwassererfassung von Umweltschäden oder bei biologisch-ökologischen Kartierungen

Goldene Verhaltensregeln für VDST-Taucher: „Sporttaucher
- dringen nicht in Schilfgürtel ein,
- zerstören keine Ufergürtel,
- schützen Brut- und Nistplätze,

- schweben im Wasser und wühlen keinen Schlamm auf,
- beschädigen keine Unterwasserpflanzen,
- benützen vorhandene Wege und Stege,
- befolgen die Naturschutzbestimmungen,
- schützen Laich- und Ruheplätze,
- halten Auto und Kompressoren fern von Gewässer,
- halten Gewässer und Uferzonen sauber, denn Sporttaucher sind fair zur Natur."

5. Zusammenfassende Würdigung

Das Tauchen kann besonders in naturnahen klaren Seen zu ökologischen Belastungen führen, indem Sediment aufgewirbelt und Tiefenwasser im Blasenstrom nach oben „gerissen" wird. Andere Konflikte (wie etwa die Belastung der Unterwasservegetation) sind durch rücksichtsvolles Verhalten leichter lösbar.

Das touristische Tauchen in südlichen Meeren hat bereits an einigen Küstenabschnitten zu erheblichen Beeinträchtigungen z.B. von Korallenriffen geführt und durch das Harpunieren die Fischfauna dezimiert.

Die durch zahlreiche Veröffentlichungen und Lehrgänge bewiesene Bereitschaft des VDST, die Taucher für die Probleme zu sensibilisieren und auch Einschränkungen zu akzeptieren, läßt - zumindest im Inland - gute Chancen der Konfliktlösung erkennen.

Literatur

LTV (Landestauchsportverband Berlin): Umweltpolitisches Konzept, 1989

STIBBE, A.: Sporttauchen (mit Kapitel „Tauchen und Umwelt") VDST (Hrsg.), 4. erw. Auflage, Hamburg 1989

VDST (Verband Deutscher Sporttaucher): Sporttaucher sind fair zur Natur. Faltblatt, Hamburg o.J.

VDST: Artenschutzprogramm des Verbandes Deutscher Sporttaucher für einheimische Süßwasserpflanzen und -tiere, Hamburg o.J.

WALDHAUSER, M.: Der Taucher als Naturschützer - Praktische Tips für umweltbewußtes Tauchen, Tauchwelt H. 5, 1987

XYLANDER, W. / F. NAGLSCHMID: Gewässerbeobachtung - Gewässerschutz. Ein Leitfaden zur erfolgreichen Umweltarbeit, Stuttgart 1985

XYLANDER, W.: Gewässerschutz VDST (Hrsg.), Hamburg 1988

XYLANDER, W.: „Tauchen und Umwelt", Neunzehnteilige Serie in der Verbandszeitschrift„ Sporttaucher" (1989-1990)

Kanu- und Rudersport (P)

Kanu- und Rudersport

1. Einführung

Die Kanuten und Ruderer sind nicht nur in verschiedenen Sportverbänden organisiert, sondern unterscheiden sich auch erheblich in ihren Aktivitätsräumen und Berührungspunkten mit der Umwelt. Wegen der doch noch vorhandenen Überschneidungen sind sie in einem Kapitel zusammengefaßt. Auch das „Rafting" wird hier kurz angesprochen.

Zum Rudersport: In rund 400 Vereinen der Bundesrepublik sind etwa 68.000 Ruderer im Deutschen Ruderverband (DRV) organisiert - ein Organisationsgrad von nahezu 100 %. Daneben ist das Rudern auch ein beliebter Gelegenheitssport für Erholungsuchende, die den kommerziellen Bootsverleih in Anspruch nehmen. Dieses Gelegenheitsrudern wird nicht als Rudersport angesehen.

Von den Wasserläufen der Bundesrepublik (Gesamtlänge ca. 370.000 km) werden nach Auskunft des DRV nur 7 bis 8 % vom Rudersport genutzt. Hierbei ist zu berücksichtigen, daß etwa 90 % aller Wasserläufe aus Wiesenflüssen und Kleinstgewässern bestehen, die für Ruderboote nicht befahrbar sind. Denn Ruderboote (einschließlich ihres Ruderwerkes) benötigen eine Gewässermindestbreite von 10 Metern und eine Mindestwassertiefe über diese Breite von 0,50 m. Der Rudersport findet überwiegend auf größeren Flüssen, Kanälen und Seen statt (Bundes- und Landeswasserstraßen).

Gerudert wird auch auf angelegten (gebauten) Regattastrecken (z.B. in Hamburg, Salzgitter, Duisburg, Köln, München).

Neben dem Rennrudern (Regatten) werden von den Rudervereinen Tages-, Wochenend- und Urlaubsfahrten und Ausgleichssport mit spielerischem Charakter betrieben, z.B. „Fuchsjagd" auf dem Wasser, Ruderrally, Orientierungs- und Sternfahrten, Fitneß-, Slalom- und Marathonrudern.

Nach Auskunft des DRV werden von seinen Mitgliedern jährlich 15 bis 20 Millionen Kilometer gerudert. Davon werden nur 20 % auf Wanderfahrten zurückgelegt. Alle anderen Fahrten beginnen und enden an den vereinseigenen Bootshäusern.

Zum Kanusport: In über 1050 Vereinen sind in der Bundesrepublik etwa 90.000 Mitglieder im Deutschen Kanu-Verband (DKV) organisiert.

Etwa 10 % der Mitglieder betreiben Leistungssport in den Disziplinen Kanurennsport (einschließlich Marathon-Rennsport), Slalom, Wildwasserrennsport, Kanupolo und Kanusegeln. In der Bundesrepublik sind für den Kanu-Leistungssport 16 Regattastrecken für Rennsport, 31 Wildwasserstrecken, 30 Slalomstrecken und 5 Marathonstrecken ausgewiesen.

Umweltcharakteristika der Disziplinen im Kanu-Leistungssport:

a) Disziplinen „Kanurennsport" und „Kanumarathon":

- Aktionsraum: vorwiegend im Siedlungsbereich oder am Ortsrand. Training auch im Außenbereich auf ruhigen Gewässern: Staubereichen, Kanälen, Seen. Strecke: ballonierte Bahnen à 1000 m Länge.
- Zahl der Aktiven: ca. 6000.
- Gebaute Einrichtungen: Zwei künstliche Regattabahnen (Duisburg, München), Begleitinfrastruktur: Bootslagerraum, Zielturm, Umkleideräume, Toiletten. Bei sonstigen Regattastrecken nur abbaubare Einrichtungen (Zelte etc.).

b) Disziplin „Wildwasser-Rennsport":

- Aktionsraum: Wildbachähnliche Wettkampfstrecke, 5-8 km lang. Flußabschnitt mit Schwierigkeitsstufe mindestens III (schnellfließendes, wildbewegtes Wasser mit Brecher, Schwälle, Wirbel etc., Felsen bzw. Gesteinsbrocken).
- Zahl der Aktiven: 1000.
- Gebaute Einrichtungen: Umkleideräume, Sanitärtrakt, Parkmöglichkeiten, Lautsprecher.

c) Disziplin „Kanuslalom":

- Aktionsraum: stark strömender Fluß mit Hindernissen (Wildflußcharakter), bis 600 m lang. Strecke durch Tore markiert.
- Zahl der Aktiven: ca. 2000.
- Gebaute Einrichtungen: Kanuslalomstadion in Augsburg und Kanu-Slalomstrecke in Hohenlimburg. Infrastruktur sonst: Umkleideräume, Sanitäranlage, Lautsprecher.

d) Disziplin „Kanusegeln":

- Aktionsraum: Seen, Stauseen, selten Fließgewässer. Es genügen windsichere künstliche Wasserflächen ausreichender Größe.
- Zahl der Aktiven: ca. 250.
- Gebaute Einrichtung: Bootshalle.

e) Disziplin „Kanupolo":

- Aktionsraum: Vorwiegend in Freibädern und Hallenbädern für Kleinfeld-Polo, selten auf offenen Wasserflächen (Kanalabschnitten, Baggerseen).
- Zahl der Aktiven: ca. 750.

Die übrigen ca. 80.000 DKV-Mitglieder betreiben **Kanuwandern** auf den mit Kanus (Kajaks und Kanadiern) befahrenen Oberflächengewässern, vorzugsweise Flüssen und Bächen. Mit dem Kanu wird meist in kleinen Gruppen mit Familien und Jugendlichen gewandert, indem eine bestimmte Strecke eines Gewässers in einer Tagestour oder in mehreren Etappen (z.B. bei Wochenend- und Ferienfahrten) befahren wird. Für eine Tagestour sind Gewässerabschnitte von 15 bis 25km Länge notwendig. Rallyes (Veranstaltungen, die dem Ausdauersport zuzurechnen sind) benötigen Streckenlängen von 40 bis 100km.

Das Freizeitpaddeln z.B. auf Badeseen mit Gummibooten oder Leihbooten wird nicht zum Kanusport gezählt. Die Anzahl solcher „Gelegenheitspaddler" wird bundesweit auf 100 000 Personen geschätzt.

Zum nichtorganisierten Freizeitsport zählen auch etwa 25.000 Kanusportler, die ähnlich aktiv wie die organisierten Sportler paddeln, z.B. Wildwasserfahrer in den Alpen.

Die übliche Kanusportsaison erstreckt sich von Mitte März bis Mitte Oktober. In einigen Revieren (z.B. Schmelzwassergebiete der Mittelgebirge) wird auch im Winter gepaddelt. Der Kanusport als Breitensport (Kanuwandern) ist eine ausgesprochen naturverbundene Sportart, deren Problematik aus ökologischer Sicht vor allem darin besteht, daß auch relativ intakte kleine Fließgewässer beansprucht werden (im Unterschied zum Rudersport). In früheren Zeiten befuhren die leicht gebauten Faltboote mit ihrer empfindlichen Bootshaut (und größeren Eintauchtypen) nur solche Flüsse, die durch ihre ausreichende Wassertiefe eine Grundberührung weitgehend ausschlossen. Mit den inzwischen sehr robusten Booten können auch kleinere Bäche sowie Bäche mit steinigen Untiefen ohne Gefahr für das Fahrzeug befahren werden. Bei einem Einerkajak mit ovalem Rumpfquerschnitt beträgt der Tiefgang nur 5 - 10cm (ohne Gepäck).

Die bevorzugte Aktivität ist der Kanuwandersport, zu dessen Wesen es gehört „möglichst viele verschiedene Flüsse und Bäche im Laufe der Jahre zu erfahren und hierbei den Genuß, z.B. der Auenlandschaft, des Flußbiotops, mit kultureller Information zu verbinden" (PRIGGE 1984). Nach Auskunft des DKV sind von dem gesamten Netz der Oberflächengewässer im Bundesgebiet (West) ca. 10% mit Kajaks und Canadiern befahrbar. Die übrigen ca. 90% sind Kleingewässer und Vorfluter sowie Speicherbecken, Seen und ähnliche Gewässer, auf denen nicht gepaddelt werden kann oder darf. Von den 10% für den Kanusport zugänglichen Oberflächengewässern sind ungefähr 10% noch naturbelassen. Daraus wird deutlich, daß sich potentielle Konflikte zwischen Kanusport und Naturschutz nur auf ca. 1% der Gewässer im westlichen Bundesgebiet abspielen.

Eine kommerzielle Variante des Wassersports der letzten Jahre ist das sog. „Rafting", wie es vor allem im Alpenraum mit Schlauchbooten auf Wildwasserflüssen betrieben wird. Von cleveren Raft-Unternehmern wird ein

Erleben der „unberührten Natur auf reißenden Flüssen im Rafting-Boot" verheißen. Hier droht eine touristische Massenentwicklung, die kaum noch durch individuell verantwortliches Verhalten, sondern nur noch durch die Sperrung ganzer Gewässer zu steuern ist und damit den an dieser Entwicklung unschuldigen Kanusport hart treffen würde.

In einer distanzierenden Stellungnahme des DKV heißt es: „Das Rafting birgt erhebliche Gefahren für die stark belastet Umwelt der Alpenregion ... Problemverschärfend kommt hinzu, daß durch den naturfernen Ausbau der Gewässer nur noch wenige Flußabschnitte im Alpenraum für die Befahrung mit Großbooten geeignet sind. Es ist zu befürchten, daß sich das Rafting im Zusammenwirken mit anderen kommerziellen Freizeitaktivitäten zu einer neuen Spielart des harten, naturschädlichen Tourismus entwickelt".

Zitat aus "Brigitte" 19/91

Kanu ohne Action

Für ganzheitliches Denken im Sport setzt sich Rolf Strojec, Leiter der Hessischen Kanu-Schule, ein. Der Fluß soll nicht als „Action-Center" erlebt werden, auf dem Kilometer hinuntergerauscht und Stromschnellen bewältigt werden, sondern als Naturraum. Auf den Touren der Hessischen Kanuschule wird über Fluß- und Alpenökologie gesprochen, über Wasserwirtschaft und die Zerstörung der Flüsse durch Kanalisierung oder Freizeitsportler. „Die Natur soll nicht erobert werden oder bloße Kulisse abgeben", sagt Strojec, „wir wollen die Wahrnehmung schärfen, zum Beispiel dafür, welche Tiere am Ufer zu sehen sind oder wie sauber das Wasser ist." Weil es mehr um Erleben denn um Muskelprotzerei geht, sind 40 Prozent der Teilnehmer der Hessischen Kanuschule inzwischen Frauen – „im Kanusport ein revolutionär hoher Anteil", wie Strojec betont. Das Kanu öffnet den Blick für Schäden und Schönheit am Fluß – sinnliches Erfahren statt Muskelspiel. Und das bedeutet nichts weniger als eine ökologische Reform des Sports. Kirsten Wulf

2. Gemeinsame Teilziele

Sowohl der Kanusport als auch der Rudersport werden durch den Ausbau und die Verschmutzung der Gewässer stark in ihren Aktivitäten behindert. Die Ruder-Wanderfahrer und die Wanderpaddler wollen sich in der Natur still erholen und lehnen daher auch allen Rummel in der Landschaft ab.

Bei diesen Wanderfahrern wird besonders deutlich, wie der landschaftsbezogene Sport indirekt Leidtragender der durch die „großen Nutzer" verursachten Naturzerstörungen geworden ist. Weil durch Gewässerausbau, Gewässerstau, Gewässerunterhaltung und Gewässerverschmutzung immer mehr Fließgewässer nicht nur ökologisch entwertet, sondern auch als Paddelrevier unattraktiv geworden sind, konzentriert sich das Interesse sowohl der „Naturschützer" als auch der Kanuwanderer auf die letzten Reste solcher Fließgewässer, die noch einen naturnahen Charakter aufweisen und ein reiches Naturerleben verheißen.

Unter der Gewässerverschmutzung leiden die Kanu- und Rudersportler auch unmittelbar. Durch Wasserkontakt (Verschlucken nach Kenterungen, bei Schulungen etc.) sind bereits mehrfach Magen/Darmerkrankungen und Hautallergien hervorgerufen worden, seltener auch ernste Infektionskrankheiten (wie Leptospirose und Hepatitis).

In § 2 seines „Grundgesetzes" erklärt der DRV: „Aufgabe des Deutschen Ruderverbandes ist es auch, sich für den Gewässerschutz, die Landschaftspflege ... einzusetzen."

Von Vereinen beider Verbände werden Ufersäuberungsaktionen an Flüssen und Seen organisiert.

In seinem Positionspapier „Kanusport und Naturschutz" wendet sich der DKV gegen den „naturfeindlichen Ausbau unserer Oberflächengewässer, gegen Flußbegradigung und Gewässerverschmutzung" und fordert, daß „verstärkt Renaturierungsmaßnahmen durchgeführt werden".

Der DKV verurteilt auch entschieden Tendenzen des Massentourismus an Fließgewässern im Rahmen des Rafting. Er fordert, die „Vermarktung von naturnah verbliebenen Gewässerbereichen zu unterbinden". Für touristische Gewerbebetriebe in sensiblen Gewässerbereichen müsse in jedem Fall eine Umweltverträglichkeitsprüfung erstellt werden.

3. Konflikte

3.1 Checkliste

Im einzelnen können folgende Belastungen durch Ruder- bzw. Kanusport ausgelöst werden:

a) Belastungen durch das Ein- uns Aussetzen der Boote:
- Beschädigung des Uferbewuchses, Uferabbrüche, Artenverschiebung durch Tritteinwirkung
- Beunruhigung scheuer Tiere (Unterbrechung von Brut und Nahrungssuche)

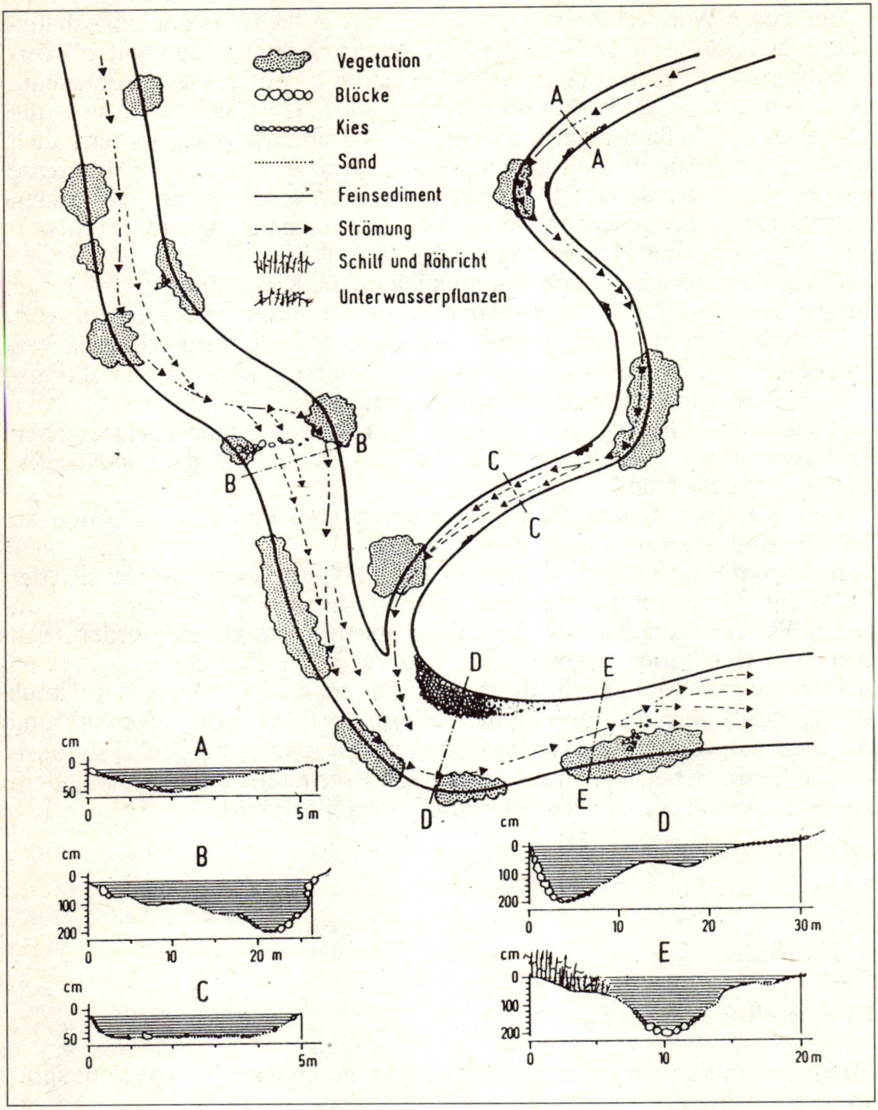

Schematische Darstellung einer reich gegliederten oberen Barbenregion mit einem Zufluß (nach Lelek 1979).
Erläuterungen: 1 Ufervegetation, 2 steiniges Ufer und Flußbett, 3 Schotter, 4 Sand, 5 organischer Detritus und Sedimente, 6 Strömungsrichtung.

b) Belastung durch das Paddeln bzw. Rudern:
- Zerstörung von Fisch-Laichbetten durch mechanische Einwirkung (z.B. von Forellen und Äschen)
- Aufwirbeln von Schlammbänken und Feinsand: Ersticken der zwischen Kies- und Sandkörnern lebenden Tiere (Insektenlarven etc.)
- mechanische Beschädigung flutender Wasserpflanzen und Beeinträchtigung der darauf angewiesenen Tiere (vor allem bei höherer Bootsfrequenz)
- Beunruhigung scheuer Tiere durch bloße Anwesenheit (Wasservögel, Biber, Otter)

c) Belastung durch begleitende Aktivitäten:
- Abfälle und Feuerstellen auf Rastplätzen
- Lärm und Bodenverdichtung durch Zubringerverkehr (Bootstransport)

3.2 Zur Empfindlichkeit kleiner Gewässer gegenüber Kanusport

Der überwiegend als Tourenfahrt am Wochenende betriebene Kanuwandersport benötigt ein durchgängig befahrenes Netz von Wasserwanderwegen. Die bevorzugten Paddelreviere sind die naturnahen, möglichst wenig ausgebauten, sauberen Gewässerläufe in der freien Landschaft. Die für das Kanuwandern interessanten Bereiche sind jedoch häufig zugleich die verbliebenen Reste ökologisch hochwertiger und schutzbedürftiger Rückzugsgebiete von bedrohten oder gar in ihrem Bestand gefährdeten Tier- und Pflanzengesellschaften bzw. für einzelne Arten im und am Gewässer. Hier liegt der Hauptkonflikt, der vielfach in Naturschutzgebieten ausgetragen wird.

Auch wenn von dieser stillen Sportaktivität nur relativ geringfügige Einflüsse auf die durchfahrenen bzw. beim Anlanden betretenen Ufer- und Gewässerökosysteme ausgehen, kann dies ökologisch problematisch sein, wenn die Empfindlichkeit des Systems hoch ist (d.h. durch die Störeinwirkung eine erhebliche Qualitätsminderung z.B. durch Artenverlust eintritt).

Einzelne Kanuten mögen kaum einen Schaden anrichten. Bei höherer Befahrensdichte entstehen jedoch unter Umständen ernsthafte Umweltbelastungen.

Besonders störanfällig sind folgende Arten:
- Insektenlarven (z.B. Eintagsfliege, Steinfliege, Libellen, die das kiesige bis sandige Substrat des Bachbettes besiedeln),
- Flußperlmuschel (auf ein intaktes, differenziertes Bachsediment angewiesen),
- Fische (z.B. die standorttreuen Bachforellen, Äschen),
- Vögel (z.B. Schwarzstorch, Gänsesäger, Mittelsäger, Graureiher, Eisvogel, Gebirgsstelze, Enten zur Zeit der Jungenaufzucht und Mauser),

- Fischotter (dessen Bau sich im Gewässerufer befindet),
- Wasserpflanzen (Schilf, Rohrglanzgras, Schwimmblattpflanzen).

Belastungen der empfindlichen Tier- und Pflanzenwelt ergeben sich durch
- Änderung der ökologischen Verhältnisse (Zerstörung des Pflanzenbewuchses sowie der Struktur des Bachbetts, speziell des Lückensystems von sandigem und kiesigem Sediment und der Bachseitenräume). Hiervon sind vor allem die kleinen (flachen) Bäche betroffen.
- Störung scheuer Wirbeltiere (vor allem an größeren Gewässern).

4. Lösungsansätze

Um mögliche Konflikte zwischen Kanusport/Rudersport und Naturschutz richtig einschätzen und angemessen reagieren zu können, muß geklärt werden, ob und wodurch die schützenswerten Qualitäten des betreffenden Gebietes (z.B. bestimmte Artengemeinschaften und Lebensbedingungen) tatsächlich durch diese Sportaktivität beeinträchtigt werden. Es kommt also auf die Schutzwürdigkeit und die sportspezifische Empfindlichkeit des Gewässerökosystems an. Hier gehen gerade in Naturschutzgebieten vielfach die Meinungen auseinander. Vom Einzelfall hängt es ab, ob eine Totalsperrung des Gewässerabschnitts, eine zeitlich limitierte oder eine nur auf das Anlanden bezogene Sperrung aus ökologischer Sicht notwendig ist. Folgende Maßnahmen der Konfliktvermeidung sind in und an schützenswerten Gewässern möglich:

a) Planerische Maßnahmen

- Totalsperrung ganzjährig (wenn sich anders eine Störung nicht verhindern läßt),
- Totalsperrung während bestimmter Monate (z.B. um die Störung bestimmter Vögel bei Balz, Nistplatzwahl, Nest- oder Höhlenbau, Brut, Nestlingsversorgung zu vermeiden),
- Wasserstandsabhängige Befahrensregelungen (um Grundberührungen mit Boot oder Paddel bei niedrigem Wasserstand auszuschließen),
- Anlege- und Verweilverbot an empfindlichen Uferabschnitten (ganzjährig oder zeitlich begrenzt),
- Festlegung von Fahrrinnen, Einhaltung von Mindestabständen zu störempfindlichen Uferbereichen,
- Ausweisung ökologisch belastbarer Ein- und Aussetzstellen sowie Rastplätze.

b) Was kann der Verein und der einzelne Sportler tun?

- Bei der Fahrvorbereitung: Erkundigung über Gewässer, eventuelle Sperrungen oder Regelungen, Wasserstand, Ein- und Aussetzstellen, Rastplätze,

- mit dem Auto (Bootstransport) nicht außerhalb fester Einsetzstellen ans Ufer heranfahren, kein wildes Parken,
- empfindliche Ufervegetation meiden (Röhricht, Schwimmblattpflanzen),
- generell während der Fahrt deutlichen Abstand halten von naturnahen Ufern, Wasserwanderwege nur aus zwingenden Gründen verlassen,
- Brutbereichen und führenden Wasservögeln ausweichen,
- stets auf ausreichenden Wasserstand achten,
- nicht an naturnahen Uferbereichen anlanden und rasten,
- bei erkennbarer Übernutzung auf Befahrung verzichten,
- nicht in größeren Gruppen paddeln,
- den Fluß durch Einzelpaddler nicht ununterbrochen befahren, sondern Ruhephasen einhalten (Vermeidung langzeitiger Störungen),
- Mehrfachbefahrung bestimmter Stellen unterlassen, vor allem, wenn mehrere Gruppen auf dem Fluß sind,
- Verzicht auf Rallyes und Großveranstaltungen in empfindlichen Gewässern,
- Abfälle mitnehmen und umweltfreundlich beseitigen,
- unnötigen Lärm und Unruhe vermeiden,
- kein wildes Zelten und Feuermachen, öffentliche Zeltplätze benutzen,
- Gewässerverschmutzungen (unerlaubte Abwassereinleitungen) registrieren und melden.

Die meisten dieser Verhaltensregeln werden über Faltblätter des DKV bekanntgemacht. Mit den folgenden einleitenden Sätzen spricht der Verband die Verantwortlichkeit der Sportler für ihre Umwelt an: „Kanu ist eine Natursportart. Die Natur ist ein kostbares Gut und birgt Reize, die zu bewahren sind ... Jeder einzelne Wasserwanderer ist aufgefordert, den Empfindlichkeiten der wertvollen natürlichen und naturbelassenen Gewässer durch eigenes vorbildliches Verhalten stets Rechnung zu tragen."

Grundsätzlich sollten die Vereine ihre Mitglieder durch Information über ökologische Zusammenhänge, Schutzzwecke und Schutzziele darin unterstützen, sich in der Natur bewußt rücksichtsvoll zu verhalten. In vorbildlicher Weise hat der DKV zehn Prozent der Ausbildungsinhalte für Übungsleiter im Kanuwandersport dem Natur- und Umweltschutz gewidmet.

Jeder Verein sollte bemüht sein, notwendige ökologische Rücksichten in freiwilliger Selbstbeschränkung zu üben und damit administrative Ge- und Verbote (Sperrungen) überflüssig zu machen.

5. Zusammenfassende Würdigung

Wesentlich mehr noch als dem Ruderer ist es dem Kanuten möglich, auch in sehr schmale und flache Gewässer vorzudringen. Konflikte mit dem

Naturschutz entstehen, wenn die Neigung des Wassersportlers, sich in naturnahen Gewässern zu bewegen, mit der Notwendigkeit kollidiert, Lebensräume störanfälliger Tiere und Pflanzen auch vor geringfügig erscheinenden Belastungen zu schützen. Probleme bereiten vor allem höhere Befahrensfrequenzen. Von der Gewässersperrung besonders sensibler Naturräume bis hin zu rücksichtsvollem Verhalten der Wassersportler bieten sich verschiedene Möglichkeiten, Belastungen ganz zu vermeiden oder auf ein erträgliches Maß zu beschränken.

Literatur

ALTMÜLLER, R.: Kanusport und Artenschutz (am Beispiel niedersächsischer Fließgewässer), in: Sport und Naturschutz im Konflikt, Jahrbuch für Naturschutz und Landschaftspflege 38, 1986

DKV (Deutscher Kanu-Verband): Bericht über das Arbeitstreffen der Naturschutzreferenten im DKV, Duisburg 1989

DKV (Hrsg.): Beiträge zum Natur- und Gewässerschutz, Duisburg 1985

DKV (Hrsg.): Natur- und Gewässerschutz. Schriftenreihe des DKV, Bd. 6, Duisburg 1986

DKV (Deutscher Kanu-Verband): Naturbewußt Paddeln (Faltblatt), Duisburg o.J.

DKV (Deutscher Kanu-Verband): Kanusport und Naturschutz – Position des Deutschen Kanu-Verbandes, Duisburg 1988

HAHN, H.: Kanufahrer in Natur und Umwelt. Nutzung und Verbrauch von Landschaft durch den Kanusport. Kanu-Sport 18, Duisburg 1985

LOTZ, H.: Rudersport und Umwelt. Stellungnahme des Deutschen Ruderverbandes in der Umwelt, BMU (Hrsg.), Bonn 1988

WACKER, R.: Organisierter Kanusport und Landschaftsplanung in NRW, Duisburg 1989

Segeln und Surfen (R)

Segeln und Surfen

1. Einführung

Der Segelsport mit Booten und das Surfen mit Brettern unterscheiden sich aus ökologischer Sicht vor allem darin,

- daß Segelboote in der Regel Hafenanlagen benötigen, also (im Vergleich zu den Surf-Einlaßstellen) mit einem gravierenden Eingriff in den Uferbereich verbunden sind,
- daß Surfbretter (im Vergleich zu den Booten) mit ihrem geringen Tiefgang in Flachwasserbereiche eindringen können und daher vor allem von der Sportaktivität (nicht so sehr von der Anlage) ökologische Schäden drohen.

Wegen der doch noch großen Überschneidungen in den Berührungspunkten mit Umwelt- und Naturschutz werden beide Sportarten gemeinsam behandelt, jedoch bei spezifischen Auswirkungen bzw. Lösungsansätzen unterschieden.

Im Deutschen Seglerverband (DSV) sind ca. 120.000 Segler und ca. 40.000 Surfer organisiert. Schätzungsweise üben darüber hinaus noch ca. 80.000 unorganisierte Segler und mehr als 130.000 unorganisierte Surfer ihren Sport in der Bundesrepublik Deutschland aus. Hinzu kommen noch ca. 16.000 Mitglieder des Deutschen Hochseesportverbandes. Nach einem starken Anwachsen der Mitgliederzahlen bis 1980 rechnet der DSV für die Zukunft eher mit einer stagnierenden Entwicklung.

Der gesamte Bootsbestand (einschließlich motor- und muskelkraftbetriebene Fahrzeuge) in der Bundesrepublik Deutschland wurde 1980 vom Deutschen Boots- und Schiffbauer-Verband auf ca. 437.600 Sportboote geschätzt. Etwa die Hälfte davon sind leichte Boote mit starrem Rumpf, die andere Hälfte sind in bewohnbare und nicht bewohnbare Boote unterteilt. Alle bewohnbaren Boote benötigen einen ständigen Wasserliegeplatz und für ca. die Hälfte der nicht bewohnbaren Boote steht aufgrund ihrer Größe ein Wasserliegeplatz in einem Sportboothafen zur Verfügung. Demnach gab es 1980 in der Bundesrepublik ca. 170.000 Wasserliegeplätze in ca. 1.500 Segelrevieren.

Nach Größe und Massivität der Bauweise sind folgende drei Anlagetypen zu unterscheiden:

a) Bojenfelder: Wasserliegeplätze an Bojen. Der Kontakt zum Land erfolgt über Zubringerboote.

b) Steganlagen: Einzelne oder in kleinere bis größere Gruppen zusammengefaßte Stege in offener Bauweise (also ohne Hafenmole, nur Wellenbrecher).

c) Sportboothäfen in massiver Bauweise: Größere Anlagen für Segelboote (teilweise auch für Motorboote) mit gemauerter oder betonierter Hafenumgrenzung (Spundwände, Steinschüttungen, Kaimauern).

Die letztgenannten **Sportboothäfen** können folgende Nebenanlagen und Folgeeinrichtungen aufweisen:

Nebenanlagen:
- Bootshallen
- Slipanlagen
- Kräne
- Reparaturwerft
- Abfall-, Abwasser- und Altölsammelstellen
- Clubgebäude mit sanitären Anlagen
- Landliegeplätze
- Parkplätze (pro Boot ein Platz)

Folgeeinrichtungen:
- Zufahrtstraßen (Aus- oder Neubau)
- Freizeitanlagen (z.B. Feriendorf, Ferienzentrum)
- Gastronomie
- Jachthotel

Die hier genannten Baulichkeiten und intensiven Flächenbeanspruchungen entsprechen einer völlig naturfernen Ufernutzung. Sie unterscheiden sich in ihrem Charakter nicht von sonstigen städtebaulichen Eingriffen in besiedelten Uferzonen. Die wassersportbezogenen Intensivnutzungen von Uferbereichen konzentrieren sich auf einen relativ kleinen Raum. Aus ökologischer Sicht günstig zu beurteilen sind Kombinationen von Sportbootanlagen mit Häfen der Handels-, Fähr- oder Fischereischiffahrt, weil dadurch relativ wenig neue Fläche beansprucht wird und auf dem Standort ohnehin kaum ein ökologischer Wertverlust mehr zu erwarten ist.

Vor allem folgende Wasserfahrzeuge sind in Sportboothäfen untergebracht:
- Jollen, Ruderboote
- Kajütsegelboote
- Yachten
- Motorboote

Außerhalb von Häfen werden in das Gewässer eingebracht:
- tragbare Kleinboote
- Paddelboote
- Surfbretter

Im Hinblick auf die potentielle ökologische Belastung durch Wassersport sind grundsätzlich die **landseitigen** Aktionsräume (Häfen, Strandabschnitte, Uferzonen) von den **wasserseitigen** Aktionsräumen (Fahrgewässer, Ankerzonen) zu unterscheiden. Die Ausübung des Wassersports ist nicht unbedingt von Hafenanlagen abhängig, sondern kann bei leichten

Fahrzeugen auch von gut zugänglichen, flachen Uferbereichen aus erfolgen.

Die folgende Skizze zeigt einen Sportboothafen mit einigen typischen baulichen Elementen und Folgeeinrichtungen (Beispiel: Planung Glückstadt auf dem Gelände einer stillgelegten Werft).

Für den Surfsport werden landseitig Einlaßstellen benötigt, die mit einer sehr geringen technischen Ausstattung auskommen. Zu diesen Einlaßstellen gehören

- Liegeplätze für Bretter und Riggs,
- Rigg- und Boardständer mit Schließfächern,
- Liegewiese für die Sportler,
- Toiletten, Abfallbehälter,
- Parkplatz mit Zufahrt.

2. Gemeinsame Teilziele

In der Satzung des DSV ist der „Einsatz für Natur-, Landschafts- und Umweltschutz" ausdrücklich als Vorgabe für das Handeln der Segel- und Surfsportler verankert. In einer Erläuterung dazu heißt es: „Die natürliche Qualität der Umgebung macht zugleich Reiz und Qualität dieser Sportarten aus. Der Schutz von Natur, Landschaft und Umwelt ist daher ureigenes Anliegen des Segelsports und seiner Organisationen." An anderer Stelle wird ausgeführt: „... das Ziel ist ja, den Sport in der Umwelt möglich zu machen oder möglich bleiben zu lassen. Gerade beim Segelsport ist es oft nötig, alles zu tun, damit das natürliche Revier als solches erhalten bleibt" (SCHÖTTMER 1985).

Hintergrund solcher Aussagen ist die Betroffenheit des Segel- und Surfsports durch Gewässerverschmutzungen, die für aktive Wassersportler eine Gesundheitsgefährdung darstellen. Eine Denaturierung des Aktionsraumes durch Verbauung der Ufer vermindert die Attraktivität des Segelsports.

Auch mittelbar wird das Segeln und Surfen beeinträchtigt. Als Folge von Substanzverlusten und Störungen naturnaher Landschaftsteile (speziell Gewässer), die von anderen Nutzungen ausgehen (z.B. Ausübung der Jagd, Landwirtschaft), werden Schutzgebietsausweisungen mit strengen Nutzungsbeschränkungen notwendig (Beispiel Nationalpark Wattenmeer). Das bedeutet eine Einengung des Bewegungsraumes für Segler und Surfer (Flächenverluste in den Segelrevieren). Auch für die anderen landschaftsbezogenen Sportarten gilt, daß sie Leidtragende der durch andere Nutzungen verursachten Umweltbelastungen sind.

In der Abwehr solcher Belastungen und in dem Bemühen um die Sanierung bzw. Renaturierung von Landschaftsteilen treffen sich die Interessen der Sportler und „Naturschützer".

Auf die konkreten Maßnahmen, die der DSV unter dieser Zielsetzung durchführt bzw. unterstützt, wird in Kap. 4 eingegangen.

**Planung Sportboothafen Glückstadt
beim/auf dem Gelände einer stillgelegten Werft**

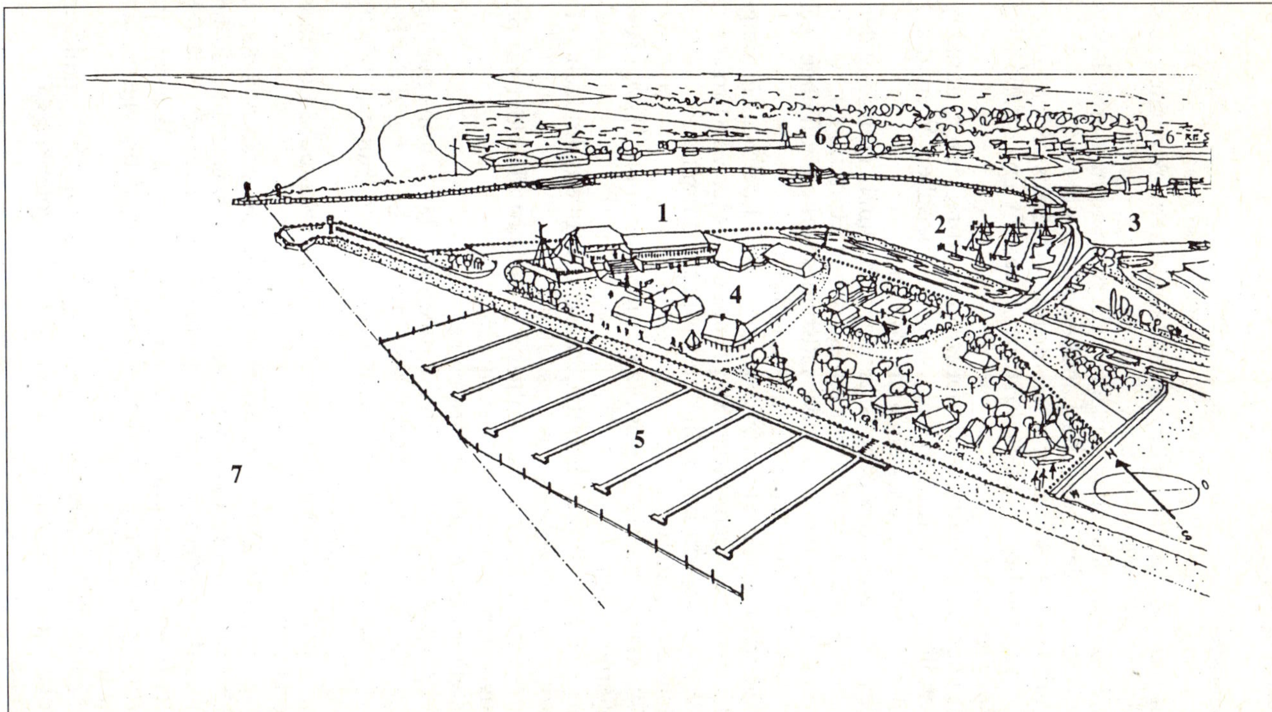

1 - Großes Hafenbecken
2 - Sportbootliegeplätze
3 - alter Hafen (Stadtgebiet)
4 - ehemals Werftgelände, Feriendorf
5 - Sportanleger neu
6 - Stadtgebiet
7 - Elbe

3. Konflikte

3.1 Checkliste

Mit folgenden Umweltbelastungen ist bei den Sportaktivitäten zu rechnen, gegliedert nach Eingriffstypen:

- Erstellung der baulichen Anlagen: Uferverbauung durch Bootshäuser, Stege, Slipanlagen, Mauern, Landliegeplätze etc.:
  - Verlust oder ökologische Abwertung erhaltenswerter Lebensräume im (aquatischen und terrestrischen) Uferbereich (z.B. Feuchtflächen, Röhrichtzone),
  - Flächenversiegelung und Bodenverdichtung durch Baukörper und Landliegeplätze (unabhängig vom ökologischen Wert der Fläche), Uferbefestigung mit steinigem Material,
  - Zerschneidung von Lebensräumen (z.B. durch Trennung der aquatischen Bereiche von ihrem terrestrischen Hinterland),
  - Beeinträchtigung des Landschaftsbildes (durch auffällige technische Anlagen in naturnahen Uferabschnitten).
  - Veränderung der Strömungsbedingungen durch wasserseitige bauliche Einrichtungen (Mole, Stege) mit der Folge von Erosion des Seebodens und von unerwünschten Anschwemmungen.
- Bodenbewegungen:
  - Entlanden und Ausbaggern (z.B. für Fahrrinnen, Hafenbecken) von Uferbereichen,
  - Aufschütten von Aushub und Bauschutt auf empfindlichen Flächen.
- Entsorgung von Abwässern und Ölen:
  - Gewässerbelastung (Eutrophierung, Schadstoffeinleitung) bei ungenügender Klärung bzw. Beseitigung.
- Baustellenbetrieb (zeitlich begrenzt):
  - Verlust und Abwertung erhaltenswerter Lebensräume durch Störung der Tierwelt und Schädigung von Pflanzen im Umgriff der Baustelle,
  - Gewässerverunreinigung durch Erdabschwemmungen, Öle und sonstige Belastungsstoffe,
  - Lärm und Luftverschmutzung (Abgase und Stäube) durch Baustellenverkehr.
- Wassersportaktivitäten und Bojenfelder: Befahren aquatischer Vegetationsbereiche (Unterwasserpflanzen-, Schwimmblatt- und Röhrichtzonen) und sonstiger störempfindlicher Lebensräume im Ufer- bzw. Küstenbereich und auf offener Wasserfläche mit Wasserfahrzeugen und/oder Einlassen, Anlanden, Verankern der Fahrzeuge in den empfindlichen Bereichen:
  - Abrasur der Unterwasservegetation rund um die Verankerung der Bojenketten (Schleifen der Kette im „Schwojenkreis"),

- mechanische Schädigungen an der Ufervegetation (Zurückdrängen und Verinselung),
- Beunruhigung, Störung und Vertreibung von schützenswerten Tierarten (bei Unterschreiten der Fluchtdistanzen),
- Schlammaufwirbelung und -verlagerung (mit Auswirkungen auf Wassertiere und -pflanzen) in Flachbereichen,
- Gewässerbelastung durch Bootspflege bzw. Schiffsreinigung mit chemischen Mitteln (Antifouling).

• Sekundäre Anlagen und Aktivitäten:
  - Erzeugung von Verkehr (Wassersportler und Besucher),
  - Ansiedlung weiterer Freizeitanlagen (wie Ausflugslokale, Campingplatz etc.),
  - Ausbau oder Neubau von Straßen und Parkplätzen zur Bewältigung des zusätzlichen Besucheraufkommens.

Lebensräume und ihre speziellen Belastungen:

a) Binnenseen und Flüsse

• Entwertung von Kleingewässer-Lebensräumen allein durch Anwesenheit (hoher Störeffekt einzelner Wassersportler bei hoher Schutzwürdigkeit).
• Entwertung oder Zerstörung von Lebensraumqualitäten empfindlicher Arten an größeren Seen (speziell in den Flachwasserbereichen) durch Ankern und Anlanden von Seglern und Surfern.
• Beunruhigung und Störung scheuer Tierarten (Fischotter, Wasservögel u.a.).
• Uferzerstörung durch Anlagen des Wassersports (Häfen, Stege, Bojenfelder) und ihrer Begleiteinrichtungen in naturnahen Gewässer- bzw. Uferabschnitten.

b) Wattenmeer (Nordsee)

• Störung der Brutgebiete und Nahrungsbiotope der Seevögel sowie der Seehund-Liegeplätze bei Niedrigwasser von den Fahrrinnen aus.
• Störung von Rastplätzen und Mauserplätzen (z.B. der Brandgans und Eiderente) bei Hochwasser.

c) Ostseeküste einschl. Fördebereiche

• Störungen von Wasservögeln während ihrer Rast, Brut oder Mauser.
• Küstenverbau durch Wassersportanlagen (Spundwände, Steinschüttungen, Kaimauern).
• Schädigung des Strandwallökosystems (durch Strandlieger: Heraufziehen der Boote).

An dieser Stelle sei auf ein spezielles Problem näher hingewiesen: die Gewässerbelastung durch Bootspflege mit **Unterwasseranstrichen (Antifouling).**

Unterwasseranstriche mit bewuchshemmendem Antifouling sollen verhindern, daß sich Wasserlebewesen wie Algen, Muscheln und Krebse am Schiffskörper festsetzen, die sonst in Handarbeit entfernt werden müßten. Die bislang in den meisten kommerziellen Schiff-Antifoulings verwendeten „bioziden" („bio-" = Leben, „zid" = tötend) Wirkstoffe schädigen jedoch auch andere Organismen (z.B. Fischnährtiere, Fischbrut) oder töten sie ab, sobald sie ins Wasser gelangt sind. Dies gilt vor allem für die hier eingesetzten Organozinnverbindungen. Solche Verbindungen werden nur sehr langsam abgebaut und wirken bereits ab einer extrem niedrigen Konzentration (2 Nanogramm pro Liter = 0,000.000.002 g/l) toxisch.

Toxische Substanzen gelangen nicht nur während des Segelns in die Gewässer, sondern auch durch unachtsame Bootspflege am Ufer. Beim Waschen der Boote sammelt sich hoch belastetes Abwasser, das erheblichen Schaden anrichtet, wenn es in das Gewässer oder in die Kanalisation gelangt.

Mehrfach wurden bereits in Bereichen hoher Sportbootdichte teilweise erhebliche Konzentrationen von Organozinnverbindungen und Schädigungen von Gewässerorganismen (z.B. bei Austern) festgestellt. Das Bayerische Landesamt für Wasserforschung hat 1987–1990 in verschiedenen Yachthäfen der Bundesrepublik die TBT-Konzentration (Tribultylzinn) gemessen und ist zu erschreckenden Ergebnissen gekommen. So etwa wurden am Bodensee im Wasser des Yachthafens Lindau-Zech bis zu 930 Nanogramm TBT pro Liter Wasser und im Sediment bis zu 7600 Nanogramm TBT pro Liter ermittelt (SZ vom 06.02.1992)

3.2 Besonders beachtenswerte Konflikte

Im folgenden soll näher auf die Beunruhigung von Wat- und Wasservögeln an der Küste und an Binnenseen eingegangen werden. Neben dem (relativ leicht vermeidbaren) Problem der Zerstörung von Vegetation im Ufer- und Flachwasserbereich ist dies der schwerwiegendste Konflikt zwischen Segelsport und Umwelt, wobei das Surfen noch wesentlich problematischer ist als das Segeln mit Booten.

Grundsätzlich ist darauf hinzuweisen, daß es sich bei der Problematik der Beunruhigung von Wat- und Wasservögeln durch Sportler um einen Sekundärkonflikt handelt. Denn die jagdbaren Vögel sind erst durch Nachstellung scheu geworden. Würde die Jagd auf diese Vögel eingestellt, wäre das Problem der Beunruhigung bald gelöst, weil dann die Fluchtdistanzen drastisch abnehmen würden.

Besiedlungsbestimmende Strukturmerkmale des Röhrichts einschließlich einiger charakteristischer Tierarten (aus BLAB 1986)

Die Beunruhigung und Vertreibung von Vögeln durch Wassersportler wirkt sich wie folgt aus:
- Verhinderung des Brutversuchs bzw. Blockierung des Brutplatzes durch Präsenz des Seglers oder Surfers im zeitigen Frühjahr,
- Störung des begonnenen Brutgeschäfts und der Jungenaufzucht,
- Blockierung von Mauserplätzen,
- großräumige Störung an Sammelstellen zu Beginn der Zugzeit,
- großflächige Störung der Nahrungsrastplätze auf dem Herbst- und Frühjahreszuge und im Winterquartier.

Bestandsbedrohende Folgen solcher Störungen sind
- Ausfall des Bruterfolges,
- Infektionsgefahr und Massensterben an den wenigen ungestörten und wegen ihrer Knappheit überbelegten Mauserplätzen,
- Unterernährung, Parasitenbefall und Energieverluste durch Streß, verminderte Futtersuchzeit und gestörte Ruhezeit am Rastplatz.

Wenn auch der Segelsport nicht die alleinige Störungsquelle darstellt (wichtige andere Quellen sind Angler und Spaziergänger), so ist doch von Bedeutung, daß infolge neuer Techniken (Surfen) und durch bessere Wetterschutzkleidung inzwischen fast jeder früher noch freigehaltene Seewinkel zu fast jeder Jahreszeit erreichbar geworden ist. So stellt z.B. JACOBY (1981) fest, daß am Bodensee alle ökologischen Nischen durch den Wassersport besetzt sind. Auf kleineren Seen (z.B. auf einem von PUTZER untersuchten See von 60 ha gut strukturierter Fläche) genügt ein einziger Segler, um für den gesamten Wasservogelbestand eine „Totalbeunruhigung" zu verursachen und ca. 90 % der Vögel zu vertreiben.

Als besonders problematisch ist anzusehen, wenn selten gewordene Wasservögel aufgrund von Störungen nicht mehr in der Lage sind, genügend Nachwuchs zu produzieren.

Zwar lassen sich bestimmte (verallgemeinerbare) Regelmäßigkeiten bei der Abschätzung des möglichen Konflikts zwischen Segel- bzw. Surfsport und Vogelschutz feststellen (z.B. hinsichtlich Fluchtdistanzen), jedoch ist es manchmal auch notwendig, das Ausmaß der Gefährdung bestimmter Populationen im Einzelfall zu ermitteln.

Mit Blick auf die Störanfälligkeit sind es an und auf den Gewässern insbesondere die Arten der See- und Lappentaucher, der Reiher, Störche, Kormorane, Schwäne, Gänse, Enten und Säger, einige Rallen, Möwen und Seeschwalben, die Watvögel sowie einige Arten der Greifvögel (Seeadlern, Fischadler, Rohrweihe), die Berücksichtigung finden müssen und deren Lebensansprüche unter Umständen in Konflikt mit Segeln kommen können. Je nach Art oder auch in Abhängigkeit von den Umständen besitzen sie unterschiedliche Empfindlichkeiten, die sich in den Fluchtdistanzen oder in der Störanfälligkeit am Brutplatz äußern.

Vogelschwärme reagieren besonders empfindlich, denn der ängstlichste Vogel löst die allgemeine Fluchtreaktion aus. Zu Schwärmen ist daher ein größerer Abstand einzuhalten als bei einzelnen Wasservögeln.

Die meisten Enten und andere Schwimmvögel fliegen auf, wenn sich ein Boot nähert und eine gewisse kritische Distanz unterschritten worden ist. Diese als Fluchtdistanz bezeichnete Entfernung läßt sich ziemlich genau bestimmen; aus ihr können Ruhezonen abgeleitet werden. Nun könnten die Arten mit der Zeit aber auch lernen, harmlose Boote von der wirklichen Gefahr zu unterscheiden.

Ein Aspekt spielt bei der Anpassung an besondere Umstände eine vorrangige Rolle: die Gleichförmigkeit des Ablaufs. So lernen die Vögel in der Tat schnell die Harmlosigkeit von Menschen, Fahrzeugen oder auch von Booten zu erkennen, wenn diese stets einen festen Weg bzw. Kurs einhalten. Auf diesem Phänomen beruht der Erfolg von Besichtigungsstegen in Nationalparks und anderen Schutzgebieten. Die Besucher können unter Umständen mitten in die Brutkolonie sonst scheuer und seltener Wasservögel hineingehen, weil sie sich nur auf dem Steg bewegen und keine Abweichung davon möglich ist.

4. Lösungsansätze

Ansätze zur Lösung von Konflikten zwischen Segelsport und Umwelt/Naturschutz liegen in folgenden Handlungsbereichen:

a) Ausweisung nutzungsfreier Ruhezonen für Tier- und Pflanzenwelt
b) Umweltverträgliche Standortwahl und umweltschonender Betrieb von Hafenanlagen bzw. Einlaßstellen
c) Vermeidung von Schadstoffeinträgen in das Gewässer
d) Rücksichtnahme der Sportler auf Tier- und Pflanzenwelt

Zu a) Ruhezonen

Die störökologische Eigenschaft des Segelns ist das Fehlen eines „festen Kurses". Es ist das erratische, unkalkulierbare Verhalten des Seglers, das die Fluchtdistanz vergrößert und die Möglichkeit zu lernen beeinträchtigt. Denn die Wasservögel sind von ihrer natürlichen Ausstattung auf rasche Flucht eingestellt. Diese Disposition zu relativieren, kann wohl am besten mit den festen Bahnen (oder Grenzen) geschehen, die über genügend lange Zeitspannen den Vögeln garantieren, daß ihre gegenwärtigen Fluchtdistanzen nicht unterschritten werden. Das eröffnet den Wasservögeln die Möglichkeit, von sich aus die Fluchtdistanzen zu verringern und näher an die Boote heranzuschwimmen. So kann mittelfristig erreicht werden, daß die kritischen Distanzen zurückgenommen bzw. vermindert werden können. Wird hingegen die Sicherheitszone von vornherein zu schmal angelegt, werden die scheuen Arten das Gebiet verlassen und meiden, während die störungstoleranten unbeeinflußt bleiben oder sogar Vorteile aus dieser Entwicklung ziehen. Es kann aber nicht das Ziel einer Regelung sein, auf die bedrohten, selten gewordenen Arten zugunsten der ohnehin bereits häufigen zu verzichten.

Die von Segelbooten und Surfern ausgehenden Störungen betreffen im wesentlichen Wasservögel an ihren Brut-, Mauser- und Durchzugsgebieten. Die kritischen Distanzen im Jahresablauf sind den Tabellen zu entnehmen.

Wie sehen die Ruhezonen aus, die auf der Grundlage der kritischen Distanzen auszuweisen sind, um den Wasservögeln den für ihr Überleben notwendigen Schutz vor Störungen zu gewährleisten? Welche Ufer oder welche Teile von Wasserflächen sind ökologisch besonders geeignet? Folgende Zonen mit herausragender Bedeutung lassen sich festlegen:

- Schilfufer mit einer Schilfgürtelbreite von mehr als 15 Meter, insbesondere wenn sich landseitig Verlandungszonen anschließen (Sumpf, Bruchwald etc.) und mindestens 300m Längserstreckung;
- Mündungsdeltas von Flüssen (in Seen und Stauseen wie auch an der Meeresküste) von mehr als 50 Hektar Gesamtfläche;
- Wattenmeer (Nationalpark);
- flache, wasserpflanzenreiche Buchten mit Wassertiefen von maximal 5 Metern (Tauchtiefengrenze für viele Arten);
- kleine Inseln (unbewohnt) mit Brutbäumen;
- Inseln unterschiedlicher Größe mit natürlichen Ufern mit Schilf und anderen Verlandungsgesellschaften;
- Inselgebiete in Stauseen, besonders wenn die Inseln noch Innenlagunen enthalten.

Von geringer Bedeutung sind hingegen verbaute Ufer, Steilufer (Bergseen, Stauseen) oder Uferstreifen mit weniger als 5 Meter breiten Schilfgürteln sowie Ufer mit Straßen- oder Eisenbahntrassen.

Als besonders wichtige Bestandteile dieser Zonen bzw. Lebensräume an Seeufern, in Stauseen und an größeren Fließgewässern sind hervorzuheben:

- Schilfkomplexe und andere Röhrichte als Brut- und Rückzugsgebiete (Deckung);
- Inseln (mit natürlichem oder naturnahem Bewuchs) in gleicher Funktion;
- Sand- und Kiesbänke als Rast- und Nahrungsplätze sowie als Brutplätze für besonders spezialisierte Arten (Flußseeschwalbe, Flußregenpfeiffer u.a.);
- tiden- oder wasserstandsbeeinflußte Schlick- und Schlammzonen als Nahrungsräume.

Solche, „empfindliche" Zonen lassen sich zumeist leicht erkennen und bei Bedarf entsprechend mit Bojen kennzeichnen. Sie bilden die Kernzonen für die Abgrenzung der Ruhezonen und die zugehörigen Sicherheitsdistanzen (REICHHOLF/SCHEMEL 1988).

Fluchtdistanzen von Wasservögeln gegenüber Wassersportaktivitäten

Notwendige Distanzen im Jahresablauf der Wasservögel			
Jahreszyklus:	**Brutzeit**	**Durchzugszeit**	**Mauserzeit**
Zeitspanne:	15. März bis 15. Juli	1. August bis 15. Dezember	15. Juli bis 15. August
gefährdete Aktivitäten:	Brutplatzwahl Brüten (Vertreibung vom Nest führt zu Abkühlung bzw. Überhitzung der Eier und zu Nestraub durch natürliche Feinde	Aufnahme von Nahrung und Reserven vor dem Zug ins Winterquartier (auch die Reinigung der Gewässer durch „Export" von Phosphor, Kohlenstoff und Stickstoff wird behindert)	Flugunfähigkeit während der Mauser erhöht Störanfälligkeit. Mangel an ungestörten Mauserplätzen führt zu hoher Vogeldichte, die Seuchen begünstigt (Wasservogel-Botulismus)
kritische Distanzen: (Fluchtdistanzen)	ca. 150 m (bei Reiher und Kormoran 300–500 m)	ca. 300 m	ca. 500 m (Flächenbedarf 2–5 km^2)

Mittlere Fluchtdistanzen ausgewählter Wasservogelarten in den Monaten August und September 1989

Arten	Haubentaucher			Stockente			Reiherente			Schellente			unb. Tauchenten			Höckerschwan		
	m	Tr	n	m	Tr	n	m	Tr	n	m	Tr	n	m	Tr	n	m	Tr	n
August	168	3,1	15	123	23	13	479	219	15	266	37	43	550	964	18	301	15	7
September	248	1,6	6				860	264	5	395	96	31	883	1093	3	550	60	1
Mittelwert	187	2,8	21	123	23	13	575	230	20	321	62	74	598	982	21	333	20,1	8

m Durchschnittliche Fluchtdistanz in Metern
Tr. Durchschnittliche Truppgröße
n Anzahl der Beobachtungen

Quelle: GOOS (1990)

Die Lage und notwendige Ausdehnung von nutzungsfreien Ruhezonen (einschließlich Pufferzonen) läßt sich nicht allein auf der lokalen Ebene entscheiden. Hier müssen großräumige Zusammenhänge beachtet werden und im Rahmen der Bundes-, Länder- und Regionalplanung Berücksichtigung finden. So etwa sind dafür von Seiten des Naturschutzes im Rahmen der RAMSAR-Konvention „Feuchtgebiete internationaler Bedeutung" ausgewiesen worden, davon 17 in der Bundesrepublik. Mit diesem großräumigen Biotopverbund könnte – sofern wirksamer Schutz durchsetzbar ist – das „Kapital" der europäischen Wasservögel weitgehend gesichert werden.

Das folgende (von GOOS 1990 berichtete) Beispiel zeigt, wie eine zunächst negative Entwicklung durch Vergrößerung der Ruhezone aufgefangen werden konnte: Der Selenter See in Schleswig-Holstein war noch Anfang der 70er Jahre einer der wichtigen mitteleuropäischen Mauserplätze für Enten. Nachdem 1971 der bis dahin kaum befahrene See für den Wassersport freigegeben wurde, konnten sich die Reiherenten in den anfangs nur etwa 400 Hektar großen Sperrzonen (von insgesamt 2.240 ha Seefläche) nicht halten. Ende 1978 wurde eine etwa 600 Hektar große Wasserfläche unter Naturschutz (mit Wassersportverbot) gestellt. Seit Anfang der 80er Jahre (als auch die früher häufige Mißachtung der Sperrzonen nachließ) halten sich wieder große Entenschwärme im mittleren Seeteil auf.

Zu b) Standortwahl und Betrieb von Segelhäfen

Segelhäfen sollten nur in bereits erheblich vorbelasteten Uferbereichen angelegt werden, bevorzugt auf brachliegendem Gewerbe-, Handelshafen- und Werftgelände („Flächenrecycling"). Auf eine Zuordnung zu bereits bestehenden Erholungszentren ist zu achten, um deren verkehrsmäßige und sonstige infrastrukturelle Ausstattung zu nutzen. An bereits überbauten, denaturierten Ufern können sich die durch das Hafenprojekt zusätzlich hervorgerufenen Belastungen in tragbaren Grenzen halten.

Die Abstände zwischen Hafenanlagen und ökologisch wertvollen Uferbereichen (mit Wasserpflanzengürtel) sollten ausreichend groß sein. Die notwendigen Mindestabstände richten sich nach den Bootsbewegungen (Aktionsraum) und den Fluchtdistanzen der im schutzwürdigen Uferbereich lebenden Wasservögel. Eine Pufferzone sollte zusätzlich zwischen diesen Räumen eingeplant werden (mindestens 100 m Puffer).

Bei der Anlage und den Betrieb von Segelhäfen sind außerdem folgende Punkte zu beachten:

- Konzentration der Liegeplätze in nicht zu großen Steganlagen zugunsten der Auflösung einzelner Stege und Bojenfelder. Vermeidung des Neubaus größerer (massiv befestigter) Hafenanlagen.
- Verlegung solcher Einrichtungen ins Hinterland mit deutlichem Abstand (mindestens 100 m) zum Ufer, die nicht auf unmittelbare Gewässerberührung angewiesen sind: Parkplätze, Clubhaus, Trockenlagerplätze, Campingplatz etc.
- Einhaltung ausreichender Abstände zwischen Anlagen und ökologisch schützenswerten, empfindlichen Bereichen: Pufferzonen mit nur extensiven Formen der Erholungsnutzung.

- Sicherstellung einer ausreichenden Entsorgung: Anschluß an das öffentliche Abwasserkanalnetz, Aufstellen und Abtransport von Behältern für Müll, Altöl und den Inhalt von Chemietoiletten.
- ausreichende standortgerechte Bepflanzung der Anlagen zur optischen Einbindung in die Uferlandschaft.
- Rückbau und Renaturierung von Uferbefestigungen, auf die aus sportfunktionaler Sicht verzichtet werden kann.

Zu c) Schadstoffeinträge
Wie bereits erwähnt, wird durch organische Zinnverbindungen und durch (weniger schädliches) Kupfer im Antifouling das Gewässerökosystem erheblich gestört. Darüber hinaus sind weitere **Probleme** zu beachten:
- Gesundheitsbelastungen bei der Verarbeitung von Antifouling-Mitteln (wenn Schutzmaßnahmen unterlassen werden),
- Kohlenwasserstoffemissionen durch lösemittelhaltige Antifouling-Mittel,
- Eintrag der Biozide in Boden oder Gewässer bei der Entfernung alter Farbanstriche,
- beim Abschleifen der alten Schutzanstriche: Gesundheitsgefährdung durch Einatmen des Schleifstaubes.

Folgende **Maßnahmen** werden empfohlen:
- Verwendung nur noch biozid**freier** Unterwasseranstriche (Baumharz, Silikon). Falls Bewuchs auftritt, sollten die Bootsböden auf mechanischem Weg davon befreit werden. Im Süßwasserbereich läßt sich der hier nur schleimige Bewuchs durch eine harte Bürste oder einen Druckwasserstrahl entfernen. Druckstrahlgeräte mit mehr als 25–30 bar lösen die Farbschicht ab. Auch im Salzwasserbereich ist eine mechanische Säuberung möglich.
- Beim Entfernen alter Farbanstriche muß die Verunreinigung von Boden und Gewässer vermieden werden, indem die Umgebung gründlich abgedeckt wird. Beim Trockenschleifen sind Schleifgeräte mit Absaugvorrichtung zu verwenden. Die beim Naßschleifen sowie beim Abspülen des trockengeschliffenen Materials anfallende Wasserbrühe muß aufgefangen werden.
- Antifouling-Reste und Schleifstäube sind Sonderabfall im Sinne des Abfallgesetzes. Auch Pinsel und Rollen müssen gesammelt und getrennt vom Hausmüll entsorgt werden.
- Beim Waschen von Booten mit biozidhaltigen Antifouling-Farben: das abfließende Waschwasser darf weder ins Gewässer noch in die Kanalisation gelangen, sondern muß als Sonderabfall entsorgt bzw. so lange vorgeklärt werden, bis das Abwasser seine Schädlichkeit verloren hat. Nutzung eines geschlossenen Kreislaufs zur Mehrfachnutzung des Waschwassers. Vom DSV ist die Entwicklung eines Waschplatzes mit Recyc-

lingwasser, mehreren Reinigungsstufen und Sondermüllentsorgung (des toxisch angereicherten Schlamms) gefördert worden. Informationen über technische Details können vom DSV bezogen werden.
- Auch sonstige Abwasser- und Müllmengen sind auf See und an Land geeigneten Behältern und Entsorgungsanlagen zuzuführen (z.B. über Auffanganlagen für Altöl und Bilgenwasser, wozu der DSV Planungshilfen anbietet).
- Einflußnahme auf die Hersteller von Booten und Ausstattungsgegenständen, damit nur noch ökologisch unbedenkliche Produkte und Materialien in den Handel gelangen.
- Ausstattung von größeren Yachten mit Vorrichtungen, die eine landseitige Entsorgung erleichtern.

Zu d) Verhalten der Sportler

Eine gekonnte Umwelterziehung trägt dazu bei, Umweltbewußtsein in Umwelthandeln umzusetzen. Umwelterziehung bietet wichtige Ergänzungen zu anderen Maßnahmen der Verhaltenslenkung (z.B. Beschilderungen, Verbreiterung von Verhaltensregeln). Der DSV hat ein Musterseminar „Segeln und Umwelt" entwickelt und erprobt.

Durch umweltverantwortliches Verhalten der Sportler (und ganz besonders der Surfer) kann vor allem erreicht werden, daß die ökologisch hochwertigen Flachwasserbereiche und Wasserpflanzengürtel (Röhricht, Schwimmblattzone, Unterwasserpflanzen) nicht befahren werden und die Lebensräume störanfälliger Wasservögel, Seehunde und anderer Tierarten bei ausreichendem Abstand (gemäß Fluchtdistanzen und Pufferzonen) gemieden werden.

Entsprechende Hinweisschilder, Bojen oder schwimmende Balken sollten deutlich machen, welche Bereiche von Segelsportaktivitäten zu verschonen sind.

Mit seinen „Zehn goldenen Regeln für Wassersportler" nimmt der DSV in diesem Sinne Einfluß auf seine Mitglieder. Diese Regeln seien hier verkürzt wiedergegeben:
- Röhrichtbestände, Schilfgürtel und alle sonstigen empfindlichen Lebensräume von Vögeln, Fischen, Kleintieren mit Ufervegetation, speziell auch die seichten Gewässer (Flachwasserzonen, Laichgebiete) sollen vom Wasser her gemieden und auch vom Land aus nicht betreten werden. Zu den Wat- und Wasservögeln ist ein ausreichender Abstand (gemäß Fluchtdistanzen, Pufferzonen und den betreffenden Zeiten) einzuhalten. Dieser beträgt auf breiten Flüssen beispielsweise 30 bis 50 Meter. (An anderer Stelle wird für Seen ein erforderlicher Abstand von 100 m angegeben). Beim Landen sollen nur die dafür vorgesehenen Plätze oder eindeutig nichtstöranfällige Bereiche benutzt werden.
- Kies-, Sand- und Schlammbänke als Aufenthaltsplatz von Vögeln sowie im Bereich der Watten die Seehundbänke sollen nicht angelaufen wer-

den. Zu Seehundliegeplätzen und Vogelansammlungen ist ein Mindestabstand von 300 bis 500 m einzuhalten und in der Nähe des markierten Fahrwassers zu bleiben (bei langsamer Fahrstufe). Beobachten und Fotografieren der Tiere nur aus der Ferne.

- Abfälle, der Inhalt von Chemietoiletten und Altöle sind in bestehenden Sammelstellen der Häfen abzugeben.

5. Zusammenfassende Würdigung

Während die ökologische Problematik des **Seglers** in erster Linie darin besteht, daß durch die Segelhäfen die naturnahen Uferbereiche belastet werden, kann das **Surfen** vorwiegend wegen seines Eindringvermögens in Flachuferzonen, Schilf- und Schwimmblattzonen problematisch werden. Die Ausübung des Segel- und Surfsports auf den großen Wasserflächen (abseits von Flachwasserzonen, Robben-Sandbänken und kleinen Inseln) ist ökologisch unbedenklich, wenn die Fluchtdistanzen und Pufferzonen zur schutzwürdigen Lebensräumen z.B. der Wasservögel eingehalten werden und wenn genügend offene Wasserflächen als Ruheräume (z. B. für die Mauser) zur Verfügung stehen. Beim Surfen werden die Einlaßstellen am Ufer kaum zum Problem, sofern sie an belastbaren Abschnitten liegen. Für die Umweltverträglichkeit der Unterwasseranstriche (Antifouling) und eine geordnete Müll- und Abwasserentsorgung der Häfen ist zu sorgen.

Literatur

DEUTSCHE GESELLSCHAFT FÜR UMWELTERZIEHUNG (Hrsg.): Segeln und Umwelt - Anregungen zur umweltorientierten Vereinsarbeit, Hamburg 1989

DSV (Deutscher Segler-Verband): Merkblätter der Reihe „Bootswaschplätze - Pilotanlagen", Hamburg

DSV: Elektromotoren auf Sportbooten. Merkblatt, Hamburg 1986

DSV: Umwelt- und Naturschutz in der Verbandsarbeit - eine Dokumentation des Ausschusses für Umweltschutz und Raumordnung, Hamburg 1989

DSV: Antifouling mit Verstand. Merkblatt, Hamburg

DSV: Segler und Surfer sind fair zur Natur. Merkblatt, Hamburg

DSV: Surfer: Recht, Umwelt, Sicherheit. Merkblatt, Hamburg 1988

DSV: Empfehlungen zur Verhütung der Verschmutzung von Nord- und Ostsee durch Öl, Abwasser und Müll von Wassersportfahrzeugen. Merkblatt, Hamburg 1989

DIETRICH, K. / C. KOEPFF: Wassersport im Wattenmeer als Störfaktor für brütende und rastende Vögel, in: Natur und Landschaft

FIEDLER, H.: Umweltbewußtsein und Verhaltensbeeinflussung von Sportlern – dargestellt am Beispiel des Segel- und Surfsports. Diplomarbeit am Institut f. Landschaftspflege und Naturschutz der Univ. Hannover 1989

GOOS, H.: Gutachten über die Auswirkungen des Schiffs- und Erholungsverkehrs im Bereich des Naturschutzgebietes „Dassower See, Insel Buchhorst und Graswerder", im Auftrag der Hansestadt Lübeck 1990 (unveröff.)

HERLYN; R.: Umweltgerechtes Gestalten – am Beispiel Wassersport-Anlagen für das Segeln, in: Sportanlagen umweltgerecht! IAKS, Bd. 28, Köln 1987

JACOBY, H.: Naturschutz und Wassersport auf dem Bodensee. Referat auf dem Seminar „Wassersport und Naturschutz", Sonderdruck des DNR (Hrsg.) Bonn 1981

KRÄHE, C. (Hrsg.): Wassersport auf Binnengewässern und Bodensee, Heidelberg 1987

LUTZ, G.: Seeuferuntersuchung Bayern. Schriftenreihe des Bayerischen Landesamtes für Umweltschutz, H. 67, München 1987

PUTZER, D.: Segelsport vertreibt Wasservögel von Brut-, Rast- und Futterplätzen – Störung durch Boote geländeökologisch und mathematisch erfaßt, in: Mitteilungen der LÖLF, H. 2, 1983

REICHHOLF, J. / H.J. SCHEMEL: Segelsport und Naturschutz – gehört das Segeln aus ökologischer Sicht zur „ruhigen Erholung"? in: Zeitschrift für angewandte Umweltforschung, H. 4, 1988

SCHEMEL, H.J. / W. ERBGUTH: Umweltverträgliche Freizeitanlagen – Eine Anleitung zur Prüfung von Projekten des Ski-, Wasser- und Golfsports aus der Sicht der Umwelt. Bd. I (Analyse und Bewertung) und Bd. II (Rechtsfragen), Berichte des Umweltbundesamtes 5 und 6, Berlin 1987

Motorboot- und Wasserskisport (S)

Motorboot- und Wasserskisport

1. Einführung

Das sportliche Fahren mit Motorbooten und der Wasserskilauf werden in einem gemeinsamen Kapitel behandelt, weil sich beide Aktivitäten in ihren Umweltauswirkungen teilweise überschneiden (in bezug auf die Motorboote als Sportgerät bzw. als Zugvehikel).

In der Bundesrepublik Deutschland sind 140.700 **Motorbootfahrer** in Vereinen organisiert, die überwiegend dem Deutschen Motoryacht-Verband (DMYV),dem Wasserskiverband, teilweise auch dem ADAC angehören. Über die nichtorganisierten Motorboot-Freizeitsportler liegen keine Zahlenangaben vor.

Motorboote (bzw. mit Motoren versehene Boote) sind grundsätzlich in folgende Kategorien zu unterteilen:
- Motorboote mit Außenbordmotoren
- Motorboote mit Innenbordmotoren
- Segelboote mit Hilfsmotoren (Außen- oder Innenbordmotoren)

Nach dem Verwendungszweck ist wie folgt zu differenzieren:
- Motorboote als Zugfahrzeuge zum Wasserskilaufen und als Hochgeschwindigkeitsboote (Rennsport)
- Motorboote mit Wohneinrichtung zum Wasserwandern (Fahrtensport, „Wassertourismus")

Die für insgesamt ca. 140.000 Motorboote zur Verfügung stehenden ca. 1.000 Hafen- und Steganlagen mit ca. 80.000 Liegeplätzen werden zu 90 % ausschließlich für den Fahrtensport genutzt.

Nach Auskunft des Deutschen Wasserski-Verbandes (DWS) laufen etwas über eine halbe Million Bundesbürger mehr oder weniger regelmäßig Wasserski an den zur Zeit 17 Wasserski-Liften oder hinter Motorbooten an den Küsten bzw. auf den Binnenseen und Flüssen der Bundesrepublik Deutschland. Im DWS sind 2.800 Sportler organisiert, die den wettkampforientierten Clubs angehören.

Folgende Wettkampfsportarten werden (in den Disziplinen Slalom, Figurenlauf und Schanzenspringen) durchgeführt: „Wasserski am Boot", „Wasserski am Lift", außerdem „Barfuß-Wasserski" und „Wasserski-Racing".

Das Wasserskifahren hinter Motorbooten findet nur auf größeren Flüssen (z.B. Aller, Leine, Rhein und Weser) und Seen (z.B. Bodensee) statt. Stationäre Wasserskianlagen (ohne Zugboot, siehe Abbildung), befinden sich vor allem in Baggerseen, die nicht größer als 4 – 5 Hektar sein müssen. Bei einem stehenden Gewässer bis 400m Breite können die Masten am Ufer installiert werden. Zum Ufer bzw. zu anderen Nutzungen muß die

Skizze einer Wasserski-Seilbahn

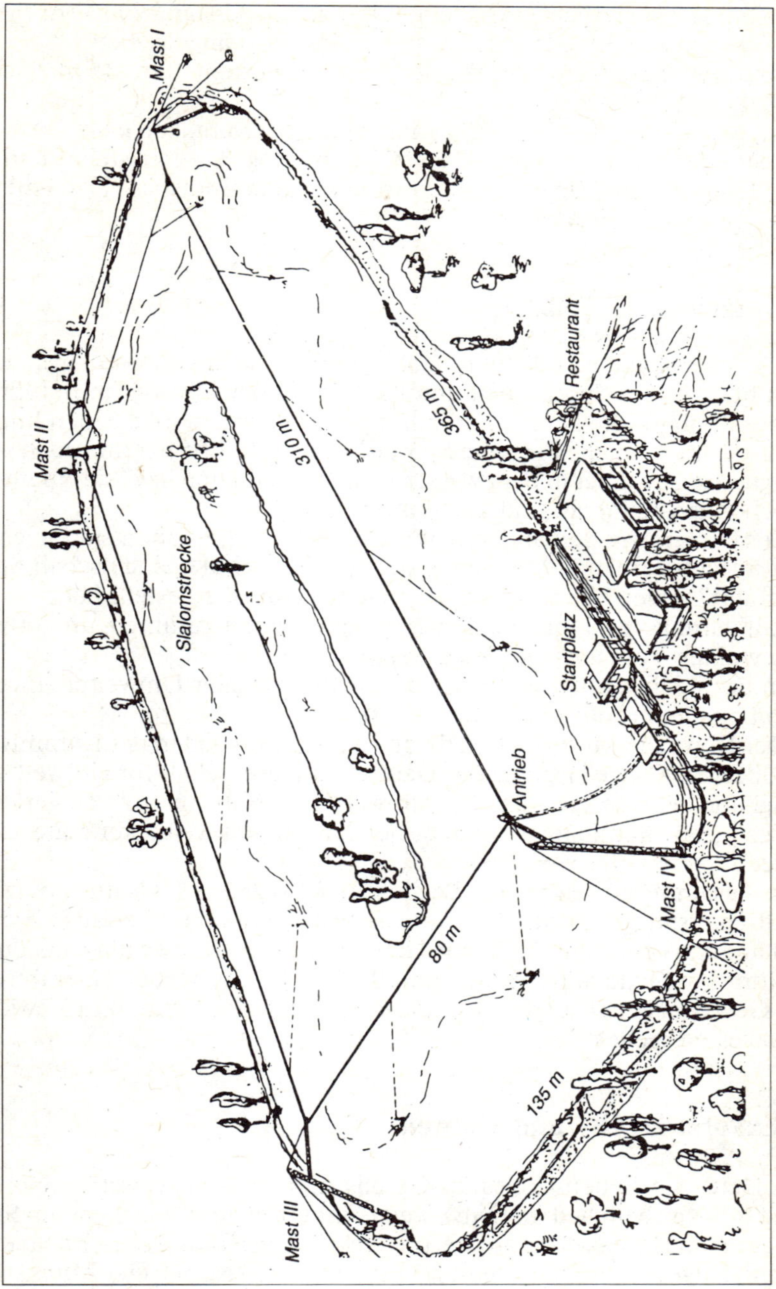

Quelle: Verbandszeitschrift „stander" 1/86

Fahrspur aus Sicherheitsgründen mindestens ein Abstand von 40 m einhalten. Die Wasserski-Seilbahnen werden elektrisch angetrieben.

Eine wettkampfgerechte Wasserskianlage besteht (am Beispiel eines Projekts in Paderborn)
- im Wasser aus Bojen, Sprungschanze (beides verankert), zwei Anlegestegen für das Boot, einer Tankstelle am Steg (Gastankstelle) und
- an Land aus: drei Schiedsrichtertürmen, einem Bootshaus (7 x 3 m) und der Seilbahn mit Masten.

2. Gemeinsame Teilziele

Der Wasserskiläufer ist auf eine hohe Wassergüte angewiesen, weil er bei Ausübung seines Sports auch unmittelbar mit dem Wasser in Berührung kommt (Stürze vor allem beim Training). Daher tritt er im eigenen Interesse für das Ziel ein, die für seine Sportart von der Größe her und auch sonst geeigneten Gewässer in Badewasserqualität zu erhalten bzw. sie einem entsprechenden Reinheitsgrad zuzuführen.

Zusammen mit den anderen Wassersportorganisationen sind auch die Motoryacht-Verbände Mitglied in der „Umweltschutzgemeinschaft Sportschiffahrt”, einer Vereinigung, die sich zur Aufgabe gestellt hat,
- Aufklärungs- und Informationskampagnen durchzuführen, um umweltbewußtes Verhalten der Wassersportler zu fördern,
- an der Realisierung nationaler und internationaler Umweltprogramme mitzuhelfen (finanzielle Förderung).

Der Deutsche Motoryachtverband ist auch Mitglied in der Kommission zur „Blauen Flagge” Europa der Deutschen Gesellschaft für Umwelterziehung und hat ein „Referat für Umwelt und Naturschutz” eingerichtet. Durch eigene Seminare wurden bisher 250 Clubumweltbeauftragte ausgebildet.

In Zusammenarbeit mit der Bayerischen Akademie für Naturschutz und Landschaftspflege werden Seminare, Plakataktionen, Preisausschreiben und andere Veranstaltungen zur Hebung des Umweltbewußtseins durchgeführt. Für Schleswig Holstein und Berlin wird das Modell einer freiwilligen Gewässerwacht auf der Grundlage des Umwelt-, Natur- und Gewässerschutzes erarbeitet.

3. Exkurs: DLRG und Umwelt

Die Deutsche Lebens-Rettungs-Gesellschaft ist kein typischer Sportverband (obwohl Mitglied im DSB), weil es ihm in erster Linie nicht um Sport, sondern um Hilfeleistung am Verunglückten geht. Trotzdem wird hier kurz darauf eingegangen, weil dieser Verband (mit fast 500.000 Mitgliedern) deutlich zum Thema Sport - Umwelt Stellung bezogen hat. „Natur- und Umweltschutz am und im Wasser" ist als Aufgabe in der Satzung der DLRG verankert.

In einer Resolution fordert der Verband u.a. die „Nullemission als Prinzip": jede Abweichung davon müsse technisch, wirtschaftlich und ökologisch begründet werden. „Die Beweispflicht muß umgekehrt werden. Nicht die Opfer ökologischer Eingriffe müssen die Schädlichkeit einzelner Stoffe beweisen, sondern die Vertreiber und Verursacher giftiger und anderer gefährlicher Substanzen müssen nachweisen, daß die fraglichen Stoffe Mensch und Natur nicht schädigen".

Als Beitrag zum Umwelt- und Naturschutz weist die DLRG auf folgende Verbandsaktivitäten hin:

- Maßnahmen zur Gewässerinstandsetzung und -instandhaltung,
- Reinigungsmaßnahmen,
- Maßnahmen zur Verbesserung und Entwicklung des Lebensraumes Wasser,
- Anlage von Biotopen, Ausbau und Sicherung von Schilfgürteln, Brutplatzschutz.

Die DLRG erklärt sich bereit zu einer vermittelnden Stellung zwischen Naturschutz und anderen Wassersportverbänden im Konfliktfall. „Die DLRG versteht sich zwar nicht als Naturschutzverband, hält sich aber für berechtigt, Behörden aufmerksam zu machen, wenn durch den steigenden Zustrom von Sportlern und Erholungsuchenden an Gewässern die Belange der Sicherheit und des Naturschutzes nicht mehr gewährleistet sind ... In der Zusammenarbeit mit Naturschutzverbänden und -vereinen ist die DLRG ebenfalls bereit, als Vermittlerin zwischen Sport und Umwelt aufzutreten" (Statement zu Sport und Umwelt 1989).

4. Konflikte

Umweltbelastungen durch **Motorboote** werden vor allem durch den Eintrag von Motor-Schadstoffen in das Gewässer sowie durch Lärm hervorgerufen, teilweise auch durch Wellenschlag. Andere Belastungen (wie durch Antifouling-Anstriche, Reinigungsmittel etc.) unterscheiden sich nicht von den durch Segelboote verursachten und werden dort behandelt (vgl. Kap. Segelsport).

Beim **Stoffeintrag durch Bootsmotoren** handelt es sich um Kohlenwasserstoffe, d.h. unverbrannte Schmieröl- und Kraftstoffanteile sowie deren Verbrennungs- oder Restabbauprodukte. Während die leichten Kohlenwasserstoffe relativ rasch abbaubar sind, sinken die schweren Fraktionen in stehenden Gewässern teilweise bis auf den Seegrund ab. Ihre Abbaurate hängt hier vom Sauerstoffgehalt und der Temperatur des Wassers ab. Mineralölbürtige Kohlenwasserstoffe wirken bereits bei sehr geringen Konzentrationen toxisch auf Wasserorganismen. Aber auch unterhalb dieser Konzentrationen liegende Mengen können zu chronischen Vergiftungen führen oder über physiologische Vorgänge Störungen im ökologischen Wirkungsgefüge des Gewässers verursachen. Angesichts dieser und weiterer Schadwirkungen, die sich teilweise einer Quantifizierung entziehen, sind Beschränkungen des Motorsports (speziell der Motoren mit Gemischschmierung) erforderlich (Internationale Gewässerkommission 1982).

Dies sieht der DMYV anders. Er weist darauf hin, daß der weitaus größte Teil der Kohlenwasserstoffe durch Zuflüsse in die Seen gelange (unzureichende Ausscheidung von Mineralölen in Kläranlagen). Im Bodensee stamme nur etwa ein Prozent der schweren Kohlenwasserstoffe von der Sportschiffahrt (Internationale Wassersportgemeinschaft Bodensee, briefliche Auskunft).

In den Bodensee werden durch ca. 30.000 Motorboote jährlich 30 t schwere und 200 t leichte Öle bzw. Benzinreste eingetragen (HAUSER, zitiert bei OPASCHOWSKI 1985). Solche Gewässerverschmutzungen können auch die Folge fehlender Sorgfalt beim Betanken von Freizeitbooten sein.

NOLTE (1990) nennt für verschiedene Motor-Konstruktionen folgende Kohlenwasserstoffemissionen (HC). Ein Acht-PS-Motor gibt bei einem Betrieb von 100 Stunden folgende Mengen ab:

4-Takt-Motor mit Katalysator:	ca. 3 kgHC
4-Takt-Motor Serie:	ca. 15 kgHC
2-Takt-Motor Serie:	ca. 150 kgHC

Der Vorteil eines 4-Takt-Motors mit Katalysator ist erheblich.

Lärm: Die für Freizeitboote verwendeten Außenbordmotoren haben zu 75 % eine Leistung von weniger als 10 PS. Bei Bootsmotoren mit einer Nennleistung von unter 10 kW (13 PS) liegen in 25 m Abstand die Geräusche zwischen 62 und 70 dB(A), bei Motoren über 10 kW liegen sie zwischen 70 und 77 dB(A). Diese Meßwerte gelten jedoch nur für fachmännisch montierte Bootsmotoren. Schlechte Motorenmontage kann den Lärm verdoppeln – Anstieg bis um 10 dB(A). Unterschiede in der Trimmlage des Bootes können Differenzen bis zu 7 dB(A) hervorrufen. Bei Außenbordmotoren können sich innerhalb einer Leistungsklasse die Geräuschemissionen bis zu 10 dB(A) unterscheiden, was erhebliche konstruktive Möglichkeiten der Lärmminderung vermuten läßt (UBA 1988).

Der Geräuschpegel hängt sehr stark von der Geschwindigkeit der Boote ab. Je höher die Drehzahl, desto höher der Geräuschpegel. Durch Geschwindigkeitsbegrenzungen kann also erheblicher Einfluß auf die Lärmemission genommen werden.

Als Grenzwert für die zulässige Geräuschemission von Wasserfahrzeugen auf Bundeswasserstraßen gilt laut DIN 45640 der Schallpegel 72 dB(A), gemessen in 25 m Entfernung. Auf bayerischen Landesgewässern gilt der Maximalwert von 66 dB(A). Dieser Wert wird nach Angaben des DMYV 90 % der Wasserfahrzeuge selbst bei Vollast noch eingehalten. Nach Einschätzung des DMYV kommen nur die offenen Boote und die Wasserski-Zugboote (bei einer 70-75 %igen Ausnutzung ihrer Motordrehzahl) eventuell an die vorgeschriebenen Grenzwerte heran, auch die Boote mit zu schwacher Motorisierung, die meist mit Vollast fahren.

Bei einem durch Bootslärm erzeugten Anstieg des allgemeinen Grundgeräusches auf einen Mittelwert von 40 dB(A) werden in Berliner Erholungsgebieten die Naturgeräusche wie Schilf- und Blätterrauschen, Vogelstimmen etc. zum Teil total verdeckt (Gesellschaft für Lärmbekämpfung, zitiert bei HAHN 1989). Diese in Berlin unter bestimmten Bedingungen (Bootsmenge, Mischung der Bootstypen, Geschwindigkeiten) gemessenen Lärmwerte sind natürlich nicht verallgemeinerbar.

Mechanische Belastungen durch **Wellenschlag:** hohe Bug- und Heckwellen der Motorboote und beim Wasserskilaufen„ aufgefurchtes" Wasser knikken bereits geschwächte Schilfhalme bzw. Jungpflanzen und reißen sie los. Dies geschieht vor allem bei geringem Abstand der Motorboote bzw. Wasserskiläufer zu naturnahen Uferabschnitten.

Da die Schwächung der Schilfhalme durch die Gewässereutrophierung hervorgerufen wird, ist dieses ökologische Problem nicht primär dem Motorsport anzulasten.

Die Sportanlagen an Land (Bootshafen, Seilbahnmasten etc.) können bei falscher Standortwahl ökologisch erhaltenswerte **Uferbereiche** erheblich beeinträchtigen bzw. total zerstören.

Die vom Wasserskisport beanspruchte Wasserfläche sowie angrenzende Zonen (in einer Breite von ca. 100m) gehen als (potentieller) **Lebensraum für Wasservögel** und andere wassergebundene Tierarten aufgrund der intensiven und unregelmäßig auftretenden Beunruhigung verloren.

Bei zu geringem Abstand zwischen Bootspropeller und Gewässergrund (weniger als 3m) ist mit **Aufwirbeln von Sedimenten** zu rechnen, was sich belastend auf die Unterwasserlebewelt auswirkt. Der größte Teil der Bundeswasserstraßen hat jedoch eine ausreichende Tauchtiefe, bei der dieses Problem nicht entsteht.

Das **Landschaftsbild** wird durch die Seilbahnanlage an einem Gewässer gestört. Wie schwerwiegend diese Störung ist, hängt vom Grad der Naturnähe des Gewässer-Uferbereichs ab. Ist das Erscheinungsbild des Gewässers bereits stark technisch geprägt (durch Gebäude, Hochspannungsleitungen, Hafenanlagen etc.), fällt eine Wasserskianlage als optischer Störfaktor weniger ins Gewicht.

Der Aspekt der **„sozialen** Unverträglichkeit" (Verdrängung anderer Formen der Erholung aus dem Wasserski-Aktionsraum) wird im Rahmen dieses Handbuchs nicht thematisiert.

5. Lösungsansätze

Das Befahren von Gewässern mit Motorbooten ist durch den Bundesminister für Verkehr geregelt. In entsprechenden Bekanntmachungen werden für die größeren Flüsse und Seen die für das Motorbootfahren geeigneten Abschnitte bzw. Teilräume sowie die Zeiten angegeben. Dabei steht die Verkehrssicherheit im Vordergrund.

Aus Umweltsicht ist entscheidend, ob durch das Befahren mit Motorbooten die Lebensraumqualitäten des betreffenden Gewässers erheblich beeinträchtigt werden. Dies ist regelmäßig dann der Fall, wenn

- störempfindliche Lebensräume von Wassertieren (vor allem Vögeln) beunruhigt werden durch Fahrten in diesen Räumen oder in deren Nähe (Unterschreitung der Fluchtdistanzen);
- über relativ flache Bereiche gefahren wird: Aufwirbeln von Sedimenten mit erheblich belastenden Auswirkungen auf die Unterwasservegetation und Gewässerfauna;
- in einem Abstand von weniger als 100 m an naturnahen Uferzonen (mit Schwimmblattgürtel und Röhricht) vorübergefahren wird (Zerstörungen durch Wellenschlag);
- Gewässer mit hohem Reinheitsgrad befahren werden (hier fällt die Verschmutzung von Binnenseen durch Schadstoffe besonders ins Gewicht).

Solche Räume (die nur zum Teil unter Naturschutz stehen) sind grundsätzlich von Motorsportlern und Wasserskiläufern zu meiden. Ob die genannten Bedingungen in der konkreten Situation zutreffen, muß im Zweifelsfall durch die zuständige Naturschutzbehörde festgestellt werden.

Die ökologischen Erfordernisse lassen sich in größeren Seen durch entsprechende Zonierung berücksichtigen, in kleineren Gewässern (z.B. Baggerseen) durch Funktionsteilung, worauf noch eingegangen wird.

Auf kleineren Gewässern, wo das Motorboot bzw. der Wasserskiläufer keinen 100 m – Abstand zum Ufer bzw. zum äußersten Wasserpflanzengürtel einhalten kann, ist die Ausübung des Motorboot- und Wasserskisports ökologisch nur vertretbar, wenn die Uferbereiche einen naturfernen Charakter aufweisen (z.B. an Kanälen oder Baggerseen mit Uferbefestigung bzw. mit künstlicher Ufergestaltung oder bei landwirtschaftlicher Grünlandnutzung bis an die Uferlinie heran).

Bei neu geschaffenen Baggerseen sollte der unausweichliche Konflikt zwischen der Nutzung durch Wasserskisport und dem Biotopschutz nicht durch Zonierung, sondern durch Ausweisung einer Vorrangnutzung des gesamten Gewässers gelöst werden. Im Rahmen der Orts- und Regionalplanung ist sicherzustellen, daß genügend große und ökologisch vernetzte Gewässer als Lebensräume für die Tier- und Pflanzenwelt unter Schutz gestellt werden („Naturgewässer" ohne jede beeinträchtigende Nutzung).

Die übrigen künstlichen Gewässer können vorrangig bestimmten Nutzungen zur Verfügung gestellt werden, z.B. als Angelteich, als Badesee, als Surfgewässer oder als Gewässer für Wasserskisport. Ob und inwieweit mehrere Freizeitnutzungen am gleichen Gewässer ausgeübt werden können, ist keine ökologische sondern eine sportfunktionale Frage. Aber auch in Freizeitgewässern sollten gewisse Rücksichtnahmen auf die noch möglichen ökologischen Qualitäten geübt werden (etwa im Rahmen der 10 Goldenen Regeln des Wassersports).

Noch einige Hinweise zur Minderung der Umweltbelastungen beim Motorbootsport. Hier lassen sich zwei Handlungsbereiche unterscheiden:

a) Ausstattung und Betrieb des Motorbootes zur Reduzierung von Lärm bzw. Abgasen:
   - Optimale Auswahl des Propellers (Anpassung an Boot und Motor), um das Betriebsgeräusch so gering wie möglich zu halten.
   - Montage technisch fortgeschrittener Schwingungsdämpfer, um eine Übertragung der Motorschwingungen auf den Bootskörper zu vermeiden. Moderne Außenbordmotoren weisen solche Dämpfer zwischen Halterung und Motor bereits auf.
   - Schallisolierung des Motorraums bei Einbaumotoren (auch nachträglich möglich).
   - Auspuffgeräuschdämpfung bei Außenbordmotoren und bei Innenbordern.
   - Montage des Außenbordmotors senkrecht zur Wasseroberfläche (Neigungswinkel am Motor einstellbar).
   - Kontrolle von Propellern, deren leichte Beschädigung zu erhöhten Vibrationen (mit erhöhten Geräuschpegeln) führt.
   - Bootsbetrieb mit Flüssiggas (zur Reduzierung von Abgasen und zur Vermeidung abtropfenden Öls).
   - Einbau einer seperaten Öl-Auffangwanne (für das vom Motor in den Bootsrumpf abtropfende Öl, das sonst über die Entwässerungspumpe in das Gewässer gelangt).
   - Für Zweitakt-Außenbordmotoren nur biologisch abbaubare Schmiermittel benutzen.
   - Verwendung von 4-Takt-Motoren mit Katalysator.
   - Für den Unterwasseranstrich keine Antifouling-Farben verwenden, die sich schädlich auf die Gewässerorganismen auswirken.

b) Verhalten des Motorbootfahrers:
   - Vor Beginn des Bootstörns: mit den für das Gewässer geltenden Schutzbestimmungen vertraut machen und die „10 Goldenen Regeln" beachten (siehe Kapitel Segelsport).
   - Vor dem Zuwasserlassen das Boot von Schmutz, Fettrückständen, Ölen und ähnlichen gewässerbelastenden Stoffen mit biologisch abbaubaren Reinigungsmitteln säubern.

- Beschränkung der Geschwindigkeit (auf 15 km/h) bei naturnaher Ausbildung des Ufers (Schilf und Schwimmblattpflanzen).
- Bordmüll, Altöl, verschmutztes Bilgenwasser und den Inhalt von Chemietoiletten an den dafür vorgesehenen Stellen abgeben. Bevor sich die Gelegenheit zur ordnungsgemäßen Entsorgung bietet, müssen die Abfälle bzw. Abwässer in den dafür vorgesehenen Behältern aufbewahrt werden.

6. Zusammenfassende Würdigung

Der Wassersport mit Motorboot und/oder Wasserski kann in naturnahen Gewässern sowohl durch die Anlagen (Hafen, Seilanlage) als auch durch die Aktivität erhebliche Umweltbelastungen hervorrufen, insbesondere durch Lärm und Schadstoffe. Auch die Störungen der Wasservögel (Beunruhigung, Vertreibung) und die Beeinträchtigungen der Flachwasservegetation (Wellenschlag, Sedimentaufwirbelung) können in entsprechend empfindlichen Bereichen ins Gewicht fallen. Lösungsansätze liegen in erster Linie in der Meidung ökologisch sensibler (naturnaher) Gewässer(abschnitte). Lärm und Schadstoffe lassen sich teilweise durch technische Vorkehrungen mindern.

Auch die Beachtung von Verhaltensregeln kann zur Verringerung von Belastungen noch beitragen, nachdem die räumlichen und technischen Maßnahmen bzw. Nutzungsbegrenzungen eingehalten worden sind.

Literatur

ADAC: Motorbootsport - Leitfaden, 2. Aufl. München 1989

DMYV (Deutscher Motoryachtverband): Umweltschutz-Programm im Jubiläumsjahr 1987

DMYV: Die Möwe Emma empfiehlt. Umweltschutz-Ratschläge für die Sportschiffahrt (Faltblatt)

DWS (Deutscher Wasserski-Verband): Wasserski-Magazin, offizielles (Organ des DWS) und „stander" - Boot, Motor, Wassersport (Wasserski Spezial)

DLRG (Deutsche Lebensrettungs Gesellschaft): Statement „Sport und Umwelt", 1989 (Manuskript)

INTERNATIONALE GEWÄSSERSCHUTZKOMMISSION für den Bodensee: Limnologische Auswirkungen der Schiffahrt auf dem Bodensee. Bericht Nr. 29 (1982) und Nr. 31 (Schadstoffe in Bodensee-Sedimenten), 1984

NOLTE, V.: Aktiver Umweltschutz am Trainer-Motorboot des Ludwigshafener RV, in: Rudersport 19/90

STADT PADERBORN: Umweltverträglichkeitsprüfung „Wasserskianlage auf dem Nesthauser See" (11 Seiten), 1988

UBA (Umweltbundesamt): Lärmbekämpfung '88 - Tendenzen, Probleme, Lösungen, Berlin 1989

Rechtliche Aspekte zum Wassersport (T)

Rechtliche Aspekte zum Wassersport

Rechtsvorschriften betreffen zum einen die Zulassung von Sportboothäfen und zwar mit Blick auf ihre Errichtung, und zum anderen die Ausübung des Wassersports.

1. Errichtung von Sportboothäfen

1.1 Wasserrechtliche Anforderungen

Regelmäßig unterliegt der Neubau eines Sportboothafens der wasserrechtlichen Genehmigungspflicht nach den Landeswassergesetzen, wenn
- die hierfür durchzuführenden Maßnahmen auf erstmalige Herstellung oder wesentliche Änderung von Anlagen in und/oder an Gewässern gerichtet sind,
- diese Anlagen nicht der erlaubnispflichtigen Benutzung, der Unterhaltung oder dem Ausbau dienen, und sie keiner anderen behördlichen Zulassung aufgrund des Wasserhaushaltsgesetzes bedürfen.

a) Der Anlagenbegriff
Zu den Anlagen zählen nicht nur die vom Baurecht erfaßten baulichen Anlagen (z.B. Boots- und Badehäuser, Gebäude, Brücken), sondern auch weitere ortsfeste und bewegliche, in Beziehung zu einem Gewässer stehende Anlagen und Einrichtungen (z. B. Bootseinrichtungen wie Slipanlagen, Bootsstege, Bootseinsatzstellen, Pfähle, Ankersteine, Ankerbojen, Bojenfelder), weil ihnen die generelle Eignung zukommt, nachteilige Wirkungen auf die Strömungs- und Abflußverhältnisse eines oberirdischen Gewässers und auf die Beschaffenheit der Ufer auszuüben. Zu den Anlagen, die im oder am Gewässer errichtet werden können, gehören vor allem die gesetzlich beispielhaft aufgeführten Häfen, Lande- und Umschlagstellen.

b) Das wasserrechtliche Genehmigungserfordernis
Die für die Errichtung des Sportboothafens erforderliche wasserrechtliche Genehmigung (etwa: § 99 Abs. 1 LWG NW) darf nur versagt werden, sofern eine Beeinträchtigung des Wohls der Allgemeinheit zu erwarten ist, die durch Bedingungen oder Auflagen nicht verhütet oder ausgeschlossen werden kann.
aa) Allgemeines
Liegen keine der Genehmigungserteilung entgegenstehenden **Versagungsgründe** vor, so besteht seitens des Antragstellers ein Rechtsanspruch auf die beantragte wasserrechtliche Anlagengenehmigung. Die Festsetzung von Nebenbestimmungen, die Versagung oder der Widerruf der Genehmigung sind dabei nicht in das behördliche Ermessen gestellt, sondern müssen aus

Gründen des Wohls der Allgemeinheit **erforderlich** sein. Mit anderen Worten: Eine Genehmigung darf nicht versagt werden, wenn die Verträglichkeit mit dem Gemeinwohl durch Auflagen oder Bedingungen herbeigeführt werden kann.

bb) Wasserrechtliche Versagungsgründe

Zu den wasserwirtschaftlichen Belangen, die häufig im Rahmen der wasserrechtlichen Genehmigung prüfungsrelevant werden, gehört insbesondere die **Gewässerunterhaltung.** Als Unterhaltungsaufgaben werden gesetzlich (§ 28 WHG) neben der Erhaltung der Schiffbarkeit die Erhaltung eines ordnungsgemäßen Zustandes für den Wasserabfluß und das Selbstreinigungsvermögen hervorgehoben. Die Herstellung von Baukörpern im Gewässer oder/und an dessen Ufern kann unter bestimmten Umständen auf die Durchführung der Unterhaltungsaufgaben erschwerend wirken. Bspw. kann die Intensität der Beanspruchung von Gewässern aus dem Vorhandensein bestimmter Anlagen folgen, so daß erhebliche Veränderungen der gegebenen Gesamtverhältnisse am Gewässer eintreten. So kann der Neubau des Sportboothafens eine Gefährdung des Gewässers infolge steigender Nachfrage nach Erholungsaktivitäten für die Sportschiffahrt herbeiführen, weil diese eine ausgedehnte Nutzung der Wasserfläche insbesondere im Bereich der Uferzonen bedingen und damit zu einer Gefahr für die Lebens- und Regenerationsfähigkeit des Gewässers werden. Das wiederum kann bewirken, daß die Unterhaltungsaufgaben verstärkt durchgeführt werden müssen, oder es besonderer Ausgleichsmaßnahmen bedarf, wie etwa des Einsetzens von Lebewesen oder der Durchführung von Belüftungsmaßnahmen, um ein Umkippen des Gewässers bei starkem Sauerstoffschwund zu verhindern.

cc) Sonstige Versagungsgründe

Die Frage, ob die geplanten Hafenanlagen nicht zugelassen werden dürfen, wenn sie das Gemeinwohl unter anderen als wasserwirtschaftlichen Gesichtspunkten beeinträchtigen, ist nicht abschließend geklärt; es kommt auf die inhaltliche Reichweite des Begriffs „Wohl der Allgemeinheit" an.

Allerdings lassen jedenfalls die Vorschriften der **Landeswassergesetze** eine weitergehende Prüfung unter dem Gesichtspunkt des Wohls der Allgemeinheit zu. Solche (fachfremden) Belange müssen jedoch in einem wasserrechtlichen Bezug stehen. Zum Gegenstand der Prüfung seitens der Wasserbehörde werden dann Versagungsgründe, die sich etwa aus dem Naturschutzrecht, dem Bauplanungs-, Bauordnungs- oder Raumordnungsrecht herleiten.

(1) Als zwingender natur- und landschaftsschutzrechtlicher Versagungsgrund kommen insoweit **Naturschutzgebietsfestsetzungen** in Betracht. In solchen Gebieten sind alle Handlungen, die zu einer Zerstörung, Beschädigung oder Veränderung des Naturschutzgebietes oder seiner Bestandteile oder zu einer nachhaltigen Störung führen können, verboten. Darunter fällt auch die Errichtung von Stegen (und erst recht der Ausbau eines Gewäs-

sers); denn hierdurch wird – etwa bei Eingriffen in die Bodengestalt der Uferzonen, bei der Begradigung eines Bachlaufs und der damit einhergehenden Beseitigung der Uferbepflanzung – ein Naturschutzgebiet zumindest verändert, ggf. aber auch zerstört.

Freilich hat die zuständige Wasserbehörde zu prüfen, ob die gesetzlichen Voraussetzungen gegeben sind, unter denen eine Befreiung von den Verboten, Naturschutzgebiete durch Hafenanlagen oder durch Gewässerausbau zu beeinträchtigen, erteilt werden kann.

(2) Des weiteren können Vorschriften des **Bauplanungsrechts** als besondere gesetzliche Ausprägung des Allgemeinwohls zu einer Versagung der wasserrechtlichen Anlagengenehmigung führen. Zur Vermeidung von Doppelprüfungen erstreckt sich die Prüfungskompetenz der Wasserbehörde (nach § 99 Abs. 2 S. 3 LWG NW) auch auf die Untersuchung der bauplanungsrechtlichen Zulässigkeit, sofern diese baulichen Maßnahmen nicht der Zuständigkeit der Bauaufsicht unterfallen. Letzteres ist hinsichtlich der Wasserbauten nicht der Fall: Die Errichtung des Sportboothafens ist nach Landesrecht von der Baugenehmigungsbedürftigkeit und damit generell vom bauaufsichtlichen Verfahren freigestellt.

Bei der Planung des Sportboothafens als eines im Außenbereich zu realisierenden Vorhabens sind die Privilegierungstatbestände des § 35 Abs. 1 BauGB in Betracht zu ziehen. Es kann sich im Einzelfall um einen ortsgebundenen gewerblichen Betrieb (i.S.v. § 35 Abs. 1 Nr. 4 BauGB) handeln; freilich kann die Einstufung ggfs. an fehlender auf Dauer beabsichtigter Gewinnerzielung scheitern. Für den Fall, daß die vorausgesetzte Standortgebundenheit im Einzelfall nicht gegeben ist, kann der Sportboothafen allenfalls nach Abs. 1 Nr. 5 der Vorschrift privilegiert sein. Es gilt ähnliches wie bei der Anlegung von Golfplätzen (s.o.).

1.2 Baurechtliche Anforderungen (für Gebäude)

Die am Gewässer innerhalb der Uferlinie geplanten Anlagen, wie etwa Badehütten, Boots-, Schiffshäuser oder ein Clubgebäude, stellen jeweils für sich betrachtet selbständig benutzbare, überdachte und von Menschen betretbare bauliche Anlagen dar. Für ihre Herstellung bedarf es daher einer baurechtlichen Genehmigung.

Bauplanungsrechtlich handelt es sich bei Boots- und Schiffshäusern in ggfs. um privilegierte Vorhaben (s.o.). Das hat freilich nur für solche Gebäude zu gelten, die nach ihrer Zweckbestimmung und Bauweise deutlich erkennen lassen, daß sie ausschließlich für den Segel- oder Paddelsport errichtet werden. Diese Zweckbindung muß daraus ersichtlich werden, daß die Räume für die Aufnahme der Boote den Hauptteil des Gebäudes beanspruchen und nicht nur den Nebenraum zu einer Wohngelegenheit darstellen. Denn Boots- und Schiffshäuser bilden regelmäßig eine funktionelle Einheit mit den übrigen Hafenanlagen des Wassersports und sind deren (untrennbare) Bestandteile. Angesichts dessen werden sie wie die Haupt- bzw. Gesamtanlage von der Privilegierung erfaßt. Hinsichtlich möglicher Beeinträchtigungen öffentlicher Belange ergeben sich insoweit keine Abweichungen zu dem zuvor Dargestellten.

2. Ausübung des Wassersports

Bei der Ausübung von Wassersport geht es um Surfen, Motorboot- und Kanufahren, Rudern, Segeln, Wasserski, Eislaufen, Eisstockschießen, Eishockey, Eissegeln etc. Zur Beurteilung der rechtlichen Zulässigkeit ist zunächst danach zu unterscheiden, ob Bundes- oder Landesgewässer beansprucht werden, und sodann, welcher Art die Nutzung ist.

2.1 Wassersport auf Bundeswasserstraßen

Welche Gewässer zu den Bundeswasserstraßen zählen, bestimmt § 1 Abs. 1 Bundeswasserstraßengesetz (WaStrG) in Verbindung mit der diesem Gesetz beigefügten Anlage. Dort erfolgt eine abschließende Auflistung der betreffenden Wasserstraßen.

a) Befahren mit Wasserfahrzeugen
Es gilt die Regel, daß jedermann das Recht hat, Bundeswasserstraßen mit Wasserfahrzeugen zu befahren[1]). Als Wasserfahrzeug gilt dabei jedes Fortbewegungsmittel zu Wasser, sei es eine Segeljacht oder eine Luftmatratze.

Diese Regel erfährt Einschränkungen. Zunächst darf eine Nutzung nur innerhalb der **Vorschriften des Schiffahrtsrechts**[2]) erfolgen. **Talsperren** und **Speicherbecken** des Bundes dürfen nur befahren werden, wenn der Bundesminister für Verkehr (BMV) dies durch eine Rechtsverordnung gestattet hat[3]). Und letztlich kann das Befahren von **Naturschutzgebieten**[4]) und **Nationalparken**[5]) durch Rechtsverordnung geregelt, eingeschränkt oder untersagt werden, soweit dies zur Erreichung des Schutzzwecks erforderlich ist[6]).

---

[1]) § 5 Satz 1 WaStrG
[2]) Aufstellung in BGBl III Sachgebiet 95: z. B. Binnenschiffahrtsaufgabengesetz, Binnenschiffahrtsstraßen-Ordnung. Seeschiffahrtaufgabengesetz, Seeschiffahrtsstraßen-Ordnung
[3]) §§ 5 Satz 2, 46 Nr. 2 WaStrG
[4]) vgl. § 13 BNatSchG
[5]) vgl. § 14 BNatSchG
[6]) § 5 Satz 3 WaStrG

b) Sonstiger Wassersport

Soweit Wassersport ohne **Fahrzeuge** ausgeübt wird (hierzu zählt das Baden in all seinen Formen: Schwimmen mit und ohne Hilfsmittel, Ballspielen im Wasser, Tauchen mit Brille und Schnorchel sowie mit Schwimmflossen etc.), unterfällt er dem Begriff des Gemeingebrauchs. Gemeingebrauch umfaßt im Wasserrecht die jedermann ohne behördliche Gestattung nach öffentlichem Recht zustehende Benutzung eines oberirdischen Gewässers. Er kann für Bundesgewässer eingeschränkt werden durch Rechtsverordnung des BMV auf der Grundlage des § 6 WaStrG, soweit dies zur Erhaltung der Wasserstraßen in einem für die Schiffahrt erforderlichen Zustand notwendig ist.

Eine weitere Schranke des Gemeingebrauchs ergibt sich aus dem Grundsatz der **Gemeinverträglichkeit[1]):** Die bestimmungsgemäße Nutzung der Gewässer durch andere darf nicht durch die eigene Nutzung auf (mehr als unerhebliche) Dauer eingeschränkt oder aufgehoben werden.

2.2 Wassersport auf Landesgewässern

a) Wassersport ohne oder mit kleinen Fahrzeugen ohne eigene Triebkraft

Die Benutzung von natürlichen[2]) (also z.B. nicht: Baggersee) oberirdischen Gewässern zum **Baden** und Befahren mit kleinen Fahrzeugen ohne **eigene Triebkraft** ist jedermann gestattet, und zwar als **Gemeingebrauch[3]).** Ausgenommen sind jedoch Talsperren[4]). Nicht erfaßt wird auch in nahezu allen Ländern - mit Ausnahme von Bremen - der mit Atemgerät ausgeübte Tauchsport.

Der Begriff „ohne eigene Triebkraft" betrifft Fahrzeuge, die nur mit Muskelkraft oder durch Ausnutzung des Windes angetrieben werden.

Wann ein Wasserfahrzeug „klein" ist, beurteilt die Rechtsprechung einzelfallbezogen. Als Faustformel gilt, daß ein Fahrzeug dann nicht klein ist, wenn es eine Kajüte besitzt, die zum Wohnen geeignet ist. Von Bedeutung ist zudem das Verhältnis der Größe des Bootes zu der des Gewässers. Kleine Fahrzeuge sind also jedenfalls Kanus, Surfbretter, Segeljollen, Luftmatratzen, Ruderboote, Eissegler.

Umstritten ist, ob auch organisierte Sportveranstaltungen (wie Regatten oder Volksschwimmen) vom Gemeingebrauch umfaßt werden. Zweifel begründen sich daraus, daß eine derartige Nutzung regelmäßig eine

---

[1]) BVerwGE 32. 229 (304)

[2]) Diese Einschränkung gilt nur in Nordrhein-Westfalen (§ 33 Abs. 1 Satz 1 LWG NW), Rheinland-Pfalz (§ 36 RhPfWassG) und im Saarland (§ 21 SaarlWassG)

[3]) § 33 Abs. 1 Satz 1 LWG NW; § 26 BadWürttWassG; Art 21 Bay; § 24 Berl WassG; § 71 BremWassG; § 9 HbgWassG; § 27 HessWassG; § 73 NdsWassG; § 36 RhPfWassG; § 21 SaarlWassG; § 17 SchlHWassG

[4]) für alle: § 33 Abs. 1 Satz 1 1. Halbsatz LWG NW

Inanspruchnahme der Gewässer durch andere, prinzipiell ebenfalls Gemeingebrauchsberechtigte ausschließt. Eine Regattastrecke bspw. muß gegen Schwimmer und andere Nichtteilnehmer abgesperrt werden. Diese bewußte Ausschließung anderer vom Gemeingebrauch und der über eine individuelle Nutzung hinausgehende Zweck solcher Veranstaltungen spricht für eine Überschreitung der Grenzen einer gemeingebräuchlichen Nutzung und damit für eine erlaubnispflichtige Sondernutzung.

Der **Gemeingebrauch** steht unter der Einschränkung, daß ihm andere Rechtsvorschriften oder Rechte anderer nicht entgegenstehen[1]). Insbesondere kann die allgemeine Wasserbehörde die Ausübung des Gemeingebrauchs regeln, beschränken oder verbieten, um zu verhindern, daß andere beeinträchtigt werden oder daß eine Beeinträchtigung des Wasserhaushalts eintritt[2]).

Ebenso gilt auch im Landesrecht die oben[3]) genannte Grenze der Gemeinverträglichkeit.

Ausnahmsweise kann durch die obere Wasserbehörde das Befahren mit **kleinen elektrisch angetriebenen Fahrzeugen** auf **nicht schiffbaren Gewässern** als Gemeingebrauch zugelassen werden[4]). Gleiches gilt für das Befahren von **künstlichen Gewässern** und **Talsperren[5])**.

b) Wassersport im übrigen

Soweit Wassersport mit großen Fahrzeugen betrieben wird und/oder mit solchen, die über eine eigene Triebkraft verfügen (und nicht ausnahmsweise als Gemeingebrauch zugelassen sind gemäß § 33 Abs. 3 LWG NW[6]), unterfällt er der Kategorie der **Schiffahrt** im Sinne der Landeswassergesetze[7]).

aa) Benutzung schiffbarer Gewässer

Jedermann darf schiffbare Gewässer mit Wasserfahrzeugen befahren[8]). Welche Gewässer schiffbar sind, wird durch Rechtsverordnung bestimmt[9]). Die Ausübung der Schiffahrt und das Verhalten in Häfen und Landeanlagen kann durch ordnungsbehördliche Verordnung geregelt werden[10]).

---

1 § 33 Abs. 1 Satz 2. Halbsatz LWG NW
2 Für NW: § 34 LWG i.V.m. § 23 WHG
3) 1. b)
4 § 33 Abs. 2 LWG NW i.V.m. § 23 WHG
5) § 33 Abs. 3 LWG NW i.V.m. § 23 WHG
6) siehe oben a)
7) für NW: § 37 LWG
8) für NW: § 37 Abs. 1 LWG
9) § 37 Abs. 2 LWG NW
10) § 37 Abs. 3 LWG NW

bb) Benutzung nicht schiffbarer Gewässer

Schiffahrt auf nicht schiffbaren Gewässern darf - soweit sie nicht als Gemeingebrauch zugelassen ist - nur mit widerruflicher Genehmigung der unteren Wasserbehörde ausgeübt werden[1]). Eine solche Genehmigung soll in der Regel nur für elektrisch angetriebene Fahrzeuge erteilt werden[2]); für Fahrzeuge mit Verbrennungsmotoren darf sie lediglich erteilt werden, wenn diese dem öffentlichen Interesse oder der Betreuung des Kanu- oder Rudersportes dienen und ein elektrischer Antrieb unzumutbar ist[3]). Die Genehmigung muß versagt oder widerrufen werden, wenn dies durch Allgemeinwohlinteressen, wie insbesondere die Belange des Naturhaushalts und des Immissionsschutzes, geboten ist[4]).

---

1) § 37 Abs. 6 Satz 1 LWG NW
2) § 37 Abs. 6 Satz 2 LWG NW
3) § 37 Abs. 6 Satz 3 LWG NW
4) § 37 Abs. 6 Satz 4 LWG NW

Angeln (U)

Angeln

1. Einleitung

Das Angeln ist ein traditionelles, aus der Berufsfischerei hervorgegangenes Freizeitvergnügen, das bei einem wachsenden Bevölkerungsanteil große Beliebtheit genießt. Die Möglichkeiten des Fischens sind durch die Auswirkungen der Industriegesellschaft im Vergleich zu früheren Zeiten eingeschränkt, insbesondere durch die Verschmutzung und den Ausbau der Gewässer.

Nach Auskunft des Verbandes Deutscher Sportfischer (VDSF) gibt es in der Bundesrepublik etwa 1,2 Millionen in Vereinen organisierte Angler. Dem VDSF gehören ca. 530.000 Sportfischer aus etwa 5.000 Vereinen an. Hinzu kommt noch eine unbekannte Zahl von Hobbyanglern, die diesen Sport nur gelegentlich am Wochenende oder im Urlaub ausüben (mit Angelschein).

Das Sportfischen im engeren Sinn gliedert sich in zwei Disziplinen:
- Wettfischen (sportliches Angeln) und
- Castingsport (Wurf-Turniersport).

Beim Wettfischen werden an Gewässern nach einem Punktesystem die in einer bestimmten Zeit mit unterschiedlichen Angeln gefangenen Fische gewertet. Beim Castingsport werden auf Wasser und an Land Wettbewerbe mit künstlichen Ködern (Fliege, Spinne) als Ziel- oder Weitwurf ausgetragen. Im folgenden geht es um das Sportfischen (das Angeln) im weitesten Sinn, also vor allem um das Angeln außerhalb von Wettkämpfen. Denn im Angeln als Breiten-Freizeitsport liegen die entscheidenden Berührungspunkte mit Belangen des Umwelt- und Naturschutzes.

Abgesehen von Angelstegen spielen in der Sportfischerei feste Anlagen keine Rolle, vielmehr stehen die Aktivitäten im Vordergrund.

Beim Angeln handelt es sich um eine Sportart, die (anders als die anderen in diesem Handbuch vorkommenden Sportarten) gesetzlich zur Hege und zur nachhaltigen Nutzung von fischereilich nutzbaren Gewässern verpflichtet bzw. berechtigt ist. An die „ordnungsgemäße fischereiliche Nutzung von Gewässern" sind daher besonders hohe Qualitätsanforderungen zu stellen, zumal der relativ knappe Lebensraum „Gewässer" auch besonders sensibel auf ökologische Belastungen reagiert.

Bei der folgenden Darstellung des Angelns geht es nur um ökologische Gesichtspunkte, nicht um solche der Ethik im Sinne des Tierschutzes. Wettangeln mit lebenden Köderfischen ist von der Rechtsprechung bereits als Tierquälerei verurteilt worden.

2. Gemeinsame Teilziele

Die folgende Darstellung gemeinsamer Zielsetzungen orientiert sich an der Standortbestimmung des Verbandes Deutscher Sportfischer e.V. (VDSF), niedergelegt z.B. in dem Beschluß der Jahreshauptversammlung 1981 in Kassel zum Thema „Sportfischerei und Naturschutz" und im Beschluß 1986 in Gütersloh „Grundsätze der Sportfischerei".

Der Angler übt eine sehr naturverbundene Tätigkeit aus. Er ist bestrebt, die Gewässer als Lebensraum zu erhalten und zu entwickeln, und zwar in einer Qualität, die für die Vermehrung und das gesunde Gedeihen der nutzbaren Fische förderlich ist. Über dieses fischereisportliche Interesse hinaus setzt er sich für den Biotop- und Artenschutz in und an Gewässern vielfach auch dann ein, wenn dadurch die Nutzfische nicht gefördert werden. So etwa befürwortet er im Prinzip auch eine Beschränkung der Fischereiausübung, wenn dies im Interesse des Artenschutzes liegt. Im folgenden werden die umweltbezogenen Ziele des Angelsports dargestellt, soweit sie mit den Belangen des Umwelt- und Naturschutzes übereinstimmen. In dem Kapitel „mögliche Konflikte ..." werden Zielabweichungen und in der Praxis vorkommende Konflikte angesprochen.

- **Gewässerschutz:** Eine möglichst hohe Gewässergüte ist Bedingung für einen artenreichen und gesunden Fischbestand. Umweltschutz und Angelsport wenden sich gemeinsam gegen die mangelnde Reinheit vieler Gewässer und wehren sich gegen zusätzliche Abwassereinleitungen. Die Angler nehmen meist Veränderungen der Gewässergüte (durch kurzfristige Einleitungen) schneller und kontinuierlicher wahr als andere (eher sporadisch am Gewässer anwesende) Erholungsuchende. In den Grundsätzen (1986) heißt es dazu: „Der Schutz der Gewässer ist zwar gesetzlich vorgesehen, der Vollzug der Gesetze jedoch sehr häufig unzureichend ... Mehr als 12.000 besonders ausgebildete Gewässerwarte überwachen ständig die Beschaffenheit der 'Gewässer'. Von ihnen und den am Gewässer befindlichen Fischern werden Fischsterben und andere Störungen des Lebensraums „Gewässer" im Regelfall als erste bemerkt. Sie handeln und sorgen damit für ein schnelles Eingreifen der zuständigen Behörde.„ Vom Fischereiverband werden „Gewässeruntersuchungssysteme" angeboten, mit deren Hilfe vor Ort die Gewässerqualität überprüft werden soll. Im Rahmen der Vorbereitung für ihre Fischerprüfung eignen sich die Angler das dafür notwendige Wissen an.
- **Artenschutz:** Von den ca. 70 heimischen Süßwasserfischarten sind mehr als 50 Arten bedroht oder in ihrem Bestand gefährdet. Der VDSF hat im Jahre 1979 ein Artenschutzprogramm verabschiedet, das die Erhaltung und den Schutz der bedrohten und gefährdeten Fischarten zum Ziel hat. „Aufgabe jedes einzelnen Sportfischers ist, dieses Programm durch sein Handeln auszufüllen und in dem schon seit langem andauernden Bestre-

ben fortzufahren, für die gefährdeten Fischarten natürliche Lebensräume zu schaffen. Die fischereiliche Nutzung der Gewässer darf nicht durch wirtschaftliche Überlegungen geprägt sein, sondern dient der Erhaltung artenreicher Fischbestände". Das Programm enthält zahlreiche Hinweise auf Maßnahmen, die über die gesetzlichen und vereinsinternen Artenschutzmaßnahmen (wie Schonzeiten, Schonbezirke und Mindestmaße) hinausgehen und auch dem Schutz der Arten dienen, „die bisher nicht gefährdet erschienen". Dazu gehören

- Gewässerbeobachtung, Artenerhebungen,
- Bewirtschaftungsmaßnahmen im Sinne des Artenschutzes (kein Besatz mit nicht heimischen Fischarten, Füttern von Fischen in natürlichen Gewässern nur in Ausnahmefällen),
- Gewässerüberwachung (biologische und chemische Analysen),
- Anpassung der Befischungsarten, Befischungszeiten und der zu befischenden Gewässerteile an die „Erfordernisse des Artenschutzes im weitesten Sinne dieses Wortes",
- Herrichtung, Pflege und Schutz von „Ökozellen" als Überlebensrefugien für Bestände gefährdeter Fischarten,
- Einsetzen seltener Fischarten.

Über den Fischartenschutz hinaus setzt sich der Sportfischer auch für den Schutz mancher anderer bedrohter Tierarten ein, sofern sie ihm nicht als Fischräuber erscheinen. So etwa befürwortet er Schutzzonen nicht nur für die Fischbrut, sondern auch für Amphibien und Wasservögel. In der „Gewässerordnung" des Verbands Deutscher Sportfischer heißt es dazu: „Nistplätze der am Wasser brütenden Vögel sind vor Störungen zu bewahren und evtl. so abzuschirmen, daß sie weder von Menschen noch von Weidevieh unbeabsichtigt zerstört werden können (z.B. Nisthöhlen des Eisvogels)". Für den Vogel- und Amphibienschutz haben die organisierten Sportfischereivereinigungen in der Bundesrepublik Deutschland bisher ca. 4500 Hektar von ihrem gepachteten Gewässerarealen reserviert (Angabe des VDSF).

- **Biotopschutz:** Die Sportfischer wollen nicht nur ganz bestimmte Arten, sondern die im und am Gewässer vorkommenden Tier- und Planzenarten bewahren, indem sie die entsprechenden naturnahen, vielfältigen Biotope erhalten und wiederherstellen. „Besatzmaßnahmen dürfen nur als Überbrückungshilfe dienen, bis sich die Fischbestände wieder aus eigener Kraft regenerieren"... „Nur der Bestand der natürlichen Lebensgemeinschaft ermöglicht es der Sportfischerei, dem gesetzlichen Auftrag der ordnungsgemäßen fischereiwirtschaftlichen Hege und Pflege der Fischbestände nachzukommen."

  Fließgewässer mit unterschiedlicher Strömungsgeschwindigkeit, Bäche, kleinere und größere Flüsse mit verschiedenartigem Untergrund und möglichst ursprünglicher Uferbeschaffenheit, Stillgewässer unterschiedlicher Tiefe, nährstoffreiche und nährstoffarme Gewässer: diese Vielfalt der Lebensräume ist Voraussetzung für eine artenreiche Tier- und Pflanzenwelt. Gegen die Begradigung von Bächen und den Uferausbau, gegen Aufstauungen und sonstige Eingriffe, die den ökologischen Nischenreichtum oder den besonderen Charakter naturnaher Gewässer herabsetzen, wehrt sich der Sportfischer ebenso wie der nicht als Nutzer auftretende Umwelt- und Naturschützer.

3. Konflikte

3.1 Checkliste

Die folgende ungewichtete Aufzählung potentieller Konflikte macht deutlich, welche Formen der ökologischen Belastung im Rahmen der Sportfischerei vorkommen. Viele dieser Konflikte – vor allem soweit die Fischfauna betroffen ist – lassen sich im Rahmen einer vom Sportfischerverband proklamierten verantwortungsvollen Hege und Pflege vermeiden.

Belastungen durch Fischbesatz und selektive Befischung:
- Faunenverfälschung durch das Aussetzen von gebietsfremden Arten,
- Verdrängung autochtoner (biotopeigener) durch allochthone (biotopfremde) Arten,
- Einschleppen neuer Fischkrankheiten und -parasiten,
- genetische Veränderung von Fischarten durch Besatz mit Individuen aus anderen Gewässereinzugsgebieten,
- Bedrohung von nicht nutzbaren Kleinfischen (Brut), Amphibien (Larven und Laich) und Wasserinsekten durch Fraß und Nahrungskonkurrenz,
- Nahrungs- und Sauerstoffmangel durch Überbesatz,
- Störung des Nahrungsnetzes infolge selektiver Befischung der anglerisch attraktiven Raubfische.

Belastung durch mechanische Beanspruchung des Ufers (Stege, Trampelpfade):
- Schäden an der Ufervegetation,
- Uferbeschädigungen.

Belastungen durch Fischzucht- und Angelteiche sowie durch Anfüttern:
- übermäßige (evtl. mit Stauhaltung verbundene) Wasserentnahme aus Bächen,
- Eutrophierung vor allem kleiner Bäche durch Einleitung von erwärmtem, mit Kot, Futterresten und Medikamenten belastetem Abwasser,
- Eintrag von mineralischen und organischen Düngestoffen,
- Eutrophierung und Sauerstoffzährung durch organische Substanzen, mit denen beim Angeln in natürlichen Gewässern Fische angelockt werden („Anfüttern"),
- Verbreitung von Fischkrankheiten.

Gefährdung fischfressender Tierarten (z.B. Kormoran, Graureiher) durch:
- ungeeignete Abwehrmaßnahmen,
- (illegalen) Abschuß.

Störung der Wasservögel im Brutablauf, bei der Jungenaufzucht, Mauser (Gefiedererneuerung), Nahrungsaufnahme sowie beim Rasten und Schlafen durch:
- Blockierung geeigneter Brutplätze (bei zeitlich dichter Präsenz von Ufer- und Bootsanglern ab Februar/März),
- Vertreibung brütender Vögel vom Nest: Abbruch angelaufener Brutgeschäfte (wenn der Angler sich über längere Zeiträume in der Nähe des Nestes aufhält),
- Blockierung oder Störung von Mauserplätzen (wo die flugunfähigen Vögel besonders empfindlich reagieren),
- weiträumige Störungen von Wasservogelmassierungen am Nahrungsrastplatz (auf dem Herbst- und Frühjahrszug) und am Überwinterungsplatz (in Verbindung mit erheblicher Verkürzung der Futtersuchzeiten).

3.2 Besonders beachtenswerte Konflikte und Möglichkeiten ihrer Lösung

In welcher Form Konflikte auftreten können und welche Position die Sportfischer dazu einnehmen, kommt in folgendem Zitat (aus den „Grundsätzen", 1986) zum Ausdruck:

„Das jedermann gesetzlich gewährleistete Recht auf Naturgenuß trägt gleichzeitig die Gefahr in sich, die Natur zu stören. Davon ist der Sportfischer nicht ausgenommen; er wird diese Störung jedoch aufgrund seines Verhältnisses zu dem von ihm genutzten Lebensraum so gering wie möglich halten ... Im Einzelfall kann es notwendig sein, auch die rechtlich gesicherte Fischereiausübung aus Gründen des Schutzes anderer Naturgüter einzuschränken, soweit dies unumgänglich notwendig ist. Dabei ist jedoch immer mehr zu beachten, daß die gesetzliche Pflicht besteht, die dem Fischereirecht unterliegenden Tiere zu hegen und zu pflegen. Diese Pflicht darf nicht eingeschränkt werden."

Naturschutz ist zu verstehen als umfassender Ökosystemschutz, der sich auf das gesamte Wirkungsgefüge der Tiere und Pflanzen in den jeweiligen Lebensräumen bezieht. Wie aus der zitierten Position der organisierten Sportfischer hervorgeht, erkennt der Angler nur solche Handlungsweisen als mögliche (und zu vermeidende) Störung an, die nicht im Rahmen der „Hege und Pflege des Fischbestandes" erfolgen.

Im folgenden werden drei Konflikttypen skizziert und knapp erläutert, die immer wieder zu heftigen Auseinandersetzungen zwischen Anglern und Naturschützern führen:

a) Verfolgung contra Schutz bestimmter fischfressender Tierarten,
b) Hege contra natürliche Entwicklung des Gewässers,

c) Nutzung contra Schutz bestimmter hochwertiger, gegenüber dem Angelsport empfindlicher Gewässerbiotope.

Zu a): Verfolgung contra Schutz bestimmter Tierarten

Aus der Sicht vieler Sportfischer gelten folgende Tierarten als „Konkurrenten", weil sie sich von Fischen ernähren:

- Fischotter
- Eisvogel
- Gänsesäger
- Graureiher
- Kormoran
- Haubentaucher

Mit der Begründung, der Fraß durch die Wasservögel dezimiere den Fischbestand und gefährde sogar seltene Fischarten, wird unter Berufung auf den Auftrag zur „Hege und Pflege" gefordert, **Graureiher und Kormorane** durch Abschuß auf ein bestimmtes Bestandsniveau zu reduzieren. Die Schutzwürdigkeit dieser Vogelarten wird mit dem Hinweis auf ihre zunehmende Zahl bestritten.

Die genannte Forderung und ihre Begründung widersprechen dem Naturschutz bzw. der ökologischen Forschung. Weder die Kormorane und Graureiher noch andere fischfressende Tiere können seltene Fischarten in ihrem Bestand gefährden oder gar ausrotten. Die wissenschaftlichen Untersuchungen von UTSCHICK (1984), die der Frage nach möglichen Fischverlusten durch Graureiher nachgingen, kommen zu folgendem Ergebnis: „Graureiher sind in Aufzuchtgräben (Forellen-Satzfischgräben) allenfalls in der Lage, einen Teil der Überkapazitäten zu entfernen und haben mittelfristig keinen Einfluß auf die Fischdichte in diesen Gräben" ... „Der Graureiher kann in natürlichen Fließgewässern in der Regel keine wirtschaftlichen Schäden anrichten, er weist aber über Fischverletzungen auf geringe Bachqualitäten und ökologische Fehlleistungen bei der Bewirtschaftung von Fließgewässern in der freien Landschaft hin. Fischarme oder fischleere Bäche sind unter natürlichen Verhältnissen nicht auf eventuellen Graureihereinfluß zurückzuführen, sondern meist auf schlechte Biotopzustände" (ebenda, S.108).

Ebenso unschädlich wie der Graureiher ist auch der Kormoran, der als Brutvogel in der Bundesrepublik Deutschland weniger als 10% des Graureiherbestandes erreicht. Er tritt jedoch in Schwärmen auf und kann daher leicht den Eindruck der großen Zahl erwecken. Auch die größere Anzahl der Durchzügler (ca. 3000 z.B. in Bayern) hat noch keinen nachweisbaren Schaden in den bayerischen Fischbeständen angerichtet, geschweige denn den Bestand irgendeiner Fischart gefährdet. Das wird jedoch – ohne jeden Beweis – immer wieder bestritten, das Gegenteil behauptet. In Dänemark, den Niederlanden und der ehemaligen DDR gibt es tausende von Brutpaaren (mit großen Kolonien an einem einzigen See), ohne daß dort Schäden beklagt werden und Jagd auf die Vögel gemacht wird.

In der Bundesrepublik (vor allem in Schleswig Holstein) brüteten 1987 insgesamt 565 Kormoran-Paare, während in Holland über 12.500 Paare, in Dänemark 12.200 und in der DDR 3.350 Paare gezählt wurden. Trotz seiner zunehmenden Zahl ist der Kormoran bei uns immer noch schutzwürdig. Selbst wenn er alle für ihn geeigneten Lebensräume irgendwann einmal „zurückerobert" haben wird, sollte sein Einfluß auf den Fischbestand nicht übertrieben, sondern gemäß den wissenschaftlichen Befunden emotionslos dargestellt werden.

Die Vermutung, Kormorane oder Graureiher könnten zum „Artenschutzproblem" für seltene Fischarten (z.B. Äschen) werden, entbehrt jeglicher fachwissenschaftlicher Grundlage.

Der seltene Eisvogel, dem früher von Seiten der Fischer intensiv nachgestellt wurde, wird in seiner Harmlosigkeit und seiner Schutzwürdigkeit inzwischen von den Sportfischern respektiert und sogar gefördert. Nicht gefördert, aber immerhin nicht als „Gegner" betrachtet werden andere fischfressende Vogelarten wie Haubentaucher, Storch, Gänsesäger und Wasseramsel.

Die Wiedereinbürgerung der bei uns ausgerotteten Fischotter scheiterte in mehreren Fällen am Widerstand von Anglern, die befürchten, daß dieses Tier große Schäden in ihren Fischbeständen anrichten könne. Diese Befürchtung ist unbegründet. Ein Fischotter besetzt und behauptet gegen Artgenossen 30 Flußkilometer als Streifgebiet (pro Nacht legt er bis zu 10 km zurück), was deutlich macht, daß durch Fischotter keine nennenswerten Fischmengen verzehrt werden können.

Zu b): Hege contra natürliche Entwicklung des Gewässers

Folgende Position wird vom VDSF zu diesem Aspekt vertreten: „Eine ‚natürliche Entwicklung der Natur' ohne menschliche Eingriffe ist in unserer Industrielandschaft nicht möglich. Nur durch Hege und Pflege, also durch gezielte Eingriffe, können die wenigen noch verbliebenen Refugien erhalten und neue geschaffen werden" (Beschluß 1981). Diese Aussage widerspricht der ökologischen Sukzessions-Forschung. Es gibt eine Fülle von Beispielen dafür, daß sich Gewässer - sofern sie von ihrer Struktur her hinreichende Voraussetzungen boten – zu einem naturnahen Zustand mit vielfältiger Biozönose (zurück)entwickelt haben. Zu erwähnen sind die heute von Wasserwirtschaftsämtern vorangetriebenen Renaturierungen von Fließgewässern und sogenannte Seesanierungen. Hier kann sich ohne steuernde Eingriffe des Menschen im Verlauf von Jahren bis Jahrzehnten eine artenreiche Lebensgemeinschaft herausbilden, in der die Räuber – Beute – Beziehungen (Nahrungsnetze) im Gleichgewicht stehen. In der ökologischen und gewässerkundlichen Literatur wird ausführlich die selbständige Entwicklung des Ökosystems an Stauseen (Beispiel unterer Inn) beschrieben, an denen außerordentlich artenreiche Feuchtgebiete entstanden sind und zu Naturschutzgebieten erklärt wurden (REICHHOLF/REICHHOLF-RIEHM 1982).

In vielen Fällen übersteigt die Dichte der Angler die Fischkapazität des Gewässers, so daß Besatzmaßnahmen durchgeführt werden, um die Angler mit ausreichender „Beute" zu versorgen. Große Mengen an Besatzfischen üben einen Konkurrenzdruck auf seltene Fischarten aus (Nahrungskonkurrenz, Fraß junger Fische). Die Besatzmaßnahmen können auch aus populationsgenetischen Gründen zum Problem werden, nämlich dann, wenn standorttypische Populationen durch Nachzuchten aus fremden Beständen (Zuchtanstalten) verfälscht werden. Denn für zahlreiche Fischarten ist eine starke Aufsplitterung in besondere Standorttypen in den verschiedenen Gewässern charakteristisch.

Zahlreiche ökologische „Refugien" brauchen nicht nur keine steuernden Eingriffe, sondern werden dadurch in ihrer natürlichen Entwicklung sogar ungünstig beeinflußt.

Ein **Beispiel** für Belastung und Entlastung eines beangelten Gewässers:

Im Rahmen eines Forschungsvorhabens wurde am Beispiel des Sees „Weinfelder Maar" der erhebliche Nährstoffeintrag durch die Praxis des Anfütterns und des Fischbesatzes nachgewiesen (Landesamt für Wasserwirtschaft Rheinland-Pfalz, 1991). Pro Angler wurden bis zu 10 kg Futter täglich ermittelt. Die durch den Nährstoffeintrag verursachte Sauerstoffzährung und Eutrophierung stellte an dem untersuchten See bis zum Ende der 70er Jahre den größten Anteil der externen Belastung dar.

Ein Fischbesatz wird vorgenommen, um die artliche Zusammensetzung und die Altersstruktur des Fischbestandes in einem Gewässer zu beeinflussen oder um einer zu großen Zahl von Anglern (gemessen an der natürlichen Ertragsfähigkeit des betroffenen Gewässers) einen Fangerfolg zu sichern. Im genannten Beispiel überstieg die Zahl der gefangenen Fische den natürlichen Fischertrag des ursprünglich nährstoffarmen (oligotrophen) Sees mehr als hundertfach.

1985 drohte das Weinfelder Maar infolge des hohen Sauerstoffverbrauchs und der fortschreitenden Eutrophierung „umzukippen": totaler Sauerstoffmangel in tieferen Bereichen, Rücklösungen von Nährstoffen aus dem Sediment, Verödung der tieferen Wasserschichten (Hypolimnion). Um dies zu verhindern, wären über viele Jahre hinweg kostenintensive, technisch aufwendige Maßnahmen zur Unterstützung der Wasserzirkulation und zur Sauerstoffanreicherung notwendig gewesen. Das wäre Symptombehandlung. Man entschloß sich jedoch, an die Ursachen heranzugehen.

Zunächst untersagte man im Rahmen einer Naturschutzverordnung das Anfüttern. Mit dem Fischereiverein wurde darüber hinaus vereinbart, für den Zeitraum von 1986-89 freiwillig auf einen Fischbesatz zu verzichten.

Das Weinfelder Maar erholte sich in diesen drei Jahren deutlich. Durch die Extensivierung der fischereilichen Nutzung wurde das ökologische Gleichgewicht des Sees wiedergewonnen.

Für die künftige fischereiliche Nutzung von Seen ist festzuhalten, daß die Freizeitfischerei einen positiven Beitrag zur Erhaltung eines möglichst nährstoffarmen Gewässers leisten kann, wenn folgende Empfehlungen beachtet werden:

- Abschöpfung nur des natürlichen Fischertrages (Nährstoffentzug aus dem Ökosystem),
- Verbot des An- und Zufütterns (kein zusätzlicher Nährstoffeintrag),
- Verzicht auf Besatz (keine Störungen des Stoff- und Energiehaushaltes sowie des Nahrungsnetzes),
- Förderung eines ökologisch ausgewogenen Verhältnisses von Raub- und Friedfischen durch gezieltes Befischen bestimmter Fischarten,
- Führung von Fangstatistiken nach Art und Gewicht sowie
- regelmäßige Erhebungen des Fischbestandes und in mehrjährigen Abständen Durchführung von limnologischen Untersuchungsprogrammen zur Bewertung des Trophiezustandes des Gewässers als Grundlage für evtl. erforderliche Korrekturmaßnahmen.

Zu c): Nutzung contra Schutz bestimmter hochwertiger und empfindlicher Gewässerbiotope

Unter Berufung auf das Fischereirecht, das als eigentumsgleiches Recht nicht wie der Gemeingebrauch eingeschränkt werden dürfte, auch nicht in Naturschutzgebieten (REICHLE 1987), wehren sich Fischer gegen Nutzungsbeschränkungen in solchen Gebieten, in denen eine erhebliche Störung der Vogelwelt nachgewiesen wurde. Von besonderer Bedeutung ist in diesem Zusammenhang die **Störanfälligkeit der Vogelwelt.** Selbst ein ruhig sitzender Angler stellt unbeabsichtigt für brütende Vögel in einem Umkreis von etwa 50m eine solche Störung dar, daß diese ihr Gelege während seiner Anwesenheit verlassen. Bei lang anhaltender Beunruhigung kühlen die Eier aus und werden aufgegeben oder werden zur Beute natürlicher Feinde. Bei häufig wiederkehrender Störung wird sogar der Brutplatz verlassen. Die „effektive Fluchtdistanz" in bezug auf die Brut ist die Entfernung des Anglers zum Nest, bei der der brütende Vogel zum Nest schwimmt oder fliegt und dort weiterbrütet. Bei einer Annäherung auf dem Wasser mit dem Boot werden noch größere Fluchtdistanzen festgestellt als am Land.

Auch der wiederholte Abbruch der Nahrungssuche, die Unterbrechung des Schlafs, die Beunruhigung der besonders scheuen Tiere bei ihrer Mauser führt zu Streß und Vertreibung besonders der seltenen Vogelarten. Die Fluchtdistanz der auf den größeren Gewässern liegenden Entenvögel zu einem Boot beträgt bis zu 500 m (CONRAD/BRENNER 1986).

Die Fluchtdistanz der Wasservögel gegenüber sich bewegenden Booten hängt auch vom Jahreszyklus ab. Während der Brutzeit (15. März bis 15. Juli) beträgt die kritische Distanz in der Regel ca. 150 bis 200m, während der Durchzugszeit (1. August bis 15. Dezember) ca. 300m und während der Mauserzeit der Entenvögel (15. Juli bis 15. August) ca. 500m. Abweichungen davon können sich bei einzelnen Vogelarten ergeben oder bei Vogelschwärmen (der scheueste Vogel reißt die anderen mit).

Der Konflikt zwischen dem Schutz einer erhaltenswerten Artenvielfalt an Vögeln und dem Angelsport (vom Land bzw. Boot aus) kann in vielen Fällen nur auf dem Wege der Zonierung (räumliche Trennung) oder der zeitlichen Beschränkung des Angelns gelöst werden.

Vielfach wird das Argument vorgebracht, der Angler sei Sachwalter des uneingeschränkten Naturschutzes an den Gewässern und er müsse daher verhindern, daß die Vögel zu Lasten der Artenvielfalt bei Fischen einseitig bevorzugt werden (dies vor allem im Hinblick auf Kormoran und Graureiher). Ein zweites Argument unterstellt, daß ohne fischereiliche Hege und Pflege das Ökosystem Gewässer an Naturschutzwert verlieren würde. Wie bereits ausgeführt wurde, halten beide Aussagen einer wissenschaftlichen Überprüfung nicht stand.

Welche Belastungs- und Störeinflüsse im Einzelnen von Anglern ausgehen können, ist in der „Checkliste" stichwortartig bezeichnet. Im folgenden sollen ein negatives und ein positives Beispiel für die **Zusammenarbeit von Sportfischerei und Naturschutz** skizziert werden.

Erstes Beispiel **„Unterer Inn"**: Die unter Naturschutz stehenden Staubereiche des unteren Inn wurden wegen ihrer besonderen ökologischen Bedeutung mit dem Prädikat „Europareservat" ausgezeichnet und auf die Liste der „Feuchtgebiete von internationaler Bedeutung" gesetzt. Die Naturschutzverordnung von 1972 beinhaltet ein allgemeines Betretungsverbot für Erholungsuchende - mit Ausnahme von Jagd und Fischerei. Während sich die Jäger inzwischen freiwillig aus diesem Gebiet zurückgezogen haben, beharren die Sportfischer weiter auf diesem Privileg. Sie tun dies in Kenntnis der Ergebnisse langjähriger ökologischer Forschung, aus denen hervorgeht, daß hier durch das Angeln 80% der möglichen Bruterfolge von Wasservögeln vereitelt werden und ein wichtiges Mausergebiet für Enten verlorengegangen ist (REICHHOLF 1970 und 1988). Für den Rückgang der Bruten und Vogelarten am unteren Inn ist der flächendeckend ausgeübte Angelsport verantwortlich. Das wird auch durch den Umstand bestätigt, daß im gleichen Raum auf der österreichischen Flußseite das Naturschutzgebiet „Reichersberger Au" seine reichhaltige Vogelwelt wiedergewonnen hat, nachdem dort der Angelsport nicht mehr ausgeübt wird. Im Naturschutzgebiet Unterer Inn wäre ökologisch sehr viel gewonnen, wenn sich die Sportfischer darauf einließen, im Bereich der Inseln und an einigen Buchten nicht mehr zu angeln, ihre Aktivitäten also auf die Dammbereiche und andere unproblematische Zonen zu konzentrieren.

Zweites Beispiel **„Monheimer Baggersee"**: Der ca. 68 Hektar große See erfüllt besondere ökologische Funktionen als Nahrungs- und Rastplatz sowie Überwinterungsplatz für zahlreiche Vogelarten und wurde deshalb als „Feuchtgebiet von regionaler Bedeutung" eingestuft. Ein ca. 15 Hektar großer Teil ist Naturschutzgebiet, der übrige See Landschaftsschutzgebiet. Wegen der starken Beeinträchtigung vor allem der rastenden und überwinternden Wasservögel durch den Segelsport kam bereits 1982 eine Regelung mit räumlichzeitlicher Trennung von Segelsport und Wasservogelschutz zustande. Die Wasservogeljagd ruht seit 1973 (auf freiwilliger Basis). Die Ausübung des Angelsports vom Kahn und vom Ufer aus war seit 1984 im gesamten NSG und in einem Halbinselbereich ganzjährig untersagt. Trotzdem kam es noch zu erheblichen Störungen der Wasservogelwelt durch Angler, die sich mit dem Boot bis unmittelbar an die NSG-Grenze heranbewegten. Sie beunruhigten die sich in der Schutzzone befindlichen Vögel (bei durchschnittlichen Fluchtdistanzen von 200 bis 300 m) erheblich.

Als Reaktion auf diesen Konflikt wurde von der Landesanstalt für Ökologie, Landschaftsentwicklung und Forstplanung NW zusammen mit der Landesanstalt für Fischerei NW ein Lösungsvorschlag zur räumlichzeitlichen Trennung von Angelsport und Artenschutz erarbeitet. Dieser Vorschlag ist von den Vertretern des Naturschutzes und des Angelsports akzeptiert und in eine entsprechende Zonierung umgesetzt worden (CONRAD/BRENNER 1986). Dieses Beispiel zeigt, daß es möglich ist, im gemeinsamen Bemühen zu tragbaren Kompromissen zu kommen. Das setzt voraus, daß die Vertreter des Naturschutzes und des Angelsports die Belange und Interessen des Gegenübers ernst nehmen, beweisbare Tatsachen nicht infrage stellen und die Konflikte statt mit Polemik mit Vernunft angehen.

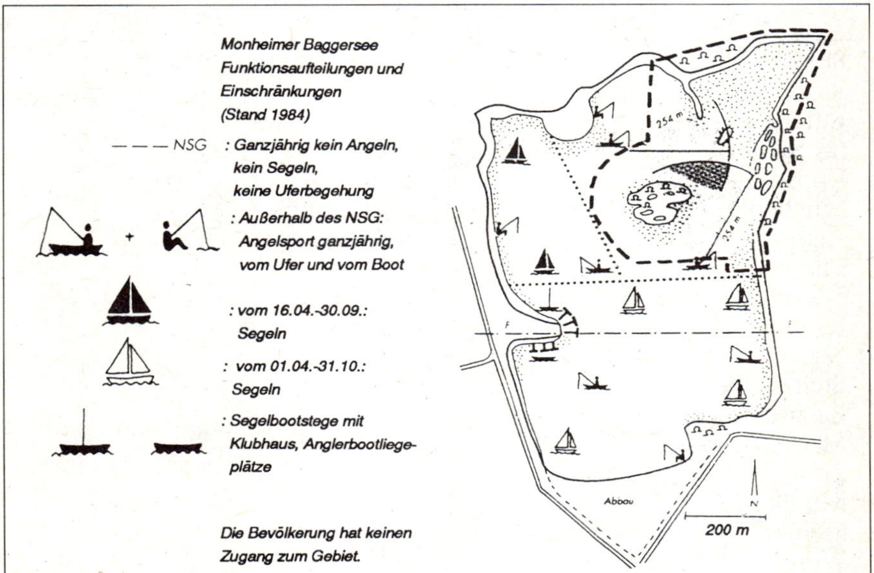

Aus: PUTZER 1989

4. Möglichkeit für umweltschonende und ökologisch aufwertende Maßnahmen im Rahmen des Angelsports

4.1 Artenschutz bei Fischen

Rund 70% der bei uns heimischen Süßwasserfischarten stehen auf der Roten Liste als ausgestorben bzw. als mehr oder weniger stark gefährdet. Die Ursachen dafür liegen vor allem bei den Abwassereinleitungen, der Gewässerverbauung und bei Immissionen aus intensiven Agrarflächen (Dünger, Pestizide).

Es wurde bereits erwähnt, daß die Sportangler schon in vielen Fällen seltene und bedrohte Fischarten ausgesetzt bzw. wieder eingebürgert haben. Ob solche Maßnahmen lediglich eine „Wiedergutmachung" darstellen, weil durch Besatzmaßnahmen mit gleichaltrigen Nutzfischen die seltenen Kleinfische (bzw. ihre Brut) dezimiert wurden, oder ob mit solchen Maßnahmen ein echter Beitrag zum Artenschutz geleistet wurde, hängt vom Einzelfall ab. Aus einer Untersuchung zur Situation der bedrohten Fischarten des bayerischen Alpen- und Donaugebiets geht hervor, daß bestimmte seltene Fischarten durch Besatz gefördert, andere jedoch vernachlässigt wurden (KUSSMAUL 1986).

geförderte Arten	nicht geförderte Arten
Sterlet	Frauennerfling
Stör	Perlfisch
Bitterling (in Symbiose mit Teichmuschel)	Moderlieschen
Koppe	Strömer
Muchen	Rußnase
Aland	Seerüßling
Elritze	Stichling
Schlammpeitzker	Streber
Rapfen	Groppe
Nase	Rutte
Steingreßling	
Bachschmerle	
Mairenke	
Zobel	
Mühlkoppe	
Steinbeißer	
Wels	
Dreistachliger Stichling	

Mit dieser Gegenüberstellung soll gezeigt werden, daß die lobenswerten Artenschutzbemühungen der Sportfischer noch erweitert werden können.

Artenschutz ist jedoch nicht nur durch Besatzmaßnahmen und Wiedereinbürgerung zu erzielen, sondern in erster Linie müssen die von den Arten benötigten Lebensbedingungen (Gewässergüte, Biotopstruktur) geschaffen bzw. gesichert werden, damit sich die bedrohten Arten in ihrem Bestand wieder erholen. Die Einflußmöglichkeiten der Sportfischer hierauf sind nur in begrenztem Maße gegeben.

Auf einen wichtigen möglichen Beitrag der Sportfischerei zum „Artenschutz über Biotopschutz" sei hier besonders hingewiesen: auf die Ausweisung von Fischschongebieten. Zu den Laichschongebieten (in denen nur während der Laichzeit jeglicher Fischfang, Bootfahren und andere Störungen verboten sind) und den Fischschongebieten (Dauerschutzgebiete) heißt es im Leitfaden für die Ausbildung der Gewässerwarte (VDSF 1985): „Wo immer die Möglichkeit zur Einrichtung solcher Gebiete besteht, sollte davon Gebrauch gemacht werden; denn sie stellen eine der wirksamsten Schutzmaßnahmen für unsere Fische dar, ganz zu schweigen davon, daß sie auch anderen Tierarten nützlich sind" (S. 24).

Das Instrument der Fischschongebiete ist ein sehr positiver Handlungsansatz für einen konsequenten Naturschutz. Hierzu eignen sich nur naturnahe Gewässer mit guter Gewässerqualität. In solchen Schongebieten sollte dafür gesorgt werden, daß auch andere Nutzungen (z.B. Erholung, Wassersport, Jagd) unterbleiben.

Nach Auskunft des VDSF (brieflich) werden Hege- und Pflegearbeiten der Fischer durch die Ausweisung von Fischschongebieten nicht ausgeschlossen. Aus ökologischer Sicht sollten sich diese jedoch auf ein möglichst geringes Maß beschränken. Wenn zur Zeit der Ausweisung zum Schongebiet eine unnatürliche Altersstruktur oder ein Überbesatz an Raubfischen besteht, dann sollte in dieser „Startphase" versucht werden, Bedingungen zu schaffen, die einem ungenutzten, natürlichen Gewässer möglichst nahe kommen. Dazu zählt ein gezieltes Beangeln bestimmter (zu zahlreich vorkommender) Fischarten und das Einsetzen heimischer Kleinfischarten, um die natürliche Artenvielfalt herzustellen. Abgesehen von solchen Starthilfen kann das Gewässer sich selbst überlassen bleiben (keine weiteren Besatzmaßnahmen etc.), da die natürliche Selbstregulation zu einem funktionsfähigen Ökosystem „im Gleichgewicht" führt.

Ziel ist die ungehemmte Entfaltung der natürlichen Wirkungsprozesse ohne jeden steuernden Eingriff und ohne Belastung („Naturgewässer"). Die Angler würden ein unübersehbares Zeichen für die Ernsthaftigkeit ihrer Naturschutzbemühungen setzen, wenn sie für solche Fischschutzgebiete 10 % aller befischbaren Gewässer zur Verfügung stellen würden.

4.2 Zur ökologischen Ausbildung der Angler

Da der Angler mit seiner sportlichen und hegenden Aktivität in Gewässerökosysteme eingreift, die zu den komplexesten natürlichen Wirkungsgefügen zählen, ist es besonders wichtig, daß er die Teile und die Wirkungsweise dieser Systeme hinreichend kennt und versteht. Dadurch können Schäden vermieden werden, die nicht etwa auf böser Absicht oder übertriebenem sportlichem Ehrgeiz beruhen, sondern allein auf Unwissen.

Auch werden nur durch ausreichendes Wissen die Sportfischer in die Lage versetzt, die Landesfischereiordnungen einzuhalten. So etwa ist eine ausreichende Kenntnis der Fischarten notwendig, um die nur für ganz bestimmte Arten geltenden Schonzeiten und Mindestmaße befolgen zu können. Ein Grundwissen über ökologische Zusammenhänge ist notwendig, um die Hege- und Besatzmaßnahmen auf die ökologische Situation des jeweiligen Gewässers abstimmen zu können.

Von jedem Sportfischer sollte daher vor seiner Zulassung unbedingt der Nachweis ausreichenden fischkundlichen und gewässerökologischen Wissens (auch einiger Kenntnisse über den Gebrauch von Geräten und über einschlägige Gesetze) verlangt werden. In einigen Bundesländern muß der Sportangler bereits eine Fischerprüfung ablegen (z.B. in Nordrhein Westfalen bei der Unteren Fischereibehörde des betreffenden Kreises oder der kreisfreien Stadt). Aber auch hier ist zu fragen, ob das vermittelte Wissen den ökologischen Erfordernissen genügt (vgl. dazu BUNZEL-DRÜKE 1989).

Aus ökologischer Sicht sind bei der Ausbildung und Prüfung der Angler mindestens zu folgenden Punkten Kenntnisse und Einsichten in Zusammenhänge zu vermitteln:

Erkennen von Fischarten: Mindestens die Fischarten müssen bekannt sein, für die irgendwelche Schonzeiten und sonstige Sonderbestimmungen gelten (wobei besonders die Verwechslung mit ähnlich aussehenden Nutzarten auszuschließen ist).

Ökologie der Fischarten:
- Laichzeit, Laichsubstrat und Brutpflege, sowie Larval- und Jugendentwicklung verschiedener Fischarten;
- Populationsökologie: über den Zusammenhang von Altersaufbau der Population und Besetzen von ökologischen Nischen im Gewässerbiotop, über die Regulation des Fischbestandes in Abhängigkeit von der Dichte, über Räuber-Beute-Beziehungen, über die Dynamik der Selektion und über Populationsgenetik (z.B. warum nur gebietsheimische Arten eingesetzt werden sollen).

Gewässerkunde und Wasserverschmutzung:
- Wasserchemismus (Sauerstoffgehalt, ph-Wert usw.),
- Auswirkung verschiedener Abwässer auf Fische und andere Lebewesen (Krankheit, Fischsterben, Artenvernichtung),

- fischereibiologische Gewässertypen,
- Wasseruntersuchung, Probenahme.

Besatzmaßnahmen:
- ökologische und fischereibiologische Merkmale, nach denen in bestimmten Gewässern auf Besatzmaßnahmen verzichtet werden muß bzw. nach denen örtliche und zeitliche Einschränkungen sowie Mengenbegrenzungen notwendig sind (Kenntnisse über die Bedingungen des ökologischen Gleichgewichts von Gewässern);
- Zusammenhang von Biotopvielfalt (spezielle Ausstattung mit Laich- und Aufwuchsplätzen) einerseits und der natürlichen Fischdichte in den betreffenden Gewässern andererseits (Vermeidung des Überbesatzes mit Fischen);
- Gefahr der Faunenverfälschung durch das Aussetzen von gebietsfremden Arten: Verdrängung bestimmter heimischer Fischarten durch gebietsfremde Arten. Problem der genetischen Veränderung von Fischarten durch Besatz mit Individuen aus anderen Einzugsgebieten;
- Auswirkung von Besatzmaßnahmen auf die bestehende Artenzusammensetzung (Fische, Amphibien, Wasserinsekten).

Biotop- und Artenschutz (über die bisher erwähnten Punkte hinausgehend):
- unter Naturschutz stehene Tier- und Pflanzenarten,
- Bedeutung bestimmter Gewässerstrukturen (z.B. Altarme, Flachzonen, Kolke, Gumpen) für die Lebensansprüche der Fische und anderer Tierarten (z.B. Amphibien, Reptilien, Vögel);
- Gefährdung der Gewässer-Biozönose durch Ausbaumaßnahmen und Wasserstandsänderungen;
- Beunruhigung der brütenden, rastenden und mausernden Vogelwelt durch Aktivitäten (auch des Angelns), Fluchtdistanzen;
- mögliche ökologische Beeinträchtigungen durch Fischzucht- und Angelteiche und ihre Vermeidung;
- Information über die ökologisch erwiesene Harmlosigkeit bestimmter fischfressender Tierarten (vor allem Fischotter, Kormoran und Graureiher);
- Aufzeigen von Möglichkeiten, wie sich der Angelsportler für den Arten- und Biotopschutz einsetzen kann (Schaffung von bestimmten Biotopstrukturen zur Erhöhung der Artenvielfalt für Fische und für andere Tierarten).

4.3 Maßnahmen-Tabelle

Die folgende Tabelle gibt stichwortartig einen Überblick über Maßnahmen, die zum großen Teil bereits durch die Angler im Rahmen der „Hege und Pflege" sowie in ihrem Einsatz gegen Verbauung und Verschmutzung von Gewässern praktiziert werden. Die meisten dieser Stichworte sind im vorangegangenen Text schon erwähnt oder sogar vertieft behandelt worden.

Tabelle der ökologisch aufwertenden bzw. belastungsmindernden Maßnahmen im Rahmen der Sportfischerei

Hege und Pflege der Fischbestände (ohne Biotop- und speziellen Artenschutz):
• Einhaltung von Schonzeiten (bezogen auf bestimmte Fischarten)
• Einhaltung von Schonmaßen (Mindestmaße fangbarer Fische)
• Festsetzung von Maschenweiten (für Netze)
• Ausweisung von Laichschonbezirken (Schonzeit)
• Fangbeschränkungen (Anzahl der Fische, Art der Fangmethode)
• Bestandskorrektur vor dem Besatz
• Belüftung bei dicker Eisdecke (Schlagen und Offenhaltung von Löchern)
Abwehr von Gewässerverunreinigungen:
• Gewässerüberwachung (biologische und chemische Analysen)
• Proteste, Klagen etc. gegen geplante und vollzogene Abwasserleitungen
• Beseitigung von Unrat
Abwehr sonstiger Eingriffe in Gewässerbiotope:
• Abwehr von Uferverbauung (vor allem nicht-biologischer)
• Abwehr von Kanalisierung und Aufstau naturnaher Gewässer
• Abwehr der Beseitigung von Uferbewuchs und Wasserpflanzen
• Abwehr der Eutrophierung durch gewässernahe Ackernutzung (Forderung von Pufferstreifen)
Minderung belastender Eingriffe:
• Renaturierung devastierter Gewässer, Uferstreifenschutz
• Sicherung des Fischwechsels an Stauwehren (Fischpässe, -treppen, Aalleitern)
• Entlandungen und Entschlammung (z. B. an Wehren)
• Offenhaltung der Verbindung zu Altwassern bei Stauanlagen
• Auskehlung von Sohlschwellen (für das Überwinden bei Niedrigwasser)
• Schadenverhütende Einrichtungen an Wassertriebwerken (Abfanggitter etc.)
• Beseitigung von Sohlabstürzen und Verrohrungen

Förderung der Biotopvielfalt
• Entwicklung und Schutz der Ufervegetation
• Schaffung von Fischunterständen in Böschungen oder durch Pflanzung von Ufergehölzen
• Anlage von Laichgelegenheiten (Laichplätzen) für bestimmte Fischarten
• als Fischruheplätze ausgebildete Sohlabstürze und Querbauten in Fließgewässern
• Gestaltung eines unregelmäßigen Uferprofils bei Neuanlage oder Umbau von Gewässern
Fischereilicher Artenschutz
• Bestandserholung und Bestandsstützung seltener Kleinfischarten (gezielter Besatz)
• Wiedereinbürgerung ehemals heimischer Fischarten
• Zurückhaltung beim Fischbesatz zum Schutz seltener Kleinfische (Brut)
• Schutz und Förderung seltener Fischarten unabhängig von ihrer fischereilichen Bedeutung
• ganzjährige Unterschutzstellung bestimmter Fischarten
• Ausweisung von Fischschongebieten (dauerhafter Angelverzicht)
Artenschutz allgemein
• Zurückhaltung beim Fischbesatz zum Schutz von Amphibien (Laich und Larven)
• Schutz des Eisvogels und anderer bedrohter „Fischfresser"
• Schaffung von Ruhezonen (Betretungsverzicht der Angler)
• Einhaltung zeitlicher Nutzungsbeschränkungen (z. B. in der Brut- und Mauserzeit)

5. Rechtliche Aspekte zum Angelsport

Der Begriff „Sportfischerei" erfaßt – in Abgrenzung zur Berufsfischerei – jedes Fischen, das nicht berufs- bzw. erwerbsmäßig ausgeübt wird, sondern nur der **Liebhaberei,** Unterhaltung oder dem Freizeitvergnügen dient. Sport- und Berufsfischerei stellen also wesensmäßig nichts verschiedenes dar: Der Unterschied zwischen Berufsfischerei (als Erwerbsfischerei) und Sportfischerei (als Gelegenheitsfischerei) besteht lediglich im Beweggrund des Handelns.

Im Vordergrund der folgenden Darstellung stehen zum einen die Untersuchung der umweltbezogenen rechtlichen Voraussetzungen für die **Zulassung von Fischereivorhaben** (wie Fischerstegen oder Fischerhütten), zum andern die für die **Ausübung der Sportfischerei** maßgeblichen Genehmigungserfordernisse. Dabei wird sich zeigen, daß die Hauptprobleme der Sportfischerei nicht allein im Fischereirecht liegen, sondern auch aus anderen Rechtsgebieten, nämlich dem Wasser-, Bau- und Naturschutzrecht, herrühren.

5.1 Rechtsgrundlagen allgemein

Die die (Sport-)Fischerei betreffenden Normen können sich, je nach Lage und Art (Süßwasser, Salzwasser) des Gewässers, aus dem Völkerrecht, dem Recht der Europäischen Gemeinschaft, dem Bundes- oder Landesrecht ergeben. Insofern ist zwischen Hochsee-, Küsten- und Binnenfischerei zu unterscheiden. Hier wird nur auf den Angelsport an **Binnengewässern** eingegangen. Hinsichtlich der die Binnenfischerei regelnden Vorschriften haben die Länder die ausschließliche Gesetzgebungszuständigkeit nach Art. 70 GG.

Eigene **Fischereigesetze** aus älterer oder neuerer Zeit besitzen Baden-Württemberg[1]), Bayern[2]), Bremen[3]), Hamburg[4]), Hessen[5]), Niedersachsen[6]), Nordrhein-Westfalen[7]), Rheinland-Pfalz[8]) und Saarland[9]). Das Preußische Fischereigesetz vom 11.05.1916[10]) gilt in Berlin[11]) und in Schleswig-Holstein sowie in Teilen des Landes Bremen und des Saarlandes. Neben diesen Gesetzen haben Baden-Württemberg[12]), Hessen[13]), Niedersach-

---

[1]) Fischereigesetz für BW vom 14.11.1979 (GBl. S. 466)
[2]) Fischereigesetz für Bayern vom 15.8.1908 (GVBl. S. 453).
[3]) Fischereigesetz vom 27.5. 1888 i.d.F. vom 7.12.1893 (GBl. S. 133)
[4]) Revidiertes Gesetz betr. die Ausübung der Fischerei im Hamburgischen Staate vom 15.6.1887 (GesBl. I S. 89).
[5]) Fischereigesetz für das Land Hessen vom 11.11.1950 (GVBl. S. 255)
[6]) Niedersächsisches Fischereigesetz vom 1.2.1978 (GVBl. S. 81)
[7]) Fischereigesetz für das Land NW – Landesfischereigesetz – vom 11.7.1972 (GVBl. S. 266)
[8]) Landesfischereigesetz i.d.F. vom 4.3.1983 (GVBl. S. 31)
[9]) Fischereigesetz vom 23.1.1985 (ABl. S. 229)
[10]) (GS S. 55)
[11]) In Berlin gelten des weiteren: Gesetz über den Erwerb von Fischereiberechtigungen durch den Staat und das Aufgebot von Fischereiberechtigten vom 2.9.1911 (GS S. 189).
[12]) VO des Ministeriums für Ernährung, Landwirtschaft, Umwelt und Forsten zur Durchführung des Fischereigesetzes für BW – LFischVO – vom 10.12.1980 (GBl. S. 630)
[13]) 3. AusführungsVO zum Fischereigesetz – Fischerei-Ordnung – vom 22.11.1951 (GVBl. S. 87)

sen[1]), Nordrhein-Westfalen[2]), Rheinland-Pfalz[3]), Saarland[4]), Schleswig-Holstein[5]) Fischerei(ver)ordnungen erlassen. Weiteres Fischereirecht betrifft speziell den Bodensee in Baden-Württemberg[6]) und Bayern[7]), sowie die Elektrofischerei in Rheinland-Pfalz[8]). Darüber hinaus ist in den meisten Bundesländern der Fischereischein von erheblicher praktischer Bedeutung. Fischereischeingesetze besitzen Bayern[9]) und das Saarland. In den übrigen Ländern[10]) findet sich das Fischereischeinrecht im Landesfischereigesetz nebst den dazugehörigen Verordnungen.

Die Vielfalt der hier interessierenden länderrechtlichen Regelungen macht eine Beschränkung bei der Berücksichtigung spezieller landesrechtlicher Problemstellungen erforderlich. Daher wird exemplarisch auf die Bestimmungen des Bundeslandes Nordrhein-Westfalen abgehoben.

5.2 Errichtung von Anlagen der Sportfischerei

Die Möglichkeit zur Einwirkung auf das Gewässer einschließlich seiner Ufer beruht nicht auf privaten Rechten (etwa dem Eigentum oder der Anliegernutzung), sondern auf der Zuteilung öffentlichrechtlicher Befugnisse.

5.2.1 Fischerstege

Bei der Errichtung von Fischerstegen beurteilt sich anhand des Charakters der angestrebten Einflußnahme auf das Gewässer, welche Art der wasserrechtlichen Gestattung erforderlich ist. Der Neubau von Stegen fällt unter die wasserrechtliche Genehmigungspflicht für Anlagen nach Maßgabe der Landeswassergesetze.

---

[1]) VO über die Fischerei in Binnengewässern – Binnenfischereiverordnung – vom 27.4.1978 (GVBl. S. 382)

[2]) Ordnungsbehördliche VO zum Landesfischereigesetz – Landesfischereiordnung – vom 7.2.1977 (GVBl. S. 110).

[3]) 1. DVO zum LFischG vom 26.3.1975 (GVBl. S. 151); 3. DVO zum LFischG – Landesfischereiordnung vom 18.9.1975 (GVBl. S. 388); 5. DVO zum LFischG vom 28.2.1977 (GVBl. S. 74); Landesfischereiordnung vom 14.10.1985 (GVBl. S. 241)

[4]) PolizeiVO zu den Fischereigesetzen – Fischereiordnung – vom 17.12.1962 (ABl. S. 851)

[5]) LandesVO über die Ausübung der Fischerei in den Binnengewässern – Schleswig-Holsteinische Binnenfischereiordnung – vom 7.6.1983 (GVBl. S. 197)

[6]) VO des Ministeriums für Ernährung, Landwirtschaft, Umwelt und Forsten über die Fischerei im Bodensee – BodenseefischereiVO – vom 13.11.1984 (GBl. S. 630)

[7]) VO über die Ausübung der Fischerei im Bodensee – Bodenseefischereiordnung – vom 1.9.1981 (GVBl. S. 393, ber. S. 496)

[8]) 4. DVO zum LFischG – Elektrofischereiverordnung – vom 24.9.1975 (GVBl. S. 392)

[9]) Fischereischeingesetz – FiScheinG – vom 27.10.1970 (GVBl. S. 506); Fischereischeinverordnung vom 20.1.1981 (GVBl. S. 19)

[10]) Z.B.: Nordrhein-Westfalen: Verordnung über die Fischereiprüfung vom 19.2.1973 (GVBl. S. 160); Rheinland-Pfalz: 2. DVO zum LFischG – Fischereiprüfungsordnung – vom 22.5.1975 (GVBl. S. 210)

Dem Begriff der **Anlage** im Sinne der die Anlagengenehmigung regelnden Vorschrift(en)[1]) sind nicht nur die vom Baurecht erfaßten baulichen Anlagen, sondern auch weitere ortsfeste und bewegliche, in Beziehung zu einem Gewässer stehende Anlagen und Einrichtungen (z.B. Stege, Bootsstege, Pfähle, Ankersteine, Ankerbojen, Bojenfelder) zuzuordnen, weil ihnen die generelle Eignung zukommt, nachteilige Wirkungen auf die Strömungs- und Abflußverhältnisse eines oberirdischen Gewässers und auf die Beschaffenheit der Ufer auszuüben.

Wird für eine Anlage die Genehmigung beantragt, so kommt als Versagungsgrund die Beeinträchtigung des Wohls der Allgemeinheit in Betracht, und zwar unter folgenden Gesichtspunkten:

aa) Wasserrecht als Versagungsgrund: Wenn durch die Errichtung von Stegen Veränderungen in der Ufer- und Flachwasserzone ausgelöst werden, die die Lebensbedingungen von Vegetation und Fauna im und am Gewässer beeinträchtigen bzw. das Selbstreinigungsvermögen oder den Wasserablauf stören.

bb) Bauverbot an Gewässern als Versagungsgrund: Nach § 57 Abs. 1 LG NW, der sowohl im Innen- als auch im Außenbereich gilt, dürfen bauliche Anlagen (wie der Fischersteg) innerhalb von 50 m von der Uferlinie der Gewässer I. Ordnung[2]) sowie der stehenden Gewässer mit einer Fläche von mehr als 5 ha (sog. Erholungsschutzstreifen) nicht errichtet werden. Die Entscheidung darüber, ob eine Ausnahmegenehmigung für die fraglichen Stege erteilt wird, ist in das behördliche Ermessen gestellt[3]). Dabei kommt den zu erwartenden Beeinträchtigungen oder Störungen der Natur oder des Landschaftsbildes besondere Bedeutung zu.

An dem Bauverbot wird in der Regel festzuhalten sein, wenn die Fischerstege in einer durchaus reizvollen und weitgehend natürlich erhalten gebliebenen Uferregion geplant werden, die bspw. durch dichten Baum- und Buschbewuchs und einen Schilfgürtel gekennzeichnet ist. Denn die Errichtung und Benutzung der Stege ist geeignet, die natürliche Pflanzenwelt der Uferregion zu zerstören bzw. diese im näheren Umfeld zu stören. Auch das Leben der Wasservögel, die im Uferbereich Schutz, Nahrungsquellen, Brut- und Nistgelegenheit finden, kann empfindlich beeinträchtigt werden.

cc) Naturschutzgebietsfestsetzung als Versagungsgrund: In Naturschutzgebieten sind alle Handlungen, die zu einer Zerstörung, Beschädigung oder Veränderung des Naturschutzgebietes oder seiner Bestandteile bzw. zu einer nachhaltigen Störung führen können, verboten (§ 13 Abs. 2 BNatSchG, ebenso das Landesrecht, wie z.B. § 34 Abs. 1 LG NW).

[1]) § 99 Abs. 1 LWG NW

[2]) Gewässer I. Ordnung sind Bundeswasserstraßen und die in der Anlage zu § 3 LWG NW aufgeführten Landesgewässer

[2]) Gemäß § 57 Abs. 3 LG NW ist die höhere Landschaftsbehörde für die Erteilung der Ausnahmegenehmigung zuständig.

Darunter fällt auch die Errichtung von Stegen; denn hierdurch wird – etwa bei Eingriffen in die Bodengestalt der Uferzonen und der damit einhergehenden Beseitigung der Uferbepflanzung – ein Naturschutzgebiet zumindest verändert, ggf. aber auch zerstört.

Allerdings bietet selbst die Festsetzung eines Naturschutzgebietes keinen absoluten Schutz vor Veränderungen oder Störungen: Nach § 31 Abs. 1 BNatSchG (ebenso das Landesrecht, z.B. § 69 Abs.1 LG NW) kann nämlich vom Verbot, Naturschutzgebiete zu verändern oder zu stören, eine Befreiung erteilt werden; das jedoch nur, wenn die Durchführung der Verbotsvorschrift im Einzelfall zu einer nicht beabsichtigten Härte führen würde und die Abweichung mit den Belangen des Naturschutzes und der Landschaftspflege, deren Gewicht also gebührend nach Lage des Einzelfalles zu berücksichtigen ist, zu vereinbaren ist oder wenn Gründe des Allgemeinwohls die Befreiung erfordern.

dd) Landschaftsschutzgebietsfestsetzung als Versagungsgrund: Verboten sind in solchen Gebieten Handlungen, die dem Charakter des Gebietes oder seinem besonderen Schutzzweck zuwiderlaufen (§15 Abs. 2 BNatSchG; ebenso das Landesrecht z.B. § 34 Abs. 2 LG NW).

Die Fischerstege können – je nach Ausgestaltung und Standort – nicht nur eine Beeinträchtigung der ökologischen Belange eines Gewässers darstellen; in Fällen schwerwiegender Veränderung des Landschaftsbildes laufen Maßnahmen dieser Art dem besonderen Charakter eines Landschaftsschutzgebietes zuwider.

Allerdings wird – auch – durch die Festsetzung eines Landschaftsschutzgebietes kein absoluter Schutz gewährleistet: Nach Maßgabe des § 31 Abs. 1 BNatSchG kann vom Verbot, die Landschaftsschutzgebiete zu beeinträchtigen oder zu verändern, eine Befreiung erteilt werden[1]), wenn die Beeinträchtigungen als geringfügig eingeschätzt werden bzw. wenn sie mit der Zweckbestimmung Erholungsnutzung zusammenhängen.

Die Schutzwirkung relativiert sich dergestalt recht stark bei geringeren Beeinträchtigungen des Gewässers bzw. der Gewässerlandschaft sowie bei Beeinträchtigungen, die sich regelmäßig aus der Zweckbestimmung der Landschaftsschutzgebiete für Erholungsfunktionen ergeben, d.h. bei einer erholungsbedingten Nutzung der Fläche, wie etwa bei kleindimensionierten, die natürlichen Gegebenheiten weitgehend belassenden Fischerstegen.

[1]) Insoweit vorstehend zu § 31 Abs. 1 BNatSchG

ee) Bauplanungsrecht als Versagungsgrund: Die zuständige Wasserbehörde hat (gem. § 99 Abs.2 LWG NW) auch die Einhaltung der baurechtlichen Vorschriften zu prüfen. Im übrigen ist die Errichtung von Stegen von der Baugenehmigungsbedürftigkeit[1]) und damit generell vom bauaufsichtlichen Verfahren freigestellt, weil die Stege zu den im Gesetzeskatalog des § 61 Abs. 1 Nr. 1 BauO NW genannten Objekten gehören.

Fischereistege sind bauplanungsrechtlich zulässig, wenn das Vorhaben mit den §§ 30 ff. BauGB vereinbar ist. Dabei ist von maßgeblicher Bedeutung, ob es sich um ein im Außenbereich privilegiertes Vorhaben (im Sinne des § 35 Abs. 1 BauGB) oder um ein sonstiges Vorhaben (im Sinne des § 35 Abs. 2 BauGB) handelt. Privilegiert zulässig im Außenbereich nach § 35 Abs. 1 Nr. 5 BauGB sind Fischerstege dann,

- wenn sie dort wegen ihrer besonderen Anforderungen an die Umgebung angelegt werden sollen, und
- wenn sie nicht die Allgemeinheit (z.B. Wassersportler) von der Nutzung ausschließen.

5.2.2 Die Errichtung von Fischerhütten

Hinsichtlich der Errichtung von Fischerhütten gilt grundsätzlich das zuvor Dargestellte entsprechend. Unter bauplanungsrechtlichen Gesichtspunkten können die als Fischerhütten bezeichneten Gebäude im Sinne des § 35 Abs. 1 Nr. 5 BauGB zu den privilegierten Vorhaben gerechnet werden, wenn sie ihrer besonderen Zweckbestimmung nach nur im Außenbereich ausgeführt werden sollen.

Dafür spricht, daß die vornehmlich der Unterbringung von Geräten, Futter- und Düngemitteln dienende Fischerhütte nur in der Nähe des Sees oder des Wasserlaufs errichtet werden kann. Das hat freilich lediglich für solche Gebäude zu gelten, die nach ihrer Zweckbestimmung und Bauweise deutlich erkennen lassen, daß sie ausschließlich zur Erfüllung der gesetzlichen Hegepflicht errichtet werden und ihre insofern zweckwidrige Verwendung als Wochenendhäuser nicht in Betracht kommt[2]).

So sind Fischerhütten, die zur Erfüllung einer im öffentlichen Interesse sogar gesetzlich gebotenen Tätigkeit, der Hegepflicht, errichtet werden, grundsätzlich als privilegierte Vorhaben zu qualifizieren.

[1]) In der Freistellung von der Baugenehmigungsbedürftigkeit ist die Freistellung von der Benutzungsgenehmigung i.S. § 60 Abs. 2 BauO NW eingeschlossen.
[2]) Zu Wohnzwecken ausgestaltete Räume fallen nicht mehr unter die Privilegierung.

5.3 Ausübung der Sportfischerei

5.3.1 Räumlicher Geltungsbereich der Fischereigesetze

Die Fischereigesetze der einzelnen Bundesländer gelten für die oberirdischen Gewässer im Sinne des Wasserrechts, d.h. für alle ständig oder zeitweilig in Betten fließenden oder stehenden Gewässer[1]). Dabei ist ohne Bedeutung, ob das Gewässer ein natürliches oder künstliches Gewässerbett aufweist. Für die Privatgewässer und die ihnen gleichgestellten Gewässer gilt das Landesfischereirecht nicht, freilich mit Ausnahme der Bestimmungen über das Verbot schädigender Mittel beim Fischfang und das Gebot schadensverhütender Maßnahmen an Anlagen zur Wasserentnahme und an Triebwerken[2]).

5.3.2 Voraussetzungen der Ausübung

Um Sportfischerei betreiben zu dürfen, ist es zunächst erforderlich, ein Fischereirecht oder Fischereiausübungsrecht zu haben, und sodann, einen Fischereischein zu besitzen.

a) Inhaberschaft des Fischerei(ausübungs)rechtes

aa) Das Fischereirecht resultiert aus dem **Gewässereigentum** und gibt dem Eigentümer die Befugnis, Fische, Neunaugen, zehnfüßige Krebse und Muscheln zu fangen und sich diese anzueignen[3]). Ihm obliegt zugleich die gesetzlich begründete **Hegepflicht[4])**, d.h. die Verpflichtung, einen der Größe und Beschaffenheit des Gewässers entsprechenden Fischbestand, erforderlichenfalls durch künstlichen Besatz, zu erhalten. Dabei hat er insbesondere für einen ausreichenden Besatz des Gewässers mit Jungfischen zu sorgen, wobei die einzusetzenden Fischarten den örtlichen Verhältnissen entsprechend aufeinander abzustimmen sind. Eine weitere Hegemaßnahme bildet die Regulierung des Fischbestandes. So kann u.a. eine elektrische Abfischung unerwünschter Fischarten (Fischunkraut) erforderlich werden.

---

[1]) § 1 Abs. 1 nw., § 1 rh-pf., § 1 ns., § 1 saarl. FischG. Beim Begriff des Gewässers stimmen Wasserrecht und Fischereirecht weitgehend überein, so daß für das Fischereirecht auf die Auslegung des Gewässerbegriffs im Wasserrecht (s. § 1 WHG § 3 LWG NW) zurückgegriffen werden kann.

[2]) § 1 Abs. 5 i.V.m. §§ 39, 40 Abs. 1 nw. FischG

[3]) § 3 Abs. 1 nw. FischG. Auf die nicht in Absatz 1 genannten Tiere, Pflanzen und sonstige Wasserprodukte finden die Bestimmungen des Bürgerlichen Gesetzbuches oder des Jagdrechts Anwendung.

[4]) § 3 Abs. 2 nw. FischG

Zu den wichtigen Hegemaßnahmen gehören ferner die Bekämpfung aufgetretener Fischkrankheiten sowie die Beseitigung und die Vernichtung von Fischschädlingen. Der Fischereiberechtigte muß jedoch bei der Durchführung der Hegemaßnahmen auch andere Nutzungsarten eines Gewässers angemessen berücksichtigen[1]). Zu denken ist hier insbesondere an die jedermann gestattete gemeingebräuchliche Nutzung der Gewässer. Umgekehrt ist für den Umfang der dem Fischereiberechtigten obliegenden Hegepflicht maßgebend, ob ihm eine seinem Fischereirecht entsprechende - uneingeschränkte - Nutzung des Gewässers durch Fischerei gewährt wird.

Kommt ein Fischereiberechtigter seiner Hegepflicht nicht oder nicht ordnungsgemäß nach, so wird ihm deren Erfüllung durch Ordnungsverfügung aufgegeben. Dabei ist die gewünschte Hegemaßnahme konkret zu bezeichnen. Vor Erlaß der Ordnungsverfügung hat die Fischereibehörde einen Fischereiberater zu hören.

bb) Alle Fischereirechte an fließenden Gewässern im Gebiet einer Gemeinde werden in einem gemeinschaftlichen **Fischereibezirk** zusammengefaßt. Außerdem können benachbarte Fischereibezirke verschiedener Gemeinden ganz oder zum Teil zu einem gemeinschaftlichen Fischereibezirk zusammengeschlossen werden, wenn dies der Erhaltung eines angemessenen Fischbestandes und einer sinnvollen Hege dienlich ist[2]). Auch Fischereivereine, die im Gebiet der Genossenschaft ein eigenes Fischereirecht besitzen, sind Mitglied(er) der Genossenschaft. Allerdings steht den der Fischereigenossenschaft zugeordneten Nutzungs- und Verwaltungsbefugnissen die Hegepflicht gegenüber; diese wird bei fließenden Gewässern von der Genossenschaft anstelle des Inhabers des Fischereirechts wahrgenommen. Im übrigen unterliegt die Fischereigenossenschaft der Aufsicht des Staates[3]). Dadurch soll gewährleistet werden, daß die Fischergenossenschaft ihre Aufgaben im Einklang mit den Bestimmungen und Zielsetzungen des Fischereigesetzes und den sonstigen gesetzlichen Vorschriften erfüllt.

cc) Der Sportfischer kann - wenn er nicht selbst Eigentümer des Gewässers ist - durch Abschluß eines Fischereipachtvertrages oder Fischereierlaubnisvertrages ein Fischereiausübungsrecht erwerben.

(1) Durch den **Fischereipachtvertrag** wird die Ausübung des Fischereirechts auf den Pächter in vollem Umfang[4]) übertragen, d.h. samt aller hiermit verbundenen Rechte (Fang, Aneignung) und Pflichten (Hege). Ein solcher Vertrag bedarf der Genehmigung durch die zuständige Fischereibe-

---

[1]) § 3 Abs. 2 Satz 2 nw. FischG

[2]) § 21 Abs. 2 nw. FischG. Es handelt sich dabei um eine Regelung, die mit dem sog. Reviersystem im Jagdrecht vergleichbar ist.

[3]) § 30 Abs. 1 nw. FischG

[4]) § 12 nw. FischG

hörde, die zu prüfen hat, ob die der Genehmigungserteilung entgegenstehenden Versagungsgründe vorliegen. Sie kann die Genehmigung versagen, wenn die Erhaltung eines angemessenen Fischbestandes nicht sichergestellt ist oder der Pächter nicht die Gewähr für eine ordnungsgemäße Hege bietet[1]).

(2) Im Rahmen eines **Fischereierlaubnisvertrages,** der die Übertragung des Fischereiausübungsrechts nur unter Beschränkung auf den Fischfang ermöglicht, kann die Verpflichtung zur Erfüllung von Hegemaßnahmen nicht übertragen werden[2]). Die gesetzlich begründete Hegepflicht obliegt weiterhin entweder dem Inhaber des Fischereirechts (d.h. dem Eigentümer des Gewässers) oder dem Pächter aufgrund eines Fischereipachtvertrages. Der Fischereierlaubnisvertrag wird in aller Regel mit dem Fischereiberechtigten (Eigentümer) oder mit dem Pächter - meist gegen Entgelt - abgeschlossen. Dabei kann das übertragene Fischereiausübungsrecht auf einzelne Fischarten, auf örtlich begrenzte Teile eines Gewässers oder auf bestimmte Fanggeräte vertraglich beschränkt werden. Der Vertrag darf allerdings nur mit Personen abgeschlossen werden, die Inhaber eines Fischereischeines sind[3]).

b) Inhaberschaft eines Fischereischeines

Zur Ausübung der (Sport-)Fischerei ist - neben der Inhaberschaft eines Fischereiausübungsrechtes - ein **Fischereischein** erforderlich[4]). Der Fischereischein als solcher stellt ein polizeiliches Personal- und Ausweispapier dar im Sinne einer Bescheinigung der zuständigen Behörde, daß gegen den Inhaber fischereipolizeiliche Bedenken nicht bestehen. Das Landesrecht kann bestimmen, daß seine Erteilung das Bestehen einer Fischerprüfung voraussetzt. Er stellt dann eine Art öffentlich-rechtliche Unbedenklichkeitsbescheinigung dar. Mit der Durchführung einer **Fischerprüfung** soll nämlich sichergestellt werden, daß bei der Ausübung des Fischfangs die fischerei- und tierschutzrechtlichen Vorschriften beachtet werden. Vorausgesetzt werden Kenntnisse über die Biologie der Fische, über ihren Lebensraum, über eine planvolle Fischhege und Gewässerpflege, über Besatzmaßnahmen, Schonzeiten und Mindestmaße, über waidgerechtes Fischen sowie über die sachgemäße Behandlung gefangener Fische.

---

[1]) § 16 Abs. 1 nw. FischG
[2]) § 12 Abs. 1 nw. FischG
[3]) § 17 Abs. 2 nw. FischG
[4]) § 31 Abs. 1 nw. FischG: Ausnahmeregelung für eng begrenzten Personenkreis.

5.3.3 Fischereiliche Veranstaltungen (Wettfischen)

Wettfischen und ähnliche Veranstaltungen bedürfen der Genehmigung durch die Fischereibehörde[1]). Die Genehmigungspflicht gilt nicht für Veranstaltungen, an denen nur Mitglieder eines Fischereivereins teilnehmen. Die Fischereibehörde darf jedoch keine Genehmigung erteilen, wenn eine Gefährdung des angemessenen Fischbestandes oder der Fischhege zu erwarten ist, die nicht durch Bedingungen und Auflagen verhütet werden kann.

5.3.4 Genehmigungs- oder Zustimmungserfordernisse für besondere Tätigkeiten

a) Weitere Genehmigungs- und/oder Zustimmungserfordernisse knüpfen an ganz bestimmte fischereiliche Aktivitäten der Sportfischer an, die aus Gründen des Schutzes der Fische und des Fischbestandes Ausnahmecharakter besitzen. Die **Genehmigungs- und Zustimmungstatbestände** gehören zu den in der Landesfischereiordnung[2]) getroffenen Schutzbestimmungen.

Für bestimmte Fischarten bestehen danach ganzjährige bzw. befristete Schonzeiten[3]) mit der Folge eines Fangverbots. Daneben ist der Fischfang auf untermaßige Fische verboten, wenn hiervon Fischarten betroffen werden, für die die festgelegten Mindestmaße gelten[4]).

Mit vorheriger Genehmigung der unteren Fischereibehörde können zum Zwecke der künstlichen Vermehrung und Förderung die Fische entnommen werden, die einem Fangverbot unterliegen[5]). Der Genehmigung der unteren Fischereibehörde bedarf es ferner für Hegemaßnahmen mit Netzen kleinerer Maschenweite als 2,5 cm[6]).

Generell verboten ist das Aussetzen von nichteinheimischen Fischen, Neunaugen, Krebsen und Muscheln sowie deren Laich mit Ausnahme von Regenbogenforellen und Bachsaiblingen[7]).

Darüber hinaus darf die Entnahme von Fischnährtieren und Fischlaich nur mit Zustimmung des Fischereiberechtigten erfolgen[8]), ebenso wie die

---

[1]) § 50 nw. FischG

[2]) Ordnungsbehördliche Verordnung zum Landesfischereigesetz (Landesfischereiordnung) vom 4.6.1987 (GVBl. S. 206)

[3]) Die Fische, für die ganzjährige Schonzeit gilt, sind in § 1 LFischO aufgeführt, die Fischarten mit befristeter Schonzeit in § 2 LFischO.

[4]) Die einzelnen Fischarten und ihre Mindestmaße sind in § 3 LFischO aufgelistet.

[5]) § 6 LFischO

[6]) § 11 S. 2 LFischO. In aller Regel muß die Maschenweite im nassen Zustand mindestens 2,5 cm betragen.

[7]) § 18 LFischO

[8]) § 20 LFischO

Entnahme von Ober- und Unterwasserpflanzen, sowie von Schlamm, Erde, Sand, Kies und Steinen im April und Mai[1]).

b) Das Befahren des Gewässers mit kleinen Fahrzeugen für den Fischereiausübungsberechtigten ist gestattungsfrei, weil dieses von der gemeingebräuchlichen Nutzung eines Gewässers erfaßt wird. Hieraus folgt, daß der Sportfischer insoweit den wasserrechtlichen Bestimmungen über die Regelung des Gemeingebrauchs unterliegt; er wird daher von den zum Schutz des Gewässers erlassenen Beschränkungen oder Verboten des Gemeingebrauchs[2]) in gleichem Maße betroffen.

Freilich wird der Sportfischer eine Genehmigung der unteren Wasserbehörde einzuholen haben[3]), sofern er über den Gemeingebrauch hinausgehende Schiffahrt[4]) - das Befahren eines Gewässers mit Motorbooten oder größeren Segelbooten - ausübt. An die schiffahrtspolizeilichen Vorschriften ist er in jedem Fall gebunden.

c) Das Wasserhaushaltsgesetz erklärt alle Gewässerbenutzungen, die von den Zwecken der Fischerei gedeckt sind, ausdrücklich für gestattungsfrei. Danach ist das Einbringen von Fischnahrung, Fischbesatz sowie von Fischereigeräten, wie Netzen, Angeln, Fischkörben und Reusen, ohne Erlaubnis oder Bewilligung zulässig, sofern dadurch das Gewässer im Hinblick auf seine Nutzungsmöglichkeiten nicht nachteilig verändert oder der Wasserablauf nicht beeinträchtigt wird[5]). Angesichts dessen muß das Einbringen darauf gerichtet sein, die Fischerei (Fischfang und Hege) zu ermöglichen und zu fördern.

Bauliche Anlagen wie Fischerstege fallen dagegen nicht unter die auf § 25 WHG beruhenden landesrechtlichen Ausnahmen.

5.3.5 Zur Anwendbarkeit des Naturschutzrechts neben dem Fischereirecht

a) Allgemeines

Die Fischereigesetze bzw. die auf ihnen beruhenden Landesfischereiordnungen weisen eine Reihe von Bestimmungen auf, die auf den Schutz des Fischbestandes und der Gewässerpflege ausgerichtet sind.

aa) Insbesondere zeigt die Aufnahme der Hegepflicht in die Fischereigesetze, daß hiermit die Verpflichtung zum fischereilichen Artenschutz ausge-

[1]) § 19 Satz 1 LFischO
[2]) § 23 WHG i.V.m. § 34 LWG NW
[3]) § 37 Abs. 6 LWG NW
[4]) Gemeingebrauch und Schiffahrt sind landesrechtliche Rechtsinstitute im Bereich des Wasserrechts. Sie sind streng voneinander abgegrenzt, so daß Einwirkungen auf Gewässer und Handlungen, die unter den Gemeingebrauch fallen, begrifflich keine Schiffahrt sein können.
[5]) § 25 WHG i.V.m. § 36 LWG NW

sprochen, ja sogar zum Gesetzeszweck erhoben wird[1]). Der hierin zum Ausdruck kommende **Naturschutzaspekt** wird konkret durch die Festsetzung von Schongebieten und Schonzeiten, Mindestmaßen, Regelungen über Fischereischeine und Zahl der Fischereierlaubnisscheine für das jeweilige Gewässer zum Schutz vor Überfischung, ferner durch den Schutz der Wasserpflanzen und der Fischnährtiere verwirklicht.

Die Beispiele machen deutlich, daß die Schutzvorschriften sowohl dem Fisch direkt (Artenschutz) als auch dem Schutz seines Lebensraumes (Biotopschutz) zugute kommen sollen.

bb) Gleichwohl **decken** sich die Bereiche des Naturschutz- und Fischereirechts **nicht in vollem Umfang:** Fischereirecht und Naturschutzrecht regeln teils dieselben, teils unterschiedliche Sachbereiche. Nicht vom Naturschutzrecht berührt ist insbesondere das private Fischereirecht, während – wie dargelegt – vom öffentlich-rechtlichen Fischereirecht auch Biozönose-, Biotop- und Artenschutz angesprochen werden. Soweit der Biotopschutz über den Schutz der Lebensräume für die Fische hinausgeht (sich z. B. besonders auf den Amphibien- oder Vogelschutz bezieht), wird er nicht vom Fischereirecht erfaßt.

cc) In Anbetracht dessen müssen in der Praxis beide Rechtsgebiete angewandt werden, damit dem Gesetzeswillen jeder Norm möglichst umfassend Rechnung getragen wird und keine widersprüchlichen Rechtsfolgen entstehen. Da das Fischereirecht in Teilen auch Naturschutzrecht ist, sind Normwidersprüche zwischen Fischerei- und Naturschutzrecht nach den Regeln der **Spezialität** zu entscheiden. Das bedeutet jedoch nicht, daß das Fischereirecht generell, also auch bei Einschränkungen der Fischerei in Naturschutzgebieten, Vorrang hat[2]). Um eine einseitige Naturschutzrichtung zu vermeiden, wird vielmehr für jeden konkreten Bereich zu prüfen sein, ob es sich beim Naturschutzrecht oder beim Fischereirecht um die für diesen Bereich speziellere Vorschrift handelt.

Sollte in diesem Sinne die speziellere Regelung aus dem Naturschutzrecht herrühren, so werden bei der durchzuführenden Überprüfung auch die Belange der Fischerei gebührend berücksichtigt: Die Naturschutzbehörden haben nämlich die Ziele und Grundsätze des Naturschutzes und der Landschaftspflege untereinander und gegen sonstige Anforderungen der Allgemeinheit an Natur und Landschaft, aber auch gegen private Belange (wie z.B. das Eigentum) abzuwägen[3]).

---

[1]) Das bringt insbesondere § 53 Abs. 1 des ns. Fischereigesetzes zum Ausdruck, der den Schutz seltener oder in ihrem Bestand bedrohter Fischarten fordert.

[2]) § 20 Abs. 2 BNatSchG. der ausdrücklich bestimmt, daß für Schutz und Pflege wildlebender Tiere die Vorschriften des Fischereirechts unberührt bleiben, gilt nur für den 5. Abschnitt, nicht jedoch auch für den 4. Abschnitt des BNatSchG, der sich u.a. mit den Naturschutzgebieten befaßt.

[3]) So § 1 Abs. 2 BNatSchG

b) Zur Anwendbarkeit des Eingriffstatbestandes im Hinblick auf die Privilegierung der Fischereiwirtschaft in § 8 Abs. 7 BNatSchG (i.V.m. § 4 Abs. 3 Nr. 1 LG NW)

aa) Im Zusammenhang mit den Regelungen über Eingriffe in Natur und Landschaft wird in der umstrittenen Vorschrift des § 8 Abs. 7 BNatSchG bestimmt, daß die „im Sinne dieses Gesetzes ordnungsgemäße land-, forst- und fischereiwirtschaftliche Bodennutzung ... nicht als Eingriff in Natur und Landschaft anzusehen" ist.

Privilegiert im Sinne der sog. Landwirtschaftsklausel soll demnach nur eine den ökologischen Grundsätzen des Naturschutzes und der Landschaftspflege entsprechende fischereiwirtschaftliche Nutzung sein. Gemeint ist damit die Binnenfischerei als Berufsfischerei. Ob hiervon auch die Sportfischerei erfaßt wird, ist äußerst streitig.

bb) Selbst dann, wenn die Sportfischerei als Landwirtschaft definiert wird, kann sie materiell-rechtlich der Eingriffsregelung des § 8 BNatSchG unterworfen werden: Die in § 8 Abs.7 BNatSchG verwandte Formulierung „im Sinne des Gesetzes ordnungsgemäße land- und fischereiwirtschaftliche Bodennutzung" könnte nämlich als Verweisung auf **allgemeine Ziele und Grundsätze des BNatSchG** aufgefaßt werden. Dann wäre eine land- oder fischereiwirtschaftliche Bodennutzung nur ordnungsgemäß, wenn sie mit den Zielen und Grundsätzen des Naturschutzes und der Landschaftspflege vereinbar, also ökologisch unbedenklich ist. Eben das wird aber für die Landwirtschaft und damit für die Sportfischerei - wenn sie als Teil der Fischereiwirtschaft der Landwirtschaft gleichgestellt wird - vermutet.

Diese Vermutung kann im Einzelfall ausgeräumt werden, wenn nachgewiesen wird, daß der Eingriffstatbestand erfüllt ist und daß der Eingriff mit den Zielen und Grundsätzen des Naturschutzes und der Landschaftspflege unvereinbar ist. In Anbetracht dessen wird das Vorliegen eines Eingriffs nach den Gegebenheiten des Einzelfalles zu entscheiden sein.

6. Zusammenfassende Würdigung

Der naturverbundene Angelsport hat bereits ein umfassendes System der Hege und Pflege sowie des Biotop- und Artenschutzes für Fische entwickelt und erfüllt eine wichtige Funktion bei der Abwehr von Gewässerverunreinigungen sowie von baulichen Eingriffen in die Struktur der fließenden und stehenden Gewässer. Konflikte ergeben sich in erster Linie im Hinblick auf Tierarten (speziell Wasservögel), die durch Angeln gestört bzw. die von den Anglern als „Fischräuber" angesehen werden, sowie im Hinblick auf Besatzmaßnahmen, die sich negativ auf die natürliche Artenvielfalt auswirken.

Für den verantwortungsvollen Sportfischer besteht das Ziel der Gewässerbewirtschaftung nicht darin, möglichst viele und große Fische zu fangen, sondern eine nach Artenzusammensetzung und Altersaufbau naturnahe Fischfauna zu erhalten oder wiederherzustellen. Der im Rahmen dieser

Zielsetzung erfolgende Angelsport steht in Übereinstimmung mit dem Naturschutz, sofern dabei nicht andere Glieder des Ökosystems (z.B. Wasservögel) beeinträchtigt werden. Der umweltbewußte Angler setzt sich für den Bestand der natürlichen Lebensgemeinschaft in und an Gewässern ein. Mehr als bisher sollten - um diesem Anspruch gerecht zu werden - die Angler auch auf die Nutzung bestimmter sensibler Gewässer verzichten, wenn hier schützenswerte Vogelarten bei ihrer Brut, Rast, Nahrungssuche und/oder Mauser durch Angler beeinträchtigt oder gar vertrieben werden. In vielen Fällen wird eine räumliche und/oder zeitliche Beschränkung des Angelsports am ökologisch empfindlichen Gewässern bereits ausreichen, um den Konflikt mit der Vogelwelt auf ein für beide Seiten tragbares Maß zurückzuführen.

Ein ganz besonderes Problem besteht darin, daß es gegenwärtig noch zahlreiche Gewässer-Naturschutzgebiete gibt, deren Schutzverordnungen dem Angelsport keine oder nur ungenügende Einschränkungen auferlegen, obwohl inzwischen der Störeinfluß der Angler auf die Vogelwelt offenkundig geworden ist. Hier ist an die Einsicht und an das ökologische Verantwortungsgefühl des betroffenen Angelsportvereins bzw. Landesfischereiverbandes besonders zu appellieren. Denn zur Erhaltung oder Wiederherstellung der ökologischen Qualität solcher Gebiete ist es notwendig, die Schutzverordnung entsprechend zu verschärfen. Eine solche räumliche und/oder zeitliche Einschränkung der Fischereirechte sollte nicht als „Eingriff in ein eigentumsgleiches Recht" bekämpft und mit hohen Entschädigungsforderungen blockiert, sondern als ein Beitrag der Angler zum Naturschutz akzeptiert werden.

Um den verantwortungsvollen Angler in seinem ökologischen Bemühen zu unterstützen, wird empfohlen, das entsprechende Ausbildungs- und Fortbildungsangebot zu erweitern.

„Schwarze Schafe" unter den Anglern, die sich über ökologische Regeln und Nutzungsgrenzen hinwegsetzen, sollten zunächst im Rahmen der Anglervereinigung zur Rechenschaft gezogen werden.

Erst wenn die vereinsinterne Selbstkontrolle nicht funktioniert, ist eine staatliche Überwachung des Vollzugs von einschränkenden Regeln unvermeidbar.

Zu den rechtlichen Aspekten zusammenfassend:

Fischerstege und Fischerhütten bedürfen einer Baugenehmigung, bei deren Erteilung auch geprüft wird, inwieweit wasser- und naturschutzrechtliche Vorgaben eingehalten werden. Baurechtlich zählen sie prinzipiell zu den privilegierten Vorhaben. Bei der Ausübung des Angelsports sind die Vorgaben der Fischereigesetze zu beachten (Fischereiausübungsrecht, Fischereischein, Genehmigung von Wettfischen etc.). Naturschutzrechtliche Aspekte über jene in den Fischereigesetzen hinaus fließen über die Naturschutzgesetze.

Literatur

ANL (Akademie f. Naturschutz und Landschaftspflege): Fischerei und Naturschutz, Tagungsbericht 1981

BUNZEL-DRÜCKE, M.: Die Fischereiprüfung in Nordrhein-Westfalen – eine Bewertung aus Naturschutz-Sicht, in: Natur und Landschaft, 64. Jg. H. 7/8, 1989

CONRAD/BRENNER: Naturschutzgebiet Monheimer Baggersee – Kompromißvorschlag für die räumlich zeitliche Trennung von Angelsport und Artenschutz unter besonderer Berücksichtigung des Angelns vom Boot aus. Gutachten der LÖF und der Landesanstalt für Fischerei NW (Hrsg.), Recklinghausen/Albaum 1986

HEHMANN, F. / A. GROLL / H. ZUCCHI: Amphibien- und Limnofauna des Breenbachtals – eine siedlungsbiologische Untersuchung in einem bedrohten Bachtal des Teutoburger Waldes. Natur und Landschaft, 62. Jg., S. 464 ff, 1987

KÜNKELE, S.: Der Rechtsschutz von Graureiher und Kormoran, in: Natur und Recht, H. 7, 1988

KUSSMAUL, R.: Untersuchungen zur Situation der bedrohten Fischarten des bayerischen Alpen- und Donaugebietes. Dissertation an der Tiermedizinischen Fakultät der Univ. München, 1986

LANDESAMT F. WASSERWIRTSCHAFT RHEINLAND-PFALZ: Auswirkungen der Fischerei auf das Plankton und die Wasserbeschaffenheit von Seen, Forschungsbericht UFOPLAN Nr. 102 04 221 des Umweltbundesamtes Berlin, 1991

MELLIN, A.: Zur Problematik des Fischbesatzes. Natur und Landschaft, Jg. 62, S. 308 ff., 1987

PUTZER, D.: Angelsport und Artenschutz – die Idylle trügt, in: Freizeit fatal, BUND (Hrsg.), Köln 1989

PUTZER, D.: Angelsport und Wasservogelschutz in Nordrhein-Westfalen – Welchen Raum läßt der ordnungsgemäße Angelsport dem Artenschutz? Analysen, Fragen und Antworten, in: Ber. Dtsch. Sekt. Int. Rat Vogelschutz 25 (1985) S. 65-76

REICHHOLF, J.: Auswirkungen des Angelns auf die Brutbestände von Wasservögeln im Feuchtgebiet von internationaler Bedeutung „Unterer Inn", Vogelwelt Jg. 109, S. 206-221, 1988

REICHHOLF, J. / H. REICHHOLF-RIEM: Die Stauseen am unteren Inn – Ergebnisse einer Ökosystemstudie. Berichte der ANL 6, 1982

REICHHOLF, J.: Der Einfluß von Störungen durch Angler auf den Entenbrutbestand auf den Altwässern am unteren Inn. Vogelwelt 91. Jg., S. 68 ff, 1970

REICHLE, G.: Naturschutz und Fischerei, in: Der Sportfischer, H. 6, 1987

STEIN, H.: Ursachen der Bestandsgefährdung: Fischereiliche Maßnahmen. Schriftenreihe der Arbeitsgemeinschaft der Deutschen Fischereiverwaltungsbeamten und Fischereiwissenschaftler, H. 1/86: Fischerei und Fischartenschutz, 1986

UTSCHIK, H.: Untersuchungen zur Rolle des Graureihers Ardea cinerea in der Sportfischerei. Verh. von Ges. Bayern, Jg. 24, 1984

VDSF (Verband Deutscher Sportfischer e.V.): Informationsdienst „Der Sportfischer" (Ende 1988 eingestellt)

VDSF (Hrsg.): Chemische Wasseruntersuchung und Beurteilung. H. 1 der Schriftenreihe des Gewässerausschusses der VDSF, 1986

VDSF (Hrsg.): Leitfaden für die Ausbildung der Gewässerwarte, 1985

VDSF (Hrsg.): Gewässerordnung des Verbands Deutscher Sportfischer, Offenbach 1981

VDSF (Hrsg.) „Sportfischerei und Naturschutz", Beschluß der VDSF-Jahresversammlung in Kassel 1981 und „Artenschutzprogramm für die einheimischen Süßwasserfische", Beschluß Hauptversammlung Bad Mergentheim 1979

Skisport alpin (V)

Skisport alpin

1. Einführung

Der als Leistungssport ausgetragene Skisport wird unterschieden in „alpinen“ und „nordischen“. Der alpine Skisport gliedert sich in die Disziplinen Abfahrtslauf, Slalom, Riesenslalom (alpine Kombination), der nordische Skisport in Langlauf, Skispringen, nordische Kombination und Biathlon. Da der Skisport aus der Sicht der Umwelt in erster Linie als Massenphänomen problematisch ist, wird im folgenden fast ausschließlich der Ski-Freizeitsport betrachtet.

Im gesamten Alpenbogen zwischen Grenoble und Schladming gab es 1985 über 13.000 Seilförderanlagen und ca. 40.000 Skiabfahrten (vergl. Tabelle).

Hinzu kommen noch etwa 3.000 Bergbahnen. Die alpinen Aufstiegshilfen bewältigen jährlich rund 1,3 Milliarden Personenfahrten. In den vergangenen vier Jahren hätten die Lifte und Bergbahnen also die ganze Erdbevölkerung einmal auf die Pisten bringen können (WEIZSÄCKER, 1990).

Zwar stagniert das Wachstum der Skiinfrastruktur im bayerischen Alpenteil weitgehend (man spricht von einer „Alpinski-Müdigkeit“), jedoch ist der Ausbau des Skiangebots noch keineswegs abgeschlossen. Die Ausbaumaßnahmen beziehen sich kaum noch auf die Neuerschließung von Skigebieten, sondern auf Erweiterung bestehender Anlagen (Ergänzungslifte, Kapazitätsausbau, Pistenverbreiterung, Geländekorrekturen).

In den Alpen Österreichs, der Schweiz, Italiens und Frankreichs scheint der Drang nach Skierschließung jedoch noch relativ ungebrochen.

Laut DORNER et al. (1985) werden entsprechend der Prognose „Fremdenverkehr 2000“ die Wachstumschancen des österreichischen Fremdenverkehrs u.a. zur Konsequenz haben, daß (bei konstant bleibender Neigung der Gäste zum Alpin-Skilauf) bis 2.000 zusätzliche Transportkapazitäten von ca. 430 Mio. Personen/Höhenmeter pro Stunde bereitgestellt werden. Das entspräche je nach Leistungssteigerung bei den bestehenden Anlagen einem zusätzlichen Bedarf von ca. 1.500 bis 3.000 neuen Seilbahnen und Schleppliften. Der Flächenanspruch der Skipisten würde sich von 20.000 auf 36.000 ha erhöhen. Eine völlig entgegengesetzte Prognose stellt der Deutsche Ski-Verband auf. Er weist auf die in vielen Orten rückläufigen Zahlen der Alpin-Skiläufer hin und rechnet insgesamt mit einer abnehmenden Entwicklung im Alpenraum.

Jährlich werden weltweit ca. 6 Millionen Paar Alpin-Ski und knapp 3 Millionen Langlaufski abgesetzt, davon etwa ein Zehntel in der Bundesrepublik Deutschland. Die Verkaufszahlen der vergangenen zehn Jahre lassen nach Informationen des DSV einen stagnierenden Markt erkennen.

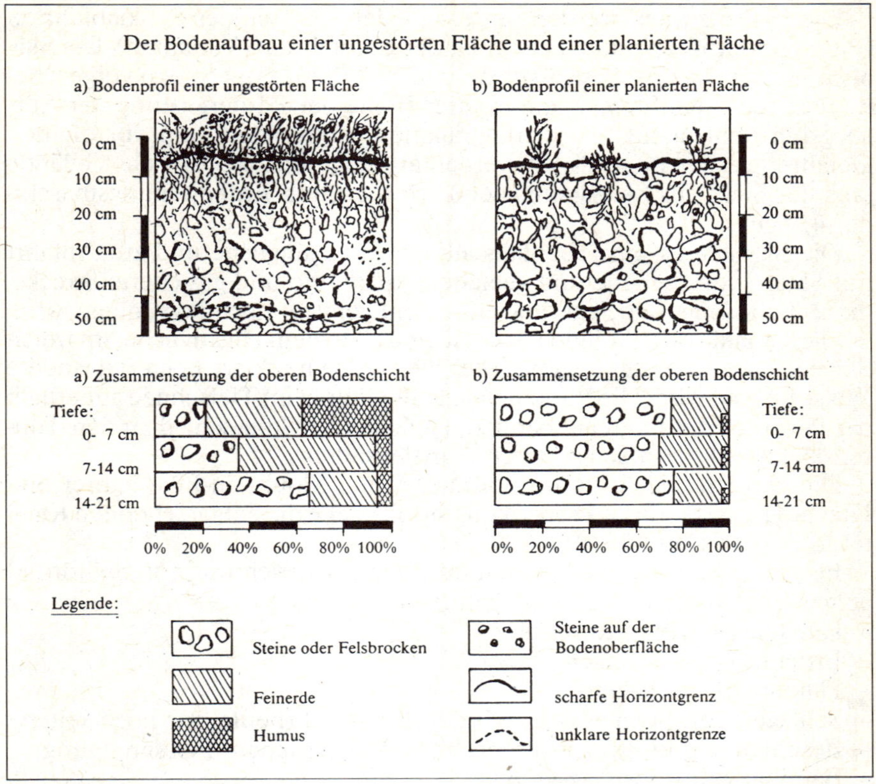

(Nach MEISTERHANS, Entwicklungsmöglichkeiten für Vegetation und Boden auf Skipistenplanierungen)

Die Öffnung der innerdeutschen Grenzen und die politisch-ökonomischen Entwicklungen in Osteuropa lassen allerdings für die Zukunft ein zusätzliches Skisport-Nachfragepotential vermuten, dessen Größenordnung zur Zeit noch nicht absehbar ist.

Die mechanischen **Aufstiegshilfen** (Transportmittel) lassen sich in drei Hauptgruppen einteilen:

- Seilschwebebahnen: Pendelseilbahnen, Umlaufseilbahnen mit geschlossenen (Kabinen, Gondeln) oder offenen Fahrbetriebsmitteln (Sesselbahn).
- Bodengebundene Seilbahnen: Standseilbahnen, Schlepplifte.
- Kombinierte Seilbahnanlagen (Kombilifte): im Winter als Schlepplifte und im Sommer als Einsessellift zu führen.

Die **Skiabfahrten** werden unterschieden in markierte Skiabfahrten (Pisten und Routen) und in nichtmarkierte Abfahrten (Varianten). Die **Skipiste** ist eine allgemein zugängliche und zur Abfahrt mit Skiern vorgesehene und geeignete Strecke, die in ihrer Breite der Förderleistung der Aufstiegshilfe entspricht, markiert, präpariert, kontrolliert und vor alpinen Gefahren gesichert ist. Pisten werden angelegt und, wo dies das Gelände (aus der Sicht des Skipistenplaners) erfordert, mit Erdbewegungsmaschinen gebaut.

Die **Skiroute** ist eine ebenfalls allgemein zugängliche und zur Abfahrt mit Skiern vorgesehene und geeignete, markierte und gesicherte Strecke, die jedoch weder angelegt, präpariert und gepflegt noch kontrolliert wird.

Die **Variante** oder „Wilde Piste" ist eine allgemein zugängliche, im freien Skigelände entstandene Skistrecke, die weder markiert noch auf andere Weise betreut wird. Die Variantenskiläufer fahren im Tiefschnee außerhalb der Pisten und Routen ab, benutzen jedoch (im Unterschied zu den Tourenskiläufern) die mechanischen Aufstiegshilfen.

Die Nutzung der Lifte im Sommer durch Mountain-Bike-Fahrer und Drachenflieger kann zu Problemen führen (siehe die entsprechenden Kapitel in diesem Handbuch).

Folgende Maßnahmen werden im Zuge der Errichtung von Seilförderanlagen für den Skisport durchgeführt:
- Herstellung der Lifttrassen
- Errichtung von Stützen
- Planierung der Pisten
- Schlagen von Schneisen durch den Bergwald (heute nur noch selten)
- Beseitigung von Einzelbäumen bzw. Baumgruppen, Felssprengung
- Bau von Entwässerungsgräben
- Wasserleitungsbauten (für Schnee-Erzeugung)
- Bau von Straßen, Wegen, Parkplätzen
- Herstellung von Sicherungsanlagen aller Art

Im Rahmen des Anlagenbetriebs kommt es zu folgenden Aktivitäten:
- Präparierung der Pisten (Schneeglättung, -verteilung, -verfestigung)
- Befahrung durch Fahrzeuge im Sommer (Pflege und Versorgung)
- Künstliche Beschneiung (siehe Exkurs)
- Befahren der Pisten durch Skiläufer

Etwa 10 % der Bundesbürger (ca. 6 Millionen) treiben Skisport, davon 40 % alpin, 40 % Langlauf und alpin, 20 % nur Langlauf. Über den Deutschen Skiverband (DSV) und die „Freunde des Skilaufs im DSV e.V." sind ca. 15 % aller Skisportler organisiert. Der DSV bzw. seine Vereine bauen und unterhalten mit Ausnahme der Sprungschanzen keine Skisportstätten. Aufstiegshilfen und Pisten werden in erster Linie durch die Seilbahn- und Liftunternehmen gebaut, Loipen meist von den Kommunen angelegt. Der DSV verweist auf das im Vergleich zur Bundesrepublik Deutschland nachhinkende Umweltbewußtsein der benachbarten Alpenländer: „So gelten international für den Bau von mechanischen Aufstiegshilfen und für die Anlage von Skisportstätten Leitlinien und Maßstäbe, die mit der Umweltschutz-Gesetzgebung bei uns kollidieren."

Das **Skispringen** (Springen von der Sprungschanze) wird hier nicht weiter behandelt, weil für absehbare Zeit nicht zu erwarten ist, daß zusätzliche Anlagen gebaut werden.

Einen Überblick über die Aufstiegshilfen in den wichtigsten Alpenländern gibt die nachstehende Tabelle:

	Seilschwebebahnen	Schlepplifte	Total
Schweiz	610	1210	1820
Bundesrepublik	145	1600	1745
(davon Bayern	102	950	1052)
Österreich	675	2935	3610
Frankreich	890	2900	3790
Italien	700	2000	2700

(Nach einem Vortrag von Dr. Pfund, Schweizer Seilbahnverband, am 30.9.1988)

2. Gemeinsame Teilziele Sport – Umwelt

Die folgende Position vertritt hierzu der DSV: „Der Skiläufer braucht eine intakte Umwelt, um seinen Sport ausüben zu können. Deshalb sind allgemeine Umweltziele auch Ziele des Deutschen Skiverbandes. Der Skisport hat ein Eigeninteresse an der Pflege der Umwelt. Er kann sich weder erodierten Boden noch fehlende Vegetation oder gar den verdrängten, nicht mehr Schneesicherheit gewährenden Wald leisten" (LAUTERWASSER 1986).

Der Skisportler ist daran interessiert, sich in einer schönen Landschaft zu bewegen und Umweltbelastungen (wie Luftverunreinigungen und Lärm) möglichst wenig ausgesetzt zu sein. Vor allem größere Erosionserscheinungen (Rutschungen, Abbrüche, tiefere Spülrinnen) können die Möglichkeiten der Sportausübung in den betreffenden Hangbereichen behindern oder unmöglich machen.

In seinem **„Umweltplan 2000"** nennt der DSV folgende **sieben Ziele** und entsprechende Maßnahmen. Letztere werden hier nur auszugsweise wiedergegeben:

- Sicherung der ökologischen Grundlagen (insbesondere Boden, Wasser, Pflanzen und Tierwelt) in Wintersportgebieten. In diesem Zusammenhang will der DSV z.B. „die ökologischen Verbesserungen vorhandener

Skigebiete fördern" und setzt sich für den „Verzicht auf den Skibetrieb bei ungenügender Schneelage" ein.
Auch bemüht er sich um eine umweltgerechtere Tarifgestaltung (z.B. ein Ticket-Verbund von Bundesbahn und Skipaß).

- Erhaltung einer artenreichen Tier- und Pflanzenwelt, Schonung und dauerhafte Sicherung empfindlicher Bereiche. Grundsatz: der Schutz von Wald, wildlebenden Tieren und schutzwürdigen Lebensräumen (Biotopen) hat Vorrang vor anderen Nutzungen, was auch für das Skifahren außerhalb der Piste gilt. „Mehr Abwechslung in bestehenden Skigebieten, indem der Sicherheitsaspekt nicht mehr einseitig Vorrang erhält. Buckelpisten und Tiefschneehänge können dann zur Entlastung ökologisch wertvoller und gefährdeter Bereiche beitragen."
- Erhaltung des Landschaftsbildes. Landschaftspflege, Anpassung und Bepflanzung baulicher Anlagen und Parkplätze.
- Einsatz der Technik im Skisport maßvoll und in Abstimmung mit den ökologischen und landschaftsästhetischen Belangen. Der DSV lehnt den Einsatz von Bakterien bei der künstlichen Beschneiung ab, „weil erhebliche Nebenfolgen für Tier- und Pflanzenwelt nicht ausgeschlossen werden können". Umweltverträglichkeitsprüfung für neue Techniken (z.B. Beschneiungsanlagen) und für sonstige Hilfsmittel (wie Verfahren zur Präparierung von Sportgerät und Rennpisten).
- Mehr Forschung zur Verbesserung der Kenntnisse über die Folgen von Eingriffen in die betroffenen Ökosysteme.
- Mehr Information für Skifahrer, um ihr Umweltbewußtsein zu steigern und eine verantwortliche Haltung gegenüber der Natur zu erreichen (z.B. durch Unterrichtsmaterialien für allgemeine Schulen).
- Mehr Kooperation mit allen Stellen und Verbänden, um durch gemeinsames Handeln über den Skisport hinaus national und international zu einem schonenden Umgang mit der Natur zu kommen.

Der DSV erkennt in seinem Umweltplan 2000, „daß in der Vergangenheit viele Fehlentscheidungen aus mangelnder Kenntnis über die ökologischen Zusammenhänge erfolgt sind" und erwähnt in diesem Zusammenhang u.a. die Erschließung lawinengefährdeter Hänge, zu großzügige Eingriffe in den Waldbestand und „zu weit gehende Planierungen (insbesondere oberhalb der Waldgrenze) mit der Folge mangelhafter Begrünung und starker Erosionsschäden". Besonders problematisiert werden Eingriffe in Sonderstandorte (z.B. Hangquellmoore, Gebirgsbäche, Feuchtwiesen, Felsspaltengesellschaften und Trockenbiotope) und Zwergstrauchgesellschaften (Flächen mit Alpenrosen oder Gemsheide), die zu „dauerhaften Schäden" führen. Mit dem Hinweis auf Erfahrungen der letzten Jahrzehnte werden Eingriffe im Vegetationsbereich oberhalb der Waldgrenze als „äußerst problematisch" bezeichnet. Begrünungserfolge in diesen Lagen seien weit hinter den Erwartungen des Naturschutzes zurückgeblieben, weil eine Einwanderung bodenständiger (autochthoner) Arten hier kaum stattfinde.

Was den Willen anbelangt, skisportbedingte Belastungen so gering wie möglich zu halten, hat sich der Deutsche Skiverband für Zurückhaltung und Schonung ausgesprochen (siehe konkret dazu Abschnitt „Lösungsansätze").

Als positives Beispiel der Zusammenarbeit im Konfliktfall kann die Absicht des Regierungspräsidiums Freiburg gelten, eine Kommission aus Vertretern des Skisports und des Naturschutzes einzusetzen. Diese Kommission soll darüber entscheiden, ob der Skibetrieb auf dem Feldberg (Schwarzwald) bei kritischer Schneelage einzustellen ist.

3. Konflikte

3.1 Checkliste

Die in der folgenden Liste genannten potentiellen Belastungen, die unmittelbar durch Skisport hervorgerufen werden, sind nach dem verursachenden Eingriffstyp gegliedert.

- Erstellung der technischen Infrastruktur (Gebäude, Aufstiegshilfen mit Masten und Stützfundamenten, Kabelgräben, Ver- und Entsorgungsanlagen, Zufahrts- und Baustraßen, Parkplätze etc.). Diese Eingriffe, meist relativ kleinräumig begrenzt, unterscheiden sich in ihrer Umweltrelevanz überwiegend nicht von anderen baulichen Maßnahmen (z.B. Flächenversiegelung, Totalveränderung der ökologischen Verhältnisse, speziell der Tier- und Pflanzenwelt). Eine Besonderheit liegt vor
  - in der Entsorgungsproblematik, weil die schadlose Beseitigung von Abwässern und Müll besonders kostenaufwendig ist,
  - in der Beeinträchtigung des Landschaftsbildes, weil im Gebirge die technischen Bauwerke und Stützkonstruktionen in vielen Fällen besonders weithin sichtbar sind (optische Fernwirkung),
  - in der Erosionsproblematik, die auch bei geringfügigen Eingriffen in den Boden wegen der extremen Geländeverhältnisse des Gebirges zu beachten ist.
- Bau der Aufstiegsspur
  - Baumrodung, Schlagen einer Waldschneise
  - Geländekorrektur (bei Schleppliften)
- Neubau oder Ausbau von Pisten (Abfahrtsstrecken)
  - flächenhafter Kahlhieb (Abfahrtsschneisen) im Bergwald: Verlust der Waldfunktionen im Hinblick auf die Bodenerhaltung, Wasserhaushalt, Tier- und Pflanzenwelt, Lawinenschutz, Hitzeschäden und Waldbruch an freigestellten Waldrändern;
  - Rodung von Einzelbäumen: Bloßlegung des Bodens mit Erosionsgefahr bei Herausreißen der Wurzelstöcke;

- Rodung von Latschenfeldern: Verlust der Schutz- und Lebensraumfunktionen;
- Geländekorrekturen (in Form von Planierungen, Sprengung von Felsblöcken, Abtragung und Aufschüttung von Hangbereichen, Abflachen von Steilstellen, Verfüllung von Mulden): Bloßlegung und Strukturveränderung des Bodens, Verlust oder Veränderung der Pflanzendecke mit Folgen für Erosion, Oberflächenabfluß, Artenvielfalt;
- Zerstörung wertvoller Biotope (z.B. Feuchtgebiete, Rinnsale, Buckelwiesen, Lebensräume seltener Arten);
- Beunruhigung und Vertreibung des Wildes aus Einstandsgebieten im Nahbereich der Piste (Verbiß- und Schälschäden im Wald);
- Beeinträchtigung des Landschaftsbildes (planierte Hänge mit Erosionsstellen und untypischer Vegetation).

• Pistenpflege

- Lärmerzeugung durch Großgeräte und Schneekanonen;
- Bloßlegung und Verletzung der Humusdecke (Einsatz von Pistenbearbeitungsmaschinen bei ungenügender Schneebedeckung);
- mechanische Schäden an Grasnarbe, Zwergsträuchern und Latschengruppen (wenn Einsatz der Maschinen bei ungenügender Schneebedekkung);
- Verkürzung der Vegetationszeit (durch Schneepressung, Eisbildung, Kunstschnee), Gewässereutrophierung (bei Abschwemmung von Düngern);
- Verlust an Artenvielfalt durch Nährstoffeinträge auf mageren Standorten (z.B. durch chemische Schneeverfestigung, Abschmelzstoffe, künstliche Beschneiung). Zur künstlichen Beschneiung siehe Exkurs Kap. 5.

• Skibetrieb

- Verletzung der Vegetation („Kantenrasur") bei ungenügender Schneebedeckung,
- Beunruhigung störempfindlicher Arten (speziell der Rauhfußhühner) abseits der Piste durch Variantenskiläufer. Das Variantenfahren wird durch die zunehmende Vereinfachung (Geländekorrekturen) der Pisten geradezu provoziert.

Gegen neue Skigeräte wie **Monoski und Snowboard**, die vor allem für das Tiefschneefahren geeignet sind, äußert der DSV Bedenken (LAUTERWASSER 1989), weil

- die Unfallgefahr wesentlich erhöht wird (mangelnde Beherrschbarkeit bei Stürzen, eingeengtes Gesichtsfeld des Fahrers),
- getrennte Abfahrten kaum zu realisieren sind,
- vielfach Varianten abseits der Piste gesucht werden,
- die Rechtslage noch ungeklärt ist (Haftung des Liftbetreibers bei Unfällen mit den neuen Skigeräten).

Das **„Heliskiing"** (Transport der Skifahrer von einem zentralen Punkt mit dem Hubschrauber in interessante, meist unberührte Abfahrtsgebiete) wird vom DSV für die bayerischen Alpen und deutschen Mittelgebirge abgelehnt (LAUTERWASSER 1989), weil scheue Wildtiere in ihren Rückzugsgebieten aufgescheucht und gestört sowie Ruheräume für die stille Erholung verlärmt werden.

Um aus der verhältnismäßig kurzen Wintersaison eine Ganzjahres-Saison zu machen, wurden großräumige **Gletscherskigebiete** erschlossen. Inzwischen hat sich herausgestellt, daß nur in sehr kurzen Zeitspannen des Sommertages günstige Schneeverhältnisse herrschen und der Gletscherskisport von schlechten Witterungsbedingungen besonders betroffen ist. Die Umweltproblematik des Gletscherskilaufs liegt in der Belastung des künftigen Trinkwassers, denn die Gletscher der Alpen sind wichtige Trinkwasserspeicher für Mitteleuropa. Umweltbelastende Stoffe (feste und flüssige Abfälle, Substanzen), die im Zusammenhang mit dem Betrieb auf den Pisten, in Restaurants und Seilbahnstationen entstehen, werden bei mangelnder Entsorgung „tiefgefroren" konserviert und erst in späteren Jahrzehnten wieder freigesetzt. Spätere Generationen müssen die Folgen der Gletscherverschmutzung tragen.

Auch auf die - mittelbar durch Skisport hervorgerufenen - Umweltbelastungen als Folge der Anreise mit dem Personenkraftwagen ist hinzuweisen. Zwar gilt die Problematik des Individualverkehrs für alle Freizeitsportarten, sofern sie in größerer Entfernung vom Wohnort ausgeübt werden. Jedoch spielt diese Problematik im Zusammenhang mit dem Skisport eine besondere Rolle,

- weil die Alpen als Zielgebiet von einer besonderen ökologischen Sensibilität gekennzeichnet sind (Stichwort: Waldsterben, Gefahr von Umweltkatastrophen bei zusammenbrechendem Bergwald),
- weil die Ausübung des Skisports als Massenphänomen in den Alpen den wichtigsten „Motor" des Wintertourismus darstellt und somit als einer der Hauptgründe für verkehrsbedingte Umweltbelastungen anzusehen ist.

Auf die Sekundäreffekte wird in Kap. 4.2 eingegangen.

3.2 Besonders schwerwiegende Konflikte

Unter den genannten unmittelbaren Eingriffstypen sind (neben der Waldrodung) die **Geländekorrekturen** mit Abstand als gravierendstes ökologisches Problem einzustufen. Als Folge der Geländekorrekturen beim Ausbau der Pisten sind folgende Problemkomplexe zu differenzieren:

- Beeinträchtigung der Schutzfunktion von Boden und Vegetation (Verminderung des Wasserspeichervermögens, Auslösung von verschiedenen Formen der Erosion),

- Beeinträchtigung der Lebensraumfunktion der ursprünglichen (natürlich/naturnahen/extensiv genutzten) Fläche im Hinblick auf die Vielfalt der ökologischen Nischen,
- Belastung des Landschaftsbildes.

a) Beeinträchtigung der Schutzfunktion

Die Humusauflage mit ihrer „gewachsenen" Bodenstruktur und die geschlossene, standortgemäße Vegetationsdecke der Almen erfüllen die Funktionen der Wasserspeicherung (Bremsung des Oberflächenabflusses bei Starkniederschlägen) und des Erosionsschutzes (Verhinderung der Bodenabspülung). Die Beeinträchtigung dieser Funktion führt sowohl zu schleichenden Erosionsvorgängen verschiedenster Art als auch zu Mur- und Wildbachkatastrophen. Beispiele für solche katastrophalen Ereignisse im Zusammenhang mit Wintersporterschließungen nennt CERNUSCA (1986).

Viele Gebiete der Alpen sind bei Starkniederschlägen von hohen Oberflächenabflüssen bzw. von Spitzenhochwasserereignissen bedroht. Der Vegetation kommt ein entscheidender Einfluß auf die Höhe des Oberflächenabflusses zu. Bei einem Starkregen werden bis zu einem Drittel des Niederschlages vom Kronendach eines Mischwaldes aufgefangen. Aber auch der Boden selbst und die Bodenvegetation (Wurzelmasse) beeinflussen sehr stark (mehr als die Neigung der Fläche) die Höhe des Oberflächenabflusses und des damit zusammenhängenden Bodenabtrags.

Folgende Formen der Bodenveränderung im Zuge von Skipistenplanierungen führen zu Verlusten der Wasserspeicherfähigkeit des Bodens (Reihenfolge nach Höhe der Verluste):
- Entfernung der Humusdecke,
- Kappung von mineralischem Verwitterungsmaterial,
- Strukturveränderungen des planierten Bodens (Verminderung des Porenvolumens, Änderung der Porungsverhältnisse).

Die erhöhte Hochwassergefährdung von Wildbächen durch Skipisten wird am folgendem Beispiel deutlich: Im Skigebiet Schloßalm erhöhte sich nach Messungen von BUNZA (1985) durch Skipistenplanierungen der Gesamtabfluß eines alle zwanzig Jahre auftretenden Katastophenregens von 8,8 m^3/s auf 11,0 m^3/s (Hochwasserspitze des Schloßbachs): Das entspricht einem Katastrophenereignis, das sonst nur alle 45 Jahre erwartet wird. Die Häufigkeit von Katastrophenereignissen ist also mehr als verdoppelt. Der Anteil der auf Skipisten zurückzuführenden Abflußmenge bei Hochwasserereignissen schwankt jedoch beträchtlich und kann auch unerheblich sein.

Mit dem Oberflächenabfluß hängt der Bodenabtrag eng zusammen. SCHAUER (1981) hat in 33 Untersuchungsgebieten folgende durchschnittlichen Werte für Oberflächenabfluß und Bodenabtrag ermittelt:

- Almflächen ohne Skibetrieb: 30,6 % Oberflächenabfluß und 0,2 kg/100 m² Bodenabtrag[1])
- Pistenflächen mit natürlichen Rasengesellschaften (ohne Planierung): 43,2 % Oberflächenabfluß und 0,6 kg/100 m² Bodenabtrag
- Planierte Pistenflächen (angesät): 66 % Oberflächenabfluß und 3,1 kg/100 m² Bodenabtrag

DIETMANN (1985) hat die Veränderungen von Relief, Boden und Vegetation und die sich daraus ergebenden Folgeschäden im Hinblick auf Wasserhaushalt und Bodenabschwemmung am Beispiel des Fellhorn-Skigebietes (Allgäu) untersucht und dabei folgende Erosionserscheinungen kartiert:

- Flächenspülung
- Rinnenspülung
- Tiefenerosion
- Akkumulation von Bodenmaterial
- Rutschungen
- Sackungen (an künstlichen Böschungen)

b) Beeinträchtigung der Lebensraumfunktionen

Das für Almweiden typische kleinflächige Relief mit feuchten Mulden und trockenen Buckeln bietet ein anderes Lebensraummosaik als die relativ gleichmäßigen (planierten) Pistenflächen.

Vergleichende Vegetationsaufnahmen haben ergeben, daß auf planierten und angesäten Pisten eine gravierende Artenverarmung in der Vegetation eintritt: insgesamt 159 Pflanzenarten sind nach Planierung und Ansaat verschwunden. Bei den 26 dominierenden Arten der Ansaatflächen handelte es sich durchweg um sogenannte Allerweltsarten, die nicht für die Flora der Bergwiesen und subalpinen Rasengesellschaften charakteristisch sind (SCHAUER 1981).

Auch die Kleintierwelt wird stark beeinträchtigt. Auf planierten und wiederbegrünten Pistenflächen sinkt die Artenzahl erheblich und verschiebt sich das Artenspektrum von schützenswerten „Spezialisten" („stenöke Arten") zu den trivalen Allerweltsarten („Ubiquisten").

Von dem Rückgang der Artenzahl in der Vegetation sind vor allem die pflanzenfressenden Insekten (z. B. Schmetterlinge, Blattkäfer, Zikaden, Wanzen) betroffen. Bei der Reduzierung der Biotopvielfalt spielt neben der Verarmung der Vegetation auch die Einebnung des Kleinreliefs und die Struktur der Pflanzendecke (Vordringen der grasartigen auf Kosten der krautartigen Vegetation) eine Rolle.

---

[1]) Zum Vergleich: In Wäldern fließt nur 4,9 % des Starkregens oberflächlich ab, und es mit nur 0,6 kg/100 qm Bodenabtrag zu rechnen.

Besonders wenn speziellere Biotoptypen durch Planierung betroffen sind, kommt es zum Verlust schützenswerter Arten. So etwa können durch die Beeinträchtigung von Quellfluren und feuchten Senken Vorkommen bestimmter Vogelarten (z.B. Bergpieper, rotsterniges Blaukehlchen, Alpenbraunelle) ausgelöscht werden.

PRÖBSTL (1989) kommt in **tieferen** Lagen teilweise zu abweichenden Befunden im Hinblick auf die Artenvielfalt auf wiederbegrünten Pisten. Sie stellt fest, daß die Selbstheilungschancen planierter und wiederbegrünter Skipisten wesentlich höher sind, wenn keine tiefgreifenden Standortveränderungen vorgenommen wurden, also die Humusauflage weitgehend erhalten blieb. Der Selbstheilungsprozeß verbunden mit der Einwanderung bodenständiger Pflanzenarten (davon 29 Arten geschützt bzw. nach der „Roten Liste" gefährdet) benötigt nach Beobachtungen auf der Kandahar-Abfahrt in Garmisch-Partenkirchen 15 bis 20 Jahre (Höhenlage 740 bis 1150 m ü. NN).

Eine Besonderheit der untersuchten Pistenfläche liegt darin, daß hier im Sommerhalbjahr weder eine touristische noch eine landwirtschaftliche Doppelnutzung stattfindet. Es wird nur einmal im Jahr nach dem Aussamen der Wiesengräser und -kräuter (Ende Juli, Anfang August) gemäht und das Mähgut abgefahren. Auf jegliche Düngung wird verzichtet. Diese extensive sommerliche Pflege ist sicherlich untypisch, sollte aber „Schule machen".

In den deutschen Alpen ist ab 1400 m Höhe eine funktionsfähige und zugleich standortgerechte Wiederbegrünung durch Ansaat problematisch, ab 1600 m fast aussichtslos (SCHAUER 1981). In den Schweizer Alpen, wo in großen Höhen noch relativ tiefgründige und teilweise ebene Böden vorkommen, sind auch oberhalb von 1600 m noch gewisse Chancen einer erfolgreichen Wiederbegrünung gegeben, die jedoch in höheren Lagen stark abnimmt (MOSIMANN 1984).

Während unterhalb der Waldgrenze (Bayern: 1400 m MH, Schweiz: 1600 m MH) Begrünungsflächen meist einen Deckungsgrad der Vegetation von 90 % erreichen, sinkt der Deckungsgrad oberhalb 1600 m MH rasch unter das für einen ausreichenden Erosionsschutz notwendige Minimum von 70 % (CERNUSCA 1986).

Oberhalb der Waldgrenze ist es kaum möglich, durch Wiederbegrünung eine ökologisch stabile Vegetationsdecke herzustellen, die hinsichtlich Deckungsgrad, Durchwurzelung des Bodens und Artenzusammensetzung an die jeweiligen Standortverhältnisse angepaßt ist und keiner weiteren Pflege bedarf. Daher sind in dieser Höhenlage Planierungen besonders problematisch.

Aber selbst wenn **unterhalb** der Waldgrenze eine Rekultivierung (Wiederbegrünung durch Aussaaten) gelungen ist, bedeutet dies noch keine gelungene Renaturierung (Wiederherstellung der Lebensraumqualität). Denn die rekultivierte Fläche ist im Vergleich zu vorher biologisch sehr stark verarmt, von Ausnahmen abgesehen (vgl. Kap. 3.2).

c) Belastungen für das Landschaftsbild

Das folgende Zitat spricht die Folgen für das Landschaftsbild an:

„Geländeplanierungen im Zusammenhang mit dem Skisport werden als ‚Banalisierung' der Landschaft empfunden. Das gilt sowohl für die Naturlandschaft als auch für die Kulturlandschaft. Auch in Fällen, wo günstige Bedingungen eine nachträgliche dauerhafte Begrünung erlauben, wirken die veränderten Farben und Formen als Fremdkörper. Man spürt, daß diese nicht mehr Ausdruck einer Wirtschaftsform sind, die sich an der nachhaltigen und pfleglichen Nutzung des Bodens orientiert. Die planierten Flächen sind gegenüber den in Jahrtausenden gewordenen Gelände- und Vegetationsformen monoton. Man denke beispielsweise an einen alpinen Naturrasen, der von Findlingen oder Sturzblöcken mit Flechten und Polsterpflanzen gegliedert ist, oder an eine Zwergstrauchheide mit Heidelbeeren und Wacholder im Herbst. Eine solche Vielfalt wird auch von korrekt begrünten Skipisten niemals ersetzt! ... Für den Schutz des Landschaftsbildes sollte als wegleitender oberster Grundsatz gelten, daß das Gelände nicht dem Skisport, sondern umgekehrt der Skisport dem natürlichen Gelände anzupassen ist. Der Skisport muß - von kleinen Eingriffen abgesehen - mit den natürlichen Gegebenheiten auskommen. Andernfalls ist das betreffende Gebiet dafür nicht geeignet, und von einer Erschließung ist abzusehen" (WEISS 1982).

In diesem Zitat stehen die visuellen Wirkungen einer planierten Piste im Vordergrund, die dem naturkundigen Betrachter im Detail auffallen. Vielfach noch auffälliger sind andere Störungen des Landschaftsbildes, z.B.

- die „Verdrahtung" der Landschaft im Bereich der Seilbahnen und Lifte,
- die technischen Fremdkörper wie Betonmasten, Gipfelstationen, Betonplateaus, Parkplätze im Tal,
- die weithin sichtbare senkrechte Zerschneidung des Waldes durch die Trassen der Aufstiegshilfen.

4. Lösungsansätze

Maßnahmen zur Vermeidung und Minderung von sportbedingten Umweltbelastungen müssen grundsätzlich unterschieden werden in solche,

a) die darauf gerichtet sind, auf bestehenden Skianlagen Umweltbelastungen zu verringern bzw. zu sanieren, und in solche,

b) die sich auf eine Begrenzung des Ski-Infrastrukturangebots beziehen, also gar nicht erst eine zusätzliche Beanspruchung der Landschaft zulassen (Wachstumsbegrenzung).

4.1 Belastungsminderung in Skigebieten

Durch den Deutschen Skiverband (DSV) sind bereits Vorschläge formuliert worden, um durch Nutzungsverzichte sowie vorbeugende und sanierende Maßnahmen die skisportbedingten Umweltbelastungen so gering wie möglich zu halten. Die im folgenden stichwortartig wiedergegebenen Positionen sind jedoch noch längst nicht allgemeine Richtschnur „des" Skisports, da

- der Skisport zu 85% von nichtorganisierten Freizeitsportlern ausgeübt wird,
- die wichtigen Entscheidungen über Infrastruktur- und Pistenausbau von gemeindlichen und kommerziellen Interessen bestimmt sind (Seilbahn- und Liftunternehmer, kommunale Entscheidungsgremien),
- der DSV nur für den kleinen bundesdeutschen Alpenanteil sprechen kann.

Allerdings sollte der Einfluß des DSV auf die Skisport-Infrastrukturpolitik und auf die Werbestrategien der Sportartikelindustrie nicht unterschätzt werden. Durch öffentliche Stellungnahmen und Aufklärungsschritte kann der Verband durchaus „Druck" ausüben sowie Angebot und Nachfrage beeinflussen.

Aus dem „Skiplan 2000" und den Leitlinien des DSV-Umweltbeirates sind folgende sinnvolle Maßnahmen entnommen, die hier stichwortartig wiedergegeben werden. Ein knapper Kommentar wird hinzugefügt, wenn die DSV-Positionen hinter den ökologischen Erfordernissen zurückbleiben oder einer Präzisierung bedürfen.

Zum Bau von Skipisten:

- „Aus ökologischer Sicht läßt sich die Erschließung neuer Skigebiete bei uns in der Bundesrepublik nicht mehr rechtfertigen". Schwerpunkt müsse auf „Ausbau und Verbesserung bestehender Skigebiete" liegen, weil die Grenzen der Belastbarkeit von Landschaft und Naturhaushalt erreicht seien. Kommentar: Aus Umweltsicht sind in den gesamten Alpen keinerlei Neuerschließungen vertretbar. „Ausbau" und „Verbesserung" nur in ökologisch unbedenklichen Ausnahmefällen.
- Beschränkung der Förderkapazität auf ein Maß, daß eine vertretbare Pistenkapazität nicht überschritten wird. Pistenkapazität also nicht als notwendige Folgeerscheinung der Förderkapazität, sondern umgekehrt.
- Verzicht auf solche Ausweitungen der Aufstiegskapazitäten, die zu „wesentlichen Folgelasten" führen. Kommentar: Was an Folgelasten „wesentlich" ist, muß aus Umweltsicht sorgfältig geprüft werden (direkte und indirekte Folgen).
- „Möglichst naturbelassene Pisten statt breiter Skiautobahnen". Beschränkung bodenbaulicher Eingriffe „auf das Notwendigste". Kommentar: Vielfach gehen die Meinungen auseinander, was aus ökologischer Sicht im konkreten Fall „möglich" und „notwendig" ist.
- Keine „großflächigen" Planierungen. Besonders oberhalb der Waldgrenze sind die Planierungen zu „beschränken". Kommentar: Planierungen als sehr kleinflächige Einzelkorrekturen nur in Ausnahmefällen nach ökologischer Begutachtung. Keine Planierungen oberhalb der Waldgrenze.

- „wertvolle und wirklich seltene Biotope, die durch Skianlagen zerstört werden können, müssen als Abweisungsgründe für Skipisten respektiert werden". Kommentar: Diese Regel ist nur im Sinne eines Rückbaus bzw. einer Auflassung problematischer Pistenabschnitte ökologisch sinnvoll, da eine Neuanlage von Skipisten in den Alpen aus Umweltsicht ohnehin zu unvertretbaren Belastungen führt.

Zur Pflege, Sanierung, Rekultivierung von Pisten:
- Pistenpflege (Präparierung) bei genügender Schneedecke, um Schäden an Vegetation und Boden zu vermeiden. Kommentar: Die Zulässigkeit des Skibetriebs muß davon abhängig gemacht werden, daß die Abfahrt auf einer geschlossenen Schneedecke möglich ist. Ob im Zweifelsfall die Schneedecke noch als „geschlossen" anzusehen ist, sollte von unabhängigen Fachleuten unter Beteiligung von Naturschutzverbänden festgestellt werden. Bei geringerer Schneeauflage besteht vor allem an steileren Stellen die Gefahr der Verletzung von Vegetation und Boden durch die Pistenraupen. Die Schneehöhe muß an mehreren Meßstellen überprüft werden.
- Bei der Gestaltung (Präparierung) von Skipisten sollte schwieriges Gelände ausgespart bleiben. Kommentar: Um die Pisten für potentielle Variantenskiläufer attraktiv zu machen, sollten nicht nur schwierige Geländeabschnitte unpräpariert bleiben, sondern auch einige leichte („Tiefschneefahren auf Piste" als Alternative zum Variantenskilauf).
- Einsatz von Schneekanonen (Kunstschnee) nur „zeitlich und örtlich begrenzt" bei sorgfältiger Prüfung der Auswirkungen im Einzelfall. Kunstschneeanlagen dürfen nicht dazu dienen, neue Skigebiete zu erschließen, sondern nur dazu, auf vorhandenen Pisten eine durchgängige Schneedecke zu gewährleisten". (dazu siehe Exkurs).
- Der Einsatz von Schneefestigern (chemischen Mitteln, meist Dünger, zur Stabilisierung, sog. „Schneezement") nur zwecks kurzfristiger Pistenpräparierung. Kommentar: Es ist sorgfältig zu prüfen, ob hierbei durch Eutrophierung bestimmte Biotope gefährdet werden, die auf Nährstoffarmut angewiesen sind.
- Die fachgerechte Wiederbegrünung baulich veränderter Naturflächen ist „mit großer Sorgfalt und nach dem neuesten Wissensstand" zu planen und durchzuführen, auch wenn das sehr aufwendig ist. Kommentar: Aus ökologischer Sicht geht es nicht nur um die Stabilisierung des Hanges durch Vegetation, sondern um Renaturierung im Sinne der Ausbildung einer standortgerechten Gras- und Krautschicht mit Arten, die denen der Umgebung entsprechen. Hierzu gehört neben der Förderung einer vielfältigen Vegetation auch die Wiederherstellung einer strukturellen Vielfalt für die Kleintierwelt (Unebenheiten im Gelände, Kleinrelief).
- Sanierung geschädigter Pisten nach dem neuesten Standard der Pistenbegrünung. Kommentar: Begrünung im Sinne einer Renaturierung (wie im vorangegangenen Punkt).

Ein sehr wichtiger, bisher vernachlässigter Aspekt ist die Nutzung und Pflege der Pistenfläche während des Sommerhalbjahres. Wie PRÖBSTL (1989) aufgezeigt hat, können in tieferen Lagen sehr gute Erfolge in der Renaturierung erzielt werden, wenn

- keine Beweidung erfolgt (Ertragseinbußen der Landwirtschaft),
- eine einmalige Mahd nach den Aussamen der Gräser und Kräuter durchgeführt wird,
- das Mähgut abtransportiert wird,
- eine touristische Nutzung (Trittbelastung) unterbleibt (Einschränkung des Bewegungsraumes von Wanderern im Sommer).

Wintersportler sollen auf den Zug umsteigen

Die Bundesbahn will auch in dieser Saison die Tausende von Wintersportlern, die sich allwöchentlich zu den nahegelegenen Skigebieten aufmachen, von der Straße weg auf die Schiene locken. Neben den „günstigen Pauschalpreisen" (Bahnfahrkarte/Bustransfer/Tagesskipaß) werden die bequeme Fahrt weg vom Staustreß und der aktive Beitrag zur Umwelt- und Verkehrsentlastung in den Wintersportgebieten in die Waagschale gelegt.

Als „Hit" kann die Bahn bereits das „Super-Ski-Ticket" zum Zugspitzgipfel (bis 15. Mai) verzeichnen. Die Broschüre „Der heiße Tip für ‚Schöne Tage' – Vorschläge für Wintersportler und für aktive Freizeitgestaltung - mit und ohne Schnee" enthält noch viele weitere Angebote aus dem Großraum München. Das Heft gibt es bei den Bahnhöfen und abr-Reisebüros.

Aus:
„Süddeutsche Zeitung vom 15.01.1992

Dazu sind relativ hohe Entschädigungszahlungen an den grundbesitzenden Landwirt notwendig, verbunden mit entsprechenden Nutzungsauflagen. Auch die Lenkung der Erholungsuchenden (Verbleiben auf dem Weg) gehört zu den Voraussetzungen.

Zum Verhalten der Skiläufer:

Der DSV wendet sich mit folgenden Verhaltensregeln an „den Skisportler in der Natur": „Skisportler erleben die freie Natur. Sie ist Heimat für Tiere und von Pflanzen, die auf einem empfindlichen Boden gedeihen. Sie schützt auch den Menschen selbst. Alle sind aufgerufen, die Landschaft zu schonen, um auch in Zukunft Wintersport in einer natürlichen Umwelt ausüben zu können. Der DEUTSCHE SKIVERBAND bittet daher die Skisportler, folgende Regeln zu beachten:

1. Halten Sie sich an markierte Loipen, Pisten oder bezeichnete Routen.
2. Weichen Sie im Wald nicht von präparierten Spuren ab und unterlassen Sie das Tiefschneefahren im Wald. Sie stören Tiere und schädigen mit den Skikanten den Aufwuchs von jungen Bäumen.
3. Fahren Sie nur bei geschlossener Schneedecke.
4. Unterlassen Sie Variantenfahren in Gebieten, die nicht eigens dafür freigegeben sind.
5. Beachten Sie Hinweistafeln und meiden Sie geschützte Gebiete.
6. Lassen Sie beim Skisport Ihren Hund zu Hause.
7. Vermeiden Sie Lärm.
8. Unterlassen Sie Skilaufen bei Dämmerung und Nacht.
9. Nehmen Sie allen Abfall mit nach Hause.
10. Fahren Sie nach Möglichkeit zum Skisport mit öffentlichen Verkehrsmitteln."

Die unter den Punkten 1,2 und 8 genannten Regeln (vor allem was den Skilanglauf und das Tourenfahren betrifft) sind auch deshalb aufgestellt worden, weil das Wild nicht beunruhigt werden soll. Das jagdbare Wild ist durch die noch heute übliche Form der Bejagung scheu gemacht worden. Solange das Problem der überflüssigen Verängstigung durch Jagd (mit der Folge, daß sich die Fluchtdistanz stark erhöht) nicht zufriedenstellend gelöst ist, müssen dem Wild ausreichend große Ruhe- und Rückzugsräume zur Verfügung stehen. Daher müssen dem Skiläufer (und jedem anderen Freizeitsportler) entsprechende Einschränkungen auferlegt werden, wenn er sich im Wald aufhält.

Eine weitere wichtige Verhaltensempfehlung ist die Nutzung von Alternativen zum Abfahrtsskilauf (Eislaufen, Eisstockschießen, Rodeln, Wandern, Skilanglauf, Tourenskilauf).

Der Verzicht auf das Befahren von Pisten mit zu geringer Schneebedekkung ist der wichtigste individuelle Beitrag, den ein Skiläufer zur Vermeidung von skisportbedingten Umweltbelastungen leisten kann (abgesehen vom PKW-Verzicht). Hier ist jedoch überwiegend der Liftbetreiber, die Gemeinde bzw. die zuständige Aufsichtsbehörde gefordert, die dafür sorgen müssen, daß der Liftbetrieb bei Schneemangel eingestellt wird. Nur so kann die Vegetationsdecke der Piste wirkungsvoll vor Übernutzung bewahrt werden.

Ein Markstein hat 1990 das Landratsamt Oberallgäu mit seiner Entscheidung gesetzt, das Skigebiet Grasgehrn wegen Schneemangels für den Wintersport zu schließen. Dies war das erste mal, daß eine Behörde aus rein ökologischen Gründen solch eine Maßnahme getroffen hat (ZEIT, 15.2.1991).

Die folgenden Urlaubstips beziehen sich auf das gesamte Spektrum des umweltrelevanten Verhaltens von Wintersportlern (zitiert aus Süddeutscher Zeitung von 8.1.1991).

Wintersport mit Einsicht

Österreichs offizielle Fremdenverkehrswerber haben für die Wintersaison einige Tips für Urlauber „zum Nachdenken und Nachmachen" zusammengestellt - der Umwelt zuliebe. Für „einen erholsamen Skiurlaub mit gutem Gewissen" empfehlen die Tourismusstrategen den unter Beschuß geratenen Wintergästen folgende Verhaltensregeln zu beherzigen:

Verkehr

1. Nicht immer ist für den Skiurlaub die Anreise per Auto notwendig. Als Alternative bietet sich die Bahn an. Das Gepäckproblem und der Transfer zum Urlaubsquartier sind auch zu bewältigen. Durch Vorausschicken der Skiausrüstung, die Bahnabholung durch Taxi beziehungsweise Hotelier oder die Wahl einer vorausorganisierten Pauschalreise. Skizentren wie der Arlberg, Gastein, Zell am See, Schladming oder Kitzbühel liegen direkt am internationalen Bahnnetz. Auch wer den Skiurlaub als Buspauschalreise bucht, entlastet die Straßen.

2. Oft sind Skiregionen bequem nur über die Straße erreichbar. Dann sollte der umweltbewußte Gast sein Auto in der Garage einquartieren, denn: die meisten Wintersportregionen verfügen über ein gut organisiertes Skibussystem, mit dem die Lifte schnell und gratis erreichbar sind.

3. Wer mit dem Auto anreist, sollte eines nicht übersehen: In den Alpentälern ist durch den Zimmerwechsel am Samstag Stautag. Wer es irgendwie vermeiden kann, sollte dem Wochenendchaos ausweichen.

4. Es sollte eine Selbstverständlichkeit sein, sich auch im Ausland an Geschwindigkeitsbegrenzungen, Fahrverbote und Parkbeschränkungen zu halten. Seit Herbst 1990 ist ein Rechtshilfeabkommen in Kraft, das Verkehrsstrafen auch in Deutschland einklagbar macht.

Unterkunft

1. In manchen Orten und Regionen (zum Beispiel Kleinwalsertal, Saalbach) sind besonders umweltbewußte Betriebe durch Plaketten gekennzeichnet.

2. Beim Energiesparen kann der Gast einen wichtigen Beitrag leisten; vor allem, indem er die elektrischen Geräte beim Verlassen des Zimmers abdreht. In vielen Hotels und Appartments gilt überdies die Regel: Handtücher werden nicht automatisch gewechselt, sondern der Gast kann dies beeinflussen. Handtücher, die getauscht werden sollen, landen am Boden oder in einem Korb. Das spart Energie und Waschmittel.

3. Sollte es im Hotel/Appartment eine Mülltrennung geben (Papier/Glas/Metall/Sonstiges) - machen Sie mit! Giftstoffe, Medikamente und Batterien gehören nicht in den Abfalleimer.

Essen und Trinken

1. Auch bei der Verpflegung sollte an den Müll gedacht werden. Viele Hotels bieten aus diesem Grund keine Portionspackungen mehr an.

2. Selbstversorger sollten überlegt einkaufen. Größere Einheiten sind nicht nur umweltfreundlicher, sondern auch billiger. Überflüssige Verpackung sollte im Geschäft verbleiben. Beim Getränkeeinkauf sollte man wiederverwertbare Behälter wählen. Meiden Sie Aludosen!

3. Skilauf findet in sensiblen Bergregionen statt. Winters wie sommers sollte die Regel gelten: Was ich den Berg hinauf trage, wird auch wieder hinuntergetragen.

Sport

1. Wer flachgewalzte Pistenautobahnen einfordert, kommt nicht für die grüne Umweltnadel in Frage. Naturkonforme Pisten sind halt hügelig und von unterschiedlicher Schneequalität.

2. Wer dem Massenandrang zu Weihnachten, Neujahr und Fastnacht ausweicht, entlastet die Pisten.

3. Wenn wenig Schnee ist, wird nicht Ski gefahren.

4. Die für die Umwelt ungünstigste Form des alpinen Skilaufs ist das sogenannte Variantenfahren. Variantenfahrer fahren mit dem Lift hinauf, doch abseits der gekennzeichenten Pisten zu Tal. Im Waldbereich ist das gesetzlich verboten, da junge Schutzwälder und Latschen von Stahlkanten zu Kleinholz verarbeitet werden.

5. Tourengeher werden dann zum Ärgernis, wenn sie in Hundertschaften aufsteigen und abfahren. Bei der Abfahrt sollte auf die Routenwahl ortserfahrener Tourengeher vertraut werden. SZ

4.2 Skisport und touristisches Wachstum, Möglichkeiten der Steuerung

Die in Kap. 3.1 aufgezeigten Umweltbelastungen sind direkte (unmittelbare) Effekte, die durch den alpinen Skilauf ausgelöst werden können. Ihre Vermeidung bzw. Minimierung ist durch sorgfältige Planung, Prüfung (im Rahmen einer UVP) und Rekultivierung möglich. Der wichtigste Handlungsansatz auf dieser Ebene liegt im Verzicht auf solche Geländekorrekturen, die über punktuelle, kleinflächige Eingriffe hinausgehen.

Die weitaus mehr ins Gewicht fallenden Umweltbelastungen treten jedoch in Form der **indirekten Effekte** (Sekundäreffekte) auf. Wenn auch nur mittelbar und im Verein mit anderen Faktoren wirkt der Skisport als Wachstumsmotor für Siedlungsausweitung (Bau von Hotels, Dienstleistungseinrichtungen, anderen Sport- und Freizeitanlagen) und Verkehr (Straßenbau, hohes Kfz-Verkehrsaufkommen) mit allen damit zusammenhängenden Umweltbelastungen (siehe „Teufelsspirale"). Skiläufer stellen den größten Teil der ca. 300Millionen Gästeübernachtungen, die in jedem Winter im gesamten Alpenraum gezählt werden.

Das folgende Zitat bezieht sich auf die Sekundäreffekte:

„Aber mit dem Bau der Pisten und Lifte ist es natürlich nicht getan: Seilbahnen stellen Magnete des Fremdenverkehrs dar, die jedes Wochenende Scharen von Touristen anziehen. Für diese muß man Parkplätze bauen, wobei Hunderte von Hektar Wiese unter Asphalt verschwinden. Die Täler ersticken in Abgasqualm und Müll, die Bewohner werden vom Lärm belästigt, und da es sich häufig um Tagesgäste handelt, tragen die Gemeinden nur die Entsorgungslasten, ohne daran etwas zu verdienen". (KRUG in SZ vom 13.12.1990)

Ohne Zweifel stellt der Fremdenverkehr für die Alpen eine unverzichtbare Erwerbsgrundlage dar und soll als solcher nicht infrage gestellt werden, ebensowenig wie der Skisport. Jedoch mehren sich schon seit Jahren die Klagen und warnenden Stimmen auch aus touristischen Kreisen, die befürchten, daß der Tourismus seine eigenen Grundlagen zerstört, indem er Umweltqualitäten wie Ruhe, frische Luft, sauberes Wasser, naturnahe, unzerstörte Landschaft immer mehr verbraucht und belastet. Es stehen also langfristige touristische Interessen hinter dem Bestreben, dem touristischen Wachstum wirkungsvolle Grenzen zu setzen.

Es kann kaum bestritten werden daß die durch den Tourismus insgesamt hervorgerufenen Umweltbelastungen in den Alpen bereits ein äußerst bedenkliches Stadium erreicht haben. Seit der Tourismusexperte Jost Krippendorf 1975 mit seinem Buch „Die Landschaftsfresser" auf die schon damals deutlich erkennbaren selbstzerstörerischen Tendenzen des Tourismus hingewiesen hat, sind die Umweltbelastungen weiter drastisch gestiegen. Damit der „Alpsegen" nicht zum „Alptraum" wird, muß nach einer „Tourismus-Entwicklung im Einklang mit Mensch und Natur" gesucht werden (KRIPPENDORF 1986). Hier soll nicht weiter auf die Diskussion um neue Wege im Tourismus eingegangen, sondern nur darauf aufmerksam gemacht werden, daß der Skisport in diesem Zusammenhang eine Schlüsselstellung einnimmt.

Die Einsicht in die Notwendigkeit, im Interesse eines langfristig funktionierenden Fremdenverkehrs die Umweltbelastungen in den Alpen zu vermindern, führt zur Konsequenz, dem weiteren Wachstum des Skitourismus Einhalt zu gebieten. Daraus ist die Forderung abzuleiten, daß keine neuen Skigebiete erschlossen, keine neuen Skianlagen gebaut und auch keine Kapazitätsausweitungen vorhandener Aufstiegshilfen geduldet werden sollten, weil durch solche Maßnahmen neue Wachstumsimpulse erzeugt und mittelbare Umweltbelastungen hervorgerufen würden.

Wenn Kapazitätserweiterungen vorhandener Aufstiegshilfen ökologisch tolerabel sein sollen, dann muß nicht nur vor Ort die Unbedenklichkeit aus Umweltsicht festgestellt werden. Im Hinblick auf die Notwendigkeit der großräumigen Wachstumsbegrenzung ist darüber hinaus zu fordern, daß eine entsprechende Kapazitätsreduktion (z.B. Stillegung von Liften) an anderer Stelle vorgenommen wird.

In einer Beschlußempfehlung für den Ausschuß für Umwelt, Naturschutz und Reaktorsicherheit unterstützt der Sportausschuß des Deutschen Bundestages einstimmig die Forderung nach einem Stop der Erschließung weiterer Skigebiete und Gletscherregionen im Alpenraum (Informationsdienst „Sport schützt Umwelt" Nr.16, 1990).

Ökologische Qualitätssteigerungen des skisportlichen Angebots sind zu befürworten. Dazu gehört z.B. die Sanierung von rücksichtslos ausgebauten Pisten im Sinne einer naturnäheren Gestaltung und Wiederbegrünung. Dazu gehört auch die generelle ökologische Überprüfung und gegebenenfalls Verbesserung von Skigebieten, wie sie vom DSV unter dem Stichwort „Öko-TÜV" angeregt worden ist.

Die Handlungsansätze bei der Vermeidung von skisportbedingten Umweltbelastungen liegen also in erster Linie auf der Ebene der Planung und Genehmigung von Skianlagen, kaum auf der Ebene des Verhaltens von Skisportlern.

Was kann der Skisportler zur Vermeidung von Umweltbelastungen beitragen? Vor allem zwei Verhaltensregeln sind von Bedeutung: der Verzicht auf Variantenskilauf (Talfahrt abseits der Piste) und der Verzicht, seinen Sport auf einer noch nicht oder nicht mehr ausreichend schneebedeckten Piste auszuüben. Aber auch hier steht zunächst die Planungs- und Genehmigungsinstanz in der Verantwortung: Pisten sollten nicht im Nahbereich von Lebensräumen störanfälliger und schutzwürdiger Tierarten (Rauhfußhühner) ausgewiesen werden, denn vor allem hier wirkt sich der Variantenskilauf ökologisch belastend aus. Auch die rechtzeitige Sperrung von nicht ausreichend schneebedeckten Pisten ist Aufgabe der Genehmigungs- und Aufsichtsbehörden und darf nicht ins Belieben des Liftunternehmers gestellt werden.

Ein wichtiger indirekter Handlungsansatz liegt in der Information und Aufklärung der Skiläufer. Dabei kann es nicht nur darum gehen, den Skiläufer zu „umweltgerechtem Verhalten" bei der Ausübung seines Sports zu erziehen, zumal – wie ausgeführt wurde – auf dieser Ebene relativ wenig zur Lösung der Skiproblematik beigetragen werden kann. Vielmehr sollte eine Information über die Umweltfolgen des Skitourismus (mit all seinen Begleiterscheinungen) den Skiläufer dazu bringen, sich generell mit Themen des Umwelt- und Naturschutzes auseinanderzusetzen und Konsequenzen in seinem Handeln zu ziehen (z.B. bei der Verkehrsmittelwahl).

In diesem Zusammenhang kommt der **Schule** eine wichtige Funktion zu. Angesichts der für den gesamten Alpenraum als besonders problematisch erkannten Wachstumsdynamik des Tourismus ist aus Umweltsicht kritisch zu überprüfen, von der Schule organisierte Skifreizeiten anzubieten. Denn auf diese Weise werden Bedürfnisse geweckt bzw. bestärkt, die später nur noch schwer zu bremsen sind. Um die Schüler für die Umweltprobleme des Skisports zu sensibilisieren, wäre übrigens – sofern man auf die pädagogisch sinnvolle unmittelbare „Begegnung mit dem Problem" Wert legt – eine Besichtigung planierter und erodierter Pisten im Sommer wesentlich zielführender als eine „Aufklärung" im Winter. Die Schneedecke verhüllt bekanntlich „gnädig" die meisten skisportbedingten Landschaftsbelastungen. Allein aus den alten Bundesländern nahmen im Winter 1990/91 mehr als 400.000 Schüler und 30.000 Lehrer an Schulskikursen teil.

Der Skisport ist – wie bereits erwähnt – vor allem als Massenphänomen problematisch, indem durch verstärkten Nachfragedruck der weitere Ausbau und die Neuanlage von Liften und Pisten vorprogrammiert wird. Will man mittel- und langfristig eine Entlastung der bereits überstrapazierten Alpen erreichen, dann sollte man darauf verzichten, künftige Nachfrage auch noch über die Schule heranzuziehen. Es sollte den Kindern nicht der Eindruck vermittelt werden, Abfahrtsskilauf sei ein Sport, der einfach zum Leben gehört und zu dem es im Winter keine attraktive Alternative gibt. Vorschläge für „Wintererlebniswochen" (ohne Pistenskilauf) liegen bereits zahlreich vor (z.B. LBV 1991).

Ganz anders verhält es sich mit dem Angebot von Skilanglauf und Tourenskilauf im Rahmen von Skifreizeiten. Denn bei richtiger Trassierung der Loipen und Routen (d.h. bei Meidung von Lebensräumen der Rauhfußhühner und Schonung trittempfindlicher Vegetationskomplexe wie Moore) sind bei diesen sanften Formen des Skisports keine nennenswerten ökologischen (Primär-)Belastungen zu erwarten.

Die hier skizzierte Position bedeutet nicht, daß der alpine Skisport als solcher aus ökologischen Gründen abgelehnt wird, sondern es geht allein um die ökologische Problematik weiteren Wachstums im Skitourismus: um zukünftigen Nachfragedruck, der im ökologisch sehr sensiblen Alpenraum zu weiterem Ausbau (oder gar zu Neuausweisungen) von Skigebieten führt. Die Schule sollte nicht ihre Aufgabe darin sehen, solche Nachfrage zu wecken oder zu bestärken.

Der Deutsche Skiverband vertritt zur Frage der Skifreizeiten von Schülern eine entgegengesetzte Position: Die Zahl der Skiläufer in den Alpen hänge wenig davon ab, ob sie in der Schule zum Skisport geführt worden seien oder nicht. Andere Einflüsse (z.B. Elternhaus, Freunde, soziale Gegebenheiten) spielten eine größere Rolle. „Für das Verhalten der Skiläufer und für ihre Einstellung zur Natur ist es aber entscheidend, wie sie ihnen schon in der Jugend nahegebracht wurde, wie sie erfahren haben, welche Probleme mit ihrer Nutzung verbunden sind und wie man sie mindern kann. Diese Frage richtet sich nicht nur an den Skisport, sondern an unser ganzes Freizeitverhalten überhaupt. Für jegliche Aufklärung gilt, daß die Probleme nicht durch das Fernhalten der Jugendlichen gelöst werden. Vielmehr ist ein wichtiges Prinzip der Pädagogik, durch Heranführen an eine Sache den rechten Umgang damit zu lehren.

In diesem Sinne stellt die „Stiftung Sicherheit im Skisport" in hoher Auflage den Schulen die pädagogische Broschüre „Natur erleben – Natur bewahren" zur Gestaltung alpiner Skiaufenthalte zur Verfügung.„ (Schreiben LAUTERWASSER vom Juli 91).

Daß es im Winter für Schulfreizeiten spannende und vielfältige Alternativen zur „herkömmlichen Pistenfreizeit" gibt, stellt eine Broschüre dar, die von der Akademie für Lehrerfortbildung Dillingen zusammen mit dem LBV (Landesbund für Vogelschutz Bayern) herausgegeben wurde: „Umweltaktivitäten bei Klassenfahrten" (1991). Zur Erläuterung dieser Anregungen für „Wintererlebniswochen" wird auf den besonderen Stellenwert von „Umwelterziehung, Artenkenntnis und spielerischer Naturerfahrung" hingewiesen. Soziale und Bewegungsaspekte sollen integriert werden, „ohne im Gegenzug die Natur zu belasten". „Vom Ski aus kann sich kein Umweltbewußtsein entwickeln" (SZ vom 10.12.1991).

Die „Teufelsspirale"

Durch den Bau oder die Erweiterung von Skianlagen werden Wachstums- oder Aufschaukelungsprozesse ausgelöst, die eine ungewollte Eigendynamik entfalten können. Denn die Skianlage ist Teil eines kommunalen und regionalen Nutzungssytems, dessen Einzelglieder sich gegenseitig beeinflussen und „positiv verstärken". Dieser Gesichtspunkt soll hier in einer Abfolge von Entwicklungsschritten drehbuchartig skizziert werden:

- **Problem:** Warteschlangen an der Talstation und an den Liften des Skizirkus. Die bestehende Skianlage reicht nicht aus, um den Ansturm der Skisportler zu bewältigen.

- **Reaktion:** Die Förderleistung der Anlage wird erhöht, zusätzliche Lifte werden installiert.
- **Problem:** Die Dichte der Skifahrer auf den Pisten steigt an. Es entstehen Engpässe, vor allem in schwierigen Abschnitten. Erhöhte Unfallgefahr.
- **Reaktion:** Die Pisten werden erweitert und „entschärft". Das bedeutet: Abfahrtsschneisen durch den Bergwald werden verbreitert, Unebenheiten, Kuppen, Geländekanten und andere natürliche „Hindernisse" werden abgetragen, Mulden verfüllt. Gerade für schwache und mittlere Skifahrer bieten sich jetzt verbesserte Abfahrtsmöglichkeiten und die Piste ist gut maschinell präparierbar.
- **Problem:** (im Hinblick auf den Naturhaushalt): Die Pistenverbreiterung und Geländekorrekturen verstärken Umweltprobleme wie überhöhten Oberflächenabfluß (Wildbachgefahren) und Bodenabtrag (Hangrutschungen, Muren). Das Risiko solcher Katastrophen trägt die Gemeinde (weitere Umweltbelastungen siehe Text).
- **Reaktion:** (im Nahbereich der Anlage): Die guten Skiläufer empfinden die breit hergerichteten „Skiautobahnen" als steril und langweilig. Sie suchen eine sportliche Herausforderung, die sie im Variantenskilauf abseits der Piste finden.
- **Problem:** (im Nahbereich der Anlage): Scheue Tierarten werden beunruhigt, aufgeschreckt und vertrieben. Der enorme Energieaufwand bei der Flucht schwächt und gefährdet die Tiere (speziell Rauhfußhühner) in ihrer extremen Lebenssituation (Nahrungsmangel).
- **Reaktion:** (auf die Geländekorrekturen auf der Piste): Die vereinfachten, gleichmäßig geneigten Abfahrten erlauben eine erhöhte Fahrtgeschwindigkeit. Der Skisportler ist schneller wieder an der Talstation angelangt.
- **Problem:** Es bilden sich neue Warteschlangen. Sie rufen Forderungen nach Ausbau und Ergänzung der Skianlagen hervor. Damit beginnt der „Teufelskreis" von vorn.
- **Problem:** (in der gemeindlichen Entwicklung): Es entstehen Engpässe im Betten- und Infrastrukturangebot durch die gestiegene Gästezahl.
- **Reaktion:** Die Engpässe werden beseitigt durch den Bau neuer Hotels, durch Um- und Neubau von Straßen und Parkplätzen, durch neue Dienstleistungsangebote und durch die Erweiterung der Ver- und Entsorgungsinfrastruktur (Abwasser- und Müllbeseitigung).

- **Problem:** Die ohnehin knappen Freiflächen des Alpentales werden überbaut, der Kfz-Verkehr wird immer lästiger. Der besondere dörfliche, landschaftstypische Charakter des Ferienortes verliert sich mehr und mehr in verstädterten, uniformen Baustrukturen. Die ehemals individuellen „Nischen" mit Atmosphäre werden durch Massenbetrieb entwertet.

- **Reaktion:** Anspruchsvollere Urlauber (speziell Dauergäste) kehren der Gemeinde zuerst den Rücken und suchen sich neue Ferienziele. Die erhöhte Sensibilität gegenüber Umweltbelastungen und der Wunsch nach mehr Naturnähe, Ruhe und Ortsatmosphäre läßt immer mehr Urlauber nach Gemeinden mit „sanften" touristischen Angeboten Ausschau halten.

- **Problem:** Die Gemeinde sucht die Lösung in einer „Flucht nach vorn", d.h. Ausbau des Infrastrukturangebotes auf Kosten von Landschaft und Umweltqualität. Sie setzt auf anspruchslose Urlauber. Der Charakter des Ortes wird immer anonymer, hektischer, unwohnlicher. Touristische Monostruktur ist krisenanfällig.

Aus: Süddeutsche Zeitung vom 14./15. Dezember 1991

5. Exkurs: Beschneiungsanlagen

5.1 Einleitung

In den vergangenen Jahren sind Beschneiungsanlagen vermehrt zum Einsatz gekommen und es zeichnet sich eine noch erheblich ansteigende Nachfragewelle danach ab. Denn einige große Fremdenverkehrsorte konnten mit Hilfe dieser Anlagen ihr Wintersportangebot auch in klimatisch ungünstigen Zeiten präsentieren und damit Konkurrenzvorteile erzielen. Daraufhin werden mehr und mehr andere Orte „nachziehen". Gleichzeitig wird von Seiten des Umwelt- und Naturschutzes vor den ökologischen Auswirkungen des Kunstschnees gewarnt. Im Exkurs werden aus der Sicht der Umwelt die Folgen dieser Anlagen dargestellt und kommentiert.

Die folgende Zeitungsnotiz macht die Wachstumstendenz deutlich: „In allen Alpenländern haben die Wintersportzentren Hunderte weiterer Kanonen angeschafft ... Nach den Gäste-Einbußen von 30 Prozent im letzten Winter wegen Schneemangels haben die französischen und italienischen Skistationen eine gewaltige Artillerie modernster Schneekanonen installiert. Den Rekord dürfte dabei Alpe d'Huez halten: Hier wurden nunmehr 203 feuerbereite Rohre in Stellung gebracht" (A. Ganser in Frankfurter Rundschau, 8.12.1990).

Die Beschneiungsanlagen sind bisher vermehrt in den angrenzenden Alpenländern zum Einsatz gekommen. Das Volksbegehren zu Schneekanonen in der Schweiz zeigt, daß hierzu eine kritische Diskussion über Fachkreise hinaus begonnen hat.

In den Alpen sind bereits ca. 300 bis 400 Beschneiungsanlagen mit mindestens 2.000 einzelnen Schneekanonen im Einsatz (Schätzung des BUND 1991). Der Österreichische Alpenverein (OEAV) fordert zu Recht einen „Baustop für weitere großflächige Beschneiungsanlagen" (SZ 17.12.1991). Denn es sei zu beobachten, daß künstliche Beschneiung nicht nur punktuell stattfinde (an Engpässen, Gefahrenstellen), sondern: „Die Tendenz geht vielmehr eindeutig hin zur großflächigen Beschneiung ganzer Pisten, um den Skibetrieb dort überhaupt erst zu ermöglichen oder die Saison zu verlängern."

5.2 Funktionsweise und Ressourcenverbrauch

Künstlicher Schnee wird im wesentlichen durch zwei Verfahren erzeugt: In **Druckluft**kanonen werden Luft und Wassertröpfchen unter hohem Druck gemischt und durch eine Düse ausgeblasen. **Propeller**kanonen zerstäuben Wasser durch kleine Düsen, das in der Luft gefriert. Die Eispartikel werden durch einen Ventilator weggeblasen.

Zu einer Beschneiungsanlage gehört ein relativ großer technischer Apparat: außer den Schneekanonen ein bis zu mehreren Kilometern langes Rohrleitungssystem mit Anschlußstellen für Wasser und Druckluft (Hochdruckschneekanonen) bzw. für Wasser und elektrischen Strom (Niederdruck- oder Propellerschneekanonen), eine zentrale Station (mit Steuerung, Kompressoren, Pumpen etc.), einer unterirdischen Wasser-Zuleitung und eventuell einem Reservoir. Auf die beiden Anlagentypen (Hoch- und Niederdrucksysteme) soll hier nicht eingegangen werden.

In Amerika und inzwischen auch schon in Finnland, Italien und Frankreich werden (weitgehend) abgetötete Bakterien als zusätzliche Kristallisationskeime beigemischt, die bei gleicher Wassermenge zu einer erhöhten Schneeausbeute führen. Damit es beim Einsatz dieser Methode nicht zu negativen Nebenwirkungen kommt, muß sichergestellt sein, daß so gut wie alle zugesetzten Bakterien (mindestens 99,99%) abgestorben sind. Es ist sehr fraglich, ob diese Bedingung in der Praxis eingehalten werden kann.

Der von den Anlagen erzeugte „Kunstschnee" (auch „technischer Schnee" oder „Kompaktschnee" genannt) ist in seinen physikalischen Eigenschaften (Dichte, Luftdurchlässigkeit bzw. Isolationswirkung, Bodentemperatur) in etwa dem Naturschnee auf einer präparierten Piste vergleichbar, sein Raumgewicht (Schneedichte in kg/m^3) entspricht dem von Naßschnee oder nassem Firnschnee (3,6 bis 4,3 mal schwerer als Neuschnee).

In Abhängigkeit von der Wasserbeschaffung (Pumpbetrieb), von der Vorkühlung und von den atmosphärischen Bedingungen zum Zeitpunkt der Beschneiung schwankt der **Energieverbrauch** zwischen 1000 kWh (Niederdruckanlage ohne Verrohrung) und 22.000 kWh (vollautomatische Hochdruckanlage) pro Hektar beschneiter Fläche (MOSIMANN 1987). Große Anlagen verbrauchen über 500.000 kWh pro Saison (BROGGI/WILLI 1989). Im Vergleich dazu verbraucht ein Hotel mit 50 Betten (9 Monate) 200.000 kWh, ein Einfamilienhaus mittlerer Größe 60.000 kWh und eine Kunsteisbahn (in 1800 m Höhe bei Ganzjahresbetrieb) 450.000 kWh.

Der **Wasserverbrauch** beträgt bei großen Schneeanlagen bis zu 75l/sec. und 75 000 m^3 pro Saison. Aus 1 m^3 Wasser entstehen 2,5 bis 3 m^3 Schnee. Bei einer Beschneiung von 30 cm auf einem Hektar werden ca. eine Million Liter Wasser benötigt.

Zum **Lärm:** Druckluftkanonen sind durchschnittlich um mehr als 10 db(A) lauter als Propellerkanonen bei gleicher Schneemengenerzeugung. Innerhalb des gleichen Bautyps kann eine Lärmminderung von mindestens 10 dB(A) erreicht werden, wenn die Schneekanonen unter akustischen Gesichtspunkten optimiert werden. Der Lärm von Druckluftkanonen läßt sich durch Einbau einer „Levaldüse" verringern. Bei Propellerkanonen ist Lärmminderung möglich, indem Ventilatoren akustisch verbessert und Resonanzabsorber eingesetzt werden (ACKERMANN 1989).

5.3 Ökologische Be- und Entlastungen

KAMMER/HEGG (1990) haben in Savognin, Schweiz (Höhenlage 1200 bis 1800m) auf schon seit acht Jahren künstlich beschneiten Pisten folgende ökologische Veränderungen (im Vergleich zu natürlich beschneiten Flächen neben den Pisten) festgestellt:

- Das Angebot an Wasser und Nährstoffen für die Pflanzen steigt (zur Beschneiung war belastetes Wasser verwendet worden).
- Die Vegetationsentwicklung verzögert sich erheblich (bis um einen Monat verspätete Ausaperung). Durch den relativ frühen Schnitt ist die generative Fortpflanzung späterblühender Arten teilweise nicht gewährleistet.
- Das Artenspektrum der Vegetation verschiebt sich: Typische Arten trokkener und nährstoffarmer Standorte werden verdrängt von Allerweltsarten.
- Die Artenzahl pro Flächeneinheit sinkt erheblich (um ein Viertel bis ein Drittel). Das gilt für Fettwiesen, Magerwiesen und subalpine Rasen.
- Der Anteil der Gräser an der Vegetationsdecke nimmt deutlich ab (zwischen 17 und 33 %). Die damit zusammenhängende schwächere Durchwurzelung des Bodens macht den Hang erosionsanfälliger.

Außerdem werden nach Untersuchungen von MOSIMANN (1987), CERNUSCA (1987), BROGGI/ WILLI (1989) und KAMMER (1989) folgende direkte Umweltbelastungen durch das Aufbringen von Kunstschnee hervorgerufen:

- Erosion: Das verstärkte Schmelzwasser erhöht auf vernäßten, ohnehin labilen Böden die Trittanfälligkeit und kann hier zu verstärkter Bildung von Anrissen und Rutschungen führen.
- Fäulnis und Pilzbefall der Vegetation: Diese Wirkungen treten im Spätsommer und Frühjahr auf, wenn nasser Schnee (bei Temperaturen um -2^0 (oder leicht darüber) erzeugt wird und sich daraus eine (luftundurchlässige) Eisdecke entwickelt.
- Beeinträchtigung von Gewässern: Der Abzug der für die Schneeproduktion benötigten Wassermassen kann zur Belastung der Tierwelt in den betreffenden Gewässern führen, wenn nicht genügend Restwasser bleibt (Austrocknung, Grundeisbildung) oder wenn (durch Aufstau von Bächen zwecks Wasserentnahme) das Fließwasser-Kontinuum unterbrochen wird.
- Lärm: Beschneiungsanlagen erzeugen Lärm, der insbesondere bei nächtlichem Einsatz zu erheblichen Belästigungen führen kann. Die Lärmimmissionen der lautesten Schneerzeuger (Hochdrucksystem) liegen zwischen 91 und 99 dB(A), also in der Größenordnung von Preßlufthämmern. Niederdrucksysteme sind weniger laut (58 – 80 dB(A)). Um die gesetzlichen Lärmgrenzwerte nicht zu überschreiten, müssen die Schneeanlagen mindestens 800 bis 1000 m vom Wohngebiet entfernt stehen.
- Landschaftsbild: Vollautomatische Hochdruckanlagen sind generell viel auffälliger als verrohrte Niederdruckanlagen. Schneeanlagen belasten das Erscheinungsbild vor allem durch das Auftreten der technischen Einzelelemente in größerer Zahl und kettenartiger Anordnung.

Folgende **positive** Einflüsse (Entlastungen) durch maschinelle Beschneiung werden genannt:

- Rückgang der Bodenverletzungen: Wenn unter Mißachtung ökologischer Verhaltensregeln eine Piste auch bei ungenügender Schneebedeckung mit Raupen bearbeitet und von Skifahrern beansprucht wird, dann wirkt eine künstliche Beschneiung als Entlastung von Boden und Vegetation, indem sie die erzeugte Schneedecke vor Verwundungen schützt.
- Schutz vor Frostschäden: Bei durchgehender Schneedecke werden Frostschäden im Boden verhindert, indem das wiederholte Frieren und Auftauen des Bodens und die damit verbundenen Störungen der hier wurzelnden Pflanzen entfällt. Auch hier gilt, daß dieser Effekt nur insoweit ökologisch positiv zu beurteilen ist, als damit eine durch Skibetrieb hervorgerufene (vermeidbare) Störung kompensiert wird. Aus klimatischen Gründen schneefreie Bereiche brauchen aus ökologischer Sicht durch Kunstschnee nicht „geschützt" zu werden.
- Ertragssteigerung: Wo unter natürlichen Bedingungen Frühjahrstrokkenheit und Nahrungsmangel herrscht, kann auf entsprechenden Almen durch die Beschneiung (und die damit zusammenhängende erhöhte Feuchtigkeit und Nährstoffzufuhr) eine deutliche Verbesserung des Graswachstums erzielt werden. Damit wird unter Umständen die verspätete Ausaperung mehr als wettgemacht. Daß dieser wirtschaftliche Vorteil jedoch gerade mit einem der gravierendsten ökologischen Nachteile der Beschneiung verbunden ist, wurde weiter oben („Artenverlust") angesprochen.

Die aus ökologischer Sicht schwerwiegendste direkte Umweltbelastung durch Kunstschnee besteht darin, daß gerade die wertvollen oligothrophen (d.h. auf Nährstoffarmut und Trockenheit angewiesenen) Standorte mittelfristig zerstört werden. Die Trivialisierung der Vegetation und der Verlust an Artenvielfalt wurden von KAMMER /HEGG (1990) eindrucksvoll nachgewiesen. Die Autoren ziehen daraus folgenden Schluß: „Die Beschneiung von Magerwiesen und -weiden sowie von Hoch-, Übergangs- und Flachmooren (eventuell auch von Zwergstrauchheiden) ist aus ökologischer und naturschützerischer Sicht grundsätzlich und ausnahmslos abzulehnen" (ebenda).

Besonders schwerwiegend können die **indirekten Folgewirkungen** sein, insbesondere dann, wenn mit der maschinellen Beschneiung folgende Ziele verfolgt werden:

- Ausweitung der Skisaison über die gegebenen klimatischen Grenzen hinaus.
- Behebung von chronischem Schneemangel in Skigebieten oder Gebietsteilen mit generell ungenügenden Schneeverhältnissen.

- Anlage neuer Liftanlagen und Skipisten, die erst durch künstliche Beschneiung rentabel betrieben werden können.
- Geländekorrekturen auf bestehenden Skipisten, die nur in planiertem Zustand künstlich zu beschneien sind.
- Die durch künstliche Beschneiung gewonnene Kapazitätsausweitung von Skigebieten zieht weitere umweltbelastende Aktivitäten nach sich, z.B. Hotelbau, Ausbau anderer Sport- und Freizeiteinrichtungen. Die gesteigerte Besucherzahl vermehrt den (Spitzen-)Verkehr und die damit zusammenhängenden Probleme. Die zusätzliche Attraktivität des Gebietes erhöht den Konkurrenzdruck auf andere Gebiete. Die „Wachstumsspirale" dreht sich weiter.

Das folgende Beispiel eines Sekundäreingriffs als Folge einer Beschneiungsanlage spricht für sich (Auszüge aus einem Beitrag der Süddeutschen Zeitung vom 16./17. November 1991: „Wie ein See auf einen Berg kommt – Riesiger Wasserspeicher soll Schneekanonen im Skigebiet Winkelmoos-Steinplatte speisen"). „Die Steinplatten-Aufschließungs-GmbH mit Sitz im Tiroler Waidring hat in der Gipfelregion, unmittelbar bei der Bergstation des Kapellenlifts, einen riesigen betonierten Wasserspeicher errichtet, aus dem eine neue Beschneiungsanlage gespeist werden soll.

Von diesem künstlichen See wurden zum fünf Kilometer höher gelegenen Auslauf der Plattenkogel-Abfahrt meterdicke Betonrohre verlegt, um mit Schneekanonen die Pisten mit Kunstschnee eindecken zu können. Das Wasser für den 150 Meter langen und 40 Meter breiten Speicher wird aus dem Unkental heraufgepumpt. Mit der Beschneiungsanlage im ‚Drei-Länder-Skiparadies', deren Lifte bayerische Skigebiete mit Pisten in den österreichischen Bundesländern Tirol und Salzburg verbinden, soll das Manko ausgeglichen werden, daß der Schnee erfahrungsgemäß zum Saisonbeginn an exponierten Stellen nicht liegenbleibt. Bei der Waidringer Aufschließungs-Gesellschaft hält man es für besser, ‚die schneefreien Stellen gleich richtig zu beschneien, als mit der Pistenraupe Schnee draufzuschieben'. Auf diese Weise könne man dem Fremdenverkehr für Weihnachten ein sicheres Skigebiet garantieren, heißt es."

Die Kritiker weisen darauf hin, daß dieses „Größenwahn"-Projekt „in einem der schneesichersten und gleichzeitig mit am stärksten frequentierten Skigebiet" Kapazitätserweiterungen und damit weitere Umweltbelastungen nach sich ziehe.

Fallbeispiel Fellhorn (Oberstdorf):
Ein Beispiel für die Unersättlichkeit beim Einsatz von Kunstschnee liefert die Fellhornbahn (Oberstdorf): Die Schneekanonen, die seit 1987 „eine sichere Talabfahrt und einen pünktlichen Saisonstart am Fellhorn garantieren", sollen 1991 ausgebaut werden. Es ist vorgesehen, die Beschneiungsanlagen nicht erst am 15. November, sondern bereits am 1. November in

Betrieb zu nehmen. Statt im Februar soll die Kunstschneezeit erst im März enden. Neben den bisher beschneiten Abschnitten der Talabfahrt sollen zwei weitere höher gelegene Steilhänge mit künstlichem Schnee präpariert werden. Die „Umweltkosten" werden in Kauf genommen: die Wasserentnahme steigt von 30.000 auf 45.000 Kubikmeter Wasser, der Energieverbrauch von 100.000 Kilowattstunden pro Jahr erhöht sich um ca. 30.000, die Vegetationszeit wird verkürzt. Das Argument für die Erweiterung: „Die Konkurrenz arbeitet längst mit Schneekanonen. Es geht uns aber nicht um Wettrüsten, sondern um Nachrüsten ... Wir müssen die Schäden auf das unvermeidbare Maß begrenzen". Diese Argumentation wird hier zitiert (aus SZ vom 14./15.12.1991), weil sie typisch ist und die Wachstumsdynamik deutlich macht. Natürliche Grenzen werden mit dem Hinweis auf die ökonomische Konkurrenz mißachtet. Der einzelne Liftbetreiber fühlt sich unter einem betriebswirtschaftlichen Zwang zur „Nachrüstung". Eine solche „Spirale" von zunehmenden Eingriffen in die Natur läßt sich vor allem auf der großräumigen Ebene aufhalten: durch gemeinsames Handeln der Aufsichtsbehörden zur Begrenzung des „Wettlaufs gegen die Natur".

Um die zusätzlich geplanten Eingriffe besser einordnen zu können, einige Daten zur bestehenden Belastungssituation: Die für den Pistenskilauf genutzte Fläche am Fellhorn beträgt 202 ha. Davon sind insgesamt 48 ha (24 %) durch verschiedene Geländeeingriffe (Rodungen, Planierungen etc.) verändert. Massiv wurden zwei Drittel dieser Fläche (ca. 32 ha) durch Vollplanierungen belastet. Rund 17 % der Vollplanierungen entfallen auf schutzwürdige Biotope (z.B. Moore). Mechanische Beschädigungen von Krummholzgebüsch (Latschen) und Zwergsträuchern (Alpenrosen) haben zu einer Umwandlung dieser hochwertigen Vegetationsgesellschaften in minderwertigen Rasen geführt (KOHLER 1989).

5.4 Möglichkeiten und Grenzen des Einsatzes

Angesichts des ohnehin bereits die ökologischen Kapazitätsgrenzen sprengenden Skitourismus in den Alpen muß aus der Sicht der Umwelt jeder weitere Wachstumsimpuls abgelehnt werden. Daher können aus ökologischer Perspektive nur kleinere Schneeanlagen akzeptiert werden, die das Skipisten-Angebot nicht quantitativ ausweiten, sondern nur qualitativ „abrunden", indem sie lediglich zur Beschneiung exponierter und punktueller Gefahrenstellen eingesetzt werden.

Beschneiungsanlagen können einen „richtigen" Winter nicht ersetzen, sondern dürfen nur als ein Behelfsmittel gesehen werden, das kleinflächig Engpässe in einem sonst funktionierenden Skigebiet überbrückt. Aber auch hier ist der Einsatz nur vertretbar, wenn damit keine schwerwiegenden Eingriffe verbunden sind (z.B. bei der Wasserzuleitung).

Beschneiungsanlagen dürfen nicht dazu verwendet werden, natürliche (z.B. klimatische) Grenzen eines Skigebietes zu überspringen, um konkurrenzfähig gegenüber Gebieten mit besseren natürlichen Voraussetzungen zu werden.

Es genügt nicht, jedes einzelne Beschneiungs-Projekt einer Umweltverträglichkeitsprüfung zu unterziehen. Denn auf diesem Wege lassen sich nur die direkten Belastungen erfassen und minimieren, während die nur aus der übergeordneten, großräumigen Perspektive erkennbaren indirekten Folgen des Wachstumsimpulses unberücksichtigt bleiben müssen.

Der Skitourismus hat bereits zu nicht mehr akzeptablen Belastungen des Naturhaushalts in den Alpenraum geführt. Wenn in manchen Jahren durch Schneemangel dem Wintertourismus eine gewisse „natürliche Grenze" gesetzt ist, sollte diese als Chance zur Regeneration des Naturhaushalts verstanden werden, anstatt mit Hilfe von Kunstschnee diese klimatische Grenze überspringen zu wollen.

6. Zusammenfassende Würdigung

In den gesamten Alpen zählt der Pistenskilauf mit seinen Folgeerscheinungen zu den wichtigsten Quellen der Umweltbelastung. Kennzeichnend für den alpinen Pistensport ist

- die hohe Dichte der Sporttreibenden auf eingeschränktem Raum (Massenphänomen),
- die Beanspruchung empfindlicher Gebiete (speziell deren Erosionsanfälligkeit und Störanfälligkeit für Tier- und Pflanzenwelt),
- der hohe technische Aufwand (Aufstiegshilfen, Pistenausbau),
- die Auslösung von Sekundäreffekten (vor allem durch den Individualverkehr, durch Bau von Hotels, weiteren Freizeitanlagen etc.).

In dem hoch sensiblen „Ökosystem Alpen" ist die Errichtung von Aufstiegshilfen und Pisten in jedem Fall ein schwerwiegender Eingriff, der sich ökologisch nicht angemessen kompensieren läßt. Eine Schonung der Umwelt kann nur dann ernsthaft erwartet werden, wenn keine weiteren Erschließungsmaßnahmen für Skizwecke durchgeführt („Einfrieren") und keine weiteren Geländeplanierungen zugelassen werden („Nivellierungsverbot") und bestehende Schäden renaturiert werden („Sanierungsgebot").

Angesichts der skitouristischen Übererschließung des Alpenraumes sind solche Forderungen nicht unangemessen. Die bestehenden Anlagen bieten genügend Raum für Millionen Freizeitsportler, um den Skisport ausüben zu können.

In den Geländekorrekturen ist (neben der Waldrodung) der schwerwiegendste Eingriff in den alpinen Naturhaushalt zu sehen (Erosion, erhöhter Oberflächenabfluß, Lebensraumzerstörung, Landschaftsbildverschandelung).

Die eingeebneten Pisten sind für die anspruchsvolleren Skiläufer reizlos geworden, weshalb verstärkt das „Abenteuer" abseits der Pisten gesucht wird. Der „Variantenskilauf" wiederum ist eine schwerwiegende Störquelle für scheue und ruhebedürftige Tierarten (vor allem für Birkhuhn, Auerhuhn, Haselhuhn und Schneehuhn).

Der alpine Skisport gehört nicht nur wegen seiner gravierenden unmittelbaren Umweltbelastungen, sondern ebenso auch wegen seiner Funktion als Motor einer ungebremsten touristischen Wachstumsdynamik in vielen Regionen der Alpen zu den problematischsten Sportarten.

Zu den rechtlichen Aspekten zusammenfassend:

Zur Errichtung von Liften ist eine Bau- und Betriebsgenehmigung und eine bergbahnrechtliche Baugenehmigung einzuholen. Die Inbetriebnahme darf erst nach Funktionsprüfung und Zustimmung der Aufsichtsbehörde erfolgen. Soll eine Skisportanlage in einem Natur- oder Landschaftsschutzgebiet errichtet werden, wird darüberhinaus eine naturschutzrechtliche Genehmigung erforderlich. In allen übrigen Fällen fließen Naturschutzaspekte über § 8 NatSchG ein. Aufstiegshilfen und notwendige Nebenanlagen stellen im baurechtlichen Außenbereich privilegierte Vorhaben dar.

Literatur

ACKERMANN, U.: Lärm von Schneekanonen und seine Minderung, in: Zeitschrift für Lärmbekämpfung H. 36, 1989

ADH (Allgemeiner Deutscher Hochschulverband): Skisport und Umwelt – Schneemangel bei Skifreizeiten und was dann? Praktische Tips, in: Hochschulsport, H. 11/12, 1988

AKADEMIE F. LEHRERFORTBILDUNG (Hrsg.): Umweltaktivitäten bei Klassenfahrten. Akademiebericht Nr. 192, Dillingen 1991

AKTIONSKREIS SKISPORT U. UMWELT (Hrsg.): Natur erleben – Natur bewahren – Pädagogische Fachbroschüre zur Gestaltung schulischer Skiwochen in den Alpen. DSV-Umweltreihe Bd. III, Weilheim 1991

AMMER, U. / U. PRÖBSTL / U. MODLINGER: Skisport und Umwelt – Eine Zusammenstellung der Fachliteratur. DAV (Hrsg.), München 1988

BROGGI, F. / G. WILLI: Beschneiungsanlagen im Widerstreit der Interessen. CIPRA (Hrsg.), Vaduz 1989

BUND (Bund Umwelt und Naturschutz Deutschland): Schul-Ski-Zirkus, der Bund Naturschutz bietet Alternativen, in: Natur und Umwelt, H. 4, 1989

BUND NATURSCHUTZ-Jugendorganisation: Stopp Schulskikurse! Es gibt bessere Alternativen. Informationen f. Schüler, Eltern und Lehrer, München 1990

BUNDESAMT für Forstwesen und Landschaftsschutz: Variantenskifahren, Probleme und Maßnahmen. Bern 1987

CERNUSCA, A.: Probleme von Wintersportkonzentrationen für den Naturschutz, in: Jahrbuch für Naturschutz und Landschaftspflege, ABN (Hrsg.) a.a.O., Bd. 38, 1986

CERNUSCA, A.: Skiläufer bedrohen die Natur, in: Umwelt (Zeitschrift des VDI) H. 11/12, 1987

DORNER R. / H. GLATZ / C. SCHREMMER: Eigenständige Entwicklung peripherer Regionen und umweltfreundlicher Fremdenverkehr. Gutachten des Instituts f. Höhere Studien im Auftrage des Bundeskanzleramtes und des Bundesministeriums f. Gesundheit und Umweltschutz, Wien 1985

DSV (Deutscher Skiverband): Umweltplan 2000 – Wege zum umweltgerechten Skisport, München 1990

GREIF, F.: Wintersporteinrichtungen und ihre Auswirkungen auf die Land- und Forstwirtschaft. Bundesanstalt für Agrarwirtschaft (Hrsg.), Schriftenreihe Nr. 47, Wien 1987

GROSJEAN, G.: Visuellästhetische Veränderungen der Landschaft, in: Umbruch im Berggebiet, Brugger et. al. (Hrsg.), Bern 1984

HENSELMANN, M.: Fremdenverkehr versus Umweltschutz im Alpenraum, München 1991

KAMMER, P.: Auswirkungen von Kunstschnee auf subalpine Rasenvegetation. Lizentiatsarbeit am systematischgeobotanischen Institut der Universität Bern, 1989

KAMMER, P. / O. HEGG: Auswirkungen von Kunstschnee auf subalpine Rasenvegetation. Bern (unveröff. Manuskript)

KLENK, G.: Schullandheimaufenthalte als Alternative zu Schulskikursen, in: Praxis der Naturwissenschaften, Biologie, Thema: „Ökologische Probleme des Massentourismus", H. 3., Jg. 39, 1990

KLÖTZLI, F. / H. SCHIECHTL: Skipisten – tote Schneisen durch die Alpen. Kosmos H. 12, 1979

KOHLER, U.: Das Skigebiet Fellhorn – ein Beispiel für Biotopstörung und -zerstörung durch Massentourismus, in: 4. Allgäuer Gespräche zum Sanften Tourismus – Dokumentation, Stuttgart 1989

KRIPPENDORF, J. / H. MÜLLER: Alpsegen – Alptraum. Für eine Tourismus-Entwicklung im Einklang mit Mensch und Natur, Bern 1986

LAUTERWASSER, E.: Skisport und Umwelt – Ein Leitfaden zu den Auswirkungen des Skisports auf Natur und Landschaft. DSV-Umweltreihe Bd. 1, Weilheim 1989

MARKERT, P. Wiederansiedlung standortgerechter Vegetation an Hanganrissen in den Hochlagen, dargestellt am Modell Kleinwalsertal. Schwanstetten 1985

METZ, D.: Das letzte Gefecht auf der Piste – 4000 Kanonen nehmen Alpen unter Beschuß. Bundesgesundheitsamt in Berlin warnt vor Kunstschnee mit Bakterienzusatz, in: Süddeutsche Zeitung 22. Febr. 1990

MOSIMANN, T. / P. LUDER: Landschaftsökologischer Einfluß von Anlagen für den Massenskisport. Materialien zur Physiogeographie H. 1, Basel 1980

PARTSCH, K.: Der Tourismus in den Alpen, in: 5. Allgäuer Gespräche zum Sanften Tourismus – Dokumentation, Hrsg.: Naturfreundejugend Deutschlands in Zusammenarbeit mit dem Deutschen Naturschutzring (DNR) und der Georg-von-Vollmer-Akademie, Kochel 1990

PRÖBSTL, U.: Skisport und Vegetation. Die Auswirkungen des Skisports auf die Vegetation der Skipiste. DSV-Umweltreihe Bd. 2, Weilheim 1990

SCHAUER, TH.: Vegetationsveränderungen und Florenverlust auf Skipisten in den bayerischen Alpen. Jahrbuch Verein z. Schutz der Bergwelt, 46. Jg., München 1981

VOLK, H. / SCHWARZ, O.: Alpine Skizentren auf dem ökologischen Prüfstand, Beispiel Feldberg/Schwarzwald, in: Allgemeine Forst Zeitschrift (AFZ), H. 1-2, 1989

WEISS, H.: Auswirkungen von Skianlagen und Geländekorrekturen aus der Sicht des Landschaftsschutzes, in: Bossard (Hrsg.): Skipistenplanierungen und Geländekorrekturen. Berichte Nr. 237 der Eidgen. Anstalt f.d. forstliche Versuchswesen, Birmendorf 1982

WEIZSÄCKER, E.U.: Alpenpolitik. Referat bei der „Alpen-Enquete", Salzburg 1990

WESTDEUTSCHER SKIVERBAND: Skisport in einer intakten Umwelt – Eine Information mit Naturschutz- und Umweltverhaltensregeln für die Skiläufer, Meinerzhagen o.J.

Skilanglauf und Skiwandern (W)

Skilanglauf und Skiwandern

1. Einführung

Skilanglauf wird in Gebirgstälern, im Mittelgebirge und im Flachland gleichermaßen betrieben. Dieser „sanfte", kaum auf Infrastruktur angewiesene, ruhige Sport kann jedoch auch Umweltprobleme auslösen, wenn er an der falschen Stelle ausgeübt wird.

Eine **Loipe** für den Skilanglauf ist definiert als maschinell gespurte, markierte, unterhaltene und vor (z.B. alpinen) Gefahren gesicherte Strecke. Im Falle der (mit dem normalen Laufstil auf der gleichen Loipe unvereinbaren) Freistiltechnik („Skaten") muß die Strecke nicht brettgetreu gespurt, sondern als gewalzte Fläche präpariert sein.

Das **Skiwandern** (mittels Tourenski) ist dadurch gekennzeichnet, daß es an keine vorgegebenen Spuren gebunden ist. Allenfalls können „Wanderrouten" ausgewiesen werden. Skitouren werden in allen Teilen der Landschaft unternommen, soweit keine natürlichen (z.B. zu starkes Relief, gefährliche Lawinenbereiche) oder technische (Straßen, Siedlungen) Hindernisse dem entgegenstehen.

2. Konflikte und Lösungsansätze

Der von den Bergstationen der Aufstiegshilfen aus startende Variantenskiläufer bewegt sich abseits der Pisten im Tiefschnee. Auch der Tourenskiläufer beansprucht Bereiche außerhalb der präparierten Abfahrten bzw. Loipen. Schließlich kann auch der Langläufer sowohl auf der Loipe und noch mehr bei ihrem Verlassen zur Belastungsquelle werden. Es besteht die Gefahr, daß die Lebensräume störanfälliger Tierarten durch solche Aktivitäten betroffen werden und die jeweiligen beunruhigten Arten entweder vertrieben oder – wenn ein Ausweichen in geeignete andere Biotope nicht möglich ist – ganze Populationen in ihrer Existenz gefährdet werden.

Auch schützenswerten und zugleich empfindlichen Heideflächen und Mooren besonders in Mittelgebirgen droht Beeinträchtigung, wenn sie von Skiläufern beansprucht werden.

Im Falle des Variantenskilaufs, des Skiwanderns und des Langlaufs besteht die Möglichkeit, durch Absperrungen, Hinweistafeln bzw. Trassierung der Loipen die Skiläufer so zu lenken, daß sowohl die empfindlichen Vegetationskomplexe als auch die für das Überleben der seltenen Tierarten notwendigen Rückzugs- und Ruheräume von störenden Aktivitäten verschont bleiben.

2.1 Störempfindliche Lebensräume der Rauhfußhühner

Das ökologische Hauptproblem des Skilanglaufs (ebenso wie des Skiwanderns) besteht in der eventuellen Vertreibung von Rauhfußhühnern. Auf die Lebensansprüche und speziell die Sensibilität der in ihrem Bestand stark gefährdeten (nur noch in Restbeständen vorkommenden) und daher äußerst schutzwürdigen Rauhfußhühner (Birkwild, Auerwild, Schneehuhn) wird hier näher eingegangen.

Das **Birkwild**[1]) ist auf folgende Biotoptypen in offenen, störungsfreien Landschaften angewiesen:

- Stabile, klimanahe Vegetationsformen wie Moore oder die Region an der Waldgrenze (natürliche Biotope),
- Heide-Moor-Landschaften und extensiv genutzte Grünlandgebiete und Mittelgebirge (von menschlicher Nutzung geprägte Biotope).

In den Alpen lebt das Birkhuhn oberhalb der geschlossenen Bergwälder und besiedelt vorwiegend Almflächen in der Krummholzzone (z.B. mit Latschen- oder Grünerlenbeständen), in der Kampfwaldzone und in Zwergstrauchgesellschaften. Für seine verschiedenen Jahres- bzw. Lebensphasen (Brut und Aufzucht, Balz, Nahrungssuche, Ruhe und Mauser) bevorzugt der Vogel unterschiedliche Höhenstrukturen der Vegetation (von Weideflächen über hochwüchsige Saumgesellschaften bis hin zum Waldrand).

Eine überlebensfähige Birkwildpopulation von ca. 50 Individuen benötigt ein von der Biotopstruktur geeignetes und weitgehend störungsfreies zusammenhängendes Gebiet von mindestens 1.500 Hektar.

Das Birkwild ist überall in seinem Bestand gefährdet. Im Alpenraum leben noch relativ stabile Populationen. Die wichtigste Ursache für den Niedergang der Birkhuhnpopulationen ist die Veränderung der Landnutzung und Landschaftsstruktur in den vergangenen Jahrzehnten. Die auf Resträume geschrumpften Birkwildvorkommen sind zusätzlich durch Störeinwirkungen gefährdet.

Der gravierendste Störfaktor ist die Freizeitnutzung, sofern der Erholungsuchende (z.B. der Skiläufer) in den Lebensraum eindringt. Die Störung erfolgt als Beunruhigung (d.h. Aufscheuchen, Unterbrechung des normalen Lebensrhythmus ohne Verlassen des Habitats) oder als Vertreibung (Zwang zum Verlassen des angestammten Aufenthaltsorts und zum Aufsuchen eines anderen, weniger geeigneten Biotops).

Das Birkwild reagiert auf einen frei gehenden Menschen schon bei einer Entfernung von 200 bis 300 Metern mit Flucht. Störungen sind besonders im Winter deshalb problematisch, weil als deren Folge dringend benötigte Energiereserven verbraucht und die Nahrungsaufnahme erschwert oder gar verhindert wird.

---

[1]) Statt „Birkwild" ist auch die Bezeichnung „Birkhuhn" als Sammelbegriff für Hahn und Henne gebräuchlich. Entsprechendes gilt für das Auerwild.

Das **Auerwild** lebt in Wäldern mit folgenden Merkmalen: Zusammenhängende lichte Waldbestände mit Nadelbaumarten. Die Bestände müssen ausreichend Bodenvegetation und zonenweise Waldverjüngung aufweisen.

Das **Auerwild** ist in seinem Bestand in der Bundesrepublik stark bedroht. Kleine Restvorkommen finden sich in mehreren Mittelgebirgen, etwas größere Bestände in den Hoch- und Voralpen.

Wenn sich Erholungsuchende mehr oder weniger geregelt auf Wegen oder Loipen bewegen und das Auerhuhnbiotop entlang dieser Zonen dekkungsreich ist, verträgt sich eine extensive Walderholung mit den Lebensansprüchen des Auerwilds, wie Beobachtungen z.B. aus Gebieten bei Oberammergau, am Spitzingsee und im Fichtelgebirge gezeigt haben. Wo jedoch die Bodendeckung schlecht ist, hält ein einziger durch einen Auerwild-Biotop gehender Mensch einen breiten Streifen des Waldes auerhuhnfrei (SCHRÖDER et. al. 1981).

2.2 Lösungsansätze

Bei den Störwirkungen, die möglicherweise durch Skilanglauf verursacht werden, ist zu unterscheiden zwischen Beeinträchtigungen,

- die von einer durch ein Auerwildbiotop führenden Langlaufspur auf diese Tiere ausgehen, und solchen,
- die auf solche Langläufer zurückgehen, die die gespurte Loipen verlassen und querfeldein wandern.

Wie Untersuchungen von VOLK (1983) im Schwarzwald ergeben haben, zieht sich das Auerhuhn aus dem loipennahen Bereich zurück. Die Anlage einer vielbegangenen Loipe bedeutet eine für die betroffene Auerwildpopulation belastende Zerschneidung ihres Lebensraumes.

Aus der Sicht des Umweltschutzes ist daraus die Konsequenz zu ziehen, den Trassenverlauf einer Loipe so zu legen, daß ein Auerhuhnbiotop umfahren wird. Das gleiche gilt für die Lebensräume der anderen Rauhfußhühner.

Das ist in manchen Gebieten nur mit Hilfe sorgfältiger Planung durchzuführen. So etwa decken sich im intensiv skisportlich genutzten Schwarzwald die schneesicheren, hoch gelegen Skilanglaufgebiete zum großen Teil mit Auerwildbiotopen. In diesem Zusammenhang stellt sich auch das Problem, wie „Querfeldein-Läufer" an der Störung von Auerwildbiotopen gehindert werden können.

Folgende Maßnahmen der Vermeidung von Konflikten zwischen Skiwandern und Skilanglauf einerseits und dem Schutz der Rauhfußhühner andererseits werden empfohlen:

- Verlegung von Loipen aus dem Biotop der Rauhfußhühner,
- „Bindung" der Langläufer an die gespurten Loipen durch Attraktivitätssteigerung (z.B. guter Ausbau, Unterhaltung und Pflege der Loipe),

- Steuerung durch gezieltes Parkplatzangebot am Loipennetz,
- Behinderung der Zugänglichkeit bestimmter Wege und alter Trassen durch Zupflanzen, „Rauhebäume" und ähnliche Maßnahmen,
- Gebote und Sperrungen: Wegegebot, Sperren von Waldflächen (Ausweisung von Schutzgebieten für das Auerhuhn),
- Öffentlichkeitsarbeit: Aufklärung über den Sinn einer Schonung der Rauhfußhuhn-Biotope.

Durch Störungen bereits eingeengte Lebensräume sind an den Rändern zu erweitern, indem
- Störungsquellen beseitigt und/oder
- durch Biotopmanagement geeignete Lebensraumstrukturen (z.B. Auflichtung des Waldes und Anpflanzung von Unterwuchs als Deckung) geschaffen werden.

Im Falle des Skiwanderns sind die Lebensräume der Rauhfußhühner (nicht die der Hirsche und Rehe) durch Begehungsverbote zu sichern. In manchen Fällen genügt die Ausschilderung einer Wanderroute mit Hinweisen, daß deren Verlassen untersagt ist. Zur Ausweisung und Sicherung solcher Sperrzonen sind die Naturschutzbehörden heranzuziehen.

Auch Rehe, Hirsche und Gemsen können durch Skisportler gestört werden. Hier ist jedoch zu bedenken, daß diese Wildtiere erst durch Nachstellung (Jagd) scheu gemacht worden sind. Eine starke Reduzierung der Fluchtdistanzen durch veränderte Methoden der Bejagung wäre die effektivste Form der Konfliktlösung. Da dieser Weg jedoch bis auf weiteres aus politischen Gründen versperrt scheint, sollten bestimmte Ruhebereiche respektiert werden. Die Lage der Futterstellen ist mit der Routen- und Loipenplanung abzustimmen.

Auch im Hinblick auf den Langlauf ist die Frage nach den Sekundäreffekten zu stellen, die beim touristisch betriebenen Alpin-Skilauf eine so bedeutende Rolle spielen. Zur Zeit hat der Langlauf nur in wenigen Fällen den Charakter eines Massensports angenommen. Sofern bestimmte Loipenzentren in bereits touristisch belasteten Gebieten als Wachstumsimpulse wirksam werden und zum Bau von Straßen, Hotels und sonstiger (touristischer) Infrastruktur führen, gilt auch für den Langlauf aus Umweltsicht die Notwendigkeit der Wachstumsbegrenzung.

Die meisten Wildtiere können sich durchaus an den Skibetrieb gewöhnen, solange dieser örtlich und zeitlich auf den Bereich der markierten Loipe beschränkt bleibt (A). Erst der für das Wildtier unberechenbare Querfeldeinläufer veranlaßt Tiere zu panischer Flucht (B).

3. Zusammenfassende Würdigung

Der Skilanglauf gehört zu den umweltverträglichsten Sportarten, sofern die Loipen die Lebensräume schützenswerter und scheuer Tierarten (vor allem der Rauhfußhühner) verschonen sowie empfindliche Vegetationskomplexe meiden. Durch sorgfältige Trassenwahl und gute Spurpflege werden die Skiläufer in geeignete Gebiete geführt und an die Spur „gebunden".

Das Skiwandern mit Tourenski quer durch Feld und Wald führt nur dort zu ökologischen Problemen, wo (wie beim Skilanglauf) besonders sensible Lebensräume betroffen sind. Hier kann durch entsprechende Sperrzonen Abhilfe geschaffen werden.

Literatur

ARBEITSGRUPPE LANGLAUF (Schweiz): Langlaufsport im Einklang mit der Umwelt – Ein Wegweiser für Loipenorganisationen, Tourismusgemeinden, Verkehrsvereine u.s.w., Bern 1986

BUND/DBV/LNU (Umweltverbände): Skifahrer nehmen Rücksicht auf die Natur! Informationsblatt für Wintersportler, o.J.

DAV (Deutscher Alpenverein): Wald und Wild schonen. Merkblatt für Skitouren- und Tiefschneefahrer, München o.J.

GEORGII, B./ W. SCHRÖDER / R.L. SCHREIBER: Skilanglauf und Wildtiere, Konflikte und Lösungsmöglichkeiten. Schriftenreihe ökologisch orientierter Tourismus, Alpirsbach 1984

SCHRÖDER, W. / W. DIETZEN / U. GLÄNZER: Das Birkhuhn in Bayern. Schriftenreihe Naturschutz u. Landschaftspflege des Bayer. Landesamtes f. Umweltschutz, H. 13, München 1981

VOLK, H.: Wintersport und Biotopschutz – Hat das Auerhuhn in Skilanglaufgebieten eine Chance?, in: Natur und Landschaft, H. 12, 1983

VOLK, H.: Biotopschutz und Freizeitnutzung der Wälder, in: Forst- und Holzwirt, Jg. 39, S. 414–418, 1984

VOLK, H.: Skilanglauf und Umwelt, Ansichten und Verhaltensweisen der Läufer, in: Allgemeine Forst Zeitschrift (AFZ), H. 12, 1988

Rechtliche Aspekte zum Skisport (Ski alpin und Langlauf) (X)

Rechtliche Aspekte zum Skisport (Ski alpin und Langlauf) (X)

1. Errichtung von Skisportanlagen

Skisport wird überwiegend als Freizeitsportart ausgeübt. Es finden sich verschiedene Formen der sportlichen Betätigung, die entsprechend unterschiedliche infrastrukturelle Ausstattungen erfordern (Langlauf, Tourenskifahren, Abfahrtsskilauf - neuerdings auch auf sog. Snowboards - und Skispringen). Besondere Bedeutung haben die Errichtung von Aufstiegshilfen und der sog. Pistenausbau.

Vor diesem Hintergrund werden unter Beschränkung auf das bayerische Recht nur die rechtlichen Voraussetzungen und Bedingungen für den alpinen Skilauf behandelt, zumal dieser unter Umweltgesichtspunkten und auch quantitativ von besonderer Bedeutung ist.

1.1 Allgemeines

Dem Skisport - alpiner Skilauf - hat der bayerische Landesgesetzgeber mit spezialgesetzlichen Bestimmungen zur Errichtung und zum Betrieb von Skiaufstiegshilfen durch das bayerische Eisenbahn- und Bergbahngesetz (BayEBG) Rechnung getragen. In allen anderen Bundesländern gelten die allgemeinen Regeln des Baurechts. Der Geltungsbereich des Gesetzes erstreckt sich auch auf Schleppaufzüge, erfaßt demnach Skiaufstiegshilfen jeder Art. Grundsätzlich zerfällt das Genehmigungsverfahren in drei Stufen:

a) Die Bau- und Betriebsgenehmigung

Bei Schleppaufzügen entscheidet die zuständige Kreisverwaltungsbehörde in einem ersten Verfahrensschritt über die Bau- und Betriebsgenehmigung (Art. 2 Abs. 1-3 BayEGB).

Die Genehmigung ist zu erteilen, wenn die - in diesem Zeitpunkt noch nicht im einzelnen zu beurteilende - Betriebssicherheit angenommen werden kann, der Betreiber bzw. sein Vertreter nicht unzuverlässig ist und das Vorhaben öffentlichen Interessen nicht zuwiderläuft.

Im ersten Verfahrensschritt erfolgt demnach eine **Vorabentscheidung** über das geplante Vorhaben. Neben der Prüfung der Zuverlässigkeit des Unternehmers, der voraussichtlichen Gefährdung Dritter, dem Vorhandensein ausreichender Zu- und Abfahrten und Parkplätze hat die Kreisverwaltungsbehörde die Anhörung aller möglicherweise tangierten Träger öffentlicher Belange bereits in diesem Verfahrensabschnitt zu veranlassen.

b) Die bergbahnrechtliche Baugenehmigung

Sollte der Betreiber diese erste Verfahrenshürde genommen und die Bau- und Betriebsgenehmigung erhalten haben – ggfs. unter Beifügung von Nebenbestimmungen –, ist vor der Errichtung der baulichen Anlagen eine **Plangenehmigung** der Aufsichtsbehörde (vgl. Art. 24 BayEBG) gem. Art. 7 BayEBG einzuholen.

Das Ergebnis dieses zweiten Verfahrensabschnitts ist die bergbahnrechtliche Baugenehmigung. Eine solche gesonderte sicherheitstechnische und primär bauordnungsrechtlich geprägte Verfahrensstufe ist notwendig, weil (gem. Art. 1 Abs. 2 Nr. 1 BayBO) Anlagen des öffentlichen Verkehrs und ihre Nebenanlagen grundsätzlich vom Geltungsbereich der bauordnungsrechtlichen Vorschriften ausgenommen sind. Hierzu zählen auch Bergbahnen. Anderes gilt freilich für Gebäude, die im Zusammenhang mit der Errichtung einer Skiaufstiegshilfe gebaut werden sollen.

c) Die Betriebsabnahme und aufsichtsbehördliche Zustimmung

Der dritte Verfahrensschritt ist gleichfalls vornehmlich von Sicherheitsaspekten geprägt. Mit der Aufnahme des bestimmungsgemäßen Betriebes der Bahn darf nämlich erst nach Betriebsabnahme und Zustimmung der Aufsichtsbehörde zur Eröffnung begonnen werden.

1.2 Einzelfragen der Zulassung

In der ersten Phase des Genehmigungsverfahrens (Erteilung der Bau- und Betriebsgenehmigung) erfolgt eine differenzierte Auseinandersetzung mit den Umweltauswirkungen des geplanten Vorhabens, da sowohl während des zweiten wie auch des dritten Verfahrensabschnitts – wie angesprochen – sicherheitstechnische Aspekte und die Frage der Betriebssicherheit im Vordergrund stehen.

Die Bau- und Betriebsgenehmigung ergeht grundsätzlich unabhängig von sonstigen öffentlichrechtlichen Gestattungen; sie klärt lediglich die spezifisch auf die Errichtung der Aufstiegshilfe bezogenen Rechtsfragen.

a) Naturschutzrechtliches Genehmigungserfordernis

Für den Fall einer Planung von Skiliften etc., die in einem Naturschutzgebiet, einem Landschaftsschutzgebiet oder innerhalb des Alpen- und Nationalparks Berchtesgaden errichtet werden sollen, ist vom Vorhabensträger zunächst eine naturschutzrechtliche Genehmigung einzuholen.

In Bayern werden Naturschutzgebiete durch Rechtsverordnung festgesetzt. Sofern die Rechtsverordnung keinerlei Ausnahmen vom sog. absoluten Veränderungsverbot (Art. 7 Abs. 2 BayNatSchG) vorsieht, kommt nur im Einzelfall eine Befreiung in Betracht.

In der Rechtsverordnung, durch die ein Landschaftsschutzgebiet festgesetzt wird, sollen die Handlungen verboten werden, die den Gebietscharakter verändern oder dem besonderen Schutzzweck zuwiderlaufen. Dieses relative Veränderungsverbot wird rechtstechnisch stets durch konkrete Verbote realisiert, die mit einem Erlaubnisvorbehalt ausgestattet sind. Ob die Errichtung der geplanten Skiaufstiegshilfe den Charakter des Gebiets ändernde Qualität hat oder dem besonderen Schutzzweck zuwiderläuft, kann jeweils nur anhand der Einzelfallumstände beurteilt werden.

Hierbei sind Umfang und Sekundärwirkungen des Vorhabens, insbesondere die nachfolgende Trassierung von Pisten, der Bau von Erschließungsstraßen u.a. zu berücksichtigen. Ändert sich infolge des Vorhabens der Charakter des Landschaftsschutzgebietes oder läuft die Planung dem besonderen Schutzzweck des Gebiets zuwider, kommt daneben noch eine Befreiung nach Art. 49 BayNatSchG in Betracht.

b) Naturschutzrechtliche Eingriffsregelung

Ist das Projekt hingegen in einem Bereich geplant, für den keine besonderen Schutzausweisungen bestehen, kommt das naturschutzrechtliche „Huckepackverfahren" (§ 8 BNatSchG, Art. 6 Abs. 1 BayNatSchG) zur Anwendung. Die Bau- und Betriebsgenehmigung ergeht in diesen Fällen also im „Benehmen" mit der zuständigen Naturschutzbehörde. Da die Errichtung von baulichen Anlagen im Außenbereich (Stützen u.a., Bauwerke für die Berg- und Talstation) immer einen Eingriff i. S. der Vorschriften darstellt, hat die zuständige Naturschutzbehörde im Rahmen des Verfahrens zur Erteilung der Bau- und Betriebsgenehmigung ggfs. Ausgleichs- bzw. Ersatzmaßnahmen zu benennen.

1.3 Raumordnungsverfahren

Neben der Klärung naturschutzrechtlicher Fragestellungen wird aufgrund der Bedeutung, die dem Raumordnungsverfahren (ROV) in der Verwaltungspraxis Bayerns zukommt, die Kreisverwaltungsbehörde (Landratsamt) vor der Anhörung der möglicherweise durch das Projekt berührten Träger öffentlicher Belange dem Betreiber häufig die Durchführung eines ROV nahelegen, sofern das Projekt nicht von verhältnismäßig geringem Umfang ist. Innerhalb des entweder von Amts wegen oder – wie meist – auf Antrag des Planungsträgers eingeleiteten ROV (Art. 23 Abs. 2 BayLplG) wird sodann in einem förmlichen Verfahren von der zuständigen Landesplanungsbehörde festgestellt, ob diese Planung mit den Erfordernissen der Raumordnung und Landesplanung übereinstimmt; ggfs. hat die Landesplanungsbehörde vorzuschlagen, wie raumbedeutsame Planungen und Maßnahmen von öffentlichen und sonstigen Planungsträgern unter Raumordnungsgesichtspunkten aufeinander **abgestimmt** werden können.

Hinsichtlich des Feststellungsteils der landesplanerischen Beurteilung – Übereinstimmung mit den Erfordernissen der Raumordnung und Landesplanung – sind von der Landesplanungsbehörde neben den im jeweiligen

Regionalplan festgesetzten Zielen und Erfordernissen insbesondere die Zielbestimmungen des bayerischen Landesentwicklungsprogramms, speziell diejenigen der fachlichen Ziele zur Ordnung der Verkehrserschließung in Fremdenverkehrsgebieten, zu beachten. Hier werden zur Erschließung des Alpengebietes - räumlich bestimmt durch Anhang 7 des Landesentwicklungsprogramms - mit Bergbahnen und Liften des öffentlichen Verkehrs und mit Ski-, Grasski- und Skibobabfahrten im einzelnen Ziele festgelegt.

1.4 Baugenehmigung

a) Allgemeines

Hinsichtlich des Baus von Aufstiegshilfen herrscht weitgehende Einigkeit darüber, daß Seilbahnen und Skilifte im Außenbereich als privilegierte Vorhaben angesehen werden müssen. Ob das Vorhaben im Einzelfall als ortsgebundener gewerblicher Betrieb einzuordnen oder als nur im Außenbereich ausführbares und dort „gesolltes" Vorhaben bewertet wird, ist im Ergebnis ohne Bedeutung.

Grundsätzlich gelten hinsichtlich eines möglichen Entgegenstehens öffentlicher Belange trotz der zu bejahenden **Privilegierung** von Berg- und Seilbahnen bzw. Skiliften die Ausführungen zur Zulässigkeit von Golfvorhaben und Sportboothäfen entsprechend.

Besonderes Gewicht kommt folgenden **Belangen** zu: Positive, nicht von den tatsächlichen Gegebenheiten infrage gestellten Ausweisungen eines geltenden Flächennutzungsplans können auch privilegierten Vorhaben entgegenstehen. Das Vorhaben kann unangemessen hohe und damit unwirtschaftliche Aufwendungen z. B. hinsichtlich der Erschließungsmaßnahmen erforderlich machen. Eine mögliche Gefährdung der Wasserwirtschaft kann von beabsichtigten Grundwasserabsenkungen (Dränage) ausgehen. Zudem wird ggfs. eine bereits vorhandene Erosionsneigung verschärft - auch und gerade im Sinne von Überschwemmungsgefahren als Folge erhöhten Oberflächenabflusses bei Starkregen und Schneeschmelze. Regelmäßig wird eine gewisse ästhetische Verunstaltung des Orts- und Landschaftsbildes mit der Errichtung von Skiaufstiegshilfen verbunden sein. Ob diese Beeinträchtigung dem Bild der Landschaft bzw. des jeweiligen Ortes grob unangemessen ist, hängt nicht zuletzt vom vorzufindenden Status quo ab. Sofern bereits eine nachhaltige Störung festzustellen ist - bspw. bei Ausbau und Erweiterung vorhandener Skiinfrastruktur - kann dieser Belang kaum relevant werden.

b) Gebäude und Abfahrtsherrichtung

Zwei typische Konfliktsituationen treten außerhalb der Verfahrensbesonderheiten des BayEBG besonders häufig auf: Der baugenehmigungspflichtige Bau von Nebengebäuden - z. B. die eigentliche Bergstation bei Bergbahnen, Ski- und Berghütten und Gaststätten bzw. Beherbergungsbetriebe – und die ökologisch brisante Planierung und sonstige Herrichtung („Begradigung") von Abfahrten.

Bauplanungsrechtlich gilt folgendes: Die betriebsnotwendig zu errichtenden Gebäude nehmen stets an der Privilegierung der gesamten Anlage teil. Berg- und Skihütten sind ebenfalls als privilegierte Vorhaben einzuordnen, wenn sie der Allgemeinheit zur Verfügung stehen.

Demgegenüber sind Gaststätten, Pensionen und Hotels in aller Regel als sonstige Vorhaben (§ 35 Abs. 2 BauGB) zu qualifizieren, sofern nicht im Einzelfall der Gesichtspunkt einer für die Allgemeinheit notwendigen Versorgung in den Vordergrund tritt. Im Hinblick auf eine Einordnung der Abgrabungs- bzw. Aufschüttungsmaßnahmen, die anläßlich einer Begradigung bzw. Planierung von Skipisten vorgenommen werden und ein baurechtliches Genehmigungserfordernis auslösen können, ist an mehrere Privilegierungstatbestände (§ 35 Abs. 1 BauGB) zu denken:

- Die oftmals zu Zwecken der Kapazitätserhöhung durchgeführten baulichen Maßnahmen können zunächst als **untergeordnete Nebenanlagen** - eines privilegierten ortsgebundenen Betriebes an dessen Privilegierung teilhaben (dienende Funktion der Abfahrtsgestaltung im Verhältnis zum Hauptbetrieb).
- Daneben kann auch eine vom Betrieb der Aufstiegshilfe isolierte Überprüfung im Ergebnis zur Privilegierung eines derartigen Abgrabungs- bzw. Aufschüttungsvorhabens führen. Denn durch diese soll ein Teil der Landschaft für Erholungszwecke der Allgemeinheit zugänglich gemacht werden. Wegen seiner **besonderen Anforderungen** an die Umgebung wird ein solches Projekt nur im Außenbereich realisierbar sein.
- Auch kommt eine Anwendung von § 35 Abs. 1 Nr. 4 BauGB infrage, wenn das Vorhaben als selbständige Baumaßnahme einem **ortsgebundenen gewerblichen Betrieb** dienen soll, d. h. nicht als untergeordnete Nebenanlage zu qualifizieren ist.

Alle angedeuteten Möglichkeiten führen zur Annahme einer Privilegierung. Welche Alternative im Einzelfall zum Zuge kommt, hängt von den örtlichen Gegebenheiten ab.

2. Ausübung des Skisports

2.1 Rechtliche Grundlagen allgemein

Eine detaillierte landesrechtliche Regelung der Ausübung des Skisports fehlt weitgehend. Nur zwei Länder – Baden-Württemberg und Bayern – regeln das Skilaufen in ihren Gesetzen ausdrücklich: Nach § 37 Abs. 2 NatSchG Baden-Württemberg und Art. 24 BayNatSchG ist das Skifahren ein Element des Betretungsrechts. Aber auch bei den verbleibenden Ländern ist das Skifahren zum Betretungsrecht zu zählen. Hier gilt das zum **Betretungsrecht** und seinen Einschränkungen nach dem Landespflege- und Forstrecht Ausgeführte entsprechend[1]).

2.2 Skisportvarianten unter den Vorgaben des Natur- und Artenschutzes

Zusätzliche Probleme können sich ergeben aus den Besonderheiten bestimmter Skisportvarianten. So bringt die neue Langlauftechnik des **Siitonenschritts** einen erhöhten seitlichen Raumbedarf mit sich. Es obliegt daher den Gemeinden, durch geeignete Streckenauslegung eine wirksame und damit naturschonende Streckenführung zu gewährleisten. Dies ist nur nach den allgemeinen rechtlichen Vorgaben zur Einschränkung des Betretungsrechts möglich, so etwa nach § 5 LFoG NW.

Belastungen und Schäden abseits der Piste gehen auch von **Variantenskifahrern** aus, die in das Tiefschneegelände außerhalb der Piste fahren.

Die Ausübung des Skisports - insbesondere des Variantenskilaufs - ist besonders bedenklich aufgrund der häufigen Ausübung in Gebieten, die aus artenschutzrechtlichen Gesichtspunkten eine große Rolle spielen. Zum Schutz des Wildes ist die Ausweisung ausreichend großer, weitgehend störungsfreier Überwinterungsgebiete nach den jeweiligen Landesgesetzen möglich (etwa nach § 42 a LG NW). Zur Entlastung des Rotwildeinstandes können entsprechende Sperrungen und die Aufstellung von Schranken nach § 4 Abs. 2 LFoG NW erfolgen. Wege und Einstandsgebiete können überdies auf der Grundlage der jeweiligen Landesforstgesetze (z.B. § 4 LFoG NW) zeitweilig vollständig gesperrt werden.

[1]) vgl. die Darstellung Wandern, Bergsteigen, Joggen und Radfahren

Rodeln, Bob (Y)

Rodeln, Bobfahren

1. Einführung

Das Rodeln als Wettkampfsport ist ein Geschwindigkeitswettbewerb auf kurvenreichen, vereisten und ausgebauten Gefällstrecken. Zu unterscheiden ist das Naturbahnrodeln in natürlich belassenem Gelände und das Rennrodeln auf Kunsteisbahnen (auf Baukonstruktionen mit Kunsteis oder präpariertem Natureis). Das Sommertraining findet auf Asphaltbahnen und den betonierten Kunstbahnen mit Schlitten statt, die an den Kufen Rollen tragen.

Die Zahl der in Vereinen organisierten Rodel-, Bob- und Skeletonsportler beläuft sich auf ca. 8.000 Personen, vertreten durch den Deutschen Bob- und Schlittensportverband (DBSV). Als Leistungssportler sind nur ca. 250 Bobsportler und ca. 100 Skeletonsportler aktiv. Regelmäßiges Rodeln in sportlicher Form wird nach Auskunft des DBSV von einer Personenzahl zwischen 15.000 und 20.000 ausgeübt.

In der Bundesrepublik Deutschland gibt es zwei Kunsteisbahnen (Königsee und Winterberg). Diese „Eiskanäle" werden auch touristisch genutzt. Die Kunsteisbahn z.B. am Königsee wird von Freizeitsportlern jährlich mit 15.000 Rodelabfahrten beansprucht.

Bob- und Rodelbahnen werden in Wald- und Wiesenbereichen angelegt. Zur Sportanlage gehören neben der Bahnkonstruktion auch Starthäuser und Startanlagen, Zielhaus mit Funktionsräumen für den Rennablauf, Kühlhaus (mit Kühlanlagen), Schuppen für Arbeits- und Sportgeräte. Hinzu kommen Wege, Parkplätze und Grünflächen. Nach Angaben des DBSV sind 20 bis 50 Prozent der Gesamtanlagenfläche versiegelt, 5 - 10 Prozent durchlässig befestigt (gekiest, geschottert) und 20 bis 50 % der Fläche als Grünfläche gestaltet.

2. Konflikte und Lösungsansätze

Um eine vom Wetter unabhängige Wettkampfsaison bestreiten zu können, fordert der DBSV mehr künstliche Bahnen. Da die Kunsteisbahnen auch touristisch genutzt werden, ist über das Interesse des DBSV hinaus auch von Seiten mancher Gemeinden mit Ansprüchen auf den Bau solcher Wintersportanlagen zu rechnen.

Solche kompakten Baulichkeiten stellen einen massiven (wenn auch flächenmäßig relativ eng begrenzten) Eingriff in die Landschaft dar. Aus der Sicht der Umwelt sind selbst bei Beachtung aller belastungsmindernden

Maßnahmen (Standortwahl, Gestaltung) die für das Rennrodeln auf Kunsteisbahnen notwendigen Eingriffe in die Landschaft so gravierend, daß empfohlen wird, auf weitere solche Anlagen zumindest in den Alpen zu verzichten. Stattdessen sind Naturbahnen ökologisch vertretbar, wenn sie vorhandene Wege benutzen und auf größere Erdbewegungen verzichtet wird.

Rodel-Renaissance

Von Südtirol bis Südbayern: Die Wintersport-Anbieter rechnen für die kommenden weißen Wochen mit einer „überschäumenden Renaissance der Rodelei". Nicht nur Kinder und ganze Familien würden auf den Schlitten zurückkommen, sondern jetzt auch die „Yuppies, Duppies und Sporties", wie die Tiroler Ötztalwerbung in ihrer ***Zeitschrift für den neuen Urlaub*** *berichtet. Auslöser dieses Trends seien die vielen Rodelpisten auch für höchste sportliche Ansprüche, das von der Wintersportmode entwickelte „freche und schicke" Rodler-Outfit und die neuartigen Rodelgeräte, wozu leicht transportierbare Klapprodel mit breiten Kufen und immer mehr Schlauch-Rodel gehören, die jedoch als „schwer lenkbar und daher gefährlich" eingestuft werden. „Trendsetter tragen", so heißt es weiter, „den farblich geklärten Overall oder einen hautnahen Body-Stocking in aktuellen Farben", sowie mit einer stark ausgepolsterten Hinterpartie, die den Eindruck erweckt, der Sportsfreund habe sich ein Sofakissen in die Hose geschoben. Viele bekannten Wintersportplätze richteten neue und am Abend beleuchtete Rodelbahnen ein. „Die neue Rutschgeneration geht zu Fuß bergauf", wird erklärt, bis an den Anfang der Bahn. „Bei dem strammen Bergauf-Marsch läuft soviel Schweiß wie auf einer vergleichbaren Langlauf-Strecke", so die Ötztaler. Eine Ausnahme in den bayerischen Bergen: Hindelang im Oberallgäu befördert Rodlerinnen und Rodler per Spezial-Sessellift an den Startpunkt einer Drei-Kilometer-Bahn, exklusiv für Rodler. ehö.*

Daß das Rodeln durchaus zu einem stärker nachgefragten Freizeitsport werden kann, geht aus dem zitierten Zeitungsbeitrag hervor (SZ 17.12.1991). Der Versuchung sollte widerstanden werden, auf diesen Trend mit einem infrastrukturbetonten Ausbau von Rodelbahnen zu antworten. „Die neue Rutschgeneration geht zu Fuß bergauf" ist ein Motto, das sowohl der Gesundheit als auch der Umwelt dient.

Literatur

KLOTTER, K.: Stellungnahme zum Verhältnis Sport - Umwelt aus der Sicht des Deutschen Bob- und Schlittensportverbandes (DBSV), in: Tag der Umwelt, Bundesumweltminister (Hrsg.), Bonn 1988

Anschriften der Herausgeber

Bundesminister für Umwelt, Naturschutz und Reaktorsicherheit
Kennedyallee 5
5300 Bonn 1

Umweltbundesamt
Bismarckplatz 1
1000 Berlin 33
Telefon 030/8903-0

Deutscher Sportbund
Otto-Fleck-Schneise 12
6000 Frankfurt/Main 71
Telefon 069/6700-0

Deutscher Naturschutzring
Kalkuhlstraße 24
5300 Bonn 3
Telefon 0228/441505

Fotonachweis:

Horst Müller, Düsseldorf: S. 76, 87, 133, 159, 164, 353, 387, 394, 401
Deutscher Seglerverband, Hamburg: S. 283, 312
Herbert Guttropf, Erzhausen: S. 272
Andreas Jarc, Wien: S. 169
Franz Kirsch, Trier: S. 301
Pennartz-Angelsport, Aachen: S. 320
Walter Schädle-Schardt, Pegnitz: S. 149
Willi Xylander, Linden-Leihgestern: S. 262
Bildarchiv des Verlages: S. 101, 116, 121, 190, 213, 241, 272, 312